民/国/政/坛/不/倒/翁

# 谭延闿的水晶球人生

MINGUO ZHENGTAN BUDAOWENG
tanyankai
DE SHUI JING QIU REN SHENG

许顺富◎著

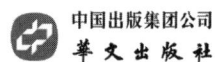

中国出版集团公司
华文出版社

图书在版编目（CIP）数据

民国政坛不倒翁：谭延闿的水晶球人生 / 许顺富著.
—北京：华文出版社，2022.10
ISBN 978-7-5075-5634-6

Ⅰ.①民… Ⅱ.①许… Ⅲ.①谭延闿（1880-1930）
—传记 Ⅳ.① K827=6

中国版本图书馆 CIP 数据核字 (2022) 第 134999 号

## 民国政坛不倒翁：谭延闿的水晶球人生

| | |
|---|---|
| 作　　者： | 许顺富 |
| 责任编辑： | 谭　笑 |
| 出版发行： | 华文出版社 |
| 社　　址： | 北京市西城区广安门外大街 305 号 8 区 2 号楼 |
| 邮政编码： | 100055 |
| 投稿信箱： | 784263235@qq.com |
| 电　　话： | 总 编 室 010-58336239 |
| | 发 行 部 010-58336267　58336253 |
| | 责任编辑 010-58336237 |
| 经　　销： | 新华书店 |
| 印　　刷： | 三河市龙大印装有限公司 |
| 开　　本： | 710×1000　1/16 |
| 印　　张： | 25.5 |
| 字　　数： | 330 千 |
| 版　　次： | 2022 年 10 月第 1 版 |
| 印　　次： | 2022 年 10 月第 1 次印刷 |
| 标准书号： | ISBN 978-7-5075-5634-6 |
| 定　　价： | 88.00 元 |

版权所有，侵权必究

# 引 言

谭延闿（1880—1930），字祖安（也写"组庵"），号无畏，湖南茶陵人。他通权达变，善测政坛风向，从三次督湘，到担任国民政府主席，出任第一任行政院长，构成了他整个民国时期名位鼎隆的煊赫篇章，从而成为群雄纷起的动荡时局中位高权重、为数稀少的政坛不倒翁。

他是典型的文人，却成了一个玩弄权势的老练政客。在官场中八面玲珑，其观念和主张既可谓不新不旧，又可谓亦新亦旧。他在督湘时期，南北倚违，四处逢迎，一切都以巩固自己在湖南的统治地位为依归。当被逐外乡、穷途末路时，他又由一向的反孙（中山），变为拥孙的"信徒"。在国共合作时期，他忽"左"忽"右"，忽"汪"（精卫）忽"蒋"（介石），四处奔走于国民党左、中、右三派和国共两党之间，左右逢迎以见好于各方，实现了其领袖群伦的目的。因此博得了一个"水晶球"的称号。

他是文人，却爱兵如命。他不喜欢属下称自己为省长，而要大家称其为督军。他在给北京的电文中也一律署上"谭督军"字样。他曾声言"做惯了婆婆，做不了媳妇"。他在做国民政府主席的时候，仍要兼第二军的军长。他深知"有军就有权""谁枪多谁就势大"的道理。在"婆婆"做不成的情况下，他也能屈能伸，做"媳妇"做得有模有样，讨人喜欢。

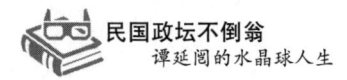

民国政坛不倒翁
谭延闿的水晶球人生

他自认知人善用，有识人之明。对赵恒惕百般呵护，千般关爱。对赵本人有再世之恩，对赵家也关怀备至。赵恒惕父亲临终之时，曾拉着儿子的手，叮嘱"千万不要忘了谭督的恩德"，赵恒惕赌咒发誓要效忠谭氏。但最终赶他下台，逼他离湘的竟就是这个赌咒发誓的赵恒惕。

他与程潜在湖南时暗中较劲，总是想方设法要排挤对方。但到了广州，在孙中山手下和国民政府时期，他们却化敌为友，成了国民政府政坛上的难兄难弟，一直相互关照，相互支持。

他喜欢青年毛泽东，不惜纡尊降贵，以都督身份去为他的"文化书社"开张剪彩。他希望年轻人少些叛逆精神，以其才智和技能成为一个安分守己的职业人。但没想到这个从韶山冲走出来的年轻人并没有安心谋生，而是把书社当作唤醒民众的工具，最终成了国民党的掘墓人。

他事母至孝，同情母亲的悲惨境遇，儿时常伴母而食，反对封建的尊卑关系，长大后奉养母亲尽心尽力，母死则卧棺葬母，孝满天下，为解放妇女不遗余力。

他夫妻情笃，感情专一，谨守妻子临终时"望他不要再婚娶，把几个孩子好好养大"的遗言，既不续弦，也不寻花问柳，甚至拒绝了与宋美龄的婚姻，与之成了干兄妹，还做了蒋介石与宋美龄的证婚人。

他一生不好女色，但好美食，即使行军打仗，也要命令伙房备好几担酒菜挑子跟在身后，以便他随时解馋，一饱口福。他外表文弱，但有百步穿杨的枪法，少人匹敌的骑马技巧。他的书法妙绝天下，向他求字的人不论身份高低，他都能尽量地满足他们的要求，不得罪人是他做事的一贯原则。

他常常做出一些出人意料的事情。他不像有些胸无点墨却官气十足的政客，与人为善和宽容大度是他处世的原则。对在雨中让他停轿接受检查的门卫，他不仅没有丝毫责怪，老老实实拿出证件让他检查，而且对其按制度办事的负责精神还大加赞扬。对尖酸、刻薄地讽刺、挖苦他的人，他却待为上宾，称其是自己真正的朋友，大度地邀请其到行政院就职，后来这个人竟成了说他好话最多、在他灵前哭得最伤心的人。

这就是谭延闿，一个戴着神秘面纱，经历复杂，阅历深厚，善测政坛风向，深谙为官之道，让人又爱又恨，又喜又悲的历史奇人。

谭延闿的水晶球人生，是在民国这一特殊的社会环境中形成的，民国是一个天下大乱、群雄纷争的时代，北京政权像走马灯似的交替不停，南方各省也不断地变换新主。在这样一个特殊的社会氛围中，谭延闿游走官场，长期屹立不倒，何其不易。他能够在政坛乘时而动，顺风顺水，不断攀升，究其原因，除了他性情温和、手腕圆滑，还深懂"有军就有权"的道理，始终抓住军权不放，使自己成为各派政治势力竞相借助的对象，从而成为政坛的不倒翁。谭延闿也是一个有真才实学的人，他的书法、枪法、骑术都是名震一时，他交游四海，人脉关系广，为人宽容大度，因而树敌少，在政坛能够获得大多数人的支持，这一切都铸造了他政坛不倒翁的传奇人生。谭延闿的人生经历，也给我们留下了许多值得回味的人生启示：一个人要想获得成功，必须顺时而动，适应时代潮流，谭延闿最辉煌的人生是在附和革命、追随孙中山和坚持联俄、联共、扶助农工的三大政策时期。这时，他能够真正依靠和团结革命派的力量有所作为，发挥出自己有益于社会的政治能量。一旦逆历史潮流而动，他就成了军阀手中的政治玩偶，即便他有再好的人缘，有八面玲珑的官场术，那也只是一个被人踢来踢去的水晶球，只能毫无作为地混世度日，最终碌碌无为，淹没于历史的洪流中。

# 目 录

**第一章　大变革时代的弄潮儿 / 1**
　　1. 著名的"湖湘三公子"之一 / 3
　　2. 清末最后一科会元 / 14
　　3. 年轻的谘议局议长 / 24
　　4. 从立宪到革命的风云人物 / 33

**第二章　首主湘政　两面摇摆 / 47**
　　1. 八抬大轿抬上湘督宝座 / 49
　　2. 东施效颦　裁减湘军 / 60
　　3. "文明革命"　弥合新旧 / 66
　　4. "二次革命"　左右摇摆 / 75

**第三章　二度督湘　夹缝求存 / 97**
　　1. 落魄青沪　寄情山水 / 99
　　2. 借护国之机　重主湘政 / 105
　　3. 南北依违　国葬元勋 / 117
　　4. 抵制易督　无力回天 / 134

**第四章　三度督湘　众叛亲离 / 141**
　　1. 南北烽烟　督师湘南 / 143
　　2. 驱张渔利　自食其言 / 157
　　3. 名流聚湘　督军剪彩 / 164
　　4. 拒南抗北　含恨离湘 / 182

**第五章　追随中山　倾心革命 / 193**
　　1. 北上讨赵　称兵废宪 / 195

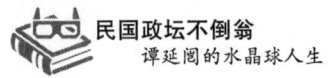

　　2. 回师援粤　东征讨陈 / 212
　　3. 奉令北伐　兵败赣南 / 220
　　4. 讨伐杨、刘　统一两广 / 231

第六章　国民政府的变色龙 / 245
　　1. "中山舰事件"居间调停 / 247
　　2. "迁都之争"　言行不一 / 265
　　3. 宁汉对立　忽左忽右 / 278
　　4. "宁汉合流"　名利双收 / 290
　　5. "伴食宰相"的死后荣光 / 300

第七章　谭延闿的处世要诀 / 317
　　1. "混之为用大矣哉" / 319
　　2. "药中甘草"和为贵 / 325
　　3. "以德报怨"宽为怀 / 332
　　4. "爱兵如命"保安泰 / 336

第八章　谭延闿的情感世界 / 341
　　1. "卧棺出殡"孝满天下：谭延闿与他的母亲 / 343
　　2. "不做夫妻做兄妹"：谭延闿与宋美龄 / 349
　　3. "别来无日不相思"：谭延闿与他的兄弟 / 355
　　4. 欲栽大木柱长天：谭延闿与他的子女 / 361

第九章　谭延闿的绝世本领 / 367
　　1. 百步穿杨的神枪手 / 369
　　2. 民国第一书法大家 / 375
　　3. 吃喝有道的大食神 / 379
　　4. 深通马语的大骑士 / 384

　　**参考文献** / 388
　　**后　记** / 396

# 第一章 大变革时代的弄潮儿

谭延闿出生官宦之家，但无官家子弟的纨绔之气，自小发奋读书、追求进步，他与陈三立、谭嗣同并称为"湖湘三公子"，在清末最后一次科举考试中高中会元，弥补了湖南200多年来没有会元的遗憾。他本可以连捷状元，但因与著名改革家谭嗣同同姓，考官怕触老佛爷慈禧太后之忌，使他失去了被推举的机会。他中进士后，本可大展宏图，但他却辞官归里，投身家乡教育事业和保护利权运动，成了清末立宪的弄潮儿。

# 第一章
## 大变革时代的弄潮儿

## 1. 著名的"湖湘三公子"之一

谭延闿（1880—1930），字祖安、组庵，号无畏、切斋、慈卫等，初名宝璐，湖南省茶陵县高陇乡石长村人。1880年1月25日（清光绪五年十二月十四日）①，生于浙江杭州巡抚衙门。据说，他出生的时候，就天生异象。他的父亲谭钟麟在梦中看到嘉庆时期的进士，做过工部、吏部、户部尚书的湖南道县人何凌汉戴着官帽，穿着官服，从空中徐徐而下，前来拜见他，他非常恐慌，从梦中突然惊醒。正在这时，他家的丫鬟从内室中兴冲冲地前来报喜，说夫人顺利地生下了一位公子。他的父亲认为这是托祖上保佑，因而给他取字祖安、组庵，意思就是说祖上安康，福佑绵长，另外取别号叫畏三。

谭延闿祖籍湖南茶陵。茶陵因地居"茶山之阴"，炎帝神农氏崩葬于境内而得名。它位于湖南省东南边陲，为株洲市远郊县之一。东与江西省的莲花、永新、宁冈三县接壤，西与郴州地区的安仁县毗邻，南靠酃县，北接攸县。这里群山环抱，丘壑纵横，风景秀美，有"好山千迭翠，流水一江清"之美誉。茶陵人杰地灵，学风鼎盛，人才辈出，历代中进士者达120余人，明、清两代并称"茶陵四大学士"的刘三吾、李东阳、张治、彭维新是其中的杰出代表。

谭延闿的祖先，自元朝至正年间从江西永新迁徙到茶陵，就世代务农，靠耕种土地为生，朴实勤劳，家风纯正。曾祖父谭世峻，为人敦厚豁达，以忠诚守信在乡里面很有名气。祖父谭之恒，做过国子监生，文章写得很好，德行高尚，在湘潭一带教授学生读书，学者都称他为九涛先生。父亲谭钟麟在四兄弟中排名老三，是四兄弟中活得最长，也最有出息的一个。

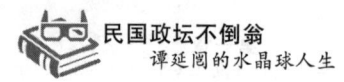

谭钟麟（1822—1905），字云覲，号文卿，初名谭二监。钟麟少时家境贫困，生活艰难，但他少年聪慧，好学上进，诸子百家之书无所不读。他喜欢给老师提问题，许多问题连老师有时也答不出来，他刻苦读书的精神，深得老师的喜爱。但因家穷，16岁的时候就辍学自谋生计，在石床蟋藤山一座破庙里办了一个私塾，白天教授生徒，晚上独居寺庙读书，常常读到夜深人静，每天如此，遇到艰难困苦也毫不退却。功夫不负有心人，1843年（道光二十三年）中提学试第一，考取秀才；1849年（道光二十九年）乡试中举人；1856年（咸丰六年）会试中进士，改翰林院庶吉士。

谭钟麟为官坚持原则，敢于犯颜直谏。1862年（同治元年），谭钟麟任湖北乡试副考官，湖广总督官文以施南府属在清代没有举人中试，主张另外出一份试卷，援引边郡成例，使他们得以中选。众考官都附和官文的意见，只有谭钟麟坚持不可更改旧章，按照成例进行考试。这一科考试结果，施南府考中举人的达7人之多，官文看到这种结果也无话可说。1863年（同治二年），谭钟麟补江南道监察御史。当时清政府已经很腐败，所谓的言官，都毛举细故，敷衍塞责，没有敢犯颜廷争、匡正国事的人。谭钟麟却认为，凡是身为御史官，理应效忠本意。于是，他上疏朝廷，请申明定例，非廉明伉直有节操的人，不得保送为御史，为这朝廷真正起拾遗补阙的作用，如若一味立朋党、谋私利，则违背了朝廷重视谏官的初衷，否则，应追究其长官的罪责。他的建议得到了朝廷的采纳。1864年（同治三年）春，恭亲王奕訢因与慈禧太后发生矛盾被严旨罢免议政王，并把这件事下发到内阁，令王公大臣们详细讨论，当时主持会议的人告诉大家说："商议的结果已经确定，请大家一一在上面署名。"王公大臣害怕惹恼慈禧，未予讨论，就在其上依次签名。谭钟麟独与吏科给事中、宗室广诚等联名上奏，为奕訢说情。在上书中，他们慷慨激昂地说，"恭亲王自议政以来，夙夜在公，尚无遗误，屡荷优诏，奖其贤劳"，奕訢在皇上召见之时，语言不检，自当斥责其过，但现今内忧外患同时并至，尤为需要"上下一

# 第一章
## 大变革时代的弄潮儿

心,共资康济",如果"庙堂之上,先启猜嫌,根本之间,未能和协。骇中外之观听,增宵旰之忧劳,于大局实有关系"②。同治皇帝和慈禧太后看到这份奏章后如梦方醒。慈禧太后宣示百僚,解释说与恭亲王毫无猜嫌之意。命奕䜣仍在内廷行走,并仍掌管总理各国事务衙门。

1867年(同治六年),杭州府遗缺知府时,谭钟麟前往拜会新任浙江巡抚李瀚章,行跪拜大礼后,李瀚章只是抬了抬眼皮,轻轻地"嗯"了一声,就端坐着自顾自地饮茶。谭钟麟对李瀚章的傲慢早有耳闻,但没想到如此登峰造极。在地上跪了许久的他,不禁怒火中烧,问道:"李大人,莫非您的腿脚有毛病?"猝不及防的李瀚章顺口回答:"没有。"谭钟麟又问:"那要不就是您正在害眼疾?"李瀚章一愣,反问道:"这是什么话?你到底是何意?"谭钟麟回答:"既然您腿脚完好,眼睛也没有问题,为何属下跪拜多时,您却一直无动于衷?"李瀚章不由自主地站起身来,只听谭钟麟说:"你可以摆一品大员的架子,也有权罢免我的官职,但无论如何,当别人跪行大礼时,怎么也得表现出起码的尊重吧?"

谭钟麟拂袖而去,李瀚章气得好半天没说出话来。可当下属们建议治其犯上之罪时,李瀚章却亲自登门道歉,并决意破格提升谭钟麟为杭州知府。理由是:"一个人因为跪拜的小事,宁可承担丢掉官职的巨大风险,也要维护自己的尊严,那今后遇到大是大非的事情,他岂能不站在正义这一边?"

同年,闽浙总督吴棠巡行路经杭州,停船于拱宸桥下,其随从仗势欺压百姓,横行市场,强买强卖,市民敢怒而不敢言,谭钟麟命人将其捉拿,施以杖刑。浙江巡抚深知吴棠乃慈禧太后面前的红人,道光年间在任清河县令时,因好友湖南道员刘某谢世,其子运柩回籍,丧船路经清河县,其子向吴求助。吴棠得信后,立即派人捎带300两白银,去船上送给刘某的儿子。不料送钱的仆役将钱误送给了同是道员惠征的运柩船,他的两个女儿也是扶柩还乡,将船停在清河码头,且川资不够,正处在困顿之中,她们得了300两白银的祭礼后,真是喜出望外，千恩万谢。吴棠听了仆役汇报，觉得很不对劲，便派人再去打听，原来码头上停着两艘丧船，仆役送错了地方。但送出去的礼又不好收回，于是，吴棠干脆来个将错就错，做个顺水人情算了。他又另封了300两银子，亲自送到刘某船上，祭拜之后，又到另一艘丧船上祭拜惠征。两个少女见到素昧平生的吴县令如此仗义，感激涕零。姐姐对妹妹说："千万记住咱们的恩人，他日若能富贵，一定报答这个贤良的人！"并将吴的名帖珍藏在妆盒内。这个姐姐就是日后被选入宫，成为咸丰皇帝贵妃、权倾朝野的慈禧太后。慈禧掌权以后，十分感念他的恩德，四处派人打探他的消息，并加以破格任用。因此吴棠是不可轻易得罪的人物，常言道"打狗还要看主人"，浙江巡抚一面亲自登船向吴棠赔礼道歉，请求他能够原谅谭钟麟的过错；一面命令按察使向谭钟麟传达他的意思，立即释放吴棠的手下，不要把事情闹大。吴棠一时怒气未息，忽报谭钟麟求见，马上命令让他进见。谭钟麟从容进屋，先咳嗽一声——古礼：将上堂，声先扬。吴棠马上变得和颜悦色起来，请谭钟麟就座，并说："隶卒不法，劳君处分甚喜，可不置议。"言语之间，甚为殷勤。谭钟麟辞去后，巡抚问个中缘由，吴棠说："顷观谭君趋走如龙，仪态安雅，法当显贵。我与公今日坐处（指闽浙总督和浙江巡抚位子）要当留待此人。"后来，谭钟麟果然先任浙江巡抚，后任闽浙总督。

　　谭延闿就是在其父谭钟麟任浙江巡抚时降生的，那年谭钟麟58岁，可谓是老年得子，自然满心欢喜，并一直将儿子带在身边，大力进行培养。谭延闿7岁时，身为陕甘总督的谭钟麟就在兰州聘请经学名儒张宝斋为他的启蒙老师，教授"四书""五经"。张是一位长于文字学的老师，谭延闿在其《儿时杂忆诗》中说："霜鬓庞眉一尺须，万言撑腹注虫鱼，熏笼围坐听闲话，更乞先生为甚酥。"③由此可见，这位张先生是一位长须庞眉而好说故事的饱学之士。11岁时，谭延闿即学作制艺文字，这除了老师的严格执教以外，还与他父亲的精心辅导有关。据谭延闿回忆说：他9岁时，父亲因为眼病，请假休养在家，每天到掌灯时候，父亲独自坐在自己处理公务的房间，使人读完公事文书，处理完政务以后，就把谭延闿和他的姐姐、弟弟叫在一起，坐在父亲面前，叫他们各作破题一道，或试帖二句，隔一天互换一次，都是他父亲亲口讲授，所以称不上是自己写作。有时他们不知道怎么书写，就请自己的哥哥从旁代替他们书写，多次背诵没有什么错误时，就各自奖给他们十文钱，才让他们起来前去睡觉④。谭钟麟在公事之余，常常督促检查子女们的功课，并施以物质奖励，使他们的学业不断上进。不久，谭延闿随侍父亲前往西安治病，受教于姚世贞。1890年（光绪十六年），谭延闿12岁时，父亲因眼病请假南归，全家抵达长沙，居住于荷花池私宅，受业于李少苏。不久，他随父回到湖南老家茶陵为祖先扫墓，曾在石床里小住，跟从陈春坞学习，他第一次目睹了家乡的风貌，渐渐受到湖湘文化的洗礼，对湘人的功业和勋绩有了更直观的感受，从而更坚定了他光耀祖先的信念。1891年（光绪十七年），清政府任命谭钟麟为吏部尚书，时年他70岁。其好友翁同龢与谭钟麟在京，故旧重逢，喜不自禁，遂于谭钟麟七十大寿那天书赠一联以贺之。这年夏，谭延闿偕其母李太夫人至京。李太夫人是河北省宛平县人，早年父母双亡，与其弟相依为命。1871年（同治十年）谭钟麟奉命赴任陕西布政使，以其原配陈氏患病，不能随至任所为由，闻李氏明达贤慧而纳聘之。谭与母入京后，寓烧酒胡同。翁同龢等因常往谭府叙旧，谭钟麟常把谭延闿所写习作示友朋传阅。谭延闿自记当时课题中说："此数文最为先公所赏，尝示友朋，翁文恭、徐颂师皆尝来索看，吾也常拜翁丈于厅事。"⑤翁同龢在日记中也曾记及此事，称谭延闿为"奇才"。此时谭延闿仅13岁。

1892年（光绪十八年），谭钟麟出任闽浙总督，携同全家离京赴任。路经北京郊外的长辛店，谭延闿的母亲李太夫人悲从中来，思亲之情油然而生。自从1871年她嫁入谭家，就随夫辗转于南北之间，无暇再回娘家，20多年来，只在梦中与亲人相见。这次路经故里，她便道拜谒了先人的坟墓，并与其弟李安清相随南行。谭延闿始得与舅父相认，并知外祖家为长辛店人。他在《儿时杂忆诗》中说："相

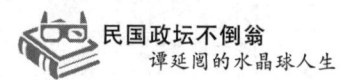

逢姊弟叹无家，雪涕亲斟饭后茶，说与痴儿知外氏，长辛店北路三叉。"⑥外祖家的凄苦生活使他感同身受，更激发了他奋发向上的雄心。谭延闿随父母到福州不久，又回到湖南应童子试，入府学为附生，曾哄传士林。

青少年时期的谭延闿虽然墨守书斋，醉心功名，无暇过问外间所发生的一切，但是他所处的时代又是一个内忧外患交相迭起的多事之秋，鸦片战争虽然过去了几十年，但是它带给中国人民的伤痛和苦难，却永远留在了中国人民的记忆之中，成了一场挥之不去的噩梦。帝国主义的铁蹄肆意蹂躏着中国美丽的山河，土地被占，港口被租，河山破碎，民生凋敝，这无疑在谭延闿幼小的心灵中埋下了难以名状的隐痛。太平天国农民起义的风暴虽然他无缘亲身感受，但是，湘军领袖人物镇压太平天国的残暴行为却被他的父辈当作光辉业绩大肆夸耀，作为教育子女建功立业的重要素材和顶礼膜拜的主要对象。湘军的重要人物左宗棠与谭钟麟是同榜举人，左宗棠与谭钟麟交谊深厚，在政治上互相提携。左宗棠这个敢打硬仗的湘军名将，面对国家的危难，毅然力排众议，坚决主张出兵收复新疆。他不顾自己年事已高，统领楚军数十万，分兵三路，平定了阿古柏叛乱，留下了"大将西征人未还，湖湘子弟满天山"的千古佳话。为收复伊犁，左宗棠命人抬着自己的棺材，随军出征，表示为收复国家的神圣领土，自己不惜以生命与俄军相拼，以强大的军事武装，支持曾纪泽对沙俄政府进行严峻的外交斗争，理直气壮地索回了伊犁河下游的广阔地带。谭钟麟讲述了左宗棠的这桩武功，在谭延闿幼小的心灵中引起了强烈的反响。谭延闿除了崇拜左宗棠的不朽功勋外，也认为："左氏的出将入相，主要是掌握了军事权力，这不仅在国内舞台上有了雄厚的政治资本，就是在国际风云中，也必须以武力为后盾，才可居于主动，而不至被动地受制于人。"因此，谭延闿年轻时在文墨之余，也喜欢骑射，蓄志武事锻炼。他幼年的老师黄凤歧就是一位文武兼备的角色。黄凤歧是安化县名儒，不仅是深谙儒学的饱学之士，也是精于武功、身怀绝

# 第一章
## 大变革时代的弄潮儿

技的武林高手。他的硬气功堪称绝技,垒叠4尺多高的砖块,他一掌劈下,从上到下统统断成两截。谭延闿跟他除学习儒学和科举时文外,还学了一些武功。另外,谭钟麟任总督时,每日清晨,他的卫兵都要去校场操练骑射。谭延闿也经常跟着卫兵们一起骑射,练就了一身过硬武功。他深知在一个社会动荡不安的时期,只有文武兼资,才能在社会上出人头地,及至后来他以文人参与政务,都着重抓住军权不放,直到当了国民政府主席,还仍兼任着第二军军长职务,这都是受了左宗棠治军思想的影响。谭父与湘军的另一人物、学界名士王闿运也有深交,并对他的才学推崇备至,连续将几个儿子,取名为延闿、恩闿、泽闿,其敬仰的心情,于此可见。并命儿子们受业于王闿运门下。

王闿运(1832—1916),字壬秋,湖南省湘潭县人,曾经自题所居住的地方为"湘绮楼",学者称其为"湘绮先生"。王闿运身材魁伟,英气勃发,才气横溢,虽是泥木匠的儿子,却有学术大家的风范。他19岁补诸生,深得塾师蔡先生的赏识。王闿运读书之时,蔡先生的女儿蔡菊生就对他芳心暗许。蔡先生早就看在眼里。但是,碍于面子,又不好自己说破,蔡先生只好请求自己的妈妈出面,先探探女儿的口风。颤颤巍巍的老祖母很高兴,因为"男大当婚,女大当嫁",这是天经地义的事情。老祖母有意无意地对蔡小姐说:"湘潭的王生,文才人品都蛮好,只可惜家里太穷了。"蔡小姐低头笑道:"穷一点也没什么关系的,家和万事兴嘛。"老祖母见她心有所属,赶紧就汤下面:"那你愿不愿意嫁给这位穷秀才?"蔡小姐两颊绯红,沉吟片刻,然后难为情地点了点头。女郎开心,家人又不反对,一桩男才女貌,共偕连理的美事便水到渠成了。王闿运作为一个穷木匠的儿子,能够娶到才貌出众的蔡小姐,真是八辈子修来的福气,哪有不乐意的呢。于是,红鸾帐内成就了一桩美满婚姻,湘江之滨多了一座爱的平房,这就是王闿运雅称的"湘绮楼"。在爱的天地里,王闿运更加发愤读书,想给蔡小姐创造一个更好的生活环境,25岁他考中举人，后来在科举中不再走运，转而谋求新的发展之路。他曾向曾国藩建议联合太平军，共同推翻清朝政府，结果未被采纳，受到曾国藩冷落，于是闭门著书，专心学术研究和讲学。他虽重经术，但好"纵横之术，游说公卿间，欲以巨眼觅英雄"。他在学术研究方面很有成就，成为湖南三大儒之首。谭延闿是王闿运的得意门生，就学仅数年，即已登堂入室，学业愈精。王的"纵横之术"给谭延闿留下了很深的印迹，使他在日后的从政生涯中能够八面玲珑，左右逢源，纵横捭阖，忽"左"忽"右"，成为民国政坛为数稀少的不倒翁。

谭钟麟精于"麻衣相法"，喜欢替人相面，也喜欢延请术士为家人看相。在任两广总督时，曾礼请一术士杨某到督署，一住就是一个多月，但他总是终日闲逛，对于看相之事毫不言及，谭钟麟迫不及待想知道结果，于是请杨入内室坐谈。杨先示意要他们家属退出，继而又故弄玄虚，默不开言，摸着胡须，似有难言之隐。还是谭钟麟忍耐不住，开言问道："杨先生，你看我这几个孩子怎样？"杨似很有把握地说："制台大人，我来府邸月余，略有所见。其他可略而不谈。只三相公将来名位之高、勋业之大，均在大人之上。不过，恕我直言，他未来的业绩恐与你走向反面。"至此，谭钟麟还想再问下去，而杨竟矢口不言了。从此以后，谭钟麟害怕谭延闿日后闯祸，危及谭氏一族的安全，对他管教更加严格了。禁止他与闲人来往，继续延请名师，在家课读。并规定：三日要一篇文章，五日要一首诗，大楷若干页，小楷若干张。后来有人计算，谭延闿临《麻姑坛》在百通以上，其他临钱南园、刘石庵、何绍基、赵孟頫、董其昌的，又是数百通。他的诗文书法，在弱冠前就打下了坚实的基础。

谭钟麟虽然不允许谭延闿与闲人交往，害怕他惹是生非，但是作为总督的公子，他又必然会与各种各样的人打交道，以便切磋学术，扩大影响，增加社会阅历。谭延闿随父往来于天南海北之间，既看到了苏杭的富庶，又看到了甘陕的贫瘠；既领略了福建贪官污吏的骄横，又目睹了广州洋人的飞扬跋扈。在严父的督导下，他虽然无法自

# 第一章
## 大变革时代的弄潮儿

由地参与各种社会活动,但他却不能与外部世界完全隔绝。维新变革的风风雨雨,不时飘入他那沉静安谧的书斋,震撼着他那悠闲自在的心灵。他的家乡湖南,曾是维新运动最活跃的省份。谭延闿与湖南巡抚陈宝箴的儿子陈三立,湖北巡抚谭继洵的儿子谭嗣同,都因出身于官宦门第、书香之家,都有功名之志,被当时人称为"湖湘三公子"[7]。湖湘三公子除谭延闿因为随父亲在广州继续读书,加之他的父亲思想保守,极力反对变法,使他没能加入变法的洪流之中外,陈三立、谭嗣同都成了湖南维新运动的健将。湖南维新运动有声有色,在全国形成巨大的影响,都与他们的努力分不开。

陈三立(1853—1937),字伯严,号散原,江西义宁州(今修水)人,年长谭延闿27岁,是湖南巡抚陈宝箴的儿子。小时候,他和弟弟陈三畏就读于"四觉草堂",这是其父陈宝箴创办的家塾。少年时的陈三立博学多才,思维敏捷。春天时,他时常与同学登山赏花,吟咏终日,畅叙理想,是个胸有大志、极有抱负的人物。1871年(同治十年),陈三立入义宁中学。义宁州是宋朝文人黄庭坚的故里,出于对先贤的景仰,陈三立对黄庭坚的诗词、书法都产生了极大的兴趣。义宁清秀的山水,无拘无束的生活,养成陈三立落拓不羁、我行我素的性格。他那不凡的判断力和想象力都使他蔑视传统的桎梏和形式的束缚。[8]1882年(光绪八年)乡试中举,1886年(光绪十二年)会试考中贡士,因为他的字体不符合"馆阁体"的科考字体规范,又练了3年书法,到1889年(光绪十五年)补行殿试,被赐予进士,授吏部主事。后辞官追随父亲。陈宝箴任湖南巡抚后,年已43岁的陈三立携家眷,由武昌赶到长沙,辅佐父亲推行新政。这时他在政治上、学问上都已成熟。他交游广泛,联络了许多有新思想的志士,襄佐父亲在湖南推行新政。可以说凡是陈宝箴的一切新政举措,都有陈三立的一份心血在其中。晚清改革派人士梁启超、谭嗣同、黄遵宪、熊希龄、江标、徐仁铸、皮锡瑞、唐才常等,为陈三立父子之感召,齐集湖南,如同众星拱月。陈三立成为名士中的名士,宾主时常聚集于他的书房中，"相与剖析世界局势，抨击腐朽吏治，贡献新猷，切磋诗文，乐则啸歌，愤则痛哭，声闻里巷"。陈三立因此名动沅湘。谭延闿虽然比陈三立小很多，但他们都是地方大员的公子，都帮助自己的父亲处理地方的政务，谭延闿的父亲当时是两广总督，他的思想比较保守，不赞成维新变法，谭延闿虽然不好违逆父亲，但他的思想并不保守，青春萌动的血性使他对家乡的维新变法事业有一定的认同，对陈三立也有一定的景仰和好感，尤其是他们都从师过好"纵横之术"的王闿运，在思想观念上有一定的共通之处，两人都算得上是当时的英才，谭延闿曾多次回乡科考，与爱才惜才、交游广泛的陈三立有过私人的交往，并且他们有共同的朋友谭嗣同和俞明震等。

　　谭延闿与谭嗣同都是湖南人，两家有一定的亲缘关系，交谊深厚，双方父亲同在甘肃为官的时候，两家交往就非常密切。谭嗣同虽长谭延闿16岁，但是他们都有不如意的人生经历。谭嗣同的母亲虽是谭继洵的原配夫人，但是因为谭继洵向来宠爱自己的小老婆，因而谭嗣同自小就得不到父亲的欢心，在庶母的虐待下，他幼年就显示出倔强、沉默的个性，加上12岁那一年，他的生母、长兄、二姐因为染上了当时的流行瘟疫，5日之内相继病死，他自己也"死"而复生，使他看到了生命的脆弱，更增加了心灵上的孤独，并不断滋长出反对封建旧礼教的叛逆性格，坚定了他舍生取义，慷慨赴死的殉道精神。谭延闿虽因天资聪明，学业上进，深得父亲关爱，但因自己为父亲的小老婆所生，因而在社会上往往被人瞧不起，其母在家庭中也备受压抑，连吃饭都不能与父亲同桌而食。父亲谭钟麟的专横，使他缺少生活上的情趣，思想上的自由，他从父亲的高压中学会了忍耐和顺从，总想以自己的良好表现，来取得父亲的欢心，获得社会的认同。谭嗣同与谭延闿相似的人生经历，相同的生活境遇，使他们都不满于社会现实。谭嗣同以自己的叛逆个性，极力批判旧的封建纲常礼教，并积极投身于改良社会的维新活动之中，成了资产阶级维新运动的巨星。谭延闿则埋头书斋，在科举道路上奋力奔跑，成了科场上的显贵，改变了自己在家庭和社会上的地位。他们自少时开始，就有过直接交往，据谭延闿回忆："复生（谭嗣同字）自命学曹子建碑……吾自少时相见，皆客坐，公言而已，及甲午居我家月余，乃得闻其志事，戊戌七月别于天津，遂永诀矣。"⑨由此可见，从甲午战争以后，谭延闿就与谭嗣同有了很深的交往，在与他相处一个多月的时间里，谭延闿就系统了解了谭嗣同的生平志向和抱负，懂得了要改变中国积贫积弱的社会现状，就必须走变法维新之路。尽管谭延闿因为父亲的高压，不能与谭嗣同一道，走进变法维新的行列，但变法图强的呼声多多少少给了他一定的触动。在戊戌变法期间，谭延闿就经常与湖南的变法志士唐才常、毕永年等人出入于湖南学政江标家里，探讨学术，畅谈国事。他也与陈三立有过思想上的交流，礼节上的交往。他还与另一变法人士林旭交往深厚，经常在一起饮酒畅谈，共叙情怀，他们的变法思想给了谭延闿一定的影响，使他后来成了清末立宪运动的主要代表。

谭嗣同等戊戌六君子为变法图强而血洒菜市口的悲烈壮举，对年仅18岁的谭延闿来说，无疑是晴天霹雳，他为好友的屈死而伤心痛苦，从惨淡的血泊中看到了政治斗争的残酷。他一直珍藏着谭嗣同的多通手札，并分别作后记，加以说明，对谭嗣同为变法而慷慨赴死的英雄豪气表示了深深的敬意。他说："复生慷慨喜谈论，意气发舒，见人一长，称之不去口，自谓学佛有得。余于戊戌七月初四过天津与林暾谷饮酒楼间，隔座叹息声曰：'有君无臣，奈何？'窥之复生也。亟呼入，与暾谷不相识，余为之介，高睨大谈，一座尽倾，明日别去，遂及于难。临刑神采扬扬……"⑩又说："复生为李篁仙年丈婿，少从之居鄂，又师瓣僵、蔚庭两先生，有复古之思，用世之志，薄视时文，不屑为，敬甫（谭继洵）年丈督教之，乃自题课本答曰：岂有此理！……此时年十二，同在兰州也。"⑪谭延闿的后记，字里行间中流露出对谭嗣同的志趣和为人的深深敬仰。

## 2. 清末最后一科会元

谭延闿生长于书香门第，簪缨世家，从小过着锦衣玉食的生活，但他没有堕入一般浪荡公子之列，而是按照中国传统的人生模式——"修身、齐家、治国、平天下"的道路朝前迈进。

谭延闿的父亲对子女督教很严，因为他自小清贫，知道功名富贵来之不易，如果从小不对孩子施以严格的教育而放任自流的话，那么在官宦之家长大的孩子一定会有一种自以为是的优越感，很容易沾染社会上的各种不良风气，成为吃喝嫖赌、游手好闲的浪荡公子，长大后必然会一事无成。他的父亲威严刚毅，稍有不如意的地方就大怒斥责，家里人常常感到恐惧害怕。谭钟麟自小对谭延闿十分苛刻，按封建传统的礼教来约束他的行为，让他学会自强自立，学会经世本领。虽然，谭延闿的母亲李氏生有三个儿子，即延闿、恩闿、泽闿，且为人贤淑，不争不抢，但是因为她是丫鬟出身，因此，一直未取得与其父同桌而食的权利，每到全家用餐的时候，他的母亲只能侍立桌旁为他人添菜添饭，直到大家吃好，她才到侧室同下人们一起用餐，直到谭延闿高中会元后才改变了这种状况，他的母亲方取得与其父同桌而食的权利。谭延闿自小对母亲的悲惨境遇看在眼里，痛在心中，母亲经常教育他要好好做人，发奋读书，将来做一番大事业，为她争光争气。谭延闿是一个聪明的孩子，他十分同情母亲的境遇，经常伴母而食。正是母亲出身尴尬的惨淡经历，"赋予了谭延闿善于自保、察言观色、善测风向、圆滑机智的精神气质，更赋予了他不屈不挠、立建功业、光耀门庭的内在压力"[12]。

谭延闿自14岁考中秀才后，继续沿着科举入仕的道路发奋读书。

他回到福州，跟从武陵陈春坞先生、丹徒姜竹轩先生读书。谭延闿从陈春坞受教的时间最长，受其学识影响亦较深。他在题癸丑日记后作诗说："簧灯写记记我师，绝似长安夜学时，惭愧雕虫亦无技，卅年赢得鬓成丝。"[13]他在题最初课本中也说："此在闽时窗课，前皆春坞师评，后二首则姜竹师，皆癸巳甲午间也。"[14]1893年（光绪十九年），清廷下诏举办恩科乡试，谭延闿回长沙参加考试，考完以后，仍回福州，因陈春坞先生返湘，遂改从长沙陈季原先生读书。1894年（光绪二十年）8月，又自福州回湘应乡试，当时谭铭三先生正住在其家，谭延闿又拜他为师，致力于宋儒之学。谭铭三与曾国藩为至交，同主程朱，推崇主敬存诚之学。曾氏以团练起家，联合一批失意的封建士人，以护卫圣道，维护封建的统治秩序相号召，镇压太平天国农民起义，为延长清朝60余年的寿命立下汗马功劳，成为"中兴名臣"。而谭铭三以作育英才自任，曾以主敬存诚之学教授谭钟麟。此时，谭铭三做学问已达炉火纯青的境界，所以谭延闿虽然跟从他学习的时间不是很长，但受益匪浅。1895年（光绪二十一年），谭钟麟调任两广总督，谭延闿随同到广州读书。在长期耳濡目染父亲理政处事的过程中，渐渐有了处理一些重大政务的能力。胡汉民是广州市人（广东番禺），他从小到大都生活在广州，以至于求学，参加反清革命，对民国以前广州的情形不用说是很熟悉的，因此胡汉民说过："（谭先生）少时，在两广总督幕中，遇到疑难的公事为他人所不解的，只有谭先生了如指掌，而区处条理，都能恰合分际。"[15]广东地处南部边疆，是外国侵略者经常骚扰的地区，也是对外通商的重要窗口。这里鱼龙混杂，谭从16岁到20岁都生活在这里，而这一年龄正是一个人从幼稚走向成熟的关键时期，世事的变迁，官场的险恶，商场的明争暗夺、互相倾轧，给谭延闿打上了深深的时代烙印，使他学会了八面逢迎、明哲保身的本领。

不过谭延闿并没有过早地醉心权势，对他来说，最重要的是如何获取权力的资本。在封建社会，只有走科举的道路，通过科场的拼杀，考取功名，才能获得社会的尊重，获得走入官场的敲门砖。1897年（光绪二十三年），他再次回湘应优贡试，以正取第 2 名的高第入榜，不久返回广州跟从南海丁伯厚学习时艺。丁伯厚当时以翰林院编修在籍主考粤秀书院。谭延闿受其业，每三、八两日作文一篇，学业日有长进。他在《己巳夏自记课艺后》说："丁先生谨身慎行，躬行实践，下笔不苟，勤勤不稍假借，今日读此，犹见循循善诱之衷，至为可感。"⑯1899 年（光绪二十五年），谭钟麟乞假回乡扫墓，住长沙荷花祠私宅，谭延闿即随同返湘，受教于主讲长沙城南书院的刘采九先生。1902 年（光绪二十八年），谭延闿参加庚子辛丑恩正并科本省乡试，高中第 99 名举人。1904 年（光绪三十年），清政府在经过义和团起义和八国联军入侵的双重打击后，决定举行甲辰科会试，因为北京贡院在战争中损毁严重，来不及进行大规模的重修，因而这次会试只好放在开封举行。谭延闿前往开封参加考试。

这一次的科举考试试题如下：

第一场　史论五篇：

（1）周唐外重内轻，秦魏外轻内重各有得论。

（2）贾谊五饵三表之说，班固讥其疏。然秦穆尝用之以霸西戎，中行说亦以戒单于，其说未尝不效论。

（3）诸葛亮无申商之心而用其术，王安石用申商之实而讳其名论。

（4）裴度奏宰相宜招延四方贤才与参谋请于私第见客论。

（5）北宋结金以图燕赵，南宋助元以攻蔡论。

第二场　考各国政治、艺学策五道：

（1）学堂之设，其旨有三，所以陶铸国民，造就人才，振兴实业。国民不能自立，必立学以教之，使皆有善良之德，忠爱之心,自养之技能,必需之知识,盖东西各国所同,日本则尤注重尚武之精神,此陶铸国民之教育也。讲求政治,法律,理财,外交诸专门,以备任使,此造就人才之教育也。分设农,工,商,矿诸学,以期富国利民,此振兴实业之教育也。三者孰为最急策。

(2)泰西外交政策往往借保全土地之名而收利益之实。盍缕举近百年来历史以证明其事策。

(3)日本变法之初,聘用西人而国以日强,埃及用外国人至千余员,遂至失财政裁判之权而国以不振。试详言其得失利弊策。

(4)周礼言农政最详,诸子有农家之学。近时各国研究农务,多以人事转移气候,其要曰土地,曰资本,曰劳力,而能善用此三者,实资智识。方今修明学制,列为专科,冀存要术之遗。试陈教农之策。

(5)美国禁止华工,久成苛例,今届十年期满,亟宜援引公法,驳正原约,以期保护侨民策。

第三场 "四书""五经":

首题为:大学之道,在明明德,在亲民,在止于至善义。
次题为:中立而不倚强哉矫义。
三题为:致天下之民,聚天下之货,交易而退,各得其所义。

谭延闿的会试答卷令考官们十分满意,字字珠玑,纵古论今,条分缕析,鞭辟入里,令人耳目一新。他有一题甚至得了满分,现录于下,以供大家欣赏。

提问:"泰西外交政策往往借保全土地之名而收利益之实。盍缕

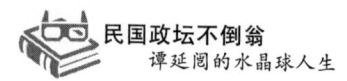

举近百年来历史以证明其事策。"

回答:西儒有曰:"两平等相遇,公法即权力,两不平等相遇,权力即公法。"吾每诵其言而悲之,公法之诚不可恃,恃公法乃适为强大者之藉口也。

近百年来,泰西诸国势均力敌,盖无可以瘠人以自肥者,而保全土地之名以起,猝然闻之,或有所甚不得已,甚且劳师縻饷不惜,天下皆从而谅之,或有颂祷之,以为于大义然,于公法亦然也。究其实罔不以义始而以利终,彼其为人乃其所自为也,外交政策之巧,有如是哉。昔拿破仑之欲袭英也,英人以自卫故,夺丹麦之海军,又以保全西、葡,驻兵干涉其内政。当时无非之者,以合于公法也。及其终英遂握海上之全权而无与抗,此一事也。维也纳之会议,所以保全欧洲之局也。举拿破仑所破坏者,一一而建设之。名非不正也,而其既也,俄奥普遂分波兰,索逊割地与普,荷兰得莱茵河之上流,英专地中海之大势,此又一事也。且夫克里米亚之役,世所称义战也。遏俄人之南下,存土祚于将危,一举二善,而英法无所利焉。迨巴黎约成,英遂巩印度之防,法之路易拿破仑遂一蹴而登皇位矣。意奥之争,法起而援之,保同盟也,沙尼两地,折而入法。丹麦之纷,德奥合而敌之,保同种也,而雪,霍二州愤而属奥、德。希土之战,俄出而预之,保同教也,而黑海之条约遂废。

此四事者,原因不一,成效不齐,要之保全者率不利,利独归倡保全之人,此其故可以深长思也。有保全土耳其之名,而英得以据沙衣白纳,有保全古巴之名,而美可以县非列宾。握苏彝士之航路,有法所不能争者,保全埃及之说为之也。开尼加拉之运河,而哥仑比亚不能问者,保全巴拿马之说为之也。有其甚者,朝言保全而夕已夺之,英之印度缅甸,法之越南柬蒲塞是已。

呜呼,保全土地者,公法之精理也,而徒为人攘利之资,以公法所不料也。以彼强大国之锋,虽以无道行之,固无敢谁何者,况持之有故,言之成理哉。朝鲜之降为半主也,旅顺大连湾之暂租也,初非

# 第一章
## 大变革时代的弄潮儿

无保全土地之说也,而今者又纷纷见告矣,远探历史之成绩,近揽列强之深谋,危乎,怵乎,毋为外交政策所笼而不自悟也。

榜发,谭延闿高中第一名贡士,此即所谓会元。清代200余年来,湖南一直没有会元,因此,湘人觉得很没有颜面,为鼓舞湘人上进,旅京湘人特在北京湖南会馆存下一笔巨款,谁中会元就可以领取,但是谭延闿并没有领取这笔资金。谭氏这次一举夺得会元,使湖南人士感到非常荣幸,因此,湖南大儒王闿运特别写文章叙述这件事:"看京报,文卿儿得会元,补湘人二百年缺憾,龚榜眼流辈也。"⑰三湘父老也为之欢欣雀跃。

原来,科举时代,讲究的是三考出身,两榜进士。所谓三考,便是府考,取录的得秀才;乡试,中了的称举人;会试,中了的先叫着"贡生",再通过殿试,殿试取一甲三名,那就是状元、榜眼和探花,都"赐进士及第"。二甲若干人,赐进士出身。三甲又若干名,赐同进士出身。

就在这四级制的考试中,考秀才的府试不论,考举人的乡试,得了第一名的称解元,考贡生的会试,得了第一名的称会元,考进士的殿试,得了第一名则称状元。所谓"连中三元"的吉利话,便指连中解元、会元、状元而来。事实上,举全国数十万读书士子,数万秀才,数千举人,数百进士,要想四次考试回回抡元,三度大魁天下,那当然是很不容易的事。有清一代,共268年,连中三元的特殊幸运者,在112科科举考试,114位状元里面(有两科取满汉状元各一,故有114位状元),就只有乾隆年间的苏州人钱启,曾经连中解元、会元和状元,乾隆皇帝为此非常高兴,曾经为他特作御制"三元诗",以志国家的祥瑞。再则,便是嘉庆年间的一位广西人陈继昌了。

湖南一省,文风素盛,可是在清朝112科中,不仅解元,乃至三鼎甲,亦即状元、榜眼、探花,全都由湖南人一中再中过了,唯独欠缺一位会元,而为三湘人士认为是莫大的遗憾,尤其是1898年(光绪二十四年），戊戌政变百日维新，清廷曾经停过科举，到了1903年（光绪二十九年），恢复举行，朝野人士谁都知道这一次恩正并科以后，持续1000余年的科举取士的制度，马上就要废止了。所谓正科，就是三年一试，恩科，则是指朝廷因有特殊庆典而随时开科的，1904年（光绪三十年）阴历十月初十，恰好是慈禧过七十大寿，所以这一年的一科，也就称为"恩正并科"了。

会试的大主考，系由清廷指定4位朝廷重臣担任，1904年那一科的大主考是协办大学士裕德（满洲正白旗人），管学大臣张百熙（湖南长沙人），署工部尚书陆润庠（江苏苏州人），法部尚书、参预政务大臣戴鸿慈（广东南海人）。这四位大主考的地域分布是华北一、华中一、华东一、华南一。同时也是按照清廷抡才大典的惯例，暗中有着"正大光明"的次序。换言之，"正"是裕德，他有权决定会元——第一名的人选，"大"是张百熙，照例他只有会魁——第二名的决定权，依此类推，陆润庠、戴鸿慈就只能取决第三、四名了。

由于义和团起义和八国联军攻陷北京，北京的贡院被八国联军野蛮烧毁，清廷有钱给慈禧穷奢极侈地操办七十大寿，却一连三四年筹不出款来重建这座全国士子心向往之、梦寐以求的最高试场。于是1904年的会试仍借河南开封的贡院举行，全国士子汇聚开封，参加这次关系自己命运和前途的考试。

这一次会试的结果，是谭延闿独占鳌头，中了会元。是湖南一省，在有清268年，112科科举考试里，三鼎甲齐全之外，又复连中三元，弥补了独缺一位会元的遗憾。难怪消息传出，三湘人士欢欣若狂，热烈庆祝，而谭延闿也成了举国闻名的人物。他中会元的光彩，居然还在殿试过后，这一科的状元郎第一甲第一名的刘春霖之上。

本来考中会元的谭延闿，不仅文章写得好，而且书法也是数一数二的人物，按综合素质而论，他进入前三甲应该没有什么大问题。但是众考官一合计还是觉得不妥。因为谭延闿既是湖南人，又是姓谭，他们自然联想到那个在戊戌变法中令慈禧太后恨得牙痒痒的谭嗣同，

# 第一章
## 大变革时代的弄潮儿

他们同姓同籍，如果把他列入三鼎甲的名单中，很可能会触怒慈禧老佛爷，招来不必要的麻烦，为了稳妥起见，只能委屈了谭延闿，把他剔出"三鼎甲"之外，谭延闿中状元的机会也就自然落空了。

可是科举时代，向有"窗下莫言命，场中莫论文"，和所谓"一财二命三风水，四积阴功五读书"的说法。照这个说法一分析，竟是命运第一，文字在次。本来，科举时代只要能够中了举人，敢于进京会试，当然都是些"十载寒窗，磨穿铁砚"，具有真才实学的读书人，程度相差不到哪里去。更由于考试的范围狭窄，碰运气的机会就大了。1904 年的殿试，8 位阅卷大臣进呈的前 10 名卷子，原是状元朱汝珍、榜眼刘春霖、探花金梁，传胪张启后。等到慈禧拆开状元郎那本卷子的弥封一看，姓名朱汝珍，籍贯广东，字体是重笔，也就是笔画较粗。当时慈禧正为庚子那年下令推珍妃入井，香消玉殒，因为心有内愧而不时闹鬼，她见了朱汝珍的"珍"字便是心中一紧，加以广东人之中有革命领袖孙中山，保皇党魁康有为、梁启超，又是犯她的忌。再则她自己的字迹写的是"细笔"，见了"重笔"便不喜。于是她再看预选为榜眼的卷子，一看刘春霖用的是细笔，劲秀疏淡，又值甲辰那年北方正闹旱灾，她因为"春霖"两字很吉利，便将状元和榜眼的次序对调了一下。此外，据逊清内务部大臣金梁在他所著的《光宣小记》中自己这么说：那一科最倒霉的得算是他了，他说他原被阅卷大臣取为探花，笔迹尤其疏淡瘦硬，照说他这个探花郎准定通得过。然而，他错不该在策首用了"痛哭流涕"4 个字，那年正是慈禧七十大寿，她认为大非吉兆，老大不高兴地把卷子往地下一摔，左右内侍见慈禧老佛爷动了气，连忙在另外 7 本卷子里，找出一名旗籍的商衍鎏，抵了那原定探花金梁的缺。

无巧不成书，1904 年（甲辰）那科的会元，据说也有一段幕后掌故。这段掌故系由逊清遗老陈夔龙在 1924 年（民国十三年）所发表的《梦蕉亭杂记》中透露出来的。大意是说，甲辰那年开封会试，他正当河南巡抚，因此他也被派为考官之一。考试揭晓的那一天，考官们齐集公堂，升座、拆卷、填榜。大家正在忙碌，会试大主考陆润庠，手里拿着一本卷子告诉他说："这本卷子书法工整，通场无出其右者，殿试时可能大魁有望。"他说时顺手将卷子上的弥封拆开，大家好奇地挤上去一看，举子的名字是刘春霖。当时，就有一位刘春霖的同乡考官阎志廉说："刘春霖的字的确很出名，他平日所写的大卷，就不下数十本之多。"他是在说刘春霖在准备殿试，练习殿试大卷的书法，就用了这么多的功夫。

众考官正欣赏称羡，赞不绝口。另一位大主考湖南长沙人张百熙，也指着一本卷子，洋洋得意在跟那位河南巡抚陈夔龙说："我们湖南自从国朝定鼎，260来年，状元、榜眼、探花三鼎甲齐全，解元也得了不少，就只差一位会元。正好我在场中看到湖南省举子的一卷，写作俱佳，确实够得上会元之选。可是按照'正大光明'的次序而论，我班次第二，就只能取过会魁。科举将停，机会难再，所以我特地跟裕相（指协办大学士裕德）情商，请他将这本卷子作为会元，也好免使我湘科名有个会元的缺陷。承蒙裕相允让，你看，这一本就是会元卷子了。"

说完，他当着陈夔龙的面，把手里的那本会元卷子上的弥封拆开，两人忙不迭地看时，卷上的姓名恰是湖南茶陵谭延闿。

有幸，当然也有不幸者。甲辰那科会试，照例系由"正"字号大主考裕德决定会元人选，他在张百熙力请以湖南一卷为会元以前，先已有考官向他推荐福建闽县人一卷。裕德也认为那本卷子不错，他已决定了以此取为会元。可是当张百熙跟他一情商，裕德的官阶虽然高过张百熙，可是张百熙却比他先进翰林院，科场素重辈分，裕德在私底下还是得尊称张百熙一声老前辈，因此他唯有欣然应允。另一方面，则张百熙倘若不是有此把握，他也决不会做此一请了。

等到张百熙跟裕德对调的那一份福建闽县试卷一拆开弥封，众考官一看那揭了晓的姓名，竟会情不自禁地齐齐吃了一惊——这真是此人命中注定，大清帝国的气数已尽，连手到擒来的一朝代间三度连中三元的吉兆，都跟煮熟的鸭子般又给飞了。因为那一卷是福建闽县优廪生、年方 26 岁的林志烜的，众考官都知道林志烜是 1903 年（光绪二十九年）癸卯科的解元。

这一取舍之间，关键实在太重大了。如果不是张百熙为弥补湖南人的缺憾，也得过末科会元，那么，已经中了解元的林志烜，连战连捷，再度中了会元之后，他进京殿试，在慈禧七十大寿，因而举行恩正并科的情况下，8 位殿试的阅卷大臣铁定会把林志烜取在前 10 名之列，而慈禧最后决定名次时，更毫无疑问地将俯允众主考之请，以林志烜为状元了。末科科举出了个连中三元的林志烜，对清廷和慈禧来说，将是何等的光彩。那"重熙累洽"的歌颂，岂不是又要轰动九城，弥漫全国，为清朝皇室注射一针兴奋剂吗？然而事与愿违，在慈禧寿辰的清趄时期终未能出现三度连中三元的盛事。相反，却正好给谭延闿作了最好的宣传，使他的大名传播久远，几于无人不知，无人不晓。会试以后紧接着便是殿试，谭以二甲 35 名赐进士出身，朝考一等第一名，遂为翰林院庶吉士，实现了读书人的最高理想。但他并没有按照清政府预定的轨迹，在风雨飘摇的封建末世为清政府竭忠尽力，共保太平，而是走向了清政府的反面。第二年，其父谭钟麟病死，他即报了丁忧，回乡为父守丧，从此不再在清朝廷做官，而走进了清末保路、立宪运动的行列。

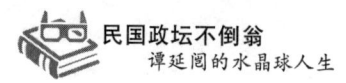

## 3. 年轻的谘议局议长

谭延闿成为会元后,名声大震,虽然因与湖南变法巨子谭嗣同同姓同籍,无缘状元桂冠,但并没有缩减他少年科甲的光辉。他中进士后,成了翰林院的庶吉士,本可以在这个最高官员养成所中学习历练,为日后出将入相打下坚实的基础。

但是,这时的京城因为惨遭八国联军的蹂躏,已经满目疮痍,大清的国运开始走向了历史的尽头,尽管慈禧太后为了重拾民众的信任,在内外压力之下,宣布实行清末新政。想借"变法改革"这剂猛药,来疗治病魔缠身的大清王朝,使它尽快强壮起来,然而这位权倾朝野的老太太心里并没有底,只能死马当作活马医,希望能出现奇迹,使病入膏肓的大清王朝起死回生。她钦点了末科状元刘春霖,希望有一个好的兆头,能够甘霖普降,国运隆昌。但是,好的愿望并不一定能成为现实,一场旨在集权中央的违心改革不仅未能解决已有的社会矛盾,反而因为变法者都想从中获取利益,扩大权力,借改革之名,行集权、敛财之实,而激化了新的矛盾,导致统治阶级内部的进一步分化,动摇了清政府的统治根基。

谭延闿身在京城,心系家乡。他虽刚刚获得进入仕途的敲门砖,有机会饱尝权力的滋味,但他并无春风得意的人生快感。作为封疆大吏的儿子,他自小在官场中长大,看惯了官场的冷暖,懂得仕途的风险,何况清末这个天下变乱的多事之秋,要想在群龙混杂的京城出人头地,确实不是一件容易的事情。父亲年事已高,早已辞官归里,母亲也已步入老年,盼儿心切,谭延闿每念及此,都想赶快回到父母的身边,尽人子之孝。因此,当 1905 年父亲病亡的消息传到京城,他就以"丁忧"为名,匆匆打点行装,告假南归。

谭延闿回到湖南,办理完父亲的丧事,就以"丁忧守制"的名义,留在了长沙。他远离官场,感到十分的轻松,转而将全副精力投入湖南的新式教育事业之中,其中,尤以支持湖南的明德学堂教育事业最为典型。

明德学堂是由留日学生胡元倓等人创办。胡元倓(1872—1940),字子靖,湖南湘潭人。1902年留学日本,在东京宏文学院速成师范班毕业,决心以不做官、不入党派,立志创办私学,以作育人才为己任。1903年,在举人出身的表兄龙璋和龙绂瑞的帮助下,创办了湖南省第一家私立中学——明德学堂,租赁长沙城北左宗棠祠作为校舍,推龙璋的叔父、在籍刑部右侍郎龙湛霖为总理,延聘周震鳞、张继、王正廷、苏曼殊、黄兴等人为教员,使明德学堂成了当时新思想的摇篮。

对于明德学堂的创办,1919年毛泽东在《湘江评论》创刊号的《学界风潮》一文中说道:

> 湖南之有学校,应推原戊戌春季的时务学堂。时务以短促的寿命,却养成了若干勇敢有为的青年,唐才常汉口一役,时务学堂之死难者颇不乏人。此时的学校,大都以鼓吹革命为校风,学生竞研究所谓经世的学问,抵掌讨论的,不外国事如何腐败,满政府如何推翻,怎样进兵,怎样建设,种种问题。明德继起,校旨相同。光绪末年的明德学生,在省城学生界,颇负时誉。大抵当时的学生,好干事,不怕死,是他们的特色。反抗官厅,不服压制,是他们外发的表征。陈宝箴巡抚湖南,以开发湖南自任,时务学校之得以建立,陈氏实其元勋。戊戌政变,陈宝箴走,谭嗣同死,梁启超逃,熊希龄革掉翰林,康圣人的著书一大堆,在小吴门外校场坪聚烧了,于是时务学堂倒了。
> 
> 时务虽倒,而明德方兴……

明德学堂开办不久，由于龙家与谭家世代友好的特殊关系，1904年7月，原两广总督谭钟麟的儿子谭延闿被邀请来校参观。当时谭延闿因为刚中会元，名望很大，自不免重科举而轻视学堂，但是，自从谭延闿受邀参观明德学堂以后，他的观念因而发生了大大的改变。这是因为明德学堂的教师人选，都是素孚众望、品学兼优的学者，学校教学管理也都有条不紊，学习风气又呈蓬勃向上的气象，将来必大有成效。胡元倓遂趁机请他主持这一新创学校，以示倡导。谭延闿欣然答应，并立即捐款1000元，并且许诺每年捐助1000元为聘请英文老师的薪水。这时，他的父亲还活着，思想顽固，对新式学堂不感兴趣，不愿意捐钱资助，谭延闿只好将他夫人陪嫁的金银首饰拿出来变卖，兑换成金钱，以作支援明德学堂的经费。他的这一举动使得当时的旧知识分子十分震惊：因为谭延闿出身仕宦望族的守旧之家，又是封建科举场上的幸运儿，本应对科举制度怀有深厚的感情，但为何采取资助新学这一标新立异的行为呢？胡元倓曾经将这些世人的看法告诉于他，谭延闿笑着回答说："我所幸运的是母子同心，我出钱资助教育，实际上是秉承我母亲李太夫人的命令。"因此，以后谭延闿每次寄信给胡元倓，都自署"慈卫生"（即母亲卫护之意），胡元倓也常称谭延闿为"慈卫先生"。

当时革命党人为了培养革命人才，纷纷投身教育领域，借兴办新式教育，作为传播革命思想的手段，以达到反清革命的目的。他们看到谭延闿身为总督公子，且是科场显贵，深受地方官吏敬重，又热心地方教育事业，于是就把创办其他私立学堂的立案，请款和补给校舍等事情，请他出面和官府及绅士们交涉，以便减少阻力，顺利解决问题。这时，谭延闿的父亲已经过世，他可以自由地参与各种社会活动，于是，以丁忧守孝为名，辞去了翰林院的职务，后经湖南巡抚岑春蓂以"湖南教育不可一日无谭延闿主持"为由，奏请清廷允准留谭在湖南办学，"旋以办学劳绩，免考散馆，以编修留馆，仍办湘学"⑱。谭延闿于是一心一意致力于地方教育事业，因此，1903年至

1904年两年，湖南学堂之多，学生之众，冠于全国，当时谭延闿可说是一个非常热心教育的绅士。[19]

湖南新式教育的迅速发展，引起了顽固守旧绅士的极大恐慌。当一些留日的湘籍学生回湘办学的时候，就有一群顽固的绅士从中极力反对。王先谦、叶德辉等人更是阻挠私人办学，对明德学堂的开设公开予以指责，他们分布其爪牙，到处兴风作浪。明德学堂所聘的刘佐楫，就是王先谦的门人，他奉王先谦之命打入明德学堂内部，作为暗探，专门留意明德师生的进步言论。学堂的理化教员单启鹏也与之结为同党，单启鹏的弟弟单启鸿此时正在明德读书。他们表面上伪装积极，倾向于反清革命，暗中则与旧派势力相勾结。[20]单启鸿平日把明德学堂教师们对学生说的话都记在课本的书眉上，然后交给单启鹏，再由单启鹏交给刘佐楫，作为革命党人反清的罪证。黄兴、周震鳞分别担任明德学堂的历史和地理教师，经常给学生讲课，注重对学生宣传革命宗旨，以达其教育目的，言辞之中常常流露出对清王朝的不满。单启鹏将其弟记载的课本内容，送交刘佐楫，然后又交给王先谦。王先谦如获至宝，立即向湖南新任巡抚赵尔巽告密，指责明德学堂为一"革命学堂"，校中师生都倡言革命，实行谋反叛逆，请求巡抚大人对此严加审办。胡元倓请谭延闿、龙湛霖等人出面疏通，以化解这场危机。

谭延闿是在龙绂瑞家宴上认识黄兴的。据说他迷信"看相"，看到黄兴"魁梧奇伟，沉着厚重，两眼奕奕有神，认为是一个有作为的人，前途不可限量，内心钦敬"。[21]尽管黄兴平日"恂恂如儒者，绝口不谈政治"，[22]但其言谈行事毕竟不同于常人，谭延闿知道他是颇有来历的人物，因此又不太和他接近，以免惹来无妄之灾。对于这位声誉甚隆的地方绅士，黄兴自然也不愿得罪，不能不做些应酬表示。两人之间多少有些友谊，保持着一般同事的关系。对于学堂风潮，谭延闿扮演了一个骑墙的两难角色：一方面，他当然恋恋难忘"圣朝隆恩"，不忍心看到大清王朝的龙旗被历史的飓风席卷而去；另一方面，他隐约觉察到一种新生的力量正在不可遏制地勃兴，旧王朝的覆没似乎是不可避免的事实。在行动上，他同官宦士绅诗酒流连，礼尚往来，同黄兴也保持着比较良好的关系。由于他地位高名望重，其父故交门生极多，本人科甲同年在湖南的也有不少，因此，在他和龙湛霖的积极活动下，湖南巡抚赵尔巽作出了袒护明德学堂的结论，斥责单启鹏教弟不严，伪造证据，诬陷老师，当场开除了单启鸿的学籍，交由其兄领归严加管教，使这次风潮得以平息。

谭延闿凭借自己良好的人缘关系，尽心尽力地为明德学堂办事，为了防止明德学堂因为宣传反清革命而遭清政府查封，胡元倓与谭延闿商议，在龙湛霖家的西园，另外设立一个经正学堂，一旦明德被查封，便由经正替代。1905 年，明德首任总理龙湛霖病逝后，由谭延闿继任，直到 1929 年，明德学堂因而日渐欣欣向荣。胡元倓晚年常对人言："我与死友中最不忘者二人，一曰黄克强，二曰谭组庵。"[23] 谭延闿、黄兴两人都是对明德有杰出贡献的人物，他们的交谊也是从明德开始的。

正当谭延闿埋头作育人才的湖南教育事业的时候，清末新政步入了一个新的历史阶段，由经济领域的改革向政治领域渗透。1905 年的日俄战争，日胜俄败，在中国知识分子看来是立宪主义对专制主义的胜利，于是，要求政治改革的呼声甚嚣尘上，立宪由此成为清政府的最后一根救命稻草。清政府不仅派出了以载泽为首的五大臣到西方各国考察宪政，而且还根据他们的建议于 1906 年 9 月颁布了"预备仿行宪政"的上谕。在这道上谕中，清政府承认，"各国之所以富强者，实由于实行宪法，取决公论"；而中国"政令积久相仍，日处阽险，忧患迫切"；所以"非广求知识，更订法制"不可。它宣布预备立宪的原则是："大权统于朝廷，庶政公诸舆论。"但"目前规制未备，民智未开"，不能立即实行宪政，首要任务是改革官制，厘定法律，而又广兴教育，清理财政，整顿武备，普设巡警，"使绅民明悉国政，以预备立宪基础"。"俟数年后规模粗具，查看情形，参用各国成法,妥议立宪实行期限,再行宣布天下,视进步之迟速,定期限之远近"。在此期间,天下臣民要"各明忠君爱国之义","尊崇秩序,保守平和以预储养成立宪国民之资格"。这道上谕,确立了实行立宪的基本国策,清政府由此进入预备立宪时期,即宪政改革时期。

立宪的春风越过黄淮,迅速吹拂到三湘大地。湖南本来民气强悍,近代更是出尽风头,每到关键时期,总能看到湖南人活跃于政治舞台的身影,湖南人的立宪自然也不甘人后。当时,全国真正懂宪政的人只有2人,一是梁启超,一是杨度,因此,他们成了五大臣出洋考察宪政报告的"枪手"。由于梁启超仍是令慈禧老佛爷头痛的通缉犯,因此,湖南人杨度自然就成了清政府可以依靠的独一无二的宪政专家。当时,这个宪政专家因为为伯父奔丧回到了湘潭,自然为谭延闿等这群追求社会进步的新贵所看重。谭延闿虽然宪政知识不是很多,但对西方的政治制度还是有一定的了解,从他的会试答卷就可以看出这一点。更难能可贵的是谭延闿看透了封建专制的弊端,认识到非改革传统政治不可。向西方学习,推行宪政也许是一条解危脱困的良好出路。1907 年,谭延闿联合杨度在长沙成立了湖南宪政公会,作为对清朝"预备立宪"的响应。他们以长沙为中心,开会演说,通电请愿,集会选举,组织政团,为立宪摇旗呐喊,搞得沸沸扬扬,格外热闹。

清末立宪的锣鼓敲响以后,就朝着"开国会、设议院、颁宪法"的方向迈进,在开国会以前,各省必须先设立谘议局,选举议员,推举国会代表。1907 年 10 月,清政府下令各省设立谘议局,选举议员,作为地方议会机构。当时全国上下,除了极少数的知识分子,很少有人知道何谓"选举",更谈不上操作,在朝廷的再三催促下,各省开始缓慢行动。㉔

湖南谘议局的筹办情况并不理想。1908 年 12 月,湖南巡抚岑春蓂在中央宪政编查馆的一再催促下在长沙设立了湖南谘议局筹办处,委派藩司庄赓良、臬司陆钟琦、学司吴庆坻为总办,盐法道朱延熙、巡警道赖承裕、劝业道唐步瀛以及在籍绅士内阁学士衔前国子监祭酒王先谦、前掌江南道监察御史赵启麟、翰林院编修谭延闿、广西候补道汤鲁璠等为会办，湖南候补道张鸿年为驻处会办，筹办谘议局一切事宜。

由于谘议局选举在中国历史上属于第一次，一些旧派绅士对此并不感兴趣，他们习惯了在地方上我行我素，独断专行，不希望看到社会上有一个什么代表民意的机构出现，不愿意看到社会上有人向他们的权威挑战，因此，他们对谘议局选举反应冷淡，甚至不愿意参加谘议局选举的各项具体活动。湖南省著名的大绅士王先谦在湖南很有名望，被称为湖南文苑的领袖、三湘学士的班头，他凭借自己的社会影响和权势被湖南巡抚任命为谘议局筹办处的会办，但他却借口"旧疾积久"，"恐非所堪"，[25]只答应挂一个虚名，不愿意承担任何具体义务。正如周锡瑞所言："顽固绅士一丁点儿也没有被吸引到立宪政府的西方观念中去。王闿运认为：'宪法备于本朝，何容求之海外？'这样的人纯然待在一边，或者拒绝接受谘议局的席位。王先谦、王闿运、张祖同和叶德辉，如果真的想要当选的话，他们都具备足够的权力和威信得以当选。可是在省谘议局议员名单上，他们的名字竟然突出的消失了。"[26]正是由于旧派绅士自动放弃了谘议局的选举和被选举权，这就给谭延闿等新派绅士在谘议局选举中以更大的活动空间，谘议局选民的调查登记、无记名投票的初选、复选，都是由他们在其中起着主导性的作用，从而无形中抬高了他们的政治声望。在复选出来的82名谘议局议员中，新派绅士占了绝对的优势。

谭延闿在当选议员的时候，曾经因为年龄的问题发生过争执，经过一番曲折后，才获得澄清。依据《谘议局章程》规定，候选人必须为年满30岁以上的男子。按照农历推算，谭延闿出生于清光绪五年十二月十四日，1908年为光绪三十四年，即已29岁，到1909年当然符合年满30岁的规定。但光绪五年十二月十四日为公历1880年1月25日，正是公历、农历换算跨年度的时间，按公历算，1909年还没满 30 岁，于是谭延闿以自己未满 30 岁为由，力辞议员身份，足见谭延闿品信诚实，并不贪恋权位和身份。为此，湖南巡抚岑春蓂在 1909 年 9 月谭延闿正式当选议员后，电请宪政编查馆进行解释。他说："据筹办处详具湘绅公呈称：'长沙复选当选之翰林院编修谭绅延闿，自行呈明官年只注二十九岁，不合复选，赐核。查该绅之父谭文勤（钟麟）年谱，则实年已满三十。今论资格，自应以实年为断。该绅品端学粹，乡望素孚，未便听其辞选'等情，转请核实前来，今复核无异。可否仍今充任议员之处，祈酌核示遵。"4 天后，宪政编查馆发来复电："谭绅延闿，实年既满三十，自应留充议员，未便令其辞退。"[27]这样，谭延闿议员的身份名正言顺地获得了官方的承认。

1909 年 10 月，湖南谘议局在长沙正式成立，各地谘议局议员陆续到达长沙。10 月 8 日，谘议局议员齐集长沙府学宫明伦堂召开预备会议，选举谘议局正、副议长。这天行政官员自布政使以下都参加了会议，谘议局议员到会的共 69 人，超过法定人数。互选投票从上午 10 时到下午 4 时。

根据《谘议局章程》规定，选举议长、副议长，采用单记投票法分次互选。第一次互选议长，谭延闿得 57 票。第一次互选副议长，冯锡仁得 27 票，罗杰得 22 票，都没有超过法定半数。于是以冯、罗两人为对象举行重新投票，这一次投票，冯锡仁得 37 票，罗杰未达法定票数。接着进行第二次互选副议长，曾熙得 38 票，超过法定半数，选举有效。于是，决选以谭延闿为议长，冯锡仁、曾熙为副议长。副议长冯锡仁以事未至，众议员公推罗杰代行副议长事。

谭延闿之所以能够成为年轻的谘议局议长，在当时可以说是众望所归。谭延闿身为两广总督、吏部尚书谭钟麟的儿子，虽然父亲已经过世，但雁过留声，人过留名，仍有过硬的家世背景和广泛的人缘关系，何况谭延闿高中会元，填补了湖南 200 多年无会元的缺憾，早已名声在外，成了当时响当当的人物。而且谭延闿热心家乡的教育事业，对湖南地方上的实业建设也是倾注了大量心血，深得官方和知识

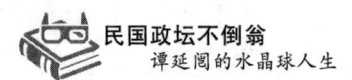

阶层的赞许和好评。而且他为人谦和、低调，从不盛气凌人，与新旧各派都保持着比较良好的关系，处世圆滑，从不轻易得罪人，人缘关系很好。尤其重要的是他对清末宪政充满热情，工作积极，精力旺盛，心思缜密，有干劲，有闯劲，想在清末政治改革和地方事务的发展中有所作为，因此，他很自然地能够获得官方和民众的支持，并很快成为立宪运动的风云人物。

## 4. 从立宪到革命的风云人物

谭延闿当上湖南谘议局议长后，更加意气风发，他利用谘议局这一合法的政治舞台，充分行使参政议政的权力，广泛引导湖南人民开展大规模的保护利权运动，大力推进国会请愿活动，使湖南的立宪运动风生水起，有效地推动了湖南革命运动高潮的到来。

湖南的保护利权运动主要集中在收回粤汉铁路利权的斗争上。早在1898—1900年，美国就勾结清政府先后签订了《粤汉铁路借款合同》和《续约》，攫取了修筑从汉口纵贯湖南至广州的铁路的权利，但又未按约完成工期，并违约将铁路股权转售比利时商人，早已对美国掠夺路权不满的湘、鄂、粤3省人民群情激愤，要求"责美违约，立废合同"，将粤汉铁路收回自办。1905年5月，湖南绅士在长沙成立了"湖南铁路筹款购地公司"，委派湘绅龙湛霖、王先谦为总理，张祖同、席汇湘为总办，龙绂瑞为会办。谭延闿、冯锡仁、黄自元等人为总议，积极筹备铁路自办活动。在社会各界的强大压力下，当年8月29日，美国被迫与清政府签订"赎路合同"，交出了修筑粤汉铁路的所有权利。

1906年，湖南铁路公司正式成立，谭延闿被聘请为谘议官。但就在这一年，湖广总督张之洞以铁路商办，集资不易，进行迟缓为由，改商办为官督商办。谭延闿等人则具呈邮传部请仍归商办，议修株洲至长沙一段，此一段中又拟先修株洲至昭山一段。因资金筹措困难，经理屡易，于是又以商会名义具呈商部请归商办，并发行铁路特利股票（类似抵押公债），以多方筹措资金，清政府命令张之洞查明办理，但张之洞以商办窒碍难行为由，仍将股份归入铁路公司为官督商办。由于张之洞向来重视科举考试出身的人员，又重视做官的资历，所以他往往延用翰林进士掌握修筑铁路的大权。张之洞任命袁树勋为主持总理，张祖同、席汇湘为协理。1907年3月，湖南铁路公司定名为"奏办湖南粤汉铁路公司"，被迫改定宗旨为"官督绅办"。当时张之洞已调任军机大臣，兼管学部及督办粤汉铁路，于是召集邮传部及湘、鄂、粤3省督抚及任事官绅举行会议。湘省推举谭延闿为代表，于1908年夏入都议事。谭延闿力陈湘人欲先办株昭（株洲至昭山）段之意见，而张之洞则劝湘人不必争归商办。谭在日记中写道："张南皮云'株昭不必争，将以全路归官商合办'云云，争株昭不得而全路去半，可笑可叹也。"㉘

湖南谘议局成立后，立即担负起了领导湖南人民保路运动的重任，先是1909年6月，张之洞遵照清廷旨意，与德国德华银行、英国汇丰银行、法国东方汇理银行签订"粤汉铁路借款草约"，美、俄、日等国也相继要挟分享有关铁路的各种利权。于是，湖南保路运动也就进入了"抗债拒约""集股商办"的阶段。而以谭延闿为议长的湖南谘议局，实际上成了湖南保路运动的领导机关。自"粤汉铁路借款草约"的消息传出以后，谭延闿等谘议局初选议员82人联名致函张之洞、邮传部和宪政编查馆，明确表示："铁路借款，湘人决不承认。"㉙湖南谘议局成立后，即通过关于湘路无庸借款，实行完全商办，以及用人培才等一系列的议决案。1909年8月，谭延闿、龙璋、陈文玮等绅商于省城紫荆街设立"铁路股东共济会事务所"，不久又设立了集股会，具体掌握拒债、集股、办报，研究议案事宜，刊行《湘路新志》《湘路周报》等杂志，积极宣传鼓动。谭延闿等绅商明白，清政府出卖路权的借口，是湘路自办多年，毫无成效可言，因此，湖南绅商决定捐除成见，厚集股本，赶修铁路，以保利权外溢，以实际行动来抵拒清政府出卖铁路主权的行为。谘议局议决湖南铁路公司改为商办后，湖南又再次掀起了一场声势浩大的集股热潮。"湘路自归商办，所集商款已逾200万元。常款则租股、房股之类又400

# 第一章
## 大变革时代的弄潮儿

余万元,此外则所得股及地方公储股亦各以数万计,而口捐、米捐三佛支路不与焉。"㉚不仅绅商学界踊跃入股,就连下层劳动人民也激于爱国义愤,人人节衣缩食,纷纷"争先入股"。截至1910年9月13日,全省即已收到股款535万多元。在湖南谘议局的实力策划之下,1909年8月,湖南铁路公司正式开始修筑长沙至株洲间铁路工程,并于一年后首先修竣昭山至株洲段路基,1911年正式通车。这是当时少数几条由中国人自己建成的铁路之一,充分显示出湖南人民的力量,同时也体现了谭延闿为首的湖南立宪党人的劳绩。

然而,在1911年1月,盛宣怀被任命为邮传部尚书后,便重新和英、美、德、法4国银行团加紧磋商借款条件,同时积极筹划将各省商办铁路"收归国有",以达到将它作为借款抵押的目的。5月8日,清政府正式发布铁路国有政策的上谕,任命端方为"督办粤汉川汉铁路大臣",南下强行接收湘、鄂、粤、川4省铁路公司。同月20日,清政府与英、美、德、法4国银行团在北京正式签订了《湖北湖南两境内粤汉铁路湖北省境内川汉铁路借款合同》:款额600万英镑,年利5厘,铁路全长1800华里,偿还期限40年,以铁路收入及两湖厘金、盐税为担保……㉛

清政府这种露骨的卖国行径,激起了全国人民的无比义愤,更激发了湖南人民包括谭延闿等立宪党人的更大不满。湖南人民的保路运动由此进入了反对"铁路国有"的新阶段。1911年4月14日、15日、16日连续3天,由谭延闿为首的谘议局出面组织各界开会,讨论研究如何对付铁路国有的方法。到会的有时达数万人之多,大家群情激愤,分别以各团体名义具呈湖南巡抚,请他代奏清廷,声称:"如果不答应他们的请求,只有实行反抗,没有其他的办法。"由谭延闿领衔的湖南谘议局全体议员致资政院的电文,强烈要求行使正当权力,重新审议借款议案。又致电责任内阁,力陈粤汉铁路既经国人力争,又曾得到政府允许赎回自办,现在忽然要收归国有,实在是有违人民的意愿。政府既失信于国民,那么国民"自不信用政府"。湖南谘议局现已覆议预算案，议员等屡次召开会议，"亲睹群情汹惧，用敢冒昧渎陈，务恳代表收回成命，以顺民心"㉜。4月18日，湖南绅商学各界代表及集股会各股东600多人，由湘乡人曹斌发起，假教育总会召开湘路协赞会成立大会。首先由谭延闿阐述立会宗旨，并陈述协赞之具体意见，紧接着谘议局议员及各绅商先后发表演说，"力陈借款之为害剧烈，淋漓痛快，一时观者暨股东等人均鼓掌称善，极口赞成"。会议一直开到下午6点钟才结束。最后议决：先联名呈请巡抚，要求他致电军机处，代奏湖南人民提出的要求。就在同一天，各团体都赶到巡抚衙门，请求湖南巡抚杨文鼎向清政府转达湖南人民的强烈抗议。湘路公司长株一带工人1万余名于是日停工进城，态度尤为激昂，沿途声言：如果巡抚不答应上奏，挽回利权，那么就会导致商人罢市，学生罢课，人民抗交租税的严重后果。巡抚杨文鼎看到衙门外的人越聚越多，大家情绪激昂，愤怒之声如山呼海啸，杨文鼎害怕酿成事变，只好好言相劝，当即答应"代为电奏乞恩"，各团体代表才开始退出巡抚衙门。

湖南巡抚杨文鼎虽照各团体所请电奏清廷，但结果却遭到了清政府的严旨申饬，并威胁湖南绅民说："如有匪徒暗中鼓动，致生事端，着即从严惩办。"㉝清政府这种无视民意的态度，既表明它毫无诚意实行立宪，也更加激起了人民的愤怒，加速了它的末日的来临。从6月上旬开始，省会长沙各学堂相继掀起了罢课风潮。至6月中旬，罢课风潮波及了整个湖南。同时，各阶层人士也以各种形式纷纷行动起来，表示对清政府的不满情绪。官方害怕事态扩大，出示了"禁止开会"，"实行新闻检查"的告示，派出军警四处巡逻，手持枪械盘查过往人群。然而，这一切高压措施再也不起什么作用了，革命大风暴即将来临。

湖南立宪派形成后，对全国立宪运动的兴起起了推波助澜的作用。1907年秋，湖南立宪派绅士熊范舆等100多人第一次联名上书请开国会，建立民选议院。虽然他们对议院的认识有些天真，但是他们却提出了一个与清政府完全不同的全新立宪方案，表明了他们所追

## 第一章 大变革时代的弄潮儿

求的是能够真正代表人民意志和人民利益的民选议院，而不是君主钦定的御用机构。随后，雷光宇以全湘士民的名义上书，陈述开国会的必要，但雷光宇的请愿书压在都察院未递上去。于是谭延闿为首的立宪派又派举人萧鹤祥等于1908年春亲携催禀赴都察院呈递，要求都察院将湖南公呈允奏未奏之理由批示明白，以便报告湖南全体绅民及各省之筹谋继续上书人士，使咸知宪意，庶官民之意，能通上下之情斯达，实为公便。是年夏，湖南立宪派绅士再次派拔贡廖名缙、江苏试用知县陆鸿第、廪贡易宗夔、监生仇毅等捧呈由秀才曹典球起草、优贡黄忠浩等领衔的《湖南人民第二次国会请愿书》前往北京，恳请清廷速开民选议院，召开国会。在湖南立宪派的影响下，河南、江苏、安徽等地的立宪派纷纷派出请愿代表赴京，把一封封开国会的请愿书投进了都察院，立宪运动在全国范围内迅速开展起来。

由于清政府实行预备立宪是出于抵制民主革命，强化封建专制统治这一目的，所以一再拖延立宪期限，对立宪派绅士也不作一点让步。1908年8月27日，清廷颁布了一份《钦定宪法大纲》，从头到尾都是保障君主绝对集权专制的条文，在所附的"议院法要领"、"选举法要领"和"逐年筹备事宜"，又规定"预备立宪"以9年为期。立宪派绅士对于这个充满了专制主义气息的《钦定宪法大纲》，尤其是对9年预备立宪的期限感到不满。认为，用这样一段缓慢的岁月来做立宪的准备，将无法遏制一日千里的革命风潮。鉴于革命风声日紧，立宪派绅士感到有促使清廷加速立宪的必要。1909年10月，各省谘议局的成立，为立宪派扩大了活动的场所。于是，首由江苏谘议局议长张謇倡议，向各省发了通电，组织"国会请愿同志会"，请求速开国会，组织责任内阁。湖南谘议局议长谭延闿积极响应这一号召，不仅派附生罗杰、廪生陈炳焕、举人刘善渥等人赴上海与各省代表共商请愿大计，而且还派专人参加了各省立宪派代表自1910年1月至10月在北京的3次联合请愿行动，尤其是参加第3次请愿的湖南代表易宗夔、罗杰，在资政院召开的大会上慷慨陈词，态度非常强

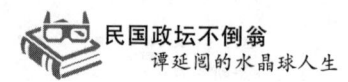

硬,措辞异常激烈,他们与江苏雷奋被时人称之为资政院"三杰"。正是在他们的努力下,资政院一致通过了谘议局陈请速开国会的议案。当这次请愿结束后,江浙立宪派感到已达一定目的,决定解散回籍时,湖南等省代表还准备发动第4次国会请愿。联合请愿终于迫使清政府同意将预备立宪的期限由原定的9年缩短为5年,预定于宣统五年,即1913年召开正式国会,在此之前,预先组织内阁。

国会请愿,"是士绅向统治者要求权力的运动"。这场运动是由资产阶级化的绅士阶层独立发展起来的,其目的是为资产阶级争取参政权,推进中国政治体制的改革。在这一斗争中,云集长沙的湖南立宪派绅士是发动最早而又坚持到最后的。

1911年5月8日,预备立宪的关键一幕揭晓,清廷组织的内阁正式出笼。结果13名内阁成员中,皇族占了7人,立宪派对清廷设立这个近乎嘲弄的"皇族内阁"以敷衍塞责的做法,深感不满,决定提前赴京,举行谘议局联合会第二次会议,商讨对策,于是,一个以要求撤销皇族内阁为主题的请愿运动,迅速兴起。5月中旬,谭延闿与周煊埏从湖南火速赶到北京,随即被各省谘议局议长推举为大会执行主席。6月10日,由谭延闿主持下的各省谘议局联合会向都察院呈递了《亲贵不宜充内阁总理,请实行内阁官制章程,另简大员组织》一折,请求代奏,但没有结果。谭延闿等人仍不死心,继率各省谘议局联合会代表又一次上书,仍请都察院代奏,重申"君主不担负责任,皇族不组织内阁,为君主立宪国唯一之则"。这次上书不仅毫无结果,反而招来一道措辞严厉的"上谕"的训斥。立宪派情绪十分激愤,谭延闿等人立即以各省谘议局联合会名义发表了一份《宣告全国书》,严厉揭露王公贵族们的行径是"名为内阁,实则军机;名为立宪,实则专制"。紧接着,他们又发出一份《通告各团体书》,分别对"上谕"逐条进行辩驳,指出它避开皇族不宜组织内阁的主题,答非所问,牛头不对马嘴。并且郑重声明,定于9月间再聚北京"续行请愿,尤冀我海内外各团体,同时派员来京,优质帝阍,竭力呼

# 第一章
## 大变革时代的弄潮儿

吁"㉞。可见立宪派与清政府之间在立宪问题上已经出现了严重的分歧。

但是立宪派并没有放弃依靠清王朝走改良主义道路的努力，他们相继成立了宪友会、宪政实进会和辛亥俱乐部，以为日后竞选国会议席，参与政府权力的分配做准备。宪友会和辛亥俱乐部都在长沙建立了它们的湖南支部。1911年7月上旬，谭延闿、易宗夔等受宪友会总部的派遣，先后从北京回到长沙，邀集谘议局副议长陈炳焕及绅、商、学各界重要人士黄忠浩、龙璋、梁和甫、周名建、廖名缙、姜济寰、曹世昌、仇毅、雷光宇、胡迈、谭传恺等在教育总会会场连续举行会议，发起组织宪友会的湖南支部，推举谭延闿为干事，宣告宪友会湖南支部正式成立。与此同时，由辛亥俱乐部派到湖南组织支部的罗杰，回到长沙后，即邀同粟勘时、李达璋、周广询、常治、杨宗实等9人为发起人，获得绅、商、学界一部分人的响应，于7月10日举行成立大会，推举黄忠浩为支部长，李达昌、俞峻为副支部长。立宪派组织政党，一方面表明了立宪派绅士力图依靠清朝统治者继续致力于改良主义的道路，另一方面也表明，他们与清政府之间的裂痕进一步加大，对清廷的依赖和眷念之情日益淡化。饱受欺骗与侮弄的湖南立宪派绅士随着保路运动的深入发展最终实现了他们向革命的转变，并与革命派一道共同敲响了封建帝制的丧钟。

正当谭延闿等资产阶级立宪派匍匐都门，求乞哀告，希望清政府俯顺民意，缩短预备立宪期限，建立没有皇族参加的责任内阁，却屡遭清廷拒绝，满怀失望之际，全国的革命形势却日渐走向高潮。

1911年4月，资产阶级革命领袖黄兴率领同盟会员130多人，臂缠白巾，脚穿黑面胶鞋，手拿枪支，身挂炸弹，发动了震惊中外的广州起义。这次起义，碧血横飞，浩气四塞，革命党人的英勇献身精神，吓破敌胆，两广总督张鸣岐仓皇逃出了总督衙门，起义军顺利地占领了总督府。并同多于自己几十倍的广州水师和巡防营的士兵展开了英勇的巷战，他们无私无畏，视死如归的英雄气概，令清军胆战心惊，极大地鼓舞了中国人民反清斗争的革命激情。风起云涌的四川保路运动也由"文明争路"迅速演变为反清斗争的流血冲突，迫使清政府不得不从两湖地区抽调兵力，前往镇压四川的保路运动，从而拉开了一场埋葬封建帝制的伟大革命。

广州起义失败后，孙中山、黄兴、宋教仁等革命党人，就开始把目光投注到革命基础较好的两湖地区。1911年5月4日，两湖革命党人焦达峰、孙武等在武昌共进会机关召开紧急会议，作出了中国革命以两湖为主动的重大决策。并规定，10日之内，"如湖北首先起义，则湖南即日响应；湖南首先起义，则湖北即日响应"。会议议定了一套互通消息的隐语和密码：以"指示机宜，莫久使故国衣冠沦于夷狄；挥戈举义，快团结中原豪杰还我山河"一副对联共30个字作为"初一至三十日"的代号；以"祖父故"代替"发难"，"祖母故"代替"机关被破获"。如果电报上说"祖父故促义弟归"，就是19日发难；若说"祖母故促举弟归"，就是革命机关于18日被破获。会后，焦达峰即回长沙，具体部署湖南革命党人的起义事宜。

焦达峰（1886—1911），原名大鹏，字鞠荪，湖南浏阳县人。自幼即受会党反清复明传统思想的影响，对同乡谭嗣同、唐才常的英雄行为推崇备至，发誓要以谭、唐为榜样，做反清革命的斗士。1902年冬，焦达峰从浏阳县立南台高等小学毕业，就由浏阳洪福会首领姜守旦接纳，加入洪福会。17岁时，在其家乡黄公桥黎家大屋集结会党，秘密成立反清机关，命名"革命摇篮"。以设经馆讲学为名，培养革命人才。1905年，焦达峰因风声走漏，难以在家乡立足，只好东渡日本留学，原想进军事学校，因日本政府规定自费生不能进军事学校，便入日本东亚铁道学校，学习铁道管理及爆破技术。同盟会成立后，加入同盟会，任联络部部长，成为同盟会的重要骨干。1906年回国参加萍浏醴起义，失败后逃往日本，与张百祥、孙武在日本东京成立共进会，任交通部部长，负责联络会党事宜。

1909年春，焦达峰从日本归国，一抵武汉，即与先期回武汉的孙武共商两湖革命进行办法。4月，建湖北共进会总机关于汉口法租界长清里，在武昌设分机关，推刘公为湖北大都督，焦达峰负责联络工作。焦达峰以长江流域会党名目繁多，不相统属，乃谋在共进会的旗帜下统一起来。于是采取开堂、烧香、结盟、入伙的传统会党方式，设山、水、堂、香4种名目，共进会的山叫"中华山"，水叫"兴汉水"，堂叫"光复堂"，香叫"报国香"。焦达峰改名左耀国，于8月回到湖南，又设共进会湖南总机关于长沙，并邀集江西之萍乡、万载及湖南之浏阳、醴陵、平江、长沙、湘阴等县30多个龙头大哥，开山堂于浏阳普迹市。焦达峰经众龙头大哥推举为"穿靴子上山"的龙头大哥，把湘赣会党在共进会的旗帜下，以洪江会名义统一起来了。焦达峰成为继马福益、龚春台之后湘赣会党魁首。

1911年9月24日，湖北革命团体文学社和共进会在武汉召开联席会议，正式把武昌起义的时间定于1911年10月6日。会上还成立了一个指挥起义的军事机构，由文学社社长蒋翊武担任总指挥，共进会会长孙武任参谋长，王宪章为副总指挥。在汉口俄租界宝善里内设立政治筹备处，由刘公为政治处总理。湖北革命党人将革命方案派人通知了焦达峰，要求一旦武昌革命发动，湖南必须在10日之内继起响应。

为了实现湖南起义的计划，焦达峰除以洪江会名义号召会党外，又与焦达人、彭友胜等在长沙孚嘉巷设立一个"四正社"，作为洪江会的领导核心。他还广泛地吸收巡防营中下级军官加入四正社，赵春霆、甘兴典、刘玉堂、袁国瑞等人都与焦达峰关系密切，成了四正社的成员。焦达峰把运动新军的任务则交给了另一同盟会会员陈作新。

陈作新（1875—1911），字振民，湖南浏阳永安市人。曾参加过谭嗣同主持的南学会和唐才常组织的自立军。1903年入湖南兵目学堂，接受革命思想，与陈宗海等翻印、散发陈天华的《猛回头》《警世钟》及邹容的《革命军》。1905年经谢介僧等介绍，加入同盟会。不久从兵目学堂毕业，任新军炮兵营左队排长，向列兵散发《猛回头》《黄帝魂》等反帝反清的读物。1909年任49标随营特别班及测绘班教官。他常常借助授课的时间，阐述民族主义，向学员灌输革命思想，"全营同志莫不忠义填膺，愿为用"㉟。并介绍目兵安定超、李金山、刘光莹等数十人加入同盟会。1910年，长沙抢米风潮时，因劝新军管带陈强乘机起义，被革职后，寄居李培心堂，以教书授徒作掩护，成立革命团体"积健会"（后改名"积健社"），以研究军事学术为名，团结了一批新军中的下级军官、目兵和陆军小学生，革命同志的团体于是暗中秘密地潜伏于军界之中。到"辛亥年十月，恐怕再没有一个地方像长沙那样，成了滋生革命的最肥沃的土壤"㊱。

与此同时，以谭延闿为首的资产阶级立宪派在立宪无望，革命风潮日益高涨之际，知道革命已不可避免，为求自保，开始筹谋应对之方。1911年夏，清政府采取强制措施，将逗留京城的各省立宪请愿的代表全部押解回籍，在保路运动中闹得很凶的四川谘议局议长蒲殿俊，为了争取各方的支持，也跑到了北京，四处宣传四川保路运动的真相，请求清政府主持公道，严惩那些镇压保路民众的凶手。清政府当然没有耐心听他的哭诉，反而认为他在京城造谣生事，影响安定，于是，命人将他押解出京，以警告那些在京城准备继续请愿的各省代表。湖南谘议局议员左学谦同情蒲殿俊的遭遇，在蒲殿俊被押解上路的那一天，他备好酒食，亲往出京的路上为蒲殿俊送行，蒲殿俊感动得痛哭流涕，临行之时，他悄悄地告诉左学谦说："国内政治，已无可为，政府已彰明较著不要人民了，吾人欲救中国，舍革命无他法，我川人已有相当准备，望联络各省，共策进行。"左学谦送走蒲殿俊后，感到在北京已经没有什么作用了，清政府不到最后关头，是不可能作出让步的，他只好收拾行装，离京返湘。回到湖南后，他将蒲殿俊告诉他的情况传达给了参与保路的绅士们，谭延闿等谘议局的主要领导立即开会讨论这一新情况。大家都认为现在形势危急，既然各省都已作好了革命准备，湖南也不能落后于人，所谓先下手为强，后下手遭殃。会后，大家分头行动，暗地里增组革命机关，密谋进行革命的活动更加积极。当时他们建立的机关和团体主要有以下几个：

# 第一章
## 大变革时代的弄潮儿

湘路协赞会：设在上太平街贾公祠内，由绅士易宗羲、粟戡时任驻会干事，以维护主权名义，从事反清的铁路国有政策。

长沙自治公所：在贡院东街法政学堂，由立宪派绅士左学谦、黄锳、黄用楫、曹耀材、黄冀球、常治等主持，作为联络革命的机关。

宪友会湖南支部：推举谭延闿为干事，由绅、商、学各界的重要人士组成，是立宪派绅士准备应变的主要团体。

辛亥俱乐部湖南支部：由立宪派绅士罗杰、粟戡时、李达璋等发起，会址设在贾公祠内，"以之暗中策动革命"。

立宪派设立这些组织的目的，一在加强内部团结，协调绅士们的行动；二在借此扩大在绅、商、学各界的影响，以便在日后的革命中争取主动。

四川谘议局议长蒲殿俊回到四川后，马上派潘江前往长沙，拜会湖南谘议局议长谭延闿，争取湖南响应四川保路风潮。谭延闿在谘议局热情接待了他，要他转告蒲议长："湖南一定与四川采取一致行动，誓将保路运动进行到底，不达目的决不罢休。"为了扩大反清力量，立宪派决定联合会党共同反清，但是，由于湖南绅士向来鄙视会党朋友，苦无门径与他们联系。

1911年10月10日，武昌起义爆发，湖南立宪派唯恐革命成功会危及自己的身家性命，因而"都像热锅里蚂蚁一样，到处乱闯，经多方物色才从李藩国家中找着一个陈作新"[㊿]。由黄锳、曹惠邀请他到自治公所与绅士们见面，陈作新慨然允诺负起联络新军的责任，并说会党和巡防营必须和焦达峰商量。谭延闿等人虽然瞧不起焦达峰这些会党人物，但是，要出面反清，还是要靠这些"江湖大哥"去打头阵，他们这些穿长袍的文人只能在幕后指挥。他们得知文经纬、易宗羲与焦达峰有些交情，决定请他二人出面约焦达峰密谈。焦达峰正想运动各界一同参加革命，所以毫不犹豫地便和他们结合了。从而开始了立宪派和革命党人共同反清的大联合。

自此以后，立宪派绅士不仅参加了革命党人发动起义的密谋，而

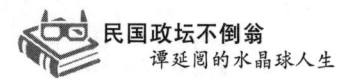

且还给予革命党人经费方面的资助,并且还利用他们的名望和身份来掩护革命党人的活动。武昌起义以后,黎元洪派庞光志、蓝宗到湖南联络响应起义,先去拜访25混成协协统萧良臣,劝他响应起义,萧良臣因为事关重大,要他们去与本地绅士联络,庞光志于是前往谘议局拜访议长谭延闿,后与左学谦、吴作霖商议,决定推阎鸿飞赴鄂请兵运械,以便乘机起事。黄锳还出银300两给陈作新,用以运动新军。焦达峰的部下"其资用多由黄锳供应"。因而,湖南地方官吏将昔日依为长城的立宪派绅士与革命党人一起列入了将要杀害的名单之中,大约三四十人,立宪派绅士粟戡时列第一名,曹惠、左学谦、黄锳、常治也均列名于前,焦达峰、陈作新2人的名字均在十几名之后。湖南巡抚余成格将这个名单拿去征询谭延闿的意见,谭延闿拿起余巡抚送来的名单,煞有介事地瞄了几眼,看到都是自己熟悉的名字,心里着实有些惊慌,但他是个城府很深的人,深知这份名单的分量,自己丝毫不能露出惊讶的神色,否则就会导致许多人头落地的惨剧。他故作毫不在意的样子,随手将名单丢在桌上,然后不紧不慢地对余巡抚说:"余大人,这些人都不过是些酒色之徒,平时只知道说些大话,其实是些胸无大志的人,根本不值得害怕。"余巡抚听谭延闿这么一说,心里也就放下了一块石头,何况现在外面的革命风声很紧,如果自己贸然行动,一旦激起民变,不仅乌纱不保,而且还有性命之忧。多一事不如少一事。没有谭延闿这些有名望的地方绅士的支持,自己很难在湖南立足,卖个人情给他又何尝不可。因而,他决定不再讨论那份杀害名单的问题,对这些人统统不予追究。谭延闿的暗中调和,使湖南避免了一场流血事件,为湖南革命保存了一批革命的骨干,湖南的革命起义由此得以顺利进行。

---

注释:

①关于谭延闿的出生年份,有的著作记为1876年,如湖南省地方志编纂委员会编:《湖南名人志》第一卷,中国档案出版社,1999年版;有的著作记为1879年,如成晓军著

《谭延闿评传》,岳麓书社1993年版。

②周秋光.谭文勤公行状[A].谭延闿集(二)[M].长沙:湖南人民出版社,2013.851.

③谭伯羽.先公年谱初编[M].台北:文海出版社,1971.8.

④谭伯羽.先公年谱初编[M].台北:文海出版社,1971.9-10.

⑤谭伯羽.先公年谱初编[M].台北:文海出版社,1971.15.

⑥谭伯羽.先公年谱初编[M].台北:文海出版社,1971.16.

⑦黄祖同.谭延闿都督事迹拾贝[J].茶陵文史,第12辑.31.

⑧王忠和.清末四公子[M].北京:东方出版社,2008.99.

⑨龙伯坚.近代湘贤手札[M].台北:文海出版社,1965.87.

⑩龙伯坚.近代湘贤手札[M].台北:文海出版社,1965.85.

⑪龙伯坚.近代湘贤手札[M].台北:文海出版社,1965.89.

⑫刘建强.谭延闿大传[M].北京:九州出版社,2011.13.

⑬谭伯羽.先公年谱初编[M].台北:文海出版社,1971.15.

⑭谭伯羽.先公年谱初编[M].台北:文海出版社,1971.17.

⑮胡汉民.悼谭组庵先生[A].胡汉民回忆录[M].北京:东方出版社,2013.198.

⑯谭伯羽.先公年谱初编[M].台北:文海出版社,1971.22.

⑰刘鹏佛.谭延闿与民国政局[A].朱传誉.谭延闿传记资料[M].台北:天一出版社,1985.13.

⑱谭伯羽.先公年谱初编[M].台北:文海出版社,1971.63.

⑲刘鹏佛.谭延闿与民国政局[A].朱传誉.谭延闿传记资料[M].台北:天一出版社,1985.16.

⑳庄建平,卞修跃.周震鳞传[M].北京:团结出版社,1995.32.

㉑阎幼甫.谭延闿的生平[A].湖南文史资料选辑:第10辑[C].长沙:湖南人民出版社,1966.142-143.

㉒龙绂瑞.武溪杂忆录[A].湖南文献委员会.湖南文献汇编:第1辑[M].1948.268.

㉓黄一欧.黄兴与明德学堂[A].辛亥革命回忆录(二)[M].北京:文史资料出版社,1981.135.

㉔立宪的时机——清末立宪百年祭[J].中国新闻周刊,2008.(44):65.

㉕王先谦.葵园自订年谱[M].台北:文海出版社,1976.404.

㉖[美]周锡瑞.改良与革命[M].杨慎之,译.北京:中华书局,1982.113.

㉗政治官报,1909-09-17.

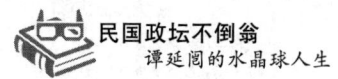

㉘谭伯羽. 先公年谱初编［M］. 台北：文海出版社，1971. 66.

㉙湘路纪事［J］. 湘路警钟，1909.（1）.

㉚辛亥年间湖南职绅保路公呈［J］. 历史档案，1996.（1）.

㉛粤汉铁路借款合同［J］. 国风报，1910.（11）.

㉜民立报，1911－05－21.

㉝中国纪事［J］. 国风报，1910.（12）.

㉞文牍［J］. 国风报，1910.（16）.

㉟邹鲁. 中国国民党史稿：第5册［M］. 北京：中华书局，1960. 1416.

㊱［美］周锡瑞. 改良与革命［M］. 杨慎之，译. 北京：中华书局，1982. 240.

㊲邹永成回忆录［A］. 存萃学社. 辛亥革命资料汇辑：第4册［M］. 香港：大东图书公司，1980. 163.

## 第二章 首主湘政 两面摇摆

"三湘两杰,十日千秋",留下千古遗憾和谜团,谭延闿被抬上湘督宝座后,面对变兵和革命党人的双重压力,他只得八面逢迎,弥合矛盾。他利用黄兴的威望,借裁军之名,将富有革命思想的新军尽撤,而留下了思想守旧的巡防营,以培养效忠于己的私人武装。他以"文明革命"为幌子,构建新旧合一的政治格局,争取各方的支持。在"二次革命"中首鼠两端,摇摆不定,最终两面不讨好。

# 第二章
## 首主湘政 两面摇摆

## 1. 八抬大轿抬上湘督宝座

1911年10月13日,武昌起义成功的消息传到湖南,湖南革命党人欢欣鼓舞,加速了发动起义的步伐。焦达峰、谭人凤、陈作新立即召开了革命骨干会议,决定于10月22日发动起义,响应武昌。

22日黎明,长沙城内各支革命武装汇集于预先指定的地点,准时起义。8时许,新军代表彭友胜率领49标2营后队,会同50标马队直赴北门(湘春门),北门守军巡防营管带赵春霆早与革命党有联系,因此,城门大开,守城巡防营官兵列队举枪向攻城部队致敬。当彭友胜将象征着革命的白布臂章发给他们时,顿时欢声雷动,响彻云霄。起义军乘胜东攻云阳门,围攻荷花池的军械局。他们派出手缠臂章的联络员,向军械局的守卫宣讲"兴汉排满""建立共和""民主自由"的革命道理。正当守卫队长犹豫之际,局外突然传来"轰隆、轰隆"的爆炸声和"乒乒乓乓"的手枪声。卫队长不知来了多少革命党人,只得放下武器,宣布投降,起义军顺利占领了军械局。

另一路起义军在安定超的率领下,进攻小吴门,驻守小吴门的巡防营管带急令士兵关闭城门,并下令开枪射击,虽然士兵早与革命党人有联系,以各种理由拒绝开枪,但因城门阻隔,双方僵持在小吴门下,直到占领军械局的彭友胜所派袁镇斌率领的一队民兵杀向城头,夺取了城墙上的大炮,革命党人陈作新骑着高头大马来到了城墙,指名道姓要求巡防营管带前来对话,管带自知情况不妙,才下令士兵打开城门,迎接革命党人入城。两路起义军迅速包围了巡抚衙门,新军和守卫巡抚衙门的巡防营对峙于巡抚衙门前,起义军派4位代表进入抚署内,对湖南巡抚余成格说:"抚台大人,现在武昌已经光复,我湘省

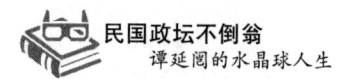

民众也以之为归向,请抚台大人赞助革命。"余成格答道:"弟兄们,我们都是汉人,我从来不与你们为难,至于如何赞助革命之事,你们还得让我想一想。湖南都是好百姓,你们不要杀人。"随即他叫过属下,拿来一块白布,提笔在上面写下了一个斗大的"汉"字,令人悬挂于抚署外的旗杆上。他自己则躲入后堂,悄悄地从左侧孝廉堂打了一个洞,率家人逃到了停在江面的轮船上,然后乘船逃往上海。

驻扎先锋厅的巡防营统领黄忠浩,听说新军起义,并已攻入城内,急往抚台衙门与余成格商量,企图指挥军队负隅顽抗。但此刻余成格已感大势已去,立意潜逃。黄忠浩正准备返回巡防营时,焦达峰等已率军冲入抚台衙门,他只好从后门逃出。当他骑马仓皇逃经又一村时,碰上了炮兵营代表李金山率一队新军在该处巡哨,黄忠浩的护卫杨咏松(会党成员)早已倾向革命,于是故意大喊:"黄军门在此,不得无礼!"有意揭露黄忠浩的身份。李金山等闻杨咏松的呼唤,一拥而上,将黄忠浩擒拿,旋即将黄押到小吴门城楼,当众斩首示众。

当天傍晚,湖南省宣布脱离清政府而独立,在革命成功的鞭炮声中,革命党人和立宪党人齐集湖南省谘议局开会,讨论湖南军政府组成和推举军政府负责人的事宜。大会由临时主席文斐主持。文斐简略介绍了湖南独立的经过,然后请焦达峰登台讲话。在一片欢呼声中,焦达峰演说道:他是奉孙中山先生的指示来湖南革命的,现在起义已经取得初步的胜利,应当立即组织新政府。

在讨论组织新政府人选时,陈作新首先发言,他对焦达峰说:"你当都督,我来当副都督。"焦达峰回答说:"原议没有副都督一职,湖北也没设副都督,我让你当都督好了。"与会者纷纷大喊:"不能让,不能让。"陈作新说:"我不是和你争都督,我只要当副都督。"同陈作新私交很厚的黄锳见陈的处境不妙,便小声地对常治道:"你的声音洪亮,你就提名焦达峰为都督,陈作新为副都督,由大家去决定。"一心想推谭延闿为都督的常治来不及深思,就站了起来,鬼使神差地按照黄锳的提议大声唱道:"提请焦达峰为正都督,陈作新为副都督!"

# 第二章
## 首主湘政 两面摇摆

大家都沉浸在革命胜利的喜悦之中，听立宪党人常治这么一吆喝，大家就纷纷附和，会场立即响起雷鸣般的掌声。大会组织者立即安排人拿来一张大红纸铺在桌子上，当场写下："公举焦达峰为正都督，陈作新为副都督。"向与会者展示后，立即张贴出去，其时，纸上的墨迹尚未干透。人们纷纷前来观看，奔走相告，会场内外一片欢呼雀跃，响起长时间的热烈掌声。经焦达峰提议谭延闿被推为民政部部长，阎鸿飞被推为军务部部长。谭延闿又提议原湖南军事参议官刘邦骥为参谋部长。在一片掌声和欢呼声中，湖南军政府正式诞生。这个新政权的领导层，由正副都督和3名部长组成。其中，正副都督和军务部长，即焦达峰、陈作新、阎鸿飞3人全部为革命派，民政部部长谭延闿为立宪派，参谋部部长刘邦骥为旧军官，革命派占多数并占主导地位。这是湖南有史以来第一个在革命烽火中产生，同时又在民意机构以公开方式推举产生的新政权，巡抚衙门改作了湖南军政府的都督府。

据说，谭延闿被推为湖南省民政部部长时，曾闹过一次笑话：本来，"中华民国军政府"和"都督"等称谓，都是同盟会事先所定，各省独立时，一律采用。而当时，国人心目中只有"帝国"的概念，于"民国"的意义却不甚了了。谭延闿被推为民政部部长时，发出的第一张布告却署名为"中华国民军政府湖南民政部"。本来，民政部的秘书在拟草稿时写的是"中华民国"，但是谭延闿过目画行时，却自以为是地用笔一勾，便成了"中华国民"，然后交总务司印刻，张贴于全城。同盟会会员成邦杰看到布告后，对谭延闿说道："'中华民国'错写成'中华国民'，岂不是成了笑话！"谭延闿听后十分恼火，说道："你才是笑话！"成邦杰非常气愤，找到了文斐，告以此事。文斐上街看了布告后，对谭延闿说道："民国乃是相对帝国而言的，意思是说把帝国反正过来，就成了民国。"谭延闿这才知道是自己弄错了，说道："我一直以为是自己不错，却竟然弄错了！多谢你的指教，并请你转谢成先生。"随即重印了一份，覆贴于原来的告示之上。10多年之后，谭延闿作了国民政府主席，一次请柳聘农吃饭，柳聘农有意无意地又旧事重

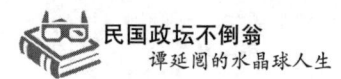

提,说道:"文希牧曾告诉我,你在辛亥革命时,当民政部长,民政部出告示,头衔印的是'中华国民军政府',后来冯玉祥组织了'国民军',你现在又当上了'国民政府'的大主席,如果是相信迷信的话,看来事情确是有征兆的。"听了这一席话,谭延闿只能是尴尬地举杯一笑。这也许只是一件小事,却说明了一个问题:革命成功不久,普通民众对民国的意义不甚明白,这也许不算是一件奇怪的事情,但是,谭延闿被推选为中华民国湖南军政府的民政部部长,居然也丝毫不懂,这不能不说是资产阶级革命党人在全力组织武装起义、推翻帝制时的一大不应该有的忽略。而也正是由于这一忽略,使得民国的观念在民众的心目中长时间内不能理解,后来袁世凯、张勋等人的复辟闹剧得以上演,在很大程度上也许是肇因于此。

长沙虽然独立,但是湖南省的局势却没有因此稳定下来,反而陷入一片混乱之中。焦达峰、陈作新年纪轻、资历浅,湖南反正前,只是从事地下革命工作,未曾出头露面,自然没有什么大的社会影响,上流社会的人士对他们尤感陌生,只是把他们当作可以利用的对象。长沙独立后,一些会党人物经常出入都督府,与他们称兄道弟。"正统"的立宪派人物对此看不惯,往往借题发挥;新军的将官们自恃起义有功,也不把焦、陈放在眼里。在军政府成立的当天,焦、陈被推选为正、副都督后,原谘议局的书记常治就迫不及待地跳上大会讲台,声称今天选出的"都督都是临时的",并自作主张地要求谘议局议长谭延闿上台发表演讲,谭在讲演中说:"现在革命已经告成,我们应该建立起民主制度,而实行民主制度则应设立议会,一则表示新邦的民主作风,二则以聚集各方贤达,集思广益。"焦达峰便向众人询问这个办法怎么样,曾杰和吴孔铎认为可行,只有文经纬认为:"实行民主制度和设立议会,这都是应该的,但是现在就设立,却是未免为时过早。因为革命初成,我们的一切设施都只是在初创时期,尚未完全走上正轨,现在就设立议会,则很可能会对革命政府的动作有所牵制,反生不便。"文的这番意见本来是十分中肯的,但由于长沙刚刚独立,大家经过几个月的紧张斗争，都十分疲乏，谁都没有对文经纬的意见加以认真地思考，只是觉得既然实行民主政治，就应该设立议会，于是匆匆决定了下来。结果在谭延闿的一手策划下，原湖南省谘议局改名为临时参议院，21名参议院议员，几乎全是立宪派绅士，谭延闿被选举为议长。参议院"总揽了所有的权力，都督想发一个电报，也必须经过参议院盖印，才能送交各机关执行……参谋部也与参议院联在一起，不归都督节制，焦达峰就像笼中的一只小鸟而已"。民政部下设的6司1院1处的负责人都是清一色的立宪派绅士。军政部部长黄鸾鸣及其下设4个处、5个师，都是由倾向立宪派绅士的人所担任。这样正、副都督已几乎形同虚设，以谭延闿为首的立宪派已在事实上控制了湖南政权。

10月27日，革命党人谭人凤由武汉抵达长沙，看见湖南谘议局绅士把持湖南政权，事情无论大小，都必须经过这些人议决，都督的命令无法推行，因而极力主张解散参议院，把权力集中于都督，以便军事工作的顺利开展。谭人凤的这种做法，虽然有利于加强革命党人在湖南的势力，迫使谭延闿辞去了一切兼职，但是他却忽视了湖南的客观实际，导致了立宪派绅士与革命党人的直接冲突。在近代中国，湖南是一个绅权势力强大的省份，清末的地方官吏也要仰其鼻息，否则难安其位。作为"新派"绅士代表的谭延闿既有显赫的家世，又有名登金榜，开湖南200余年会元之先河的神圣灵光，还有捐资助学、办厂保路、请愿立宪的开明举动，早就是长沙市民所瞩目的颇具"权威"与"声望"的人物。在市民的眼里，他被认为是"为人天资高""故世家子，谘议局议长，物望之所归也"。当他开始转向革命时，人民的态度为之一变，长沙街头到处流传说："谭翰林已经说话了，那么革命就一定会成功。"这些话由一传十，由百传千，整个街上沸腾一片，不到几天的时间，新军、巡防都纷纷起来响应革命。而焦达峰等人在市民看来不过是"特起自草茅"的江湖大哥，"骤膺军国，遇事捍格，无当于是非""是一个专事搞破坏的人，没有搞建设的才具"。因此，焦

达峰任都督后，遇到了来自各方的挑战。焦达峰刚任都督的时候，长沙市民都不知道焦达峰是什么样的人，他当都督，大家都很惊讶。陆军小学校长夏国桢，率领全校学生到谘议局抗议质问，军界都附和他，几乎引发了军事政变。新军军官刘邦骥、余钦翼等人也要挟焦、陈举行第二次军政府都督选举，想借此以谭延闿取代焦达峰的地位。都是由于谭延闿出面劝说，拒绝当选，才平息了这些风潮。谭是一个八面玲珑的"和事佬"，他只想以和平方式来架空焦、陈，迫其去职，不想以流血冲突来解决问题。谭的下台，使立宪派绅士产生了一种兔死狗烹的悲哀，加速了他们政变夺权的步伐，也使对焦、陈不满的反动军官找到了发动叛乱的借口。

10月31日，新军50标第2营管带梅馨因焦达峰令其立即率师进攻江西，不允许他借休养为名，而阴行要粮要官之实，在长沙坐观风向，于是，他以军饷未及时拨给为由，发动兵变。事先，他们分兵二队：一队由袁富荣率领埋伏于北门外和丰火柴公司附近；一队由吴家铨率领，打算在起事以后立即前往围攻都督府。然后他们便指使部下，制造"和丰公司纸币挤兑风潮"，作为发动政变的导火线。

挤兑事件发生后，立宪派绅士常治惊慌失措地跑到都督府，要求都督派兵前往弹压，副都督陈作新自告奋勇，立即带卫兵20多人前往，当他们行到文昌阁时，即被埋伏在那里的梅馨叛兵杀害。接着，吴家铨率领叛兵100多人，冲进都督府，先行缴了军政府卫队的枪械，然后进入都督府办公室，此时焦达峰正与阎鸿飞、曾杰、文经纬等人商讨继续援鄂的事情，猝不及防，被叛兵拉到门外。焦达峰向这些人问道："你们要干什么？"叛兵回答说："要杀你！"焦达峰说道："要杀就在这里行了。"说完，站立在都督府门前一动不动，抬眼望着那面高高悬挂着的自由幸福旗，深情地拜了三拜，任由匪徒们乱刀砍死。这位年仅25岁的青年英雄，为了民主共和的伟大事业，献出了自己宝贵的生命，而这时离长沙独立只有10天时间。

焦达峰、陈作新遇害后，长沙城内一片混乱，大有蔓延全省之势。

# 第二章
## 首主湘政 两面摇摆

新军的5个师长都盯住湘督"宝座",虎视眈眈、跃跃欲试,相互间剑拔弩张,大有一触即发的架势。如果没有一个有声望的人出来收拾残局,后果就不堪设想。在这种情况下,革命党人与立宪派紧急磋商,决定推举谭延闿出任湖南省军政府都督。新军的军官们虽然虎视湘督"宝座",但也知道此时登上"宝座",无异坐上火药桶,因此顺水推舟,让谭延闿维持局面,当即命梅馨带领士兵,并配好一顶官轿,直奔荷花池谭延闿的家里。

这天,谭延闿见长沙城一片混乱,乱兵、流氓趁火打劫,店铺关门,谣言四起,心中惶惶不安,一直不敢出门。忽然听到外面一阵喧闹声,往窗外一看,只见一群荷枪实弹的士兵直奔荷花池而来。他一时惊恐不已,以为大祸临头,尤其是他的母亲李太夫人更是吓得坐立不安,忙要谭延闿躲藏起来,家人慌作一团,紧闭大门。

梅馨带领士兵走近谭宅门口,敲门大喊:"开门,开门!"

一些士兵见久不开门,按捺不住,大声说:"再不开门,我们就要放火烧屋了!"

吓得颤颤栗栗的李太夫人没有办法,只好命人把门打开,让梅馨等人进来,但不让谭延闿露面。梅馨扫视了一下谭家的人,大声问道:"谁是谭延闿?"谭家的人一个个不敢作声。谭母李氏求告梅馨等人:"我儿与各位毫无宿怨过节,岂可忍心陷害?"直到梅馨说明原委来意后,谭延闿才从内室走出来,谢绝大家的好意,不肯就任。他深知此时出任湘督,并非"美差",而是危机四伏的"陷阱",弄得不好,将身败名裂。

梅馨不管他愿不愿意,向士兵使了个眼色。顿时士兵们蜂拥而上,连推带拖,把谭延闿塞进八抬大轿,抬起就走。谭家的人吓得号哭起来。谭延闿被抬进都督府还惊魂未定。此时革命党人和立宪派的头面人物,出面劝谏,谭延闿才半推半就,答应出任"湘督",并声言:"今日的事情,是我没有预料到的,我很害怕。但是事情既然走到了这一步,难道因为怕死就不答应你们的请求?虽然,我是书生出身,对

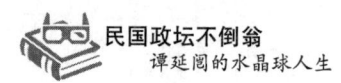

军事方面的事情并不熟悉,又怎么能够担任都督?现在我与大家约定,愿意严格遵守军队纪律,服从军法,行吗?"各将领表示愿意听其号令,于是,谭延闿命令军队各回自己的驻地,他正式在都督府登上了湖南都督的"宝座",开始了第一次督湘。

焦、陈被杀以后,长沙城内谣言四起,人心浮动,旧派势力和宵小之徒乘机作乱,抢夺财物,胡作非为,长沙市民每天提心吊胆,惶惶不安。革命士兵更是群情鼎沸,长沙附近的会党"声言将毁都督府,四城树红旗"①;开到鲇鱼套的第49标士兵听到焦达峰、陈作新被杀,政权已经落入立宪派之手,都泣不成声。武昌的革命同志也"多欲举兵复仇"②。面对复杂的局势和来自各方的愤怒,善于机变的谭延闿虽有应变之长策,但也有"坐困愁城,眼红脸黑"③之苦恼。处置不当,必有覆舟之危。多年的官场交际,使他能轻车熟路地玩弄两面手腕,以平息各方怒意,达到暂时的苟安。

一方面,他声称"奉母命出而维持秩序","以免地方糜烂"④,表明他是被迫出任,暂且作为过渡人物,以等待有才能的人来出任都督,借以洗清罪责,取得各方谅解。为了笼络焦达峰、陈作新的旧部和争取同盟会员的支持,他又把杀害焦达峰、陈作新的罪行,嫁在无人查考的"乱兵"身上。对于焦、陈,除"厚殓"遗体,抚恤家属,甚至宣称要铸造"纪念铜像"外,还拉着革命党人谭人凤等人亲自到焦达峰、陈作新都督的灵柩前祭奠,特命"公署税关一律着下半旗""以致哀",⑤用猫哭老鼠的拙劣表演换取革命党人的同情和信任。另一方面,为了酬谢梅馨的拥立之功,特擢升他为长宝镇守使,独立第二协统领,并赏赐杀害焦、陈的兵士500金。为免于变生肘腋,不使焦、陈旧部在长沙再次起义,谭延闿还以"援鄂"为名,命王隆中部"继续赴鄂""毋庸回首",并续派甘兴典率焦达峰所部士兵和新募军刘耀武部"赴鄂会攻清军"⑥。黄兴、宋教仁等,此时正亲冒矢石,战斗在武汉前线,无力处理湖南事务,只"期望湘局得以安定",不至"贻误前敌",因而只好与立宪派"改仇通好"。黄兴"嘱谭善维湘局,续派大军到武汉增援",⑦并写信给谭人凤、周震鳞等革命党人,嘱咐他们为谭延闿疏通与湖南革命党人的关系,"权且维持他的威信,共同安定湖南"⑧。在谭人凤、周震鳞的多方疏导下,湖南的革命党人暂时默认了既成事实,谭延闿的统治也暂趋稳定。

  为了把湖南各属控制在自己手中,建立官绅地主的统治秩序,谭延闿一面致电各郡县长官,不管是满人汉人,一律保持原来的职务不变,遇到"匪徒"作乱,允许他们自由处置;一面遣兵派官,镇压各地的人民起义和"抚辑"地方官绅。他勾结常德的黄忠浩余党和西路巡防营统领陈斌生,残杀了杨任、余昭常等十多位革命者,常德城内血流成河,尸骸满地。杨任、余昭常2人的心脏被他们残忍地挖出,血淋淋地装在盘子里,放在黄忠浩的灵位前,来祭奠前清湖南巡防营统领黄忠浩。并派龙璋为西路巡按使,领兵一标前往常德及湘西各属招抚。同时,他将焦、陈所委的南路招抚使刘嵩衡撤往长江一带,改派自己的亲信李汉丞、李汝梅主持衡山团练,"羁縻会党群众,申戒法令,徐图遣散"⑨。接着,派反动官僚唐维藩为"衡永桂安抚使","率兵数十人,周历各属,清除'积寇'"⑩,使南路各属的政权尽为立宪派夺取。对于宝庆一带的革命政权,谭延闿于11月3日采用阴谋手段,将军政分府都督谢介僧和邹永成囚禁,并收买同盟会员谭心休为"宝靖招抚使"令其率梅馨所部一营军队前往宝庆、靖州各属"招抚"。同盟会激进分子邹代烈惨遭杀害,政权落入立宪派的手里。就这样,谭延闿用剿抚并施的手段,实现了其"文明革命"的理想,将他的势力深入到全省各属地区。

  谭延闿明白要稳住在湖南的统治地位,就必须取得黄兴的信任,而这时黄兴正血战于武汉前线,最需要的支持就是有更多的省份响应革命,分散清军对武汉革命党人的压力。因而,谭延闿在稳固湖南内部的同时,就是想方设法地加紧串通各省通电独立。他认为,当务之急就是寻找门径、利用关系去促使他省独立。当时的广西巡抚是沈秉堃,湖南善化人,桂军之中也有很多湖南人做将领,如衡阳的赵恒惕

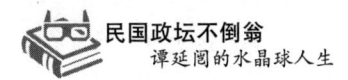

等。谭延闿亲派与他们关系密切的人前往广西做说客,果然他们都说愿意附和革命,只是广西巡防营的势力强大,不敢贸然行事,必须做通藩司王芝祥的工作。谭延闿得知王芝祥是湖南民政司司长刘人熙的妻弟和学生,于是登门拜访刘人熙,请他出面劝说王芝祥反清独立,刘人熙本来就与谭延闿交情深厚,因而,他满口答应去做王芝祥的思想工作,以不负都督所托。王芝祥是一个政治野心极大的人,他原籍山西,寄居河北省,举人出身。王幼时曾从他的姐夫刘人熙读书,深受刘的影响,王对刘也非常恭顺。刘人熙在任广西候补道时,王芝祥从河北前往桂林投靠刘人熙,刘人熙用了几万两银子替他搞得一个州官,使他得以在仕途上发迹。他先后任过横州知州、梧州盐法道和广西臬司、藩司等。因为有这层深厚的关系,在刘人熙的一再电劝之下,王芝祥最后终于答应协助广西都督尽快宣布响应革命。11月6日晚上,王芝祥便将桂林市上的黄布、黄纸和天然墨一起收买,连夜动员很多人赶写黄色三角旗标语,旗上写着"广西全省人民恭请沈大都督领导广西独立"。第二天早上,桂林全市的大街上满插黄旗标语,每隔10步左右就插上一张。当天中午,在皇城内谘议局开独立大会,到会的1000多人,新军最多,从头门口列队站到会场,全副武装,枪上刺刀,情绪激昂。同盟会员和谘议局议员都提前到会;还有机关人员和士绅也到了二三百人。广西巡抚沈秉堃在王芝祥的陪同下,最后走进了会场,在会上宣布广西脱离清政府独立,沈秉堃任广西都督,王芝祥、陆荣廷为副都督。广西正式脱离了清廷。

福建巡抚孙道仁是湖南慈利县人,他的父亲孙开华为清军名将,参加过镇压太平军和捻军起义,为保卫台湾,同倭寇展开了浴血奋战。他指挥的抗击法军的淡水之战,是清代晚期唯一取得彻底胜利的战争。他创立的"麻雀战""游击战"以及"以少胜多,以弱胜强"的战例,在军事史上影响很大,他用鲜血和生命谱写了一曲举世皆惊的凯歌。清廷对孙家厚爱有加,光绪皇帝亲自为孙开华写了《祭孙提督文》,使孙家感激涕零。孙道仁感念清廷厚恩,认为,如果自己反正,怎么有脸去见九泉之下的父亲？谭延闿多次发电报催促，但他总是借故推迟，不肯宣布独立。谭延闿非常恼火，耍起了痞子无赖作风，向孙道仁发出最后通牒："家乡的湖南人说，如果你再不回头，就要把你们家的房子充公，挖掉你的祖坟。"果然，孙道仁怕祖坟被挖，只好在福建通电独立。

不久，湖南人黄钺等人起义于甘肃秦州，郭人漳起义于广东廉州，龚子沛起义于安徽寿州，都是谭延闿派人或去电、去函催促的结果。还有蔡锷在滇南起义，李燮和与黄汉湘雄踞长江，柳大年与张榕之等人在关外起义，张绍曾在滦州起义，都是湖南人在外省响应和运动的结果。这些起义有力地支援了黄兴等革命党人在武汉前线的抗敌斗争，加速了清王朝的崩溃，也改善了起义后湖南省的外部环境，谭延闿进一步地赢得了黄兴的信任。

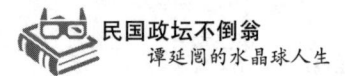

## 2. 东施效颦 裁减湘军

1912年3月,袁世凯采用软硬兼施的手腕,凭借其北洋嫡系的军事势力,抢夺了辛亥革命的胜利果实,当上了中华民国临时大总统,南北表面趋于统一。援鄂湘军纷至归省,出现了兵多饷少的局面。

辛亥长沙独立之前,湖南有新军一混成协(辖49、50两标),约4000人;另有5路(前、后、中、左、右)巡防营等,共13000人。长沙独立以后,为支援武昌首义之区,许多农民、手工业工人、青年知识分子踊跃从军,故兵额激增。当时湖南共有正规陆军6个师,由余钦翼、赵春霆、曾继梧、王隆中、梅馨、程潜分任各师师长,这6个师基本上是由焦达峰、陈作新执政时缩编而成。王隆中的第4师在援鄂途中就对立宪派擅杀革命元勋焦、陈深怀怨愤,又加上血战鄂省,没有得到应有的报偿和酬劳。而旧派官僚和武人无征战之功,仅凭陈腐的资历和人缘关系却位显名尊,占据要职,颐指气使,这使他们益发不满。他们借援鄂之功,发泄愤懑,对贪墨官吏尤为不耻,"动辄恃功要挟"⑪ "视官长为无物,各营皆自选代表,直接都督。军中事故,皆由代表议决,交师旅长执行,中初级官皆仰士兵之鼻息以苟全"⑫,就连谭延闿委任的第2师步兵第3旅旅长余道南竟然被士兵所捆绑,士兵们打算对他用刑,师长赵春霆看到情况不妙,亲自跑到军营里面,找下级军官和士兵,对他们反复进行劝说,才幸免一死。第3师师长曾继梧因为不想招收补充兵,也被其旅长袁宗潮囚禁。谭延闿面对军界的反抗怒潮,莫可奈何,终日忧心忡忡,急思裁撤,又恐引发激变,因此迟迟未决。

1912年5月间,谭延闿听到黄兴在南京大刀阔斧地一次解散了10

几万军队，没有发生什么动乱，他又想东施效颦，借此机会遣散湖南的军队，去除蓄积已久的心病，以便稳固自己的统治地位。他首先找到与革命党人关系密切的程潜，试探他对湖南裁兵的意见，想借重他的关系，来解决湖南革命军人拥兵自重的问题。

一天，谭延闿来到程潜的卧室，喝茶闲聊了一阵故乡之情后，谈起故乡的革命元勋黄兴的革命壮举，他乘机试探程潜说道："克公（黄兴，字克强）在南京，仅用两个月时间，遣散了十几万军队，没有发生事故，不知他采用什么方法，而收功如此神速？请谈谈高见。"

程潜知道谭延闿也很想效仿黄兴，解决湖南兵多钱少的问题，但苦无良策，因而整日忧心忡忡。程潜察言观色，正色说道："克公公忠体国，解散南京十几万军队，不是靠留守这个地位，而是靠他平日革命的声望取得成功的。"

谭延闿顺水推舟，接着程潜的话茬说："湖南经费支绌，养不起许多军队，你看，能否假借克公的威望，来一个大裁兵？"既然话题谈到裁兵，程潜便对湖南军队情形做了一番分析，对谭延闿说："凡是爱国的人，都认为湖南可以裁兵。比如第3师，程子楷和我，便心同理同，具此愿望。第1、2两个师，势力较薄，裁兵亦较易为力。应当注意的，反而是第4、5两个师，如能得到这两个师同意，问题可迎刃而解。"

谭延闿听罢，高兴地说："第5师，我可与梅馨商量，但1、4两个师则非你去说服不可。同时，请你到上海走一趟，向克强请求援助。"

程潜当即婉言谢绝，对谭延闿说："此事一旦泄露，惟恐发生意外，还是请你另派妥员办理为好。我能办到的事，一定尽力帮助。"

谭延闿认为程潜言之成理，乃于6月中旬派机要秘书吕苾筹赴上海谒见黄兴，请求黄兴对湖南裁兵一事做出决定。黄兴不赞成裁尽，主张留两个师或三个师以应缓急。吕用电报将黄兴主张告知谭延闿。谭延闿回电声称：裁汰改编，必致发生争议，不如一律退伍，另建一支新军，较为妥善。但自己手无寸铁，要实行这个方案，甚感棘手。黄兴决定派中央陆军第8师第16旅旅长赵恒惕带兵前往湖南帮助谭延闿实行裁兵计划。赵恒惕旅原系广西调来的新军，器械精良，因赵与第8师将领不甚融洽，调赵旅入湘，既可以解决第8师之间的内部矛盾，又可以使赵旅得到安身之所，且赵为湖南衡山人，回湘又可以使他免去寄食他乡，受人白眼的尴尬，何况广西陆荣廷平时厌忌新军，赵不回桂，亦可解除陆荣廷的顾虑。一举数得，皆大欢喜。

后经与有关各方协商，谭延闿的裁兵方案终于出台。8月中旬，赵恒惕率兵从南京起程，打着返回广西的幌子，道经长沙，借炎暑为名，假长沙休养。至是赵旅为谭延闿截留调用，即开始裁兵运动。

一方面，谭延闿以"功成身退，无上光荣"，厚给退伍金为诱饵，规定教导团士兵月饷8两，与军官相同。一般兵士退伍，给恩饷3个月。此外，休养金则分3期领取，每期一年，一期每月3两，二期每月2两，有勋章者每月加1两。另一方面，他又采取阴谋手段，分化瓦解革命党人，使他们自动交出兵权，并以裁汰改编、易生争议为辞，没有采纳黄兴的建议，而是一律遣散，企图重新成立一支效忠于己的私人军队。

辛亥革命后，王隆中所率第4师有血战鄂省之功，但回省后，却没能得到谭延闿的重用，师长王隆中看到那些毫无寸功的旧立宪党人一个个身居高位，享受着革命胜利的成果，内心忧愤，整日借酒消愁，许多军事工作都交与参谋长陈复初负责。谭延闿为了顺利地达到裁军目的，急想拿第4师开刀，但又担心激起第4师兵变，难以收拾局面。因为当时第4师军事势力很强，又担任着都督府的保卫工作，因而都督的一举一动都在他们的掌控之下。于是谭延闿派军事厅副厅长童梅岑去游说陈复初，童与陈为士官学校第七期同学，两人在密室里长谈了很长一段时间，童向陈说明了自己的来意，问他有无把握控制第4师，陈声言："王胡子（因王隆中满面胡须而得名）不管事，我只得为他帮忙罢了。"童梅岑进而详细地向他说明了湘军退伍的计划，并声称退伍以后，准备分全省为5个军区，每区设司令官1人，陈已被内定为司令官之一，目前一切都已经准备就绪，只是如果不能将卫队更换，那么一切将无从着手,"你如能够将现在的卫队调去,使得他们能够和平交代,那么你的功劳不小"。陈复初拍着胸脯保证:"这是我的责任。这也不是什么难事,你明天就听我的好消息吧。"

第二天早晨,陈复初乘着王隆中醉意熏熏的时候,拿着军政府多件尚未批下的文件说:"这几件事一直没有获得都督的批准,看都督的意思,大多偏向于第5师,因为他是由第5师的拥戴而出任都督的。我们这些人日夜为他守卫,反而被薄待,士兵都不愿为他守卫了,怎么办?"王隆中生性耿直,不加思考,大怒说道:"像这样我们这些人何必为他守卫呢!"陈复初乘机说道:"那么我们将卫队撤出去如何。"王隆中回答说:"行。"于是,陈复初急急忙忙要他签署撤出卫队命令。并将这一命令亲自送交给童梅岑,童很顺利地将王隆中的卫队撤出,而换上了谭延闿的同榜好友张其锽的士兵担任都督府的守卫,并重新颁布出入证,从而为谭延闿的裁军扫清了障碍。

都督府卫队更换后,实行了严格的盘查制度,已经不像焦、陈任都督时那样可以凭着标识任意进入都督府了。由于卫兵实行轮流值班制度,很多人还不认识刚刚坐上都督宝座的谭延闿。有一天,天下着大雨,谭延闿坐着八抬大轿从荷花池的私宅到都督府去上班,当轿子到达都督府门口时,被卫兵堵在了门外,卫兵要求轿夫停轿检查。轿夫没好气地掀开轿帘,指指坐在轿内的谭延闿说:"你睁开眼睛看看,轿子里面到底坐的是什么人?"

卫兵也不示弱,带着一副公事公办的口气说道:"不管是什么人,进都督府都要停轿检查!上峰是这样规定的,谁也不能坏了规矩。"

谭延闿示意轿夫住口,笑容满面地递出证件,让守门的士兵检查。卫兵仔细看了看谭延闿的证件,知道他就是湖南的都督,就恭敬地向他敬了一个军礼,然后放他进入了都督府。

事后,卫兵营长鲁涤平得知了这一事件后,惶恐不安,心怕谭都督责怪,于是急忙跑到谭延闿那里向他赔礼道歉,说自己的属下对谭都督如此无礼,自己作为营长,教导无方,管束不严,请都督责罚,声称对

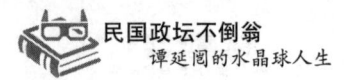

冒犯都督的卫兵要严肃处理。谭延闿从办公桌边站了起来，拍了拍鲁涤平的肩，笑着对他说："卫兵并没有什么失礼的地方，检查是他的责任，赔礼从何说起？你并没有什么失职之过，道歉从何而来呢！"

鲁涤平一向听说谭延闿城府很深，凡事都不露声色，因此以为谭延闿讲的并不是真心话，于是马上接话说："谭都督，卫兵让你在大雨中下轿检查，实属无礼。卑职管束不严，请都督发落，卑职情愿受罚！"

谭延闿一听，哈哈大笑："为我一人淋了点雨，竟要责罚忠于职守的官兵，未免小题大做了吧！我看，不仅不能责罚，还应重重奖赏！"

鲁涤平一时丈二和尚摸不着头脑，不知谭延闿的用意何在。

谭延闿严肃地对鲁涤平说道："服从乃军人的天职。出入都督府必须检查，这是军政府的指令，卫兵当然应该服从。无论是骑马的人或是坐轿的人，无论他的职位高低，都应该一视同仁，毫不例外，这就是竭尽职守。这个卫兵并不因为我是都督，就放任不管，而是严格按照要求进行检查，这是堪称忠于职守的典范，尤其应该嘉勉！"

那个卫兵后来果然得到谭延闿的丰厚奖赏，在新军将士中一时传为美谈。谭延闿也成了率先垂范，不搞特权的道德化身。

卫兵更换后，谭延闿就没有了后顾之忧，从而加速了裁兵的进程。第4师师长王隆中耿介忠厚，经同盟会会员程潜的疏通，愿意以解除自己的兵权作为号召，并严令部下不要违抗他的号令，不得依仗自己的功劳要挟政府，所以第4师安然裁撤。

梅馨的第5师则因拥立之功，骄恣跋扈。当谭延闿前往训话时，部队发出一片喧哗之声，有的声嘶力竭地狂叫，有的胡乱地吹着口哨，他们根本不把谭延闿放在眼里，整个大操场乱成了一锅粥。他们高声大喊："谭都督由我们推举而出，现在却让南武军（张其锽所率之部队，时任卫兵）来解散我们吗？"谭延闿一再地打着手势，想让他们停止叫喊，听自己把话讲完。但他们不仅不听，反而喊声更大，有的甚至捡起操场上的石头，向谭延闿掷去，谭延闿在卫队的保护下仓皇而归。赵恒惕为了控制局面，急忙派人将养伤在家的第5师师长梅馨挟持到了现场。梅馨因为杀害焦、陈两督遭到革命党人的报复，虽然逃过一死，但是被炸伤手脚。梅馨手脚裹着绷带恳求部下，放弃对抗，服从裁兵命令。士兵看到自己的长官跪地哀求，满是绷带的手脚运转不灵，几次想爬起再求，都因巨大的疼痛而无法起身，脸上渗出豆大的汗珠，好不容易在押送士兵的搀扶下，才从地上爬起来。赵恒惕全身戎装，高大威猛的身材，透着一股杀气，他跃上讲台，故意让马靴踢出巨大的声响，身上的佩刀也发出叮当的响声，然后清了清嗓子，高声对第5师的官兵说道："5师的弟兄们，我想你们也不忍心看到你们的师长忍着剧痛，在这里向大家一再哀求吧。既然革命已经成功，士兵退伍是很自然的事情，何况政府也考虑了弟兄们的难处，在财政如此困难的情况下，仍然拿出这么一大笔钱来，给大家发放如此优厚的退伍金，大家完全可以拿着这笔退伍金，回家买田置地，娶妻生子，过好自己的日子。我想政府既然没有亏待大家，大家也应该体谅政府的难处吧。"赵恒惕腰间挂着的东洋军刀，在阳光的照耀下，发出逼人的寒光。第5师的官兵只得无奈地低下了头，停止了吵闹的场面，纷纷交出了武器。其后各师依次退伍，计共裁撤官兵4万余人。

"自是，湖南无陆军""新军尽散，巡防营独存"[13]。谭延闿将赵恒惕旅作为省城卫戍部队，将巡防营改编为省防守备队，变旧有之5路为6区，共48营，每营240人，"六守备区设六司令官，督率分布各县境以维治安计。现存兵数仅一万一千余人"。此外湘西一地特留绿营兵1万余人以自治地方秩序。

谭延闿的裁军，虽然有利于减少湖南的财政负担，杜防各军人拥兵自重，不服统一约束的流弊。但是由于他的私心自用，没有按黄兴的意图，保留富有革命思想和战斗经验的新军，使得湖南的革命军事力量削弱殆尽，革命党人失去了军事凭借，为袁世凯的武力独裁和北洋军的南侵扫清了道路，为二次革命的失败埋下了祸根，但也为他日后地位巩固，成为政坛不倒翁奠定了重要基石。

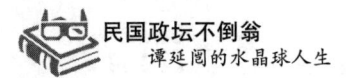

## 3. "文明革命" 弥合新旧

谭延闿本身并不赞同革命,更害怕流血。因为近代中国,中国人流血太多,湖南志士倒在血泊中的更是不计其数。他的好友谭嗣同因变法维新而血洒菜市口,这是他一生抹不去的血腥记忆。作为总督公子,他看过无数的杀人场景,对流血革命有更深一层的感悟。他不希望社会有大的波动,企望用宣传、请愿等合法手段去唤醒统治者的良知,以做有利于社会进步的改革。在立宪无望的痛苦中,他无奈地倒向了革命阵营。

革命对于他来说是情非得已的事情,毕竟旧体制曾经给予他太多的实惠,荣耀、财富、家族地位使他年纪轻轻就成了国内和省内的著名人物。但谭并不保守,骨子里存有一种革新的基因。谭延闿也像所有的年轻人一样热情奔放,在功名最盛时,辞官回乡,投身于清末兴学创业的改革浪潮,对立宪运动更是倾注了满腔的热情,结果是热脸贴了清政府的冷屁股。在连续折腾后,他终于意识到大清王朝已经走到了历史的尽头,合法性资源在内乱外患中被一点点地耗竭殆尽,大清王朝已像一架支离破碎的马车,没有了修复的可能。环视天下,到处是民怨沸腾,"反满"之声日盛。与其为腐败无能的清政府殉葬,不如顺应大势,以不流血的革命,实现改朝换代,防止社会过度的震荡。

谭延闿以他在立宪派的声望和影响力,很顺利地与湖南的革命党人达成了联合革命的共识。他给湖南的革命开了一剂药方,那就是不流血的"文明革命",声称:"文明革命与草窃异,当与世巨家世族、军界长官同心努力而后可。"[14]湖南革命党人基本上按照他的这剂药方在行事,湖南的革命总体上没有出现什么腥风血雨的场面,基本上是以和平的方式实现了夺权的目标，这与革命派在湖南长期的思想发动密切相关，也与立宪派附和革命有密不可分的关系。但是，革命是一种暴烈的行动，一旦发动起来，往往会出现一些不可操控的因素，焦虑、急躁、不安、仇恨、对抗等各种情绪很容易被激发出来，稍有不从就可能有人头落地的可能。湖南的革命尽管文明，但还是有人为此流了血。长沙县知事沈瀛、营务处申锡绥、劝业道王毓江 3 人因为不愿意附和革命，担任新职而被杀。尤其令谭延闿震惊的是他的好友黄忠浩也在这次革命中被杀。黔阳人黄忠浩是一个文武兼备的双料人才，有澄清天下之志，常以"曾国藩第二"自居，是清末兴学保路、创办实业的风云人物，革命前任湖南巡防营统领，曾一度被视为湖南反正后的都督人选之一，但因其治军过严，人缘不好，被革命党人所诛杀。谭延闿虽然很痛心，但也深感无能为力，毕竟黄忠浩没有附和革命的行动，且手握兵权，是对抗革命的危险人物，对革命有潜在的威胁。而且湖南武装起义的力量操控在革命党人手中，他虽然凭借自己的声望可以对革命施加适度的影响，尽量防止流血冲突的发生。当焦达峰率兵用机枪围攻藩署，湖南布政使黄以霖率兵反击时，谭延闿急忙出面阻止说："我们只取政权，不杀官吏。"随后派人将黄以霖护送出城，总算保住了这位素有清誉的官员一命。但他不可能事事亲力亲为，士兵也不一定都听他的号令，他与革命党人的渊源毕竟不深，是靠声望和权威来影响革命，而不是靠权力来操控革命。在革命的乱世，意外的事件随时都有可能发生。就连湖南革命"厥功甚伟"的正、副都督焦达峰、陈作新也在革命成功的 10 日之后惨遭杀害，谭延闿自己也在枪杆子的逼迫下，被迫做了湖南的都督。虽然没有任何证据证明谭延闿参与了杀害焦、陈的密谋，但因其成了焦、陈被杀后的实际获利者，也就自然脱不了杀害焦、陈的嫌疑，所谓"我不杀伯仁，伯仁却因我而死"。谭延闿陷入了四面楚歌的困境之中。一面是会党和革命党人"举兵复仇"的呐喊，一面是杀害焦、陈的军官集团的恃功要挟；一面是洗不清杀害"元勋"的污点，一面是稳定政局的千斤重担。在这进

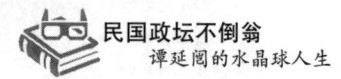

退两难之际,谭延闿灵机一动,决定采取和稀泥的手段来化解眼前的危机。一方面将杀害焦、陈的责任推在无从查考的乱兵身上,以厚殓焦、陈遗体、优恤他们的家属,承认他们革命的功劳,铸造铜像,让万民景仰,来平息会党和革命党人的不满情绪;另一方面又升杀害焦、陈的梅馨为师长,令其率师援鄂,远离是非之地,因此化解势成水火的矛盾,以便他有时间来实施"文明革命",弥合新旧势力的裂缝,以稳定湖南大局的目标。

近代湖南是一个新、旧势力都很典型的省份,曾国藩的湘军造就了湖南绅权大张的局面,很长时间湖南都以守旧而闻名。直到戊戌维新运动在湖南官绅的倡导下,湖南才成了富有朝气的省份,但为时短暂,以王先谦、叶德辉等洋务派绅士的反戈一击,湖南的维新运动很快失败,使得无数有志青年只得东渡日本,接受了资产阶级民主革命思想的洗礼,成了孙中山同盟会领导下的革命党人,他们以"反满"革命为职志,潜赴内地,密谋革命起义,形成一股以民主共和为奋斗目标的新派势力。辛亥革命前夕,由于湖南新军的上层官员或被派往直隶永平观操,或被湖南巡抚余诚格调往省外驻防,长沙起义的主要功劳应该归功于新军的下层军官、士兵和会党,因此,他们在夺取政权后,占据了军政府的主要职位,焦达峰、陈作新担任了正、副都督,一些下层军官和士兵论功行赏也得到了升迁。但因焦、陈的被杀,使他们获得的胜利果实一夜之间落入了立宪派的手中,谭延闿表面看来捡了一个大大的便宜,实际上却是接了一个烫手的山芋,稍有不慎,就有引火烧身的可能。

谭延闿很明白自己的处境,他虽然年轻,但不冲动,处理事情头脑冷静。他虽然没有直接混过官场,但作为地方大员的公子对官场的世故耳濡目染,在父亲的栽培下深谙为官之道,知道在官场人脉关系的重要,因此,他做任何事情处处都留有余地,人际交往也不避新旧,对任何人也不落井下石,更没有公子哥们的骄横之气,他与父亲谭钟麟都是湖南习"纵横之术"的大学问家王闿运的粉丝,深通借力打力之道。他城府很深，善于隐藏心迹，外表柔和，内心缜密，进退自如，喜怒不露于色。他当都督以后，最高明的一着棋就是拉着革命党人谭人凤亲到焦达峰的灵前吊唁，长跪不起，哀痛动人，有人说他就是在父亲谭钟麟的灵前也没有哭得如此伤心。就连他嗜好美食的习惯也突然改变，表现出终日戚戚，愁眉苦脸，"食旨不甘，闻乐不乐"的极度伤心样子。谭延闿的这番表演，果然博得了革命党人的信任，从而冲淡了擅杀革命元勋的嫌疑。

谭延闿心里十分清楚，要在"革命伟人多"的湖南站稳脚跟，没有革命党人的支持是无法实现的，而湖南又是近代绅权势力强大的省份，失去了绅士的欢心，就没有了政权的依靠。因此，他为了巩固自己的地位，只能摇摆于革命和改良之间，既改造革命党人的过激行为，又在一定程度上接受革命的改造，讨革命党人欢心，给地方绅士以实惠，按照"文明革命"的思路，进行政治制度的改良，即立宪派夺取政权后，马上"竭力维持秩序，保全治安"，使新政权迅速走上有利于资本主义经济与政治发展的"开明专制"轨道，这就是谭延闿巩固政权的指导思想。

谭延闿的第一步棋就是建立有利于推行"文明革命"的省级政权机构。

谭延闿登台伊始，便在立宪派、革命党人和实力派旧军官之间进行权力再分配，调整了军政领导机构。谭延闿在政权机构的调整中，为了避免落人话柄，基本上沿袭焦、陈民主革命的建政路线，总体布局不变，容纳各方利益代表，建立新旧合一的混合性政权。但又必须使政权掌握在与他亲近的立宪派手中，以便自己从中操控。在总体不动的情况下，他采用"掺沙子"的办法，实行权力置换，让自己的亲信占据政府的要害部门。民政司司长仍由进士、前道台、长沙法政学校校长刘人熙担任；财政司司长则由焦达峰时期的原谘议局议员、辛亥俱乐部湖南支部常务议员陈文玮换上了原谘议局副议长、宪友会湖南支部负责人陈炳焕；教育司司长仍由留日生、无党派人士陈润霖担任（1912年1月由同盟会会员吴景鸿接任）；外交司司长仍由留日生、立宪党人粟戡时担任；交通司司长仍由举人、立宪党人龙璋担任（1912年1月由同是立宪党人的龙绂瑞接任）；司法司司长仍由留日生、同盟会员洪荣圻担任；军政部部长由焦达峰时期的同盟会会员阎鸿飞换上了旧军官、立宪党人黄鸾鸣；国税厅厅长仍由立宪党人陈炳焕担任；矿政局局长仍由立宪党人黄忠绩担任。1912年，谭延闿新设的筹饷局局长由同盟会会员周震鳞担任；盐政处处长由原谘议局议员、立宪党人黄锳担任。表面看来，省政机构的调整变动不大，革命党人在政府中仍有一定的席位，但实际上都已是无足轻重的部门，加之原来的都督、副都督焦达峰、陈作新都是革命党人，而现在的都督已换成了立宪党人谭延闿，因此其影响力自不可同日而语。就行政机构而言，政权几乎完全为立宪派垄断，"所有职位，都被与新督军持相同意见的绅士成员和学生阶层占据了"⑮。军政府不再设副都督，专为挟持都督的临时参议院以及几乎与都督分庭抗礼的民政部均予撤销。四职合而为一，高度集权于都督。此外，立宪派还占据了财政、外交、交通、军政、国税、矿政、盐政等部门。

这种以资产阶级化的绅士为主体的行政领导机构，保障了谭延闿的政令畅通，使他在决策过程中能够取得绝对多数的支持，从而有利于推行谭的"文明革命"计划。

就军政机构而言，也是新、旧合一的混合结构。原新军标统黄鸾鸣继续任军政部部长（后改军务司司长），危道丰（原督练公所粮饷科科长）取代刘邦骥（原督练公所参议官）任参谋部部长。军队由4镇扩编为5个师，师长余钦翼、赵春霆、曾继梧、王隆中、梅馨等，其中2师师长赵春霆、3师师长曾继梧、4师师长王隆中都是革命党人，只有1师师长余钦翼、5师师长梅馨是旧军官。后谭又借裁军的名义，将参加过长沙独立和在武汉抵抗过北洋军的新军全部裁撤，高级军官余钦翼、赵春霆、王隆中、梅馨、蒋国经、向瑞琮等一概保荐北京封官赐禄，并以旧巡防营和赵恒惕的桂军为基础，重建听命于自己的军事武装，借以控制军权，以便有效地推行"文明革命"的改良计划，防止革命党人过激的军事行动。

谭延闿为了显示新邦的民主气象，决定重建省议会，参与省政府的决策工作。1911年11月，他发布了《为召集省议会各议员开会议事札》，要求各地按大县3人、中县2人、次县1人的比例，投票推选代表赴省参加议会，所选代表的资格以明达事务、品学兼优、确能议事者为准，成立了特别议会。特别议会先后议决了钱粮改革案、裁撤佐贰杂职案、司法区域划分暂行章程案、讼费征收暂行章程、刑事讼费征收法、省厅州县财产管理处暂行章程案、货物税暂行简章、公债问题及简章案、禁烟公所案、税契案、牙帖案等诸多问题。但是，由于议员来源不一，内多异议，派系林立，有湘民研究会、维持会等，冲突不断，1912年4月，被谭延闿勒令解散。1912年，袁世凯颁布了国会和省议会选举法，谭延闿响应北洋政府的号召，积极筹备省议会的建立。1913年3月15日，湖南省议会正式建立。省议会有议员108人，较谘议局组织有所扩大。选民资格无论是年龄、不动产和教育程度等方面的限制，都有所放宽。以年龄方面而言，从25岁降到21岁；不动产方面，由5000元下降到500元；教育程度方面，由中学毕业降到小学毕业。选民范围的扩大，增加了资产阶级尤其是隶属这个阶层的知识分子参政的机会，增加了他们在政治上向上攀缘的可能性，扩大了议会民主制的基础。在谭延闿"文明革命"时期，省议会具有对本省行政长官违法事件提出弹劾案的职权；对违法纳贿的官吏可咨请省行政长官查办；对本省行政事项有疑义时可提出质问。省议会议决的各案，省行政长官都得于10日内公布；被行政长官否决的提案，省议会2/3以上议员仍执原议时，行政长官必须执行。在一定程度上体现了省议会是民主共和的捍卫者。

谭延闿的第二步棋就是建立以开明绅士和受过新式教育的知识分子为县知事的新的地方政权机构，推进资本主义的政治和经济改革。

县政的安定是省政稳固的基础。谭延闿为了牢牢将地方政权控制在自己的手中，曾经派自己的亲信前往各县接管地方政权，虽然他一再声称实行不流血的"文明革命"，但在接管地方政权的过程中，仍旧出现过武力夺权的流血事件，原来拥护焦、陈的一些革命党人有的被杀害，有的被驱逐。常德的杨任、余昭常被血祭前巡防营统领黄忠浩；宝庆军政分府都督谢介僧和邹永成遭囚禁，同盟会激进分子邹代烈惨遭杀害；焦、陈所委任的南路招抚使刘嵩衡被调往长江一带。但更多的是传檄而定。在县知事的任命过程中，谭延闿大多采取任命声望较好，有新学思想和留学经历的人担任。据杨鹏程对湖南宁乡、溆浦、宜章、安乡、永顺、汝城、沅陵、宁远、慈利、嘉禾、常宁、醴陵、永明、石门等14个县辛亥前后的职官出身所做的统计：1900年至1911年独立前共94任知县，其中进士16任，占17%；举人24任，占26%；生员32任，占34%；旗人、捐官、军功或出身不明的22任，占23%，绝大多数系由传统功名出身。而在独立后至1913年止的64任知事中，除7名暂时留任者有功名外，仅进士、举人各2任，各占3%；生员11任，占17%。有功名者22任，占34%，而无功名者（包括新式教育出身）42任，占66%。传统功名是清朝任用官吏的主要标准，入民国后任命的知事不再以此为前提，至少表明州县官员同封建主义的联系减弱了些。⑯湖南的地方政权已经开始由封建地主政权向新兴地主、新兴资产阶级政权过渡，封建地主绅士的势力逐渐退出了地方的权力中心，代之而起的是受过西方资产阶级思想影响，具有一定民主、共和思想观念的新的知识分子群体，这是社会发展的一大进步，是辛亥革命对社会改造的重大成果。

　　谭延闿的第三步棋就是支持革命党人对旧的封建势力进行适度的打击，这是革命改造在谭身上的积极体现。

　　独立以后，湖南民军骤增，饷无所出，财政拮据。谭延闿任命革命党人周震鳞为筹饷局局长，将亡清官僚、豪绅富室、奸商滑贾列为重点筹饷对象。前湖北第8镇统制张彪，在宁乡的财产被一律充公；前两广总督袁树勋虽拥资近1000万，但不愿多捐，筹饷局将其所管"谭邑田产五千余亩及省城镇沅典铺,约值银5万两,一并提充作为军饷"。前军机大臣瞿鸿礼"于去岁反正后,虽认有捐款,为数不多,且赴上海以寓居租界为避捐计,该局将所存长沙蔚丰厚票号银4万两又日昌票号银1万两,一并提出充公"。前清巡警道赖承裕"积资数十万",筹饷认捐不愿多出,并迁居乡下避捐,被筹饷局将其省城住宅查封,并将其各号存款,其银2万两均提取充公,还将其三子押厅追缴。[17]筹饷局不畏权势,不顾曾任广东钦廉都督郭人漳的强烈抵制,将其父、已故前清提督郭松林的遗产酌提充公。对谭延闿的哥哥谭瑑吾,也"驰电交攻""致函诘问"。[18]周震鳞还将曾国藩祠改为烈士祠,供奉为革命死事者、独立功臣及阵亡将士牌位,四时祭奠。地主豪绅对筹饷局的做法也深感不满,省外的汤寿潜和伍廷芳还联合写信给谭延闿,出面为瞿鸿礼说情,要求谭延闿将没收的瞿鸿礼房屋发还给他。尽管尚未发现谭延闿给汤、伍二人复信的内容,但谭延闿在给张子武的回信中,却明白地拒绝了当时一些人对湖南筹饷问题和瞿鸿礼问题的指责。他说:"湘省筹捐,皆给公债票,无损人权;瞿之田宅,更未议提,公言殆过。"[19]由此可见,谭延闿对周震鳞在湖南的筹饷活动是支持的,至少是默认的。虽然这只是解决湘财政的暂时应急措施。但是,他把打击的对象对准封建的顽固势力,又表明了谭政权具有一定的革命性。谭还在农村将田赋数额固定下来,取消各项附加税,并废止粮书制度,在一定程度上减轻了农民负担,有利于促进资本主义经济的发展。

谭在鼓励资本主义经济发展方面也不遗余力,在他当政期间,湖南掀起了一股举办近代实业的热潮。正如当时人所言:"湖南的工业本极幼稚。民国元、二年间,一般人士都说振兴工业是救国的第一要着,又是我们湖南的第一要着。正当那谭组庵(延闿)做都督的时候,提了许多的公款来'振兴工业'。当时的什么实业公司和某项工业筹备处的招牌,到处皆是。有官办的,有商办的,也有官商合办的。"[20]美国学者周锡瑞称之为"都督主动地鼓励资产阶级工业化"。这一时期,湖南著名的工矿实业公司有洞庭制革股份有限公司、汽船公司、经华纱厂、长沙自来水厂、湘潭玻璃厂、五金矿业股份公司、富国矿业股份公司、章楚造纸公司、制靴制帽公司、江华厚生锡矿公司、湘潭唯一膏盐矿公司、醴陵百炼公司等。这表明谭延闿经过辛亥革命的洗礼后，已经日渐地向资产阶级革命派靠拢，成了一个带有封建胎记的新兴资产阶级势力的政治代表。

民国初年，湖南省立第一师范学校学生因伙食不好，每天进餐时经常大吵大闹，弄得杯盘狼藉，秩序紊乱。学校当局无法制止，只得请时任湖南都督的谭延闿莅校训话。谭延闿并未批评学生，而是作一长联贴于食堂，其联云："君试观世界何如乎，横流沧海，频起大风潮，江山带砺属谁家，愿诸生尝胆卧薪，每饭不忘天下事；士多为境遇所累耳，咬得菜根，方是奇男子，王侯将相原无种，想古人断齑划粥，立身端在秀才时。"学生阅读后，深为感动，嗣后进餐则井然有序，寂寂无声。一场风波就此平息。

## 4. "二次革命" 左右摇摆

武昌起义和南方各省的独立，使中国的政治处于南北分裂之势。清廷加派武装力量南下镇压革命党人的起义，并重新启用被赶回河南彰德的袁世凯出山，袁世凯在经过一番讨价还价，取得左右朝廷的大权以后，就雄心勃勃地率领北洋大军南下湖北，在相继攻下汉口、汉阳后，又炮轰武昌，用武力威胁革命党人屈服。在袁世凯的大兵压境之下，革命党人被迫做出妥协，与袁世凯进行和平谈判。袁世凯派唐绍仪为清内阁总理大臣的谈判代表，而南方独立各省则推伍廷芳为谈判代表。

当袁世凯派唐绍仪为全权代表时，杨士琦曾向袁世凯进言说："少川是广东人，广东人最重乡谊。革命军领袖孙某是广东人，伍代表也是广东人，广东人和广东人碰头，几句广东话一说，倒不可不提防一下。"袁世凯拈须一笑说："杏丞，你放心，我就请你和贵本家（杨度）随着少川南下吧！晳子是湖南人，革命军方面不少湖南人，让湖南人和湖南人碰头，说几句湖南话调和一下吧。"

杨度是湖南湘潭人，是清末才子，曾跟湖南著名的经学大师王闿运学习"帝王纵横之术"，一生只想找到一个军事强权人物，助其成就霸业，实现自己的政治抱负。他虽然年轻，但以其才华出众，也算得上是袁世凯夹袋中的人物。他在东京留学时就与孙中山先生见过面，并与孙相约说："吾主张君主立宪，吾事成，愿先生助我！先生号召国民革命，先生功成，度当尽弃其主张，以助先生，努力国事，期在后日，勿相妨也。"他又与湘籍革命家黄兴、宋教仁时相往来，并一起办报，宣传过反清革命。他虽不是袁世凯的正式代表，却是个异常活跃的幕中人物。他散布谣言说:"革命事业非袁不易成功。袁不是曾(国藩)、胡(林翼)之流,你们莫逼他走着这条路线。现在不是民军与清廷的问题,是民军与袁的问题,袁的问题一解决,革命就成功了,革命党的民族、民权问题也都实现了。"这些话很容易打入一部分意志薄弱的革命党人的心坎。他们献身革命,初未想到"及身以见其成",而现在则胜利的新大陆已浮现在眼前了,经杨的巧言撩拨一下,愈足以促进其"二民主义"及对袁的"绥靖政策"。那时杨度不是清廷的说客,不是民军友人,而是袁世凯的开路先锋,不论袁做"开国之主"也好,做民国大总统也好,他只求取得"子房"的地位。

然而,杨度的如意算盘却以孙中山的回国而落空。孙中山是伟大的资产阶级革命家,当武昌起义的枪声划破沉寂的长夜之时,革命的先行者孙中山正在大西洋彼岸的美国科罗拉州的典华城。10月12日上午吃早餐时,他在报摊上买了一份报纸随便翻阅,却惊奇地发现"武昌为革命党占领"的消息,他既兴奋又意外,挥舞着拳头连声说:"太好了!太好了!"近旁就餐的美国人,向他投射来惊奇的目光。孙中山兴高采烈地离开了早餐店,很想马上飞回国内,投身到战火纷飞的疆场,与战友们一道共倒清朝。当他走近电报房,准备给黄兴发电报时,突然转念一想,现在还不是立即回国的时候,因为新成立的共和国需要财政和外交方面的支撑,他要利用自己的身份争取西方国家对中国革命的同情和支持。于是,他提笔拟稿,告诉黄兴,自己最主要的工作,不是在"疆场之上",而是在"樽俎之间"。他要走访美、英、法等国,争取它们的财政支持和外交承认。孙中山怀着善良的愿望,开始了他的美、欧之行,他拜访各国政要和财团,希望他们能给予贷款和承认,但四处碰壁。他只得失望而归。12月25日他回到了上海。由于他崇高的革命威望,独立各省代表推举他为临时大总统。谭延闿看到这正是自己接近孙中山的绝好机会,因而飞电祝贺,表示欢迎。电文曰:"闻公到沪,飞电传来,距跃三百,谨代表全湘百万生民欢迎。先生万岁!中华民国万岁!"[21]

## 第二章  首主湘政 两面摇摆

1912年1月1日,孙中山在南京宣誓就任中华民国临时大总统,组建中华民国政府。这使觊觎大总统宝座的袁世凯大为不满,于是下令撤销唐绍仪议和代表的资格,中断了南北和谈。对于袁世凯单方面中断和谈,谭延闿十分义愤。1月10日,他致电孙中山、黄兴等人,声称:"前得伍外交长江、齐各电,深知袁贼狡谋,和议万不可恃,无非充彼战备,懈我军心,正拟联合各省要,请大总统、伍外交长不再迁延议和,布告开战。适得南昌马都督佳电,以袁世凯来沪与否及会议地点日期,限于阴历十一月二十七日内答复,决不再延长停战期限等因。敝省极表同情,务恳伍外交总长即与袁世凯严重交涉,将前次与唐代表所订之两军须得全权代表电报述和议决裂,战事重开,始可发令开仗一条,即行更正。若至停战期满,尚未将君主、民主问题解决,即令各路开战。如大总统、副总统及各省都督赞成此议,即请伍外交长宣布中外,万勿再与迁延,是为至祷。"1月12日,他又再电孙中山、黄兴等人,电文曰:

> 袁贼议和,无非肆其狡猾狠毒之手段舞弄民军。敝省原不承认,早经迭请外交总长,请将条文修改,国会取消,未蒙复答。固知开议艰困,未便过于诘难。但君主、民主问题必非从容坛坫所能解决。况以袁贼阴险虏性刁顽,必须决胜疆场,乃可以登同胞于共和幸福之中。以伍总长之高明练达,岂不知是,而必强于羁縻,实所不解。近日连接各处来电,不胜隐忧。曾于蒸日电恳大总统将议和事件截至阴历十一月二十七日至,决不再延长停战期限,致涣军机。顷得江北蒋都督蒸电及安庆孙都督真电,知袁贼节节进兵,是彼已破坏和局。扬州徐总司令宣布袁贼状罪,的是至言。惟各省都督既明知和议不可恃,何必再与开议,而不直切宣战,一扫膻腥。大总统原有主持和战全权,不待延闿一人私议,特事机日迫,不敢缄默。用是披沥愚忱,再请各都督合恳大总统饬令外交总长与袁世凯严重交涉,无论所订若何条件,以二

十七日以前解决。过后只有开战二字,万不承认议和,自堕全功。㉒

电文颇有一种视死如归拥护南京临时政府的气概。但是,他电报虽勤,行动却缓,虽组织了北伐军,但只在岳阳一带逡巡,静观时变,好做投机的资本。当他看到投机风向不对,独立各省的立宪党人纷纷青睐握有实权的袁世凯,革命党人内部也普遍认为只要袁世凯逼清帝退位,承认民主共和,孙中山就应该让权于袁,以换取廉价革命的胜利,加之南京临时政府财政困难,外交上又不为西方列强所承认,这就改变了谭延闿对袁的态度,原来那种誓死讨袁的激情渐渐化为乌有,转而对袁世凯输诚。在建都问题上,他极力为袁世凯辩护,声称:"都城为政治枢纽,非建立燕京不足以谋五族之统一……袁公既为北部安危所系自不能轻取燕京,致启乱机。"㉓定都南京,本是孙中山为防止袁世凯专权而提出来的重要措施之一,谭延闿作为南方独立各省的重要一员,理应站在以孙中山为代表的革命党人一边,但他却没能这样做,反而为袁世凯的"兵变"阴谋所欺骗,发电拥护定都北京,并号召政界要人一致赞同。湖南作为武昌起义的首应省份,本身就在独立各省拥有很大的号召力,他的这一通电势必会在当时产生重大的影响,从而遂了袁世凯坐镇北洋老巢,搞专制集权的心愿。为了进一步取得袁世凯的信任,尽快畅通他与袁世凯的联系。他特意派亲信秘书唐乾一(坤成)为驻京代表,每月给他的交际费用达几万元。唐在京城颇为活跃,时常出入茶肆酒楼,妓院赌馆,经常宴请那些达官贵人和在京供职的湘绅,好让他们在袁世凯面前为谭美言,并借以取得他们的支持。谭还利用世家旧谊与袁世凯、徐世昌等人常有书信往还,借此联络感情,寻找政治靠山。并通过汤化龙的关系与湖北都督黎元洪成了"患难之交"。谭延闿的这一番良苦用心并没有白费,7月12日,袁世凯正式任命他为湖南都督。

谭延闿是一个八面玲珑的政客,他并不糊涂,虽然民初的政局不是十分明朗,但他知道袁世凯是一个实权人物,是一个不可轻易得罪的主儿,因此,向其示好是必要的。而孙中山、黄兴、宋教仁等人虽然让权给袁世凯,但他们为国家统一,不贪恋权位的光明磊落行为却深为国人敬重,何况革命党人还在南方拥有强大的潜势力,因此,还得借重他们的威望来巩固自己在湖南的地位。尤其是湖南老乡黄兴、宋教仁仍是民初政坛的风云人物,一个是南京留守,掌握着南方各省的军事大权;一个是唐绍仪内阁的农林总长,拥有很高的政治威望。谭延闿打心底里佩服他们的正直、无私和政治才干,因此,诚心与他们交好,以寻求政治上的臂助。

8月,宋教仁等同盟会会员为了让袁世凯成为空有其名的总统,扩大未来国会竞选的声势,实现议会民主制度。在"新旧合作,朝野合作"的口号下,与统一共和党、国民共进会、共和实进会、国民公党实行合并,改组为国民党,设总部于北京,宋教仁被孙中山委托为代理理事长,负责党内的实际工作。宋教仁一跃而成为全国第一大政党的领袖,为全国所瞩目。这一重大变化,引起了视民主政治如洪水猛兽,一心要搞专制独裁的袁世凯的极大不安。他忧心忡忡地对杨度说:"我现在不怕国民党以暴力夺取政权,就怕他们以合法的手段取得政权,把我摆在无权无勇的位子上。"他认为孙中山和黄兴都好对付,宋教仁则是他集权的最大障碍。为避免国民党组阁局面的出现,袁世凯对宋教仁百般笼络。先是封官许愿,暗示宋教仁只要不坚持责任内阁制,定加以重用,委以内阁总理。接着他又向宋教仁馈赠50万元,并介绍一位有文化又漂亮的亲戚给宋做妻子。但宋教仁软硬不吃,对高官厚禄、金钱美色丝毫不动。并表示自己要通过光明正大的竞选,堂堂正正地组建内阁。

为了实现国民党在竞选中的胜利,9月,宋教仁委派国民党员仇鳌回到自己的家乡湖南,负责组织国民党支部。仇鳌回到湖南后,与谭延闿及各阶层的实权人物广泛接触,征求他们的意见,开始筹划在湖南设立分部的工作。仇鳌认为,谭延闿这个人要完全站在反动的一边他是不干的，因为他也认识孙中山、黄兴和同盟会的力量，不敢过于立异；但是要他死心塌地地站在革命方面来，当然也不可能。在焦、陈被害以后，同盟会与谭延闿有矛盾，不过比起同盟会和袁世凯的矛盾来，就是次要的了。仇鳌把国民党的组党计划和方法同谭延闿和盘托出地谈了，谭延闿非常赞同。以后凡是仇鳌所提出的办法，他都"欣然乐从"㉔，并表示极大的支持，为便于各地的选举，他还使老官僚刘人熙让出了民政司司长的职务，改由仇鳌担任。9月中旬，国民党湖南支部正式成立，谭延闿任支部长，仇鳌为副支部长，一切党务工作谭延闿都交由仇鳌具体负责。双方的分工是：军事方面由谭延闿去对付，政治和社会方面都由仇鳌负责。当时，谭延闿在立宪派与国民党之间，南北势力之间，新旧派别之间，政客与军人之间，老年人与青年人之间，采取了面面敷衍的态度，因此有"八面玲珑"之称。仇鳌得以放开手脚，大张旗鼓地在湖南开始选举工作。仇鳌当了民政司司长以后，把各县的县长进行了调整，随后派出了五区的选举分监督：一区龙璋，二区苏鹏，三区唐璧，四区戴展诚，五区黄右昌。这样省、县、区负责人联为一气，开始了选举活动。从1912年10月到1913年2月，全省选举完成。从国会、省议会一直到各县县议会，国民党的候选人都以90%以上的比例当选。湖南的选举工作，是以压倒性的优势胜利完成了。

10月31日，黄兴在北京与袁世凯晤谈以后回到长沙，谭延闿借此机会，举行了盛大的欢迎仪式，上午8时，他就率领各"司长、军警商学会团人员齐集黄兴门（按：湖南各界为纪念黄兴开国勋绩，特改德润门为黄兴门，坡子街为黄兴街）外义渡码头趸船，当时观者如堵，不下七八万人"㉕。黄兴船一抵岸，舢板升礼炮21响，各级学生高唱新谱的"欢迎黄克强歌"，歌词曰："晾秋时节黄花黄，大好英雄返故乡；一手缔造共和国，洞庭衡岳生荣光。"在悠扬的歌声中，谭延闿、黄兴并辔入城，直接前往湖南都督府。黄兴自从在谭延闿、龙璋帮助下从西园突险，离开湖南经上海，东渡日本，与谭延闿分别已有8年之久。

今日重逢，一个是国民党的理事、前南京临时政府陆军总长、南京留守；一个是国民党湖南支部支部长、湖南都督，颇有些殊途同归的意味。两人见面，都有些百感交集。

黄兴在湖南停留了一个多月。考察矿务，会见友人，疏通党人意见，并建议谭延闿储蓄人才，派遣留学生，兴办实业。谭对黄"推崇备至"，态度极为谦恭，招待尤其热情，天天在名楼酒店宴请黄兴。组织了几十次各种类型的欢迎大会，每次都要恭请黄兴演讲训话，整个场面欢声雷动，热闹非凡，气氛极为活跃。谭延闿还亲自陪同黄兴回明德学堂参观。黄兴故地重游，殊多感慨。他在全校师生的欢迎会上情绪激昂地说："兄弟8年前担任明德学堂教员。当时胡子靖先生、谭组庵先生主持学堂内事务。开办之初，规模狭小，风潮甚恶。与今天的情形相比较，相隔真是天壤之别！"他在讲话中盛赞明德"在民国有自由活泼的精神，又得到了许多名师的教育和谭都督的大力辅助，将来的发达，将会超过日本的早稻田大学"。黄兴的讲演声情并茂，催人奋进。谭延闿也在欢迎会上为黄兴大唱赞歌，要求师生们要向黄兴学习，练好本领，做一个于国于民有用的人才。黄兴在湘考察，谭延闿推掉了一切应酬，不管多忙，他都陪在黄兴左右，不管黄兴讲什么，他都点头，不管黄兴想做什么，他都一一照办。黄兴的故乡之行，在谭延闿的精心安排和殷勤照料下圆满结束，湖南给他留下了美好的印象。唯一令他不安的是小西门、坡子街改为黄兴门、黄兴街之事。11月上旬，黄兴特地写信给谭延闿，感谢他的热情招待，辞谢小西门、坡子街的改名之事。

1913年，随着国会选举的临近，宋教仁为了扩大国民党的影响，使国民党在国会选举中能占绝对优势，以便实现组织责任内阁的目的，于是离京赴各省演说。2月，他回到阔别8年之久的故里——湖南桃源县，探望年迈的母亲和妻儿。随后他依依不舍地辞别亲人，前往长沙，参加竞选，谭又兴师动众地欢迎了一番。他在国民党湖南支部召开的欢迎宋教仁的大会上，声情并茂地致辞道：

宋遯初先生频年奔走国事，推倒满清，建造民国，实为我国之大政治家，国民所公认者也。民国成立，已届一年，而建设之进行极迟滞，又极腐败其政，此迟滞腐败之由，则在未能完全破坏。当时先生与黄克强先生等所以图破坏者，实欲刮地更新，扫荡旧秽，乃人事乖。竟有出乎意料之事，以致不能达完全破坏之目的，睹目前危险情形，令人不得不崇拜当时之擘划，而深惜未竟其志。但建设民国为日甚长，其事甚多，我党党员皆应恪守党纲，力求进步。然一党之中必有伟大人物时加指挥训练，则党员乃能依轨进行。先生此次在北京之经验及沿途之观察，既旋桑梓，必抒其宏硕政见，以诲我党员。而党员对于伟大人物，最宜服从，尤应确遵其主张，互相砥砺以增党德而扩党权。今日开会欢迎，非欢迎过去之宋遯初先生，乃欢迎未来之宋遯初先生；非欢迎推倒旧政府之宋遯初先生，乃欢迎建造新政府之宋遯初先生。

湖南省议员还一致推举宋教仁为参议员。他前往各处演说，言辞犀利，"对时政得失，尽情发挥，无所顾忌"，[26]他明白地提出：正式总统可举袁世凯，但内阁必以在国会中占多数议席的政党组织，以符立宪政治的正轨。同时分析当时选举形势，说明国民党已经肯定要在国会中占多数议席，因此他决定准备组阁，毫不含糊。这本是当时所谓先进立宪国政治家应取的正常态度，一时发生了很大的影响。

宋教仁还和湖南党政负责人商谈组阁计划，同时研究如何把湖南的政治地盘搞好。他邀请谭延闿担任内阁中的内政部长，仍兼湖南都督。因为谭延闿的父亲谭钟麟和袁世凯的叔祖父袁甲三系拜把兄弟，他想利用谭和袁的世谊关系，在府、院之间起协调的作用。他还提出把湖南民政司长升格为民政长，统辖各司。他说在谭延闿进京担任内政部长后，由仇鳌以民政长护理都督，以便把湖南的政治搞得更好。谭延闿对宋教仁的安排言听计从，并表示积极支持。

谭延闿与黄兴、宋教仁并无深交，且志趣又不相同，但是，他却用极为隆重的礼节来欢迎他们，是否他真心崇尚革命元勋？就谭延闿对革命态度和他督湘后的实际表现，似乎并无这股激情。擅杀革命元勋焦达峰、陈作新，他虽有猫哭老鼠的拙劣表演，却没有问罪"变兵"的行动，反而擢升杀害焦、陈的元凶梅馨。在黄兴为南京临时政府军饷无着而咯血时，他却无点滴饷项的接济，反而献媚于袁世凯；当黄兴建议谭延闿在裁兵时保留2至3师精兵，以备日后缓急时，他又以裁汰改编，易生变乱加以搪塞，自行其是，使湖南原有的精锐部队裁撤殆尽，充当了袁世凯独裁统治的清道夫。他的这次大张旗鼓地欢迎并非出自崇尚革命元勋，而是有他自己的意图和目的。一方面，他可以借欢迎黄、宋，树立自己在国民党人心目中的形象，冲淡昔日杀害焦、陈的血债，借以表明自己和革命党人有着不同寻常的关系。谭延闿就任湖南都督只是立宪派和上层官绅的意愿，他无尺寸之劳，却膺此大任，在血战疆场的革命党人心目中，却是非分的僭窃，他们维持他的地位，只是迫于当时形势的紧张，害怕贻误前敌，一旦战争停息，他们随时有可能推翻他的统治，而选自己所中意的人。当时外府与内府之争，党人与官绅矛盾如箭在弦，随时有触发的危险，退伍的士兵因为贫困日思暴动，"湖南的革命同志拟请黄先生（兴）回湘为都督"，谭延闿的地位如置薪火上，因而谭延闿想借黄兴、宋教仁回湘的机会，大做文章，利用革命党人对黄、宋的狂热倾服和对元勋的崇拜心理，通过黄兴、宋教仁来疏通他与革命党人的尴尬关系，调和内部各派的矛盾，以达到稳固自身地位的目的。多年的官场生涯，使他懂得了虚假应酬的必要，为了取信黄兴、宋教仁，解除自己所面临的困境，他只得降身相从，装出一副言听计从的憨厚面孔。另一方面，他也可以为日后找到一座可以依托的桥梁。袁世凯虽然篡窃了临时总统宝座，但是，国民党的势力表面上尚还雄厚，特别在议会中占有绝对的优势，宋教仁单骑南下，游说全国，大有一股国务总理非我莫属之概，日后国民党的前途可能还很乐观，谭延闿能够借欢迎机会与宋教仁、黄兴拉上关系，那么一旦国民党组阁，他的前途将会更加辉煌，飞黄腾达

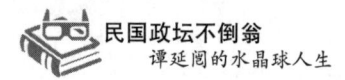

的机会就指日可待。因而思前想后，他认为这是千载难逢的与国民党领袖亲近的绝好机会，又何乐而不为呢！通过欢迎，可以达到两全其美、一箭双雕的效果。

宋教仁大逞雄辩，批评时政的演说，使遥在京城的袁世凯坐卧不宁，犹如芒刺在背，痛痒难耐，于是一双罪恶的黑手伸向了上海。3月20日晚，在上海沪宁车站。一个身材矮小、年龄20多岁、身穿黑色上衣的人，神色慌张，在站台拥挤的人群中穿来穿去，一双贼溜溜的眼睛不时地向四处张望，好像在寻找什么人。他不是别人，就是袁世凯派出的暗杀宋教仁的杀手武士英。大约10点40分。宋教仁在黄兴、廖仲恺、于右任等人的陪同下，走出了车站专设的议员休息室的大门，几个人有说有笑。站台上灯光晦暗，旅客匆忙。宋教仁怎么也想不到在背后的一大堆人群之中，会有一个刺客隐藏在其中。此刻他心中所想的是到北京去组织责任内阁，实现自己民主共和的政治抱负。当他刚走到检票口准备检票上车时，突然，背后传来一声沉闷的枪声，子弹从黄兴的耳边掠过。站上听到枪声，秩序大乱，旅客纷纷奔跑逃命。武士英见第一枪未中目标，又接着迎面打去第二枪，子弹却从廖仲恺的腿际越过，仍未击中宋教仁。这时路警听到枪声都赶了过来，武士英又趁乱向宋教仁再开一枪，子弹击中腰部，鲜血四溅。宋教仁身子晃了一晃说："我中弹了！"便一下子跌倒在身旁的铁椅子上。车站上秩序更乱，送行者抢救宋教仁，路警企图捉拿凶手，闹了个天翻地覆。武士英在混乱中疯狂地冲出车站，消失在夜幕之中。宋教仁被送往沪宁铁路医院，但不幸伤重牺牲。袁世凯一手制造了震动全国的"宋教仁血案"。

宋教仁遇刺的当夜，黄兴就将这一消息电告给了湖南都督谭延闿，电文曰："长沙谭都督、国民党支部鉴：本夜十一时，遯初兄由沪赴京上火车时被刺客枪击腰部，伤甚重，刺客逸。特闻。"22日，黄兴又再电谭延闿："遯初兄痛于今晨四时四十七分绝命，请转电其家属。遗命切勿告知老母。"可见黄兴已把谭延闿视为了可亲可信的自己人。为此，国民党湖南支部定于4月2日到5日召开宋教仁追悼大会，以纪念这位"为民主宪政流血"的革命元勋。

"宋案"发生以后，在国民党人中引起了巨大的反响。血的教训，使他们看清了袁世凯的本来面目，缔造民国的勇士在血泊中丧生，而破坏民国的人却高坐民国权力宝座的顶端，干着独裁和谋杀的勾当。孙中山"主张立即兴师讨袁，发动二次革命"，黄兴也分别致电广东、湖南两省，征求谭延闿、胡汉民的意见，谭延闿、胡汉民如出一辙，都以内部不稳定，军事势力不强大，主张通过法律途径来解决问题。由于孙、黄没有得到握有军政实权的国民党籍都督的呼应，只得将起兵讨袁的计划搁置不议，而乞求于法律的解决。国民党内部的软弱，助长了袁世凯的凶焰。5月，袁世凯公开声称："现在看透孙黄，除捣乱外无本领。左又是捣乱，右又是捣乱……彼等若敢另行组织政府，我即敢举兵征伐之。"[27] 6月，他又罢免了江西都督李烈钧、安徽都督柏文蔚、广东都督胡汉民。国民党籍三都督的罢免，将国民党逼到了非战则无以图存的地步。孙、黄等国民党人看清了袁世凯是决不会屈就于法律之下，于是，决定举兵讨袁。孙中山密电广东陈炯明，黄兴密电"湖南谭延闿作出兵的准备"[28]，并派人回各地发动。谭延闿面临着何去何从的抉择，一方面，袁世凯拥有雄厚的军事势力，又获得了五国银行团的借款，他如果举兵讨袁，就湘省的势力无异于以卵击石，很难有取胜的把握，即使联合南方各省，鹿死谁手，也难逆料。一旦失败，不仅家遭连累，地位难保，而且有亡身海外的可能，这是他所不愿的。况且他的靠山黎元洪和进步党又与袁沆瀣一气，互有勾结。他自己虽挂名国民党，却是半路出家，根底不固，也不为国民党所重视，即使国民党讨袁胜利，他也得不到更多好处，因而他是不想冒身家性命的危险去做无谓的牺牲，能够苟安现时的都督地位，他就心满意足了，因而他毫无反袁的激情。另一方面，湖南又是国民党占有优势的省区，而且是黄兴、宋教仁等革命元勋的故乡，宋教仁的惨死，对湖南人的刺激尤为巨大。5月，"宋案"真相披露后，国民党人刘嵩衡组织的"公民会"，邹代藩组织的"外府联合会"，周召南组织的"公民团"等合组成"湖南公民联合会"，一致主张彻查"宋案"，抵制大借款，倡言"我湖南应不受中央命令，暂时脱离关系"[29]，甚至还强硬表示，如果湖南都督谭延闿等贪图个人利禄，敢于违反民意，便将予以"相当之对待"[30]。湖南国民党人的态度，又迫使谭延闿表明立场。谭左右为难，只得乞灵于黎元洪，希望他出面调停，"排解纠纷"，避免南北战争的爆发。但这时黎元洪因借袁世凯之手，杀害革命元勋张振武、方维等人，引起了革命党人的不满，因而早就倒向了袁世凯一边，他极力咒骂国民党是"乱党"，"神人所共愤，天地所不容"，他表示完全支持袁世凯对南方的武力镇压，声称："元洪处军人之职，受国民之托，惟知服从命令，拥护共和，名誉生命，皆所不计。"他对谭延闿左右为难的处境深表同情，劝他千万不能以湘省独立，而服毒自尽，他特意打电报阻止他说，"徒死无益，不如暂为一时权宜之计，阳为附和，徐图敉平"，教导谭如何搪塞敷衍革命党人的要求。

7月12日，李烈钧在江西湖口宣布独立，15日，黄兴在南京就任讨袁军总司令职，"派第一（章梓部）、第二（陈之骥部）两师北上，协助徐州第三师师长冷遹御南下北军"[31]，并敦促湘省宣布独立，一时间，湖南革命党人情绪激昂，纷纷要求与袁世凯决一死战，誓为湖南革命志士宋教仁报仇。他们认为其他各省已经行动，树起了讨袁大旗，作为宋教仁家乡的湖南更不能落于人后，否则无以告慰革命先烈的在天之灵。他们组织军队，纷纷向谭延闿递交战书，要求湖南迅速响应各省独立。湖南都督府内"簿书填委，宾客杂沓"，谭延闿也自叹"劳精疲神，以事敷衍"[32]。然而讨袁之声势不可遏，在此情况下，谭延闿不得不召集各界重要人物开临时特别大会，商讨湖南的去向。谭人凤带着手枪进入会场，声言："今日有不赞成独立者，即以此物相赠。"稳健派看着黑洞洞的枪口，不敢出声，生怕发出反对意见会招来杀身之祸，谭胡子可不是好惹的角色，连谭延闿都得怕他三分。激进派却情绪激昂，在会上纷纷发言，主张湖南独立，起兵反对袁世凯。整个会议出现了一边倒的情况，谭延闿只得宣布散会。第二天再次举行会议，谭延闿为了防止出现昨天的类似情况，规定不许带危险物品入场。"稳健派"才敢在会上发表意见。内务司司长萧仲祁攻击李烈钧"与北军肇衅，牵动各省，扰害地方，实无人道"，表示对于湖南独立，"决不认可"。省防守备队长余道南、国税厅筹备处处长陈炳焕、机关枪营营长张松本等均发言反对讨袁。但革命党人唐蟒、陈强、谭人凤等人仍坚持反袁独立，而谭延闿则以"湘省频年水灾，人民困疲万状，疮痍未复，一旦再行分兵，地方不免又遭蹂躏"为辞，"主张调停南北意见"。㉝17日，安徽独立，18日，广东都督陈炯明、上海讨袁军总司令陈其美宣布讨袁。谭延闿内受激进国民党人的压力，外受独立各省的连电催促，被迫于25日宣布湖南独立，通电各省"与袁贼断绝关系"。湖南省议会也致电江西、安徽、福建、广东、四川等省都督，宣布，"袁贼横暴，罪恶昭彰。赣、粤指戈，用张挞伐，本会连日集议，极表赞同。务肯一意进行，速即讨贼，激扬士气"㉞，湖南正式加入了二次革命的行列。

湖南独立后，革命党人情绪高昂。7月25日，《国民报》祝词中，列举了袁世凯胁迫议院，"摇倒内阁""擅颁省官制""擅借外债""擅免民选之皖、赣、粤三督""淫杀无辜""渎乱吏治""兵威九江，淫劫居民"等20大罪状，号召人们"诛一夫之纣，行来厥角之箭；断路易之崩，准备层台之筑"㉟。程潜、谭人凤、周震鳞等国民党人还商定了讨袁军事计划，决定以谭延闿兼任湖南讨袁军总司令，程子楷任讨袁第一军司令，赵恒惕为副司令，进兵湖北；唐蟒为援赣司令，进兵江西；蒋翊武为鄂豫招抚使；邹永成以湘鄂联军第3军军长名义同程子楷、蒋翊武进驻岳州。但是，身为讨袁军总司令的谭延闿却无讨袁决心，他之所以允许革命党人揭起反袁大旗，仅仅是为了避开革命浪潮对自己统治地位的冲击，暗中凭借自己的地位来控制反袁的规模，以达到"徐图敉平"的目的。在宣布"独立"的同时，他却责令警界"奋发精神，除'莠'安良"。内务司在全省举办"清乡"，"严查

'匪'类，取缔党会"。省防守备队司令余道南，副司令童锡良秉承谭的旨意，发布告示，规定："私造私藏危险物者斩；散放飘布希图起事者斩；'造谣生事'煽惑人心者斩；秘密集会者斩；私自招兵者斩……"甚至连打铁店制造马刀也在禁止之列。并宣称讨袁军事"自有都督主持于上，各机关执行于下"㊱，湘省军队"业经整理军备，杀敌有余"㊲，因此人们只应"各安职业"。

由于谭延闿压抑人们的反袁激情，使反袁斗争失去了强大后盾。从当时实际的战斗态势看，不仅不像官方宣称的那样"杀敌有余"，而且是人枪短缺，武备不足。湖南自谭延闿裁兵以后，湘军精锐部队已荡然无存，留下的巡防营士兵不堪一击，虽在"宋案"发生后，由军事厅厅长程潜抓紧时间训练了3个步兵团和1个炮兵营，较有战斗力外，其余的军队则无法适应战争的需要。1913年7月7日，袁世凯派遣向瑞琮、唐乾一携巨款贿买王章耀、喻直三、涂寿远纵火焚烧了长沙军装局，使全局军械子弹尽付一炬。湖南讨袁军像黎元洪所说的"子弹甚少，不堪一击"。进驻岳州的部队基本上采取守势，用船装载石头沉入江底来抗拒北军，"师洪秀全田家镇铁锁横江之故智"。8月9日，第一军司令程子楷派前卫各军前往城陵矶与鄂军交战，自辰时战到午时，都未能分出胜负，援赣司令唐蟒率军经湖南醴陵往江西萍江、新喻，掩护赣军主力集中。无奈赣军苦战兼旬，弹尽力疲，渐成瓦解之势，唐部湘军独木难支。

前线战事吃紧，急待增援，而坐镇长沙的谭延闿却极力阻挠群众自发的反袁斗争。有招兵讨袁者，被"拿办十余人"㊳；雷镇华上书具呈，"愿募敢死队，以便尅其北上，誓除国贼，肯请照准"，谭延闿却批道，"妄立兵目……殊干法纪，所请应不准许"㊴，从上海运回的"五响双筒毛瑟枪"5000杆，谭延闿不是把它运往急需军械补充的前线，而是"点交军事厅储存备用"㊵，并三令五申地责令各属乡镇"严办清乡事宜"㊶，甚至采用原始的"保甲连坐法"来拑制人民的反袁斗争。前线械弹缺乏，而后方却将军械用来扩充"清乡军"，镇压革命人民。

# 第二章
## 首主湘政　两面摇摆

谭延闿的阳奉阴违，使湖南的讨袁战争毫无起色，始终未能越出省界与鄂军作战，也严重影响了其他讨袁战场，江西因为湘军增援迟缓，讨袁军孤军奋战，阵脚不稳，无法抵御北军的强大攻势，节节败退，湖口、九江相继失陷。李烈钧、林虎在唐部湘军的保护下，经长沙、上海而流亡日本。南京独立仅依靠黄兴裁兵时保留下来的第8师，但讨袁初起，谭延闿却"因湘省防务空虚，又将该师陶德瑶的一个团由赵恒惕率领调回长沙"[42]，使缺额甚多的第8师势力更弱，严重影响了南京讨袁军的战斗力，加速了他们的失败。黄兴被迫于7月29日出走上海，继而流亡日本，南京讨袁军经过反复的英勇斗争，最后被淹没在血泊之中。

赣、宁军事的失败，黄兴的出走，使首鼠两端的谭延闿更加坐立不安。谭延闿整日眼红面黑，喜怒无常，伫立窗前，凝望着下个不停的淅淅沥沥的小雨，心情久久无法平静，犹如理不清的乱麻，他感到左右为难，骑虎难下，战和都有风险。他只好来到程潜的卧室，想与他密商应付时局的对策。程潜正伏案疾书，起草讨袁的军事纲领，见谭延闿入室，连忙搁笔相迎。谭延闿用他那浓重乡音的茶陵话对程潜说："湖南在上月宣布独立，从当时环境看，可以说水到渠成，除独立外别无第二条路可走。现在我们处于四面楚歌之中，孤立无援，当今取消独立，可以说是瓜熟蒂落。我想取消独立，依靠黎元洪担保，可免生灵涂炭，这不失为一个好办法。我想听听颂云高见，不知你以为如何？"说罢，两只诡秘的眼睛凝视着程潜。

程潜显得有些消瘦的脸上，双眉打结，愁云满布，脑海里思索着谭延闿的来意。蓦地，他站起来，向谭延闿走近两步，声音沉痛地说："组庵，我很谅解你的苦衷。黎元洪的代表金永炎来长沙时，我对他说过，湖南宁为玉碎，不为瓦全。今日事势如此，玉碎不能，瓦全亦难。但黎元洪倒在袁氏怀中，他无实力，其本身已是皮之不存，湖南以他为护符，真所谓'毛将焉附'，你的办法，只不过暂时避免危险而已，将来演变，仍然未可乐观。我决意马上辞职，你可把一切责任推在我

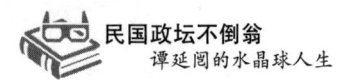

身上。这样做,你对袁氏也有话说。"

谭延闿听程潜这一说,脸上顿时露出一丝不易察觉的微笑,瞬间又消失了,装出一副悲天悯人、愿共患难的样子,对程潜说:"我不能把一切责任都推在你身上,所有罪恶皆归于我。"

程潜、谭人凤、周震鳞等人知道谭延闿早蓄归顺袁氏之心,又兼及独立各省均告失败,湖南战争已无可为,只得任谭延闿自择。

这时,湖南革命党人内部发生分化。文经纬、易宗羲、吴作霖、文斐等人站在谭延闿一边,不仅主张取消独立,还打算牺牲几个同志来保全自己;唐蟒、罗良干、刘承烈、柳聘农等人要求坚决同袁世凯斗争到底。他们在都督府特别会议上,拔剑舞刀,愿拼死一战,将来失败,我等需要同归于尽,决不令有一人得庆余生者。

谭延闿看到湖南的妥协空气占了上风,于是趁热打铁,于8月13日宣布取消独立,并"电达中央,静候处分"。黎元洪唯恐谭在变节后对党人下不得狠手,又去电督促谭延闿对唐蟒等人"不惜情面而即行捕拿……籍明心迹,免贻口实"。但谭延闿不愿将事情做绝,还想与党人保持一定联系,作为政治上的后路,没有听信黎元洪的意见,采取了睁一眼、闭一眼的态度,使得党人大部逃脱了袁世凯的捕杀,程潜、谭人凤、周震鳞等远避海外。

湖南取消独立后,谭延闿为了取得袁世凯的谅解,保住都督的宝座,想尽了各种办法。一方面,他倚重黎元洪,靠难兄难弟出面为其说情和澄清事情原委。黎也不忘谭延闿昔日输诚纳好的诚意,极力在袁世凯面前为谭辩解,说湘省独立"宣布最迟,取消也最速","实赖谭督暗中维持之力",劝袁世凯"慰留谭督……以安湘省人心,而免糜烂现局"[43]。谭延闿为了表示忠心,完全按袁的意图,任命旧官僚赵春霆为湘西镇守使,王正雅为常澧镇守使,田应诏为湘南镇守使,陶忠询为湘西镇守副使,并收缴反袁部队的枪支,杀害刘嵩衡、魏伯益、彭天浩等反袁勇士,因而获得了袁世凯的嘉奖,称谭延闿"素明大义",令其"始终维持,以安大局"[44]。另一方面,他又运动商界,致电黎元洪"转请中央，留谭督以资震慑，其军政各机关在事人员或去或留仍旧谭都督随时甄察"㊺。

但谭延闿也有自己的做人原则，既不诿过，也不落井下石。当时，黎元洪曾打电报给袁世凯替谭延闿脱罪说："谭系被迫独立，非其本心，曾仰药以求解脱，元洪敢力保其无他。"但谭延闿却通电否认受迫，大意是说："黎副总统心存爱护，力为解免，难道我不知道感激？可是他的话完全是假的，我根本就没有的那回事。我为发号施令的都督，亦无受迫的那回事。要治罪，请派员查办，我谭某是不会逃走的。"那时各省取消独立后，浮起一片骂孙、黄声，谭始终不骂；各督多委称独立时系逼迫，或冒名发电，谭始终没说一句告饶的话。

由于谭延闿事前未能遏制革命，也没有像江苏都督程德全那样逃往外地，发一通拥袁卸责的文电，却担任湖南讨袁军总司令，在取消独立后，又将许多反袁人士暗中送出湖南，因而始终未能取得袁世凯的宽谅。9月17日，袁世凯命令海军次长汤芗铭率军舰进驻岳州。10月又任命汤为湖南都督，并令谭延闿"入京待罪"。谭被迫解职，留吕苾筹办理交代，自己则乘江犀兵舰北上求助于黎元洪。当时黎元洪新任副总统并仍兼任湖北都督，因黎、谭两人在武昌首义后尤其是在"二次革命"中彼此暗约互助，交谊颇深，所以黎元洪对于谭延闿的怜惜之情油然而生。他一方面极力为谭在袁世凯面前讲情开脱，诉说苦衷；一方面对路过武昌的谭延闿待以厚礼，使他在落魄之中得到一丝精神上的安慰。当谭延闿的坐船抵达武昌时，黎元洪特地派遣湖北水警厅厅长何锡蕃等人亲往码头迎接，安排他住在比较豪华的武昌馆内。在武昌逗留的数日之内，谭延闿受到了黎元洪的热情款待，并遍游了武昌附近的许多名胜古迹，站在黄鹤楼上，遥望着滚滚东去的长江，他既萌生了一股俯视天下的豪气，又有一股前途渺茫的悲哀。此时谭延闿的心情甚为不佳，对世事人情炎凉淡薄，对此番入京"待罪"的处境，不时有一种悲从中来的感觉。正如他在一首诗文中所写：

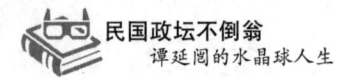

> 倦客孤灯感寂寥，玉人消息尚重霄。分无珠树双栖定，更有蓬山一恨遥。烛泪经时还惜别，酒痕昨夜又新浇。不辞沈醉情思减，多怨情思醉亦饶。

枯黄的油灯照着谭延闿孤独的身影，使他感到分外的寂寞，妻子离别时那挂满泪珠的容颜尚在眼前时隐时现，离别时难舍难分的情境犹历历在目。自己以戴罪之身，前往京城，命运如何，实难预料，这怎能不叫他愁思交加，难以成眠呢？在黎的一再担保和劝说下，谭延闿才开始前往北京"请罪"。这年 11 月上旬，谭延闿从武昌乘火车到达北京，这时熊希龄任国务总理，得知谭延闿进入北京的消息后，特地派车将他接到自己的家。

熊希龄（1870—1937），字秉三。湖南凤凰人，光绪时期的进士，选翰林院庶吉士。1897 年，扶助湖南巡抚陈宝箴推行维新运动，从此崭露头角。戊戌运动失败后，被清政府革职，交地方官严加管束，隐居沅州多年，清末新政时期，充任湖南西路师范学堂监督，致力于地方的教育事业，后创建醴陵瓷厂，在实业方面屡有建树。1905 年，随同载泽等五大臣出洋考察，参与立宪活动。辛亥革命时期，他赞成共和，与章太炎、程德全等组织统一党，"以冀保全领土"。民国成立，他出任唐绍仪内阁的财政总长，并加入共和党。"二次革命"后，他与梁启超等人组织内阁，任国务总理兼财政总长，号称"名流内阁"，支持袁世凯撕毁"临时约法"，1914 年去职。熊、谭在立宪运动中曾有过交往，而且又都是湖南名流，熊希龄对后起之秀的谭延闿爱护有加，在谭离湘赴京之前，他就特意拜托胡元倓带一封信给谭延闿，极力劝他不要去上海，而以到北京为妙。信中略谓："此次公既御事，深虑公如到沪，恐为党人中伤，力劝来京，并有电与黎公，想已入览。至于查办湖南之事，尤与公无涉，务望迅速北上。如不愿久住京，稍为勾留，再赴欧美游历亦不妨也。"⑯因而，谭延闿入京后既住熊希龄家，又得到熊希龄在"待罪"问题上多方为之开脱说情。

谭延闿在进入北京以前，为了应付袁世凯，就预先打好了腹稿，拟定问答题若干条，袁世凯怎样问他，他就怎样回答，一路上默记于心。入京后，在熊希龄的活动下，由徐世昌出面，带他去见袁世凯。他向袁世凯诚惶诚恐地说了"延闿罪该万死"的话，袁世凯就满脸堆笑地安慰他说："那也不是你的过失。"还问他："太夫人健康情况如何？"谭延闿马上回答："托总统洪福，家母身体康健。"两人尽聊些不着边际的废话，谭延闿顿时轻松起来，他原来预备的那些话语竟然连一句都没有说出来，会见就在这样虚假客套中草草收场。此时，袁世凯气焰正盛，正做着"武力统一全国"的美梦，他恨谭延闿反复无常，因而给他来个"傲不为礼"，不再对他进行召见，陆军部还判处谭四等有期徒刑，经过黎元洪和熊希龄的说项，袁世凯始于12月12日下令特赦。

谭延闿获释以后，犹留恋京都，希望袁世凯念及旧情，再委重任，无奈落花有意，流水无情，袁世凯将其弃如敝履，不予召见。谭每天彷徨绕室，纵酒于东兴楼、福寿堂、明福春、丰泽园、小有天等地，借以排解政治失意的烦闷。1914年2月，他终于失望离京，潜踪于青岛、上海做寓公。

---

**注释：**

①焦、陈实录（四）[N]，民权报，1912 - 05 - 06.

②刘揆一. 黄克强先生传记[M]. 台北：文海出版社，1971. 56.

③程潜. 辛亥革命前后回忆之片断[M]//中国人民政治协商会议全国委员会文史资料研究委员会. 回忆辛亥革命. 北京：文史资料出版社，1981. 282.

④惜秋. 民初风云人物：（下）[M]. 台北：台湾三民书局，1977. 642.

⑤民立报，1911 - 11 - 27.

⑥文公直. 最近三十年中国军事史：（一）[M]. 台北：文海出版社，1971. 330.

⑦阎幼甫. 谭延闿的生平[M]//中国人民政治协商会议湖南省委员会文史资料研究委员会. 湖南文史资料选辑：第10辑. 长沙：湖南人民出版社，1966. 143.

⑧湖南省社会科学院. 黄兴集[M]. 北京：中华书局，1981. 78.

⑨子虚子. 湘事记［A］. 中国史学会. 辛亥革命：（六）［M］. 上海：上海人民出版社，1957. 156.

⑩子虚子. 湘事记［A］. 中国史学会. 辛亥革命：（六）［M］. 上海：上海人民出版社，1957. 156.

⑪阎幼甫. 谭延闿的生平［M］//中国人民政治协商会议湖南省委员会文史资料研究委员会. 湖南文史资料选辑：第 10 辑. 长沙：湖南人民出版社，1966. 143.

⑫黄少谷. 谭延闿先生的勋业与风范［J］. 台北：近代中国，1979.（9）：160.

⑬文公直. 最近三十年中国军事史：（一）［M］. 台北：文海出版社，1971. 315.

⑭子虚子. 湘事记［A］. 郭汉民，杨鹏程. 湖南辛亥革命史料（一）［M］. 长沙：湖南人民出版社，2011. 470.

⑮［美］周锡瑞. 改良与革命［M］. 杨慎之，译. 北京：中华书局，1982. 86.

⑯杨鹏程. 试析辛亥革命时期的谭延闿政权［J］. 近代史研究，1985.（2）：28.

⑰湘省筹饷局提充绅富财产汇志［N］. 申报，1912 - 06 - 27.

⑱湘省司局二长之荒谬［N］. 申报，1912 - 04 - 28.

⑲谭都督复张子武君电［N］. 申报，1912 - 03 - 10.

⑳湖南大公报，1919 - 08 - 20.

㉑黄少谷. 谭祖安先生的勋业与风范［J］，台北：近代中国，1979.（9）：160.

㉒周秋光. 谭延闿集：（一）［M］. 长沙：湖南人民出版社，2013. 313 - 315.

㉓易国干，宗彝，陈邦镇. 黎副总统（元洪）政书［M］. 台北：文海出版社，1971. 106.

㉔仇鳌. 一九一二年筹组国民党湘支部办理选举的经过［A］. 湖南文史资料选辑［M］. 1961.（2）. 15.

㉕毛注青. 黄兴年谱［M］. 长沙：湖南人民出版社，1980. 209.

㉖仇鳌. 一九一二年筹组国民党湘支部办理选举的经过［A］. 湖南文史资料选辑［M］. 1961.（2）. 15.

㉗上海：时报，1913 - 05 - 24.

㉘李书城. 辛亥革命前后黄克强先生的革命活动［M］//中国人民政治协商会议全国委员会文史资料研究委员会. 回忆辛亥革命. 北京：文史资料出版社，1981. 162.

㉙中国科学院近代史研究所中华民国史组. 中华民国史资料丛稿·大事记. 第二辑［M］. 北京：中华书局，1975. 38.

㉚李时岳. 辛亥革命时期两湖地区的革命运动［M］. 北京：生活·读书·新知三联书店，1957. 121.

㉛郭廷以．中华民国史事日志：第一册［M］．台北："中央研究院"近代史研究所，1979．102．

㉜谭伯羽．先公年谱初编［M］．台北：文海出版社，1971．77．

㉝民立报，1913-08-02．

㉞湖南都督府（谭延闿任内）［N］．湖南政报，第88册．

㉟湖南讨袁印件［J］．中国科学院近代史研究所近代史资料编辑组．近代史资料，1962．（1）：28-29．

㊱民立报，1913-08-02．

㊲示禁私募［N］．民立报，1913-08-04．

㊳示禁私募［N］．民立报，1913-08-04．

㊴民立报，1913-08-11．

㊵民立报，1913-08-05．

㊶民立报，1913-08-09．

㊷李书城．辛亥前后黄克强先生的革命活动［M］//中国人民政治协商会议全国委员会文史资料研究委员会．回忆辛亥革命．北京：文史资料出版社，1981．162．

㊸易国干，宗彝，陈邦镇．黎副总统（元洪）政书［M］．台北：文海出版社，1971．314．

㊹易国干，宗彝，陈邦镇．黎副总统（元洪）政书［M］．台北：文海出版社，1971．253．

㊺易国干，宗彝，陈邦镇．黎副总统（元洪）政书［M］．台北：文海出版社，1971．315．

㊻周秋光．熊希龄集（中）［M］．长沙：湖南出版社，1996．706．

# 第三章 二度督湘 夹缝求存

谭延闿被袁抛弃,落魄青沪,寄情山水。护国军起,他阳奉阴违,先是拒绝与程潜合作,逍遥事外,后程潜护国军在湖南得势,他又与汤芗铭勾结,安插亲信,控制湖南省政,排挤程潜势力,达到了重主湘政的目的。他利用黎、段矛盾,恃总统黎元洪为奥援,又与桂系军阀陆荣廷订立攻守同盟,使总理段祺瑞不敢轻易下手。他还借"湘人治湘",反对北军染指湖南,结果搬起石头砸了自己的脚。

## 1. 落魄青沪　寄情山水

1914年2月中旬，谭延闿在重起无望，害怕反复无常的袁世凯对其加害的惶惑心态下离开了京城，游历了风景秀丽的海滨城市青岛，寓居于大亨栈。不久前往上海看望其母。

3月，他重返青岛，购买了马克街第二、三两号的西人住宅，也许是因为出身名门，官途也一直亨通，大方惯了的谭延闿，对青岛的房价并没有概念，见中间人热心相待，打听也没打听，就用了双倍的价钱买下了这栋西式洋楼。还是后来在好友汪森宝的提醒下，他才意识到自己刚来青岛就当了一回冤大头。对于谭延闿选择定居青岛的原因，《逊清遗老的青岛时光》一书的作者鲁勇这样认为：虽然汉口和上海都有外国租界，袁世凯不能去租界抓人，但复辟派、国民党在租界内没有人身保障，枪杀事件时有发生，而青岛作为殖民地，中国军政力量均不能在这里存在。"德皇威廉二世，一直想独霸中国这个衰败的东方大国，但对于哪一派政治力量能真正统治中国还看不清楚，所以他下令胶澳总督，对中国各派前来青岛避难的政治人物一律接纳。所以青岛住过清政府通缉的蔡元培、有被国民党缉捕的洪述祖，也有谋划复辟清朝的恭亲王。"鲁勇还为我们还原了谭延闿来青岛后拜访德华大学总稽查汪森宝时的情境：谭延闿向他坦言，本想定居上海，但无奈流落上海的旧人太多，不少人登门来借钱，并且不止几个，若不肯借，还相威胁。但来到青岛，虽然觉得这里的繁华逊于上海，但清净却远比上海过之。加上有山景海景可观，可谓"城市山林，加以警政精良，游民绝少，没有人来敲竹杠，真是可以终老一生的好地方啊"！随后，汪森宝又询问了他的居住情况，才知道他已经用3万元买下了市值1.6

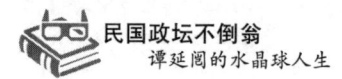

万元的房子，知道自己被坑后，谭延闿却也不生气，优哉游哉地向好友说起了买房时的情景："我从上海来，带了几封介绍信，全是给青岛商界名人的。一来青岛，就请吃酒，坐汽车逛海边，带到俾斯麦街（现江苏路），觉得位置不错，就买了。"汪森宝忙问是谁做的中介，谭延闿回答说是巡捕房的探长南德，知道实情后他也只是感叹，本以为外国人不会作假，以后再买一定要看好价钱。

手续办妥后谭延闿仍回上海，其间有暇研读孙中山之三民主义学说与《建国方略》，大为钦服，认为强国大业之所系，非孙中山莫属。不久又与俞明震、俞明颐兄弟及吕苾筹等人同游杭州西湖。时隔30年，谭延闿重游出生之地，儿时的记忆已经模糊。西湖的美景虽然使他流连忘返，暂时忘掉尘世的烦恼，但是官场的失意，使他欢乐的心境蒙上了阴影。

4月，为了平息自己失衡的心境，他举家从上海迁往环境优美的青岛，以做久住之计。按当时谭延闿的名声，他来青岛定居，必定有许多人前来拜访，但他却秉持着"道不同不相为谋"的态度，只是与几个挚交和切磋书法的朋友保持联系。卫礼贤邀请他参加尊孔文社，他不愿与一众遗老掺和，表面虽然应承下来，却一次也没去过；他自己走访了几位商界人士，发现寓居在青岛的诸公，竟然也分出许多帮派，一时之间搞不清关系，就干脆采取少交往的方式。当时寓居青岛的军机大臣吴郁生、学部大臣刘廷琛均是书法家，但他们都在为袁世凯复辟帝制抬轿子，想从袁世凯那里分一杯羹，谭延闿看不起他们，因此和他们互不往来。

虽然他对生活在这里的人没什么兴趣，但这座城市却是深深吸引着谭延闿的。他想在青岛久居，于是把家中藏书、古董悉数运来青岛。定居青岛之后，谭延闿极想安下心来，读点书籍，做点学问，他自定日常起居、读书日程，"时有记述笔之于册"，大有一股不问世事，以书自娱的纯士大夫气概。当时，经常与他吟风弄月、诗酒往来的文人墨客是他昔日的师友、与他同病相连的陆润庠、徐世昌、赵尔巽等人。

# 第三章
## 二度督湘　夹缝求存

这些人都是科场宠儿、翰林名士。陆为江苏元和人，同治朝的状元，徐为直隶天津人，光绪朝进士，赵尔巽为汉军正蓝旗人，同治朝进士。他们都担任过重要的官职，有过辉煌的过去。陆润庠任过内阁学士、工部尚书、吏部尚书、东阁大学士、弼德院院长等要职，并且还做过帝师。徐世昌一直是袁世凯小站练兵的得力干将，任过兵部左侍郎、军机大臣、巡警部尚书、皇族内阁协办大臣等要职。赵尔巽任过湖南巡抚、署户部尚书、盛京将军、湖广总督、四川总督、东三省总督、奉天都督等要职。这时，因袁世凯帝制自为，为躲避革命锋芒，他们都退隐于风景秀美的青岛，在"同是天涯沦落人"的伤感之中，他们共同以文会友，抒发自己心中的苦闷，排解自己官场失意的伤感。谭与他们或同游青岛名胜；或饮酒作诗；或相互切磋学问，议论国内外大事，颇得交往之乐。但是，在诗酒风流之余，谭延闿仍有一种"独在异乡为异客"的凄凉之感，他在《重至青岛》一诗中言道：

适看桃李门青妍，又睹霜华冻野田，唯有劳山知我意，一回相见一嫣然。电掣雷奔又一时，苍茫歧路更何之，可怜无限平生感，犹有好怀能赋诗。

是年7月，第一次世界大战爆发，日本借口对德宣战，准备出兵侵占德国在中国的势力范围——山东，声言将进攻青岛。日本人一再派人前来拜访，但谭延闿也只是虚与周旋、客气接待，却绝口不提政事。一日，谭延闿与随员出门行至海滨，经过天后宫，到原清兵总兵衙门，他不禁感叹唏嘘，回到家后写诗抒怀，感慨清廷腐朽导致灭亡，复辟绝不可行。此时，孙中山的国民党与他保持联系，北洋军阀的黎元洪、段祺瑞也派人秘密与他联系。北洋军阀的势力全在北方，极盼望能有南方势力的人物参与，谭延闿面临着何去何从的问题。谭延闿为了不得罪各方势力，也为了躲避战祸，被迫偕全家离开青岛，经潍县、济南、南京返回上海，住赫德路65号，以习字、作书为日课的主要内容，

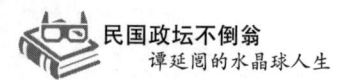

临麻姑仙坛记共 20 遍，写有长沙辜氏族谱序。从此以后，谭延闿的书法，以颜字为宗，直至去世之前从未间断，共临麻姑仙坛记 200 多通，书法盖世，流传甚广，人皆珍之。

谭延闿自卸去湘督职位后，失去了生活保障，原有的积蓄也因一家人坐吃山空，所剩无几，因而谭于 1915 年 1 月只身前往青岛，检点书籍器用，并将私宅租赁给他人，收租金以维持生计。办完手续后，谭乘轮返沪，一路上，冷风扑面，大雪漫天，使政治失意和生活艰难的谭延闿别有一番愁绪在心头，他在《自青岛泛海归沪上作》一诗中，抒发了自己心中的感慨，诗中言道：

> 仲氏喜浮海，宗生愿长风，不睹溟海大，安知天地空，凌冬涉冰雪，返棹回朦艟，初日耀丹景，列屿呈青葱，波涛如陵谷，雪物忽沖瀜，吾生信有涯，阅世嗟无穷，扣舷发长谣，邈尔神山踪。

这种自悲自慰的情感一直伴随着他度过政治失意的漫漫长夜，他用诗作来抒发感慨，寄情山水来忘掉烦恼，在自娱自慰中盼望奇迹的出现，使自己早日能重返政坛。

谭延闿避居青岛和上海期间，听到的都是汤芗铭为害湖南的坏消息。他知道自己 3 年督湘，推行开明政治所取得的一切成就，全被汤芗铭这个袁世凯的爪牙摧毁殆尽，真是欲哭无泪。他只能苦苦地等待东山再起的时机。等待，对谭延闿来说，是漫长而难熬的。在仕途上自小开始他就一直顺水顺风，听惯了别人歌功颂德的言辞，饱览了无数阿谀奉承的脸孔。但是，现在物是人非，自己的政治生命被袁世凯一脚踢入了谷底。置身于十里洋场的上海，虽然流光溢彩，繁花似锦，到处是车水马龙，人潮如海，但对他而言，总有一种独在异乡为异客的孤独之感。昔日的同僚、部属已经没有了过去那种殷勤问候的热情，那些达官显贵害怕受到牵连，早已退避三舍。自己的亲信有的被汤芗

## 第三章 二度督湘 夹缝求存

铭所杀,有的被他赶出了湖南。自己的家里没有了昔日那种门庭若市的热闹场面。只有年迈的母亲和妻子儿女守在身边,给他带来稍许的快乐。他可以尽情地享受一下家庭的天伦之乐,尽一点儿做儿女的孝心。但作为一个热心政治、喜欢玩弄权势的政客、家庭的快乐无法抵消政治的失意,他天生就是为权力而活着,没有了权力,就失去了灵魂。谭延闿尽管想封闭自己,静下心来做点儿学问,写点儿东西,但越是这样,就越感到烦闷,就越容易为心中的不快所包围。他也偶与三五好友纵情于茶肆酒楼,或到黄浦江边,面对奔腾不息的江水,吟诗做对,抒发一下文人心中的郁闷。

1915年的中秋节,他邀约吕苾筹、俞明震、俞明颐等人到浙江海宁观看钱塘潮水。那铺天盖地的潮水像风中颠舞的水帘一样,一浪高过一浪地直向海堤冲来,犹如狂怒的雄狮翻滚不停。谭延闿看到这浩大的气势,陡生了一股英雄豪气。意识到了人生就像海浪一样,起伏不停。只要自己抱定信心,总会翻出惊天巨浪。看完钱塘潮,他们又畅游了美丽如画的西湖。泛舟湖面,清风徐来,湖光山色尽收眼底,亭台楼阁点缀其间,犹如人间仙境。谭延闿早已忘却了世间烦恼,在宁静中找到了心里的平衡。在湖边的酒楼,吕苾筹做东宴请谭延闿等人,4人推杯换盏,边喝边谈,好不热闹。几杯酒下肚,谭延闿诗兴大发,友人急忙取来纸笔,铺在桌面上,谭延闿醺墨提笔,一口气连写了几篇诗文,既祝贺朋友,又抒发内心的感慨。他在《和吕满生日宴集诗》中写道:

> 高宴犹湘曲,深林惜岁徂。旧时同社侣,今日几人俱。世路空劳燕,华年托蟪蛄。天涯随处是,何必怨羁孤。容易过中岁,生涯付一尊。茫茫念来日,恻恻感群喧。海色浓如酒,春风细拂门。桃花开正好,莫羡武陵源。

谭延闿置身人间仙境的西子湖畔,仿佛又听到了故乡美妙的乐曲,

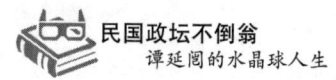

涌起了无尽的离愁别绪。想想昔日湖南都督府内高朋满座，笙歌逍遥，酒光灯影之下，无数张笑脸围着他四处旋转。而今寄身他乡，友朋凋零，只有几人对着晚风，吟风弄月，苦中寻欢。空自悲叹着人世无常，年华易逝，使他顿生一种远离尘世，寄情山水之想。徜徉于碧波浩渺的西子湖，看着满山遍野盛开的桃花，在酒意朦胧中，他不再羡慕武陵源的美景，更觉得西子湖犹如出水的少女，妩媚动人，既有山野的情趣，又有都市的气息，使人有一种流连忘返的快感。

12月，谭延闿听到恩师陆润庠在苏州去世，即从上海动身，亲往苏州吊唁。陆润庠是谭延闿1905年考进士的座师，旧时文人士子非常讲究师生情谊。谭延闿在青岛期间，又与陆润庠诗酒相欢，成为忘年之交，更加增进了他们之间的感情。陆家在苏州是豪门大户，前往陆家吊丧的人车流不息。谭延闿以弟子之礼，送上了自己亲手采办的祭品，在陆润庠的灵柩前恭恭敬敬地跪拜祭奠，极尽哀痛之心。从陆润庠的去世，他看到了人生的短暂。人在世上只不过几十年的光景，不管是荣是枯，最终都要归于尘土。谭延闿回到上海以后，继续与友人饮酒作诗，他的诗里面不时流露出对自己生活无定的无限伤感之情，一种政治失意的悲痛时时涌上他的心头，驱使着他寻机重返政治舞台，实现他"治国平天下"的人生抱负。

## 2. 借护国之机　重主湘政

人心不足蛇吞象，一个野心家对权力的欲望是永远不会满足的。袁世凯在镇压了"二次革命"后，又通过武力胁迫国会选举他为正式大总统，接着解散国民党和国会，修改大总统选举法，将大总统的权力扩大到和皇帝一样。于是紧锣密鼓地开始了恢复帝制活动。他先是头戴平天冠，身穿绣有四团花的古怪祭服，开始了祭孔、祭天活动，重演封建时代"君权神授"的把戏，接着授意洋顾问美国人古德诺、日本人有贺长雄制造帝制舆论，授意杨度组织筹安会，打着研究学术的幌子，公开为帝制摇旗呐喊。于是五花八门的请愿团、国体投票活动在全国各地上演。袁世凯在做尽了各种把戏以后，自认为可以欺骗天下的舆论。1915 年，居然冒天下之大不韪，披起了龙袍，做起了"洪宪皇帝"，结果引起天怒人怨，全国人民一致声讨。12 月 25 日，蔡锷首先在云南揭起了反袁旗帜，组织护国军，兵分三路，向川、黔、桂三省进军。程潜也奉孙中山的命令，由日本东京回国，途经上海时，他特地同章士钊一起去拜访正隐居上海的谭延闿，争取他加入反袁阵营，利用他出面来召集湘军旧部一起讨袁。

双方见面后，寒暄了一阵，程潜就把袁氏称帝的情形和全国反袁的形势告诉了谭，并且问他有何打算。

谭延闿面有难色，沉思片刻，语气低沉地说："反对袁世凯称帝，是应有的义举，我竭诚拥护，没有二心。但是袁世凯掌握强大兵力，我们手无斧柯，这又有什么办法呢？"他两手一摊，显出无可奈何的神态，顿然语塞。

章士钊很谦让，"嘿嘿"两声，叫程潜先谈谈看法。程潜便无所顾忌，侃侃而谈："反对袁氏称帝，办法是有的。事在人为，人苟不为，纵有办法，也是枉然。凡事不能只看表面，要看得深一些、透一些。袁世凯掌握着北洋军队和官僚集团的势力，外表强大，但他是不得人心的，内部有众叛亲离的趋势，列强加诸袁氏的压力也越来越大。我们顺从民意，以民众的力量为后盾，只要一处发难，登高一呼，四方响应，袁世凯是可以打倒的。"

听到这里，谭延闿问："你们回国活动，是仅仅激于天良血性的义愤，还是有点实力做后盾呢？"

"既有义愤，也有实力。"章士钊提高嗓门说，"袁氏集团分崩离析，死在眼前。我们名正言顺，诛暴伐罪，这个号称拥有实力的独夫，是抵挡不住的。当然，反袁还有许多困难，需要大家团结一致，群策群力，困难才能克服。"

谭延闿唯唯诺诺，说什么"来日方长，可以从缓计议"云云。

程潜对谭延闿存有争取的一线希望，过了几天，他着人送信给谭延闿，说有要事商量，请他约期赴会。谭对他派去送信的人说，外边风声紧，要他们出入谨慎，并约好两人会晤日期。

可是，约定日期已到，连谭延闿的影子也看不到。第二天，他打发人送来一信，声称："齿痛爽约，十分抱歉。"这天晚上，程潜凑巧遇见黄梅生，他告诉程潜昨天他正和谭延闿在小有天午宴，谭喝得酩酊大醉，高谈阔论，神气飘然。程才恍然大悟，谭怕革命不成累及己身，所以用虚诈敷衍手段来应酬他们。

程潜因此对谭产生厌恶绝交之心，愤而离沪赴滇。而谭依旧与俞寿成、张子武等人"文酒流连，评书谈艺，不及政治"[①]，对反袁护国不发表意见。

1916年年初，护国军迭获胜利，其他各省也继起响应。1月27日，贵州宣布独立。3月15日，广西陆荣廷也宣布讨袁，并派兵北上，进入湖南境内。程潜在一营滇军的护送下，由贵州进入湖南，称湖南护国军总司令。这时候，谭延闿慌了手脚，急忙发了一个不痛不痒的通电，规劝袁世凯说："今日之事与其以兵力解决，宁公自解决之，公若以救国为心，民意为重，则宣告退位，翩然远引，国家之任，还之国民，是非之公，付之后世，国人感于高义，必无后患可言，为国计为公计，无逾此者。"②通电发出以后，谭延闿并无组织武力回湘驱汤的行动，仍逗留上海作壁上观。

  这时，湖南各派革命力量也展开了反袁驱汤斗争。革命党人杨王鹏、龚铁铮等人在孙中山的委派下从日本秘密回到了长沙，准备发动武装起义，驱逐汤芗铭。他们秘密来到新化县城，以开办锑矿为名将枪支弹药运往长沙。联络工作进展顺利，革命党人李岳崧很快联络了同志，商定与湘军混成旅一同举事。为方便起义的指挥工作，杨王鹏、龚铁铮、李岳崧等住进了长沙大吉祥旅社，派人侦察掌握都督府的情况，制订了比较周密的行动方案。但狡猾的汤芗铭似乎也觉察到革命党人会在眼皮底下举事，加强了都督府的防范措施。革命党人一时无机可乘，个个都很焦急。2月20日晚上，革命党人李唐抱着侥幸心理，潜伏在督军府左侧的五堆子汤宅附近，想趁汤芗铭天亮外出时进行袭击。但还没等到天亮，李唐就被汤芗铭卫队的一个夜巡兵发现了，大叫"有刺客"，汤芗铭的卫队闻声蜂拥而上，李唐见无法脱身，只好引爆身上的炸弹与汤芗铭的几个卫兵同归于尽。杨王鹏、龚铁铮和李岳崧见事已败露，只得临时决定提前实施起义计划。100多个决死队员领了枪支弹药喝了壮行酒后，分散沿着曲巷古街，聚集在都督府和西长街警察署前。杨王鹏、龚铁铮和李岳崧分别举枪大呼："同志们，冲啊！打倒辅助袁贼、背叛党国的汤芗铭！"带着决死队员旋风般往都督府和警察署冲去。恰逢这时都督府的卫队模范营正在内坪操练，他们立即组织还击。后续的决死队员见在前门无法冲进去，就随机应变搭人梯爬上围墙向院内投掷炸弹，虽然院内爆炸声响成一片，但由于敌军分散奏效不大。更遗憾的是原先约定的混成旅内起义人员因时间变动未能及时赶来接应。决死队员与都督府卫队决战半个小时后，弹药用尽。都督府卫队乘机反攻，决死队员死伤大半，龚铁铮当场被捕。

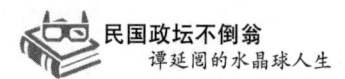

杨王鹏身负重伤，在战友的帮助下，潜藏于南门外大东洋行里。汤芗铭派出军警，大肆搜捕革命党人。2月21日，长沙城里到处响起刺耳的枪声，敌人搜到大东洋行，杨王鹏不幸被捕。汤芗铭听到这一消息，大喜过望，立即下令提审杨王鹏。杨王鹏望着被敌人折磨得死去活来，奄奄一息的战友龚铁铮，大骂汤芗铭："卑鄙，可耻，可恶，孙总统当时把你做人看待，任你做海军次长，谁知你这个禽兽不如的东西，背叛革命，背叛民众，背叛总统，卖身投靠，奸佞无道，你坏事做绝，恶贯满盈，看你横行到几时！"这一顿骂字字如弹，句句如匕首，戳中了汤芗铭的要害。暴跳如雷的汤芗铭下令刽子手割去他的舌头，下掉他的阳具，挖去他的心肝，演出了旷古以来最为残忍的杀人一幕。杨王鹏惨烈牺牲，年仅28岁。此次，惨遭汤芗铭枪杀的革命党人，有姓名可考者共28人。

但是汤芗铭的残酷屠杀，并不能阻挡反袁革命的形势。革命党人程潜率领滇黔军进入湘西后，沿路招收民军，转战于凤绥靖武之间，湖南各地民军纷起驱汤，陆荣廷的桂军也从湘南夹击，汤芗铭处境艰难，只得采用郭人漳的建议，被迫于5月29日宣布湖南独立，声明与袁政府脱离关系，并致电袁世凯以促引退，声言："湘省军心民气，久已激昂……无可再抑。兹于二十九日已徇绅商军民之请，宣布独立，与滇、黔、桂、粤、浙、川、陕诸省取一致之行动，以促进钧座引退之决心，以速大局之解决。"③但是，由于汤芗铭好杀成性，积极拥护袁世凯称帝，闹得湖南鸡犬不宁，尸横街衢。督湘期间，他奉行袁世凯的铁血政策，残酷镇压反袁人士，他将谭延闿任内的财政司司长杨德麟、警察局局长文经纬、会计检查院院长易宗夔、筹饷局局长伍正钧等16人全部绑赴贡院坪枪决，还兴建了一所规模巨大的陆军模范监狱，从早到晚逮捕革命党人，并任用"活阎王"华世羲为军法课长，广布特务侦探以刺取民隐。遇有形迹可疑之人，或逮捕入狱，或处以死刑。据不完全统计，仅长沙一地，先后无辜被杀而有案可查者达1万人之多。"浏阳门外（长沙之东门）识字岭刑场，伏尸枕藉，无日无之。"④

# 第三章
## 二度督湘　夹缝求存

在袁世凯帝制自为期间，汤芗铭为表忠心，充当了袁世凯恢复帝制的急先锋。1915年夏，北京筹安会的无耻活动公开之后，汤就迫不及待地于8月下旬设立了筹安会湖南分会，推定顽固守旧的封建绅士叶德辉为会长、符定一为副会长，盗用民意，进行所谓的"改变国体"的投票活动，并向袁通电表示"芗铭所部，为王前驱"。甚至还请求袁世凯"俯从'民意'，速定一尊，申数年天泽分定之大义，慰亿万苍生一心一意之归诚"。在袁公开筹备称帝前后，各省都督中所上劝进之文，要数汤芗铭最多而又无耻。据当时统计，这种所谓劝进之文竟达80余件，至于在汤芗铭胁迫下各公法团体上表赍京者，截至是年11月亦达109起之多。因而当他宣布独立后，仍为湖南人民所不容，驱汤之声犹如滚滚怒潮。汤芗铭只好通过乃兄汤化龙，请在上海的谭延闿出面调停。汤化龙原是谭清末宪友会活动时期的老搭档，这时也住在上海，与谭过往甚密。1916年6月间，黄兴、孙中山先后自国外回沪，共筹对付北洋军阀的策略。谭以湘事请示黄兴后，与汤化龙同往汉口，以"湘事还之湘人"的办法，推荐湘军旧部、国民党军人曾继梧、赵恒惕、陈复初、陈嘉祐4人回长沙，为汤"赞襄大计"。自己则仍与汤芗铭筹维接洽，拼凑原有湘军及巡防营，组编"湖南护国军第一军"，由曾继梧任总司令，赵恒惕任第一梯团长，陈复初任第二梯团长，刘建藩任第三梯团长，陈嘉祐任第四梯团长。等到湘军渐次恢复，谭延闿又在幕后策动湘军将领和部分国民党人以汤芗铭未能履行条约，加以攻讦。7月，程潜率军大败汤部于宁乡道林，进迫长沙，曾继梧联合桂军攻汤芗铭督军署，汤芗铭仓皇逃走，曾继梧、刘人熙两人先后代理湖南都督。

当时湖南都督的正式人选，国民党军人派属意黄兴，进步党湘籍人士熊希龄等则主张由蔡锷调任。但是黄、蔡两人都无意于这个位置。于是黄兴转荐谭延闿，谭也极力做回湘的准备，他密令曾继梧缩编军队，将其嫡系部队改编为两师：陈复初为第1师师长，赵恒惕为第2师师长，刘建藩、卿衡、李佑文、陈嘉祐均为旅长，并对其威胁最大的国民党员程潜实行排斥。在谭延闿看来，程潜是孙中山、黄兴所信任的人物，在这次反袁护国中又立了大功，如果让他继续留在湖南，那么日后湖南都督一定会非他莫属，自己重主湘政的打算就会化为泡影，与其以后给自己留下强大的竞争对手，不如现在让自己的亲信将他赶走。这样，自己就可以置身事外，不至落下妒贤嫉能、没有容人雅量的坏名声。既然程潜被其他将领所排挤，那就说明他在湖南没有人缘，自己重主湘政就成了顺理成章的事情，国民党也就无话可说了。谭延闿的亲信对谭的意图心领神会，程潜所部开到省城后，饷弹俱缺，曾继梧不仅不予接济，反而挑动驻守城外的原北洋军陶忠恂部朱泽黄旅武力驱程。7月14日，程部士兵与朱泽黄旅互战，损失惨重，程潜被迫离湘出走。

程潜被赶出湖南以后，谭延闿的目的已经达到，于是极力派人前往京城活动，并通过彭允彝沟通各方关系。此时，袁世凯已在万众唾骂声中死去，继任总统的是谭延闿的亲密伙伴黎元洪，黎自然不会忘记自己的"患难之交"，只是惧于权势熏天的国务总理段祺瑞的淫威，不敢私作决定，但是段祺瑞所中意的陈宧遭到了湖南人民的坚决拒绝，黎元洪趁着这个机会，于8月4日，特任谭延闿为湖南省省长兼署督军。20日，谭即再度回到长沙，重主湘政。

谭延闿第二次督湘后，在湘军内部采取联甲制乙，或用丙制丁，企图使他们都倾心于己。他一方面竭力奉行段内阁的裁兵方案，以讨好于段祺瑞；另一方面却又利用这个方案来排斥异己势力。他暗中策动其在湘的心腹军官曾继梧、陶忠恂挤走程潜后，又因第3（陶忠恂师）、第4（程潜师）两师寻衅互哄为借口，裁编他们的军队。当他得知北京陆军部内定的裁兵方案后，他又借裁编的机会，将第1、第2两师的秩序颠倒过来，并在背后造谣说："坤载（陈复初字）生就一对三角眼，脑后有反骨，此人终不可靠。"⑤

陈复初原是第4师师长王隆中的参谋长，辛亥革命后，曾诱骗王隆中撤除了都督府的卫队，换上了谭延闿的同榜好友张其锽的士兵担任

## 第三章 二度督湘 夹缝求存

都督府的守卫，并重新颁布出入证，从而为谭延闿的裁军扫清了障碍。因而陈复初被提升为区司令，后又升为师长，作为对他背叛王隆中的酬劳。不过谭延闿并不十分信任他，认为陈复初既然可以背叛视他为心腹的王隆中，那么有朝一日也有可能背叛自己。9月17日，他正式下令改编军队，将第1、第3两师合并为第2师，以陈复初为师长；第2、第4两师合并为第1师，以赵恒惕为师长。其目的在于全国裁兵时，能保住其亲信的赵恒惕部队，而裁掉与其渊源不深，关系不密的陈复初部。

赵恒惕，字夷午，号炎午，生于1880年12月25日，湖南衡山县白果镇赵家湾人，出生于地主家庭，自小勤奋好学，中过秀才，曾公费在日本振武学校学习，参加了孙中山领导的同盟会，毕业后，在蔡锷的大力提拔下，任命为广西陆军混成协协统。辛亥革命后，赵恒惕率所部转战于湖北、南京等地，担任南京第8师16旅旅长。谭延闿第一次督湘时将其截调回湘。湖南反袁独立失败后，赵恒惕被汤芗铭五花大绑押送到北京治罪，经过谭延闿托黎元洪、熊希龄向袁世凯说情，免于处死，改判有期徒刑10年。赵在狱中"读易诵佛"，借以解除自己身陷囹圄的痛苦，从此，居然成为一名虔诚的佛学居士。1915年，袁世凯热衷皇帝梦，为示开恩，应黎元洪与蔡锷的请求，将赵恒惕特赦，但规定出狱后不得离开北京。不久，赵设法潜出了北京。在这期间，谭延闿对赵恒惕在湖南的家属常常给予物质上的接济，谭对赵家犹如再生父母，赵恒惕的父亲临终的时候，曾拉着赵恒惕的手，对他说："谭都督的恩德千万不可忘记。"因此赵恒惕对谭延闿特别恭顺。陈复初则对谭延闿这种厚此薄彼的行为极为愤怒。

重阳节过后，陈复初的母亲过60大寿，在长沙宝南街刘忠壮祠设宴庆贺，谭延闿带着卫队，乘坐八抬大轿前往陈府为老太太祝寿，陈复初借着酒兴，发泄愤怒，当面辱骂谭延闿说："老子日你的娘！"谭延闿非常尴尬，但他强忍愤怒，满脸堆笑地说："坤载（陈复初别号），你今天多喝了几杯酒吧？"当时鲁荡平正在陈家帮忙招待客人，责备陈复初说："像你这样对待长官，太没有礼貌了，何以为人。"陈老太太也骂陈复初不知尊卑，出言无状，并当面向谭延闿道歉。谭延闿装作毫不介意，但内心却十分不快，只匆匆地喝了几杯酒，就带着卫队返回了都督府。第二天，鲁荡平见到谭延闿就问他道："昨天陈复初无礼到了极点，你为什么不加怒于他呢？"谭延闿说："老粗无知，他既能骂我，就能杀我，如果我当面骂他几句，万一他打我一枪，岂不自讨苦吃。天地之大，有什么不能包容的，我自提高警惕罢了。"为了弥合谭、陈矛盾，当天下午，鲁荡平亲往陈家，劝陈复初亲自到都督府向谭延闿为老太太谢寿，并为昨日的无礼行为请罪道歉。陈复初自知礼亏，请求鲁荡平陪同他一起前往。鲁乃陪同他前往都督府，谭延闿在都督府的客厅里接待了他们。陈于是向谭延闿请罪说："昨日都督为家母祝寿，实不敢当。复初昨日饮酒过多，有辱都督，罪该万死，请都督海涵。"谭延闿马上笑着说："不足介怀，我知你饮酒过多，此后宜少饮酒为好，恐其偾事。"这次事件虽在鲁荡平的从中调和下，得到了暂时的解决，但谭、陈两人之间的阴影却始终没有得到弥合，为后来的分道扬镳埋下了伏笔。

1917年春，谭延闿又乘机对各地守备军及清乡队全部进行有计划、有目的的裁撤和改编。在裁改守备队的过程中，零陵镇守使望云亭拒不执行谭延闿的裁兵命令。谭延闿经过再三考虑，再严令裁汰之守备队14营限期进行，不听指挥者将以军法从事。与此同时，公开宣布被裁官兵均给恩饷一月，但裁撤之后必须迅速回籍，不准任意滞留原驻地。裁撤改编后的湖南守备队共分5个区，由吴剑学、周伟、卿衡、王正雅、周则范分任各区司令官。此外，只留零陵镇守使、辰沅道、长宝镇守使所辖各守备队。总计各地守备队为35营，比原来大约减少了一半之数。与此同时，谭延闿还着意在湖南警务厅整顿的基础之上，正式设立了湖南警务处机构，由警察厅长林支宇兼任处长。

谭延闿明白，要在湖南这个南北争夺激烈的战略要地稳固自己的统治地位，除了要有枪杆子外，还必须要有笔杆子和经济实力做后盾，这样才能取信于民,保障军队军事装备和军事素质的提高,增强军队的战斗力。湖南由于长期的战乱,文化教育事业遭到了严重的摧残。校舍被占,经费短缺,师资不足,学校时关时停,导致大量学龄儿童失学,社会急需人才严重短缺,直接影响着湖南社会的安定和经济的发展。因此,谭延闿就职伊始,就把兴学育才作为一项重要工作来抓。

首先,强化师资队伍建设。1917年年初,谭延闿致电北京政府教育部,请求将国立高等师范学堂改设为湖南岳麓师范大学,以培养高层次的师资人员。他在电文中指出:"选择名胜培养师资,地点适中,校舍合用。"⑥他还通令全省,重新检定各校的教师资格,对不合格教师辞退不聘。1917年4月18日,他通电全省各校,务于7月中旬,按照检定小学教员办法及规则,完成第一期小学教师资格检定任务。通令发出之后,各县知事大多认真执行,但有些学校教员却持抵触态度,澧县自从通令发出数月,竟然没有一人报名应试,谭延闿对此非常气愤,多次致电重申检定之举意义重大,表示决不妥协退让。他在1917年6月28日致澧县知事的电文中说:"检定教员办法,决难变更,主试员已定期出发。至该县应受检定人如不遵章受试,日后决不准充当各校职教员。着该知事迅速通告各校及劝学所,并应广张印示,俾得周知。"⑦他还专电湘西、湘北各县,郑重警告各县知事:"有督率责任,倘此次应试人少,各知事亦断难辞咎,毋谓言之不预也。仰各迅速督催为要。"⑧检定工作深入到全省的各个地区。为了使教师安心从教,他曾多次下令不许各校教员在社会各界兼任任何性质的职务,主张教员应以教学为天职,不应分散精力搞第二职业。

其次,从经费上支助各地教育事业。谭延闿为了使各校能迅速恢复教学,委派教育科员分赴各地查勘各校损失情况,根据各校受损的实际情形分期予以赔偿。因为湖南连年战乱,湘省财政入不敷出,官方无力抽出更多的钱来发展教育事业。因此谭延闿多次发出通令,希望社会各界踊跃捐资兴学,并出示晓谕,"俾无遗漏,如确有事实,相应行验奖者,即宜随时查照部颁条例,呈报本公署听候给褒"⑨。他还

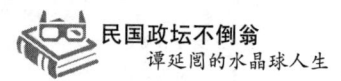

针对第四联合中学经费困难的实情，专电常德、桃源、汉寿、沅江各县"应解该校及特别费，着克日扫数解清，以维学务"⑩。

再次，奖励留学。1917年3月下旬，谭在湘省财政极为困难的情况下，为了使湖南的留学生安心学习，仍将留学经费如数汇给中国驻美留学生监督。为了吸收更多留学人才回国服务，谭延闿对湘省留学国外的自费生，在经费上予以实力资助，如留美的蒋廷黻等14人原为自费生，谭延闿于1917年7月致电驻美中国留学生监督，明确表示对蒋廷黻等14人"准补官费款即寄，希转令知照"⑪。培养人才，本是一项长期的战略任务，难以起到立竿见影的成效。但是，谭延闿能够在战乱之余，看到培养人才的重要，确实体现出其长远的政治眼光。

与此同时，谭延闿深知，没有雄厚的经济实力，要巩固自己在湖南的统治，将会十分困难，而要发展经济，就必须振兴实业。要搞好湖南的实业建设，培养实业人才是关键。早在1911年，谭延闿、龙璋就感到湖南实业学堂造就人才太少，倡议设立了中等工业与商业学堂各一所，并附设教育讲习所，以培养实业建设方面的人才。二次督湘后，谭不仅在资金方面对实业学堂尽力予以支助，而且还在技术设备方面给予照顾。

1917年春，谭延闿召集长沙各高等、中等工业学堂校长开会，强调实业学校中工业之科应用最为广泛，但设备最难齐全，"盖非备有实习工厂，其操作技能莫由造就，非图合营业现状，其职工事业难以推行"。为了实事求是地解决这个急需解决的问题，谭延闿拟定了有关改进办法4条：（1）无论什么样的工校，都应该完全设立工厂，其组织设备一律照普通工厂办理；（2）凡是属于学生能够做的事情，就要以学生为职工，除必须在教室内讲授的学科外，尽可能放到工厂内施教，实地工作以资练习；（3）金工、木工、染织、窑业、漆工、藤竹诸科所制货品，务必体察地方情形，期以适用，力求改良；（4）各工厂制成之产品，即由学校售卖，除开支原料、器具、杂费外，所有余利可照普通工厂之例以一部分作为职员、职工红利，其余部分作为学校扩充设备之用。⑫谭延闿的这些改革措施,体现了教学与生产实际相结合的方针,有利于快出人才,出真才实学的人才,使这些有用的人才毕业后分赴各实业单位,如矿山、工厂、公司等单位任职,以推动湖南全省实业的振兴和发展。

湖南矿藏丰富,锑、铅、锌诸矿甲于全国,是湖南财政的利源所在。谭延闿第二次督湘,仍把兴办矿业作为其振兴实业的重要内容。他一方面委派专员切实调查湖南矿务现状,制定发展矿业的计划,训令民政厅将"已经核准之案,注册之探采各项与现今停办之矿,此外运单出口数量与税收数目衰旺情形,统应分别查明,任凭考核",并指令以后每3个月汇报情况一次,以3、6、9、12月为造报之期。⑬以便确立矿业发展重点,有针对性地制订发展方案;另一方面力争湖南矿务局归为省有,防止中央将湖南矿权私售外人,并严格规定各矿山矿砂销售统一由湖南矿务局经手,不许任何人私自进行。谭延闿应湖南矿商之请,收回了日本兴亚公司在袁世凯政府时期从湖南攫夺的各种矿山利权。为消弭矿山抢盗之风的盛行,谭恢复了矿警制度,并指令军队加意保护矿山,使矿业公司恢复了正常的生产秩序。湖南矿业在谭延闿第二次督湘时期,不仅原有矿山生产得到了恢复和发展,而且新的矿业公司和矿山先后出现,以至旅居外省的湘籍要人也纷纷创办矿业公司组织开采新的矿山。如北洋政府农商部谘议官欧阳振湖鉴于湖南新产的矿石大多由于不能自行提炼,致使产生低价卖给外人的情况,打算与日本商人合资创办一个炼砂厂,呈请谭延闿批准,谭转令财政厅妥议复核后加以开办;又如曾任福建都督的孙道仁亲自回湘,"专为筹办矿务"具呈谭延闿,"请领用公家采矿机器"开采矿山。正如湖南《大公报》所言:"湖南实业迩来渐有起色,如华昌炼矿公司、光华公司投资之踊跃,实出吾人意料之外,近闻又有组织自来水公司及承顶纺纱厂者,此实吾湘实业前途之光也。"⑭

谭的发展教育和振兴实业活动,虽布局宏伟,也取得了一定的成效,但是,由于谭延闿采取联甲制乙、用丙制丁,相互牵制的从政手腕，使得内部矛盾加剧，政局不稳，缺少发展经济的良好环境。加之官场腐败积习难改，各级官吏阳奉阴违，使得发展教育、振兴实业，成了各级官吏搜刮民脂民膏的借口，从而加重了人民的负担，引起下层民众的强烈不满。据不完全统计，各地发生的工人罢工、学生罢课、商人罢市和人民群众的反抗斗争，在谭延闿第二次督湘期间不下20起，从而影响了谭延闿在湖南的统治。

## 3. 南北依违　国葬元勋

袁世凯死后，黎元洪继任总统，段祺瑞为国务总理。但是，由于黎元洪无兵无势，因而被北洋军阀头子段祺瑞看不起，但鉴于护国军以拥黎为旗帜，北洋军阀内部又各怀鬼胎，段祺瑞只好暂奉黎元洪为总统，以等待时机取而代之。

1916年6月7日，黎元洪在东厂胡同的宅邸举行了一个简单的就职典礼。出席典礼的仅有段祺瑞及其内阁阁员。除了黎府门前悬挂五色旗两面、东厂胡同的两端停有数十辆汽车、马车外，看不出总统履新的气象，市民也"几不知其为新总统就职之日也"。典礼在黎元洪宅内小厅举行。厅内无特殊布置，只是临时悬挂了几面旗帜，厅北面放了一具屏风，庭中有军乐队一队。10时10分，黎元洪着军服，在数名幕僚、军官的簇拥下来到厅中，站在屏风前，向排列侍立的阁员鞠躬。各部长也向黎元洪鞠躬三次。然后，黎元洪发表了简短的就职宣言："现在时局艰难，补救之方，以遵守法律为主。元洪谨本前大总统救国救民之意，继任职务。嗣后一切设施，自应谨遵法律办理。惟元洪武人，法律知识较浅，尚望诸公同心协力，匡我不逮，无任感盼。"段祺瑞也致答词，表示要"谨遵大总统训示，竭力办理"。典礼结束，黎元洪又将继任一事通告中外，表示"自惟德薄，良用兢兢，惟有遵守法律，巩固共和，期造成法治之国"。

对于黎元洪就任总统，谭延闿是打心眼儿里十分赞同的。他先后于6月4日、6日两次致电黎元洪，以示对时局的关心。"近情日棘，非公出挽回，恐遂不救。顷又得雷震春电，有别组临时政府之说，益出轨道之外。外人观听所系，国本随之动摇，务请设法早日排解，免致焦烂。""顷闻天津组织总参谋处,并有变更国体,废除约法之谣。传闻果实,难保非奸人乘机煽动,破坏共和。揆诸各督初心,宁忍出此?钧座勋高望重,万流景仰,务恳严电阻止,并商王、张诸公迅速解决,力救危亡。若任其再趋极端,势必不可收拾,国家危亡,生民涂炭。"⑮不过,这时谭延闿尚为在野之身,无法如一方军政要员一样飞电祝贺,但是,其对黎元洪的倚重之心和敬仰之情随处可见。

由于湖南地当冲要,地理位置十分重要。段祺瑞为实现武力统一全国的美梦,极力想染指湖南的地盘,作为征服西南军阀的前哨。他在担任国务总理以后,就任命前四川将军陈宧为湖南督军兼省长一职。

陈宧(1870—1939),湖北安陆县人,世家子弟,7岁投奔舅父并入读于武汉自强学院。因小事忤逆得罪舅父,10岁那一年,他回到安陆。入读于安陆汉东书院,15岁那年(1883)考上秀才,第二年考上廪生。1890年,21岁的他考上湖北高等学府——武昌经心书院。1895年受甲午战争的刺激以及军校提供军装伙食,投笔从戎,考入湖北武备学堂,在武备学堂学习的同时,于1897年考中拔贡。1898年进京参加会试,朝考落第。其叔祖陈学棻时任工部尚书,在他的帮助下,陈宧进入国子监南学入读,百日维新之后,北京成立京师大学堂,他转入其中就读。后为四川总督锡良赏识,担任四川讲武堂提调,得以飞黄腾达。1912年助黎元洪、袁世凯杀张振武、方维。1913年,通过政治拉拢、军事策反、经济收买等手段,帮助袁世凯镇压了各地的"二次革命",成为袁世凯的心腹。1915年任四川将军,帮其镇守西南前哨。为拉拢陈宧,袁世凯还让陈宧与其长子袁克定结为拜把兄弟。在他离京赴任时,袁世凯特命军警夹道欢送,三步一岗,五步一哨,城头上站的是军警,铁路旁挤得水泄不通,文武大员送行者车如流水马如龙,堪称未有之盛举。袁的意思很明白,把一切富贵尊荣笼络于他,让他替"新朝"多负责任。陈宧也不负所托,在四川,承办帝制,举行国体投票,上推戴书等,为袁世凯复辟帝制当吹鼓手,十分卖力。后在蔡锷的护国军进逼下,被迫于1916年5月22日宣布反袁独立,给了袁世凯以致命一击。袁世凯死后,陈宧仍效忠于北洋政府,因此,为段祺瑞所重用,想利用他来帮其控制湖南,结果遭到湖南各界和滇桂军阀的强烈反对。当时,尚在上海的谭延闿也多次致电湖南军政界要人,为阻止陈宧督湘出谋划策。

7月10日,谭延闿联合黄兴致电曾继梧,指示拒陈方略——联桂拒陈。其电文上说:"中央任命陈宧带两旅督湘。现虽设法阻止,闻北兵在湘尚多,陈来必有勾串。湘军力薄,宜借助桂军,以壮声威。惟有暂戴陆督,留桂军,绝对拒陈。大局所关,请一致主张为要。"同日,他又与黄兴一起致电程潜,表达了同样的意思,希望他们通力合作,共拒陈宧督湘。

在陈宧未到湖南以前,北京政府命令陆荣廷暂代湖南都督。为了促使陆荣廷加入拒陈阵营,谭延闿与黄兴专门致电陆荣廷,祝贺他就任湘督。电文曰:"欣闻督湘,军民共庆。我公再造民国,功业彪炳。愿宏伟略,福我湘人,不胜欢忭。"当时,陆荣廷不在长沙,就暂由曾继梧代理湘督。为此,谭延闿又与黄兴一起专门致电祝贺:"凤公代督,军民晏然。诸公维持一切,以福桑梓,甚为感佩。陆公署督,极表同情。善后万端,重劳擘画。"⑯

程潜率军进入长沙后,不满谭延闿的亲信曾继梧的恣意妄动,乃与长沙军政各界的代表协商,推举年过70的刘人熙为湖南临时都督,龙璋为民政厅厅长。

刘人熙(1844—1919),字艮生,号蔚庐,湖南浏阳人,进士出身。曾在广西任职5年,先后担任过广西课吏馆副馆长、法政学堂会办、法政学堂监督等职,与陆荣廷私交甚厚,程潜想通过他取得桂系的援助。而陆荣廷也从广西的安全考虑,表示支持湖南抵制陈宧督湘。联桂拒陈,本是谭延闿、黄兴等人的主张。因此,对于刘、龙主持湘政一事,谭延闿是非常支持的。7月14日,他与黄兴致电刘人熙、龙璋说:"二公众望所归,此次应人民之请,分治湘事,维持秩序,深为庆幸。"⑰

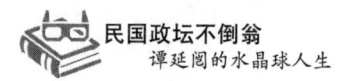

当时，南北之间的湘督之争，可以说并未定局，谁都想从中插一手。因此，长沙城内谣传纷纷，秩序很不稳定，加之传闻湖北旅湘商民因湖北为北军驻军之地受株连。谭延闿又与黄兴致电曾继梧、程潜，要他们从中调解，免起争端。"省垣秩序，赖公等维持，安堵如恒，实深佩慰。惟报载旅湘、鄂籍商民多被株连，惊惶异常，想系谣传。请加意调和，免启恶感。"⑱

然而，刘人熙年事已高，且其威望和能力也不足以稳定湘局，举其督湘不过是一时的权宜之计。因此，湖南各界名流、要人关于湘督人选问题的讨论和争夺仍在继续。进步党的湘籍名流熊希龄、范源濂希望调蔡锷回到湖南，国民党军人则希望由美返国的黄兴继任湖南督军。但蔡锷于护国之役后被北京政府任命为四川督军，时已患有严重喉结核病，急需赴日本治疗，而他的老师梁启超也不希望他回湖南，而希望他留在川滇一带建立进步党的军事根据地，因而，他无意回湘；而黄兴当时也患有肝病，身体上吃不消，自己也无意于湘督之位，于是，荐谭延闿自代，他笑着对众人说："吾辈革命，非为做官。此乃谭组庵事。今后当与孙先生致力于国家建设。"谭延闿是一个既与黄兴等国民党人交情深厚，又与进步党人渊源很深的人选，因此，两派一拍即合，很快达成了一致意见。

这时，陈宧看到湖南人不欢迎他到湘任职，如果强行履任，必无好果子吃，一定会处于极为尴尬的境地，与其日后给自己带来麻烦，造成左右为难的困境，不如自己主动抽身，不趟这费力不讨好的浑水。于是，他主动向北京政府提出不就湘督之职，段祺瑞政府也知道再派北军入湘必定会引发战争，而他还没有做好战争的准备。因此，7月16日，段祺瑞又将计就计地同意任刘人熙为湖南督军，不久又命他兼代湖南省省长，以此暂缓湖南各界对他的不满情绪。

然而，控制湖南始终是段祺瑞政府实行武力统一全国最重要的一环。于是，他派其内弟吴光新率北军3旅驻防岳州，并准备让吴光新出任湖南督军。这一消息传出之后，湖南军民和西南军阀又一次激烈反

# 第三章

## 二度督湘　夹缝求存

对，表示如果北京政府敢一意孤行，接着而来的就是战争，段祺瑞只得暂做让步，于8月4日改令谭延闿为湖南省省长兼湖南督军，一则缓和与谭延闿关系较深的总统黎元洪的矛盾，二则修复与湖南军政两界的关系，表明同意他们推荐的湘督人选，但实际上只是为他日后易督暂为缓冲。

8月22日，谭延闿从汉口回到长沙，正式就任湖南省省长兼湖南督军。谭延闿第二次督湘，并不符合段祺瑞政府要由北洋军占领湖南以征服西南的意图。段祺瑞目睹了在护国反袁战争中日益坐大的西南军阀，在西南军阀中又以唐继尧的滇系军阀和陆荣廷的桂系军阀实力最大，是北洋军的主要对手。段计划由四川出兵进攻云贵，由湖南进攻广西，因而念念不忘夺取湖南，置于其直接占领之下。段政府任命谭延闿为湖南省省长兼署督军，意图十分明显，就是谭延闿的本职是省长，统军的督军只是暂时兼职，随时可以取消。因而段祺瑞在给谭延闿的文电中总是称其为省长而不称其为督军，意思就是想寻找一个适当的人选来做其在湖南的代理人，以便日后将湖南作为征服西南的前哨。谭延闿也是一个聪明的官僚，他当然明白这其中的奥秘。他是不愿做寡头省长，军权才是他政治投机的资本。因此，他虽是文人出身，却不喜欢属员称其为省长，而要他们称其为督军，在给北京的电文上也一律署名"谭督军"。正如毛泽东在《战争和战略问题》一文中所言："辛亥革命后，一切军阀，都爱兵如命，他们都看重了'有军则有权'的原则。谭延闿是一个聪明的官僚，他在湖南几起几覆，从来不做寡头省长，要做督军兼省长。他后来做了广东和武汉的国民政府主席，还是兼了第二军军长。中国有很多这样的军阀，他们都懂得中国的特点。"[⑲]

为了保住自己在湖南已得的地位，谭延闿只得南北依违，尽力沟通与南北各方面的关系，力求在夹缝中求存。一方面，他利用黎、段矛盾，恃总统黎元洪为奥援。黎、段在袁死后，一个成了民国总统，一个成了国务院总理，两人各有所得，但双方都不满足。段祺瑞把黎元洪拥为总统,半是迫于护国军的压力,半是基于维系北洋团结的需要。实际上,他根本不把黎元洪放在眼里,以资历论,前清时期,他担任过统制、军统、提督、署理过湖广总督,而黎元洪不过是一协统;以实力论,他是北洋军阀首屈一指的大将,袁世凯死后,他当然就是北洋军阀的第一把交椅,而黎不过是一名无拳无勇的政治俘虏,靠他的提拔,黎才当上总统。因此,在段祺瑞的眼中,黎元洪只是一个为他承诺盖印、做传声筒的傀儡。黎元洪就任后,由于有护国军方面的支持,段不得不对黎元洪虚与周旋,内心里却不以为然。而黎元洪对段祺瑞也是宿怨甚深。当年段奉袁世凯之命,以"霸王硬上弓"的手段将他从湖北押上火车,送到北京,黎对此始终耿耿于怀。黎到北京后,袁世凯虽目之为政治囚徒,但大面上还过得去,礼尚往来,嘘寒问暖,而段却对黎始终冷如冰霜,根本不放在眼里。即使拥立为总统后,段也对黎没有任何推重尊崇的表示,这对黎元洪来说,是种强烈的刺激和痛苦的烙印,因此,双方的矛盾就势必不可避免,最终演变成府院之争。

在府院之争中,原进步党人(即研究系)和国民党人的矛盾、美国与日本的矛盾交织在一起,形成错综复杂的局面。进步党人与国民党人新的争斗最初起于国会制宪。冲突最激烈的是省制加入宪法问题。10月中旬,经国民党议员屡次提案,省制加入宪法问题被列入审议议程。所谓省制入宪就是在宪法中加入有关地方制度的条文。其实质是要扩大地方议会和政府的权限。但是,这一提案遭到进步党议员的强烈反对。几次会议,双方都争执不下,以至在12月上旬的一次会上大打出手。会场里椅子、墨盒乱飞,互殴拳脚,肆口漫骂,致使一批议员受伤,而到法院投诉。

进步党在省制问题上与国民党唱对台戏,得到北洋派的支持。国会辩论省制问题的前夕,16省的北洋督军联名通电威胁国会,而由地方势力控制的四川、广东、广西、云南、湖南、浙江、江西等16省省议会则纷纷通电支持省制入宪,其中南方数省并要求实行省长民选,要求将地方自治条文加入宪法,反映了南方各省实力派和地方人士的利益。

省制入宪的争论,实际上是府院之争的一个缩影。府院之争的导火线是由国务院秘书长徐树铮时常顶撞黎元洪而引起。徐树铮是国务院总理段祺瑞的"狗头军师",深得段的宠信,段祺瑞最初提出任徐树铮为国务院秘书长,就遭到黎元洪的强烈反对,他对总统府秘书长张国淦表示:"我不能与徐树铮共事,不但不能共事,且怕见他,我见了他,就如芒刺在背。"并声言:"我总统可以不做,徐树铮绝对不能与他共事。"后在张国淦、徐世昌的多番劝说下,黎才勉强从段所请,但心里对徐树铮始终没有好感。徐树铮自恃有段祺瑞撑腰,又有皖系军人为后盾,根本不把没有实力的总统黎元洪放在眼里。秘书长负责府院之间的沟通,本应将国务院议决的重大事件形成公文与命令呈报总统,说明理由,得总统同意,方能请总统用印发布,但徐树铮根本不向黎元洪说明理由,即催黎元洪盖印。黎如询问,徐则肆意顶撞。有一次,山西省同日更动3个厅长,徐树铮持命令前来盖印,黎见后问为何3个厅长同日更调,徐树铮傲慢地说:"总统但在后页年月上盖印,何必管前面是何事情。"弄得黎十分难堪,愤怒地表示,再也不愿与徐见面。1916年8月初,原总统府秘书长张国淦辞职,由国民党议员丁世峄继任。丁到任后,力主提高总统地位,限制国务院秘书长职权,提出了一个《府院办事手续草案》,其要点为:第一,总统得随时出席国务会议;第二,所有国务院议决事件及任免官吏命令须经该管部长官同意后,再呈大总统盖印,如总统有不同意见时,得交国务院再议。黎元洪对此表示支持。这个草案意在抬黎压段,而且用意十分明显,黎、段的关系马上因之紧张起来。段祺瑞原来担心的是国会中国民党人与他作梗,现在又添一个黎元洪,而且还要直接把脚插到国务院里来,让他如何受得了。他一见此案,便称病不出,让手下人制造黎元洪企图大权独揽,行总统制,迫使总理辞职的舆论,向黎施加压力。后经人调节,双方达成了一个折中方案,才勉强结束了这一争端。

但一波未平,一波又起。黎所推荐的内务总长孙洪伊到任不久,就与徐树铮屡屡发生激烈冲突,使黎、段矛盾再度紧张。1916年8月下旬,湖南议员周震鳞等人对投靠皖系的官僚政客胡瑞霖(时任福建省省长)在湖南财政厅厅长任内的劣迹提出查办。提案转到国务院后,徐树铮不与主管的内务总长孙洪伊协商,也不经国务会议,就擅自以国务院名义将提案驳回。孙得知此事后,与段祺瑞据理力争,并提出辞职抗议,搞得段、徐非常狼狈。

段、徐对不受羁束的孙洪伊恨之入骨,必欲去之而后快。9月初,孙为整顿内务部,裁减部员。徐树铮乘机煽动被裁人员向平政院控告孙。在徐树铮的操纵下,平政院判决孙裁员无效,准许被裁人员回院供职。孙洪伊拒绝接受这样的裁决。黎元洪同情和支持孙,后段祺瑞亲自出面要求黎下令罢免孙洪伊,遭黎拒绝。双方闹得不可开交,后在徐世昌的调节下,以孙洪伊与徐树铮同时去职,才平息了这场争端。

不久,黎、段又因参战问题再度爆发冲突。黎元洪在美国的支持下,反对中国对德宣战,得到了国会国民党多数派的支持,而段祺瑞则在日本的支持下,极力主张对德宣战,甚至动用督军团来向黎元洪施压,黎元洪也不示弱,在国会的支持下,免去了段祺瑞国务总理的职务。张勋乘此机会,以调停人的名义,带领5000辫子军进入北京,胁迫黎元洪解散国会,拥废帝溥仪复辟。

在黎、段冲突中,谭延闿始终站在黎元洪一边,依靠黎元洪来牵制段祺瑞的易督阴谋。当段祺瑞欲让吴光新督湘的消息传入长沙后,谭延闿致电黎元洪询问其事,黎元洪回电予以否认。段祺瑞多次想调谭延闿到北京担任内务总长,黎元洪都不肯同意,段祺瑞没有办法,只好采取分化瓦解湖南内部势力的另一种策略。他私下里放出谣言,散布要将湖南各军裁减为一师一旅,谭延闿得到这一密报后,就将湖南各军合并为第1、第2师,并将番号对调,将第2师赵恒惕部改为第1师,第1师陈复初部改为第2师,以便在日后裁军中,保住自己的亲信赵恒惕部，裁掉与其渊源不深的陈复初部。陈也从北京方面获得了同样的密报，这就引起陈复初的强烈不满，由此导致后来陈复初投入北洋怀抱，造成傅良佐、北洋军入湘的机会。事实上，谭、陈两人所得的密报，都是段摆下的迷魂阵。

另一方面，谭延闿又与桂系军阀陆荣廷订立攻守同盟，使段不敢轻易下手。湖南为西南军阀的前哨，是南北军阀必争之地。陆荣廷曾被北京政府任命为湖南都督，但被他拒绝。陆当时的设想，认为湖南地处南北要冲，内部党派分歧，情形复杂，治理不易，接受湘督，只是增加广西之负担；最主要的是号称华南财富之区，与广西有唇亡齿寒关系的广东，其心脏——广州，还在龙济光手中。而龙济光一日负隅广州，即是两广心腹之患未除，应以全力先拿下广州。因此，他毫不犹豫地作出拒绝出任湘督的决定。黎元洪心知肚明，因此，在任命谭延闿为湖南省省长兼督军以后，又改任陆荣廷为广东督军，陆荣廷很顺利地取得了两广的地盘。为了共同的利益需要，谭延闿与陆荣廷紧密地结合在一起，共同对付北洋军阀对西南的染指。1917 年 3 月，陆荣廷应总统黎元洪的邀请，到达北京，黎元洪、段祺瑞都想拉拢他为己所用，但陆工于心计，只想待价而沽。4 月，黎、段按照陆的意愿，升任陆为两广巡阅使，节制两省军务。陆荣廷还与段祺瑞约定：中央不更换湖南督军谭延闿的职务，"以为屏蔽两粤"，即将湖南作为庇护桂系地盘的屏障。谭延闿还利用湖南人民仇恨北洋军阀淫杀无辜的心理，提倡"湘人治湘"，反对北洋军阀染指湖南地盘。谭派政客经常大肆鼓吹"湖南无畏公则秩序难于保全，畏公与湖南人民的命运是联在一起的"。因此，湖南人民很受其惑，每当调动谭的消息传来，他们都群起反对，他们害怕"汤屠户"的悲剧在湖南重演，反对北军入湘的心理尤为迫切。

在谭依违南北之际，湖南伟人迭遭变故，革命伟人黄兴、蔡锷相继于 1916 年的 10 月和 11 月病故，谭延闿不仅失去了书信往来的朋友，也失去了政治上的重要依靠，谭不能不伤心痛哭。

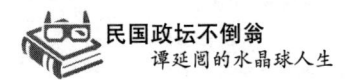

　　黄、蔡不仅是民国元勋,也是护国运动的主将,他们在民国政坛上拥有很高的政治声望,与谭延闿虽算不上是志同道合的挚友,也算得上是声气相通的朋友。他们对谭延闿帮助很大,却功成身退,不贪恋权位,其崇高品行也令谭延闿钦佩不已。

　　黄兴自从于1914年因孙中山在日本将国民党改组为中华革命党,要求党员按指印,向他宣誓效忠而拒绝加入后,就离日前往美国,继续他的革命事业。袁世凯恢复帝制时,黄兴在旅美华侨中揭露袁氏罪恶,开展反袁宣传,历数袁世凯一生不孝、不义、不友、不忠等无数恶行,号召大家同心合力,拥护共和,驱除袁世凯,保卫共和民国。他还派石陶钧和张继一起回国,协助蔡锷逃出虎口,回云南发起护国运动,并筹款购械,支援护国战争。袁世凯死后,他于1916年7月回到上海,由于长期为革命事业奔波劳累,他积劳成疾。此时,他的好友蔡锷也因护国讨袁劳心费力,患上了喉癌,辞去了四川督军之职,在好友蒋百里和石陶钧等人的陪同下,过三峡、入上海,准备前往日本治病。黄兴亲派自己的儿子黄一欧前往上海码头迎接,并将其安排到寄庐养病。

　　蔡锷到达上海的第三天,黄兴拖着病躯前往寄庐看望好友蔡锷。8月,正是江南最炎热的季节,即使是午前也是燥热不堪,好在蔡锷住房四周,绿树覆盖,浓荫匝地,所以还有一些凉意。

　　那天上午,蔡锷吃过早餐后,只穿着一件薄薄的白色雪花绸衬衣和一条白色西式长裤,躺在大床上看书。

　　勤务兵小乐推开房门报告说:"将军,黄克强先生看您来了。"

　　蔡锷听了,连忙放下书本,正想下床准备出迎,黄兴却已经大踏步地走了进来,口里还连声嚷道:"松坡,松坡,我们终于又见面了。"

　　老朋友相见,分外亲切。黄兴走到蔡锷身边,偏着头仔细地端详着蔡锷,摇摇头说:"松坡,你还年轻哩,身体弄成这样,主要是处境太苦,用心太苦,作战太辛苦了。我已经听醉六说过了。那个唐继尧真不像话,他怎么能够那样对待你?前有强敌,后有掣肘,松坡在那

## 第三章

### 二度督湘　夹缝求存

种情况下，能够坚持挺过来，赢得胜利，真不容易啊！要是我就办不到。你每事必成，每战必胜，实在是令人钦佩咧！"

蔡锷苦笑一声，一边请黄兴坐在靠窗的藤椅上，让勤务兵倒茶，一边淡然地说："我不挺住，又能怎样！当时我只要稍微泄一点气，就会兵败如山倒，那后果将会不堪设想啊！您已经两次讨袁两次失败了，我这次是第三次讨袁，如果又失败了，我们中国怎么得了？因此，我绝对不能退。我必须挺住，死也得挺住！事实上人生成败，不就是要靠这一种在困难情况下敢于挺住，能够挺住的这么一股劲吗？打仗也同人生一样，总是会有最困难最危险的时候的。在这种时刻，谁能够咬紧牙关挺住，谁就有可能获得最后的胜利；谁的意志薄弱，在关键时刻挺不住，受不了，泄气了，退缩了，谁也就完蛋了。你克公身经百战，难道还不知道？一切成败，关键就在这里啊！"

黄兴坐在藤椅上点点头说："就是这么个道理啊！"黄兴又乘机询问蔡锷为什么拒绝督湘的问题。他说："前几天，我让他们敦请你回湘去主政，你怎么不去？四川那边，情况复杂得很，你就让罗佩金、戴戡他们去应付算了。你还是回湖南去好。湖南毕竟是我们的老家，我们的故乡嘛。你是个难得的能人，比我们都强。前几年，辛亥革命时，情况那么乱，那么复杂。焦达峰、陈作新、蒋翊武、孙武、刘公等许多人都站不稳脚跟，你一个二十几岁的青年，却站稳了，而且把云南治理得那么好，那么稳定，兵也带得好。你可是一个真正的武能安邦、文能治世的全才啊！回湖南去，把湖南也治理好，有什么不好？身体不好，可以先挂一个名义，再去治病，治好病，回来再干嘛！你可不要辜负了我们大家对你的期望啊。"

蔡锷却摇摇头说："不，不，不，窃位素餐，挂名拿干薪，却不能为老百姓办实事那是官僚行径，我们是不能那样干的。一切都要等我的病好了再说。您身体比我好，督湘事还是您去最好，只不过有些屈驾罢了。"

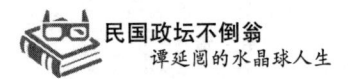

蔡锷接着问道："前段时间，外面盛传，您与孙先生有了歧异，分道扬镳了，不知是否有这回事？"黄兴淡然一笑道："你别信那些胡说，我与孙先生目标一致，志同道合，在政治上是永远不会分离的。不过在建党问题上他强调纪律、服从；我则强调自由、平等和党员的独立人格，有这么一点分歧而已。现在，我也想通了。孙先生的主张还是有道理的。特别是自从陈其美被害后，我们已更加接近了。最近我们已经见过几次面，决定再次携起手来，共同战斗。"

蔡锷端起暖水瓶，亲自为黄兴斟水，然后慢慢说道："克公说的是，我也认为，孙先生的主张是有道理的。自由、平等，当然都是美好的字眼。但是，只要是一个真正有入世经验，而又对社会负责任的人，那么他就一定懂得，在一个群体、一个社会里，纪律和服从也是多么的需要，多么的重要啊！我在日本士官学校学习，在日本联队学习，他们都十分强调纪律与服从，把服从看作是军人的天职。日本这个国家又小又贫，他们的国家之所以能够很快地走向富强，其军队几乎战无不胜，无敌于天下，这个纪律和服从是起了很大作用的。莫说一个国家，一支军队，没有纪律与服从是不行的，就是一个家庭，至亲骨肉之间，又何尝不是这样？""一个政党、一个国家，没有了纪律，谁也不服从谁，又怎么能行啊！所以我认为，我国的一些传统美德，如孝悌忠信等还是对的。孙先生的主张也是对的。在家里就应该孝顺父母，尊敬兄长，家庭才可能和睦。一个政党也要有纪律才有战斗力。您应该支持他，建设一个有高度纪律性的革命的政党，领导我们把国家治理好，中国才有希望啊！"

两位忧国忧民之士，久别重逢，本有许多心里话想说，但黄兴还有许多事情要做，又担心蔡锷的身体吃不消，不便多加打扰，坐了一会儿，便起身告辞。

蔡锷紧紧挽着黄兴的手，把他一直送到楼梯口，又站到窗前，挥手向黄兴告别，目送着他乘车远去。

不久，蔡锷病情恶化，黄兴、石陶钧、梁启超等人在黄浦码头送别蔡锷登轮前往日本治病，没想到这一别却是黄、蔡两人的永诀。

10月31日，当蔡锷躺在日本福冈医院的病床上凝望着窗外的世界，突然听到了黄兴去世的噩耗。这噩耗就像晴天霹雳，击得他天旋地转，整整昏迷了一天。等他苏醒过来，勉强坐到桌边，先为黄兴写了一篇祭文，接着又写了一副挽联：

以勇健开国，而宁静持身，贯彻实行，是能创作一生者；
曾送我海上，忽哭君天涯，惊起挥泪，难为卧病九州人。

蔡锷在好友逝世，又传闻知音红颜小凤仙不愿受辱自杀殉情的连番打击下，精神崩溃，于11月10日病逝于日本的福冈医院，终年34岁。

当黄、蔡逝世的噩耗传出后，举国震动，万民含悲。病中的孙中山为两公写了挽联，送了花圈，在致蔡锷的挽联上写道："平生慷慨班都护，万里间关马伏波。"（班都护指曾任西域都护的班超，马伏波指称为"伏波将军"的马援，两人均为东汉名将）章太炎致黄公挽联："无公则无民国，有史必有斯人。"对黄、蔡的一生，给予了极高的评价。以黎元洪为首的北京政府，对两公的逝世也十分重视，除派专人到当地协助料理后事外，并经国会议决，为黄兴、蔡锷两人举行国葬，明令孙中山、唐绍仪、李烈钧、蔡元培等为主丧人。

黄兴、蔡锷的相继病逝，使谭延闿伤心不已，他不仅发电慰问，而且还致电全国军政要员，要求他们联合致电北京政府，给予黄、蔡两人以特典，以报殊勋。在黄、蔡两人灵柩先后运抵湖南后，谭延闿又着手筹划丧葬事宜。碰巧的是，谭延闿生母李太夫人也在这年11月病逝于上海，谭延闿赴上海料理完母亲的丧事后，又奉丧归长沙仍旧任职视事。1917年1月初，谭延闿在处理完母亲的丧事后，就开始亲自过问黄兴、蔡锷两人的国葬事宜，决定将黄、蔡两人公葬于风景秀丽的岳麓山上。湖南省政府特地拨付16万元为营葬经费和铸铜像建设

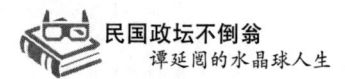

公园之用,并成立两公国葬筹备处,下设黄兴、蔡锷营葬事务所,对出殡规模、经过路线、码头选择、船只调配进行了充足的准备工作。为了使两公灵柩顺利抵达墓地,筹备处组织人员拓宽了长沙河西乡村大路和上山道路。同时,派出工程队,对两公墓地,按设计日夜施工,如期完成。还以警察厅名义,向全市发出两公"出殡通告",规定出殡日全市人民应注意的事项:

(1) 各居民店铺住室于十二、十五两日均应一律下半旗;
(2) 各居民于十二、十五两日停止嫁娶;
(3) 各戏团于十二、十五两日停演戏剧;
(4) 各经过街道于十二、十五两日禁止人力车及轿车通行;
(5) 各酒馆于十二、十五两日停止宴会;
(6) 各妓户于十二、十五两日禁止弦歌。

谭延闿还多次致电颂扬黄兴、蔡锷的功绩,亲书塔铭。他在1917年1月10日致蔡锷逝世的唁电中说:

惊闻松公溘逝,悲悼同深,溯自辛亥以来,此公义旗首拔,艰险备尝,缔造共和,厥功最伟。且频年为国宣劳,家无余资,尤堪痛惜。国家追念元勋,自应赐予国葬,并于立功省份特建专祠,暨择地树立铜像,遗族从优议恤,庶足以示尊崇,而昭激励。

1917年3月10日,谭延闿又致电孙中山、谭人凤、熊希龄等人,就黄、蔡2人营葬告知具体日期:"黄蔡二公国葬期定,蔡于四月十二日,黄于四月十五日举行,知注谨闻。"治丧期间,谭延闿还常去黄、蔡事务所吊唁。1917年2月15日湖南《大公报》记载了谭延闿吊唁的详细情况。

### 谭兼督昨日追悼黄蔡两公情形电

黄蔡两公先后逝世，谭公因在居丧守礼时间不便亲往吊唁，环因假满视事，特于昨日下午二时，改换大礼服，乘坐肩舆，随带卫兵二十余名，赴黄蔡两公事务所吊唁一切。先至蔡公事务所，由值日招待员李伯琦、曾玉焕二君引入，同时测量局长陈君厘亮出外迎接，导向灵前焚香行三鞠躬礼。行礼时，蔡公胞弟松垣君抱遗孤端生（系蔡公长公子，年方三岁）伏旁答礼。礼毕后，谭公乃携抱端生询其年龄，不胜感叹，旋由招待员及测量局长及遗族松垣君导入测量局长室茗谈。谭公询问蔡公葬期及建筑情形后，即乘舆向黄公事务所吊唁一切……黄公长子一欧君答礼如仪，礼毕与一欧君茗谈二十余分，即乘舆归署矣。

1917年4月12日，湖南省在长沙为蔡锷将军举行了隆重的国葬典礼。虽然这天大雨滂沱，行止不便，但送葬队伍仍有1000人以上。中华民国正、副大总统，北京政府的陆军部、海军部、内务部、教育部、财政部、司法部、农商部、外交部、交通部，以及广东、广西、陕西、山西、云南、贵州、四川、福建、湖北、吉林等省及热河特别区，岳州、衡阳、宝庆等湖南省各府、州、县，全国参议院，美洲国民党分部，粤汉铁路局，宪法研究会，中国大学等单位都派出了代表送葬。国民党知名人士谭人凤、刘揆一等，也以私人身份参加了国葬典礼。上午9时，在鞭炮和哀乐声中，送葬队伍组成28个队列起行，走在前边的为军乐队、军队和警察，次为150余校组成的学生队，学生队后面是花圈、命令、遗物、遗像队伍，接着是工界、农界、商界、绅界、报界、学界、政界、军界、各团体、外宾、省外各代表组成的队伍，然后是蔡锷灵柩及亲友、遗族队伍，最后为两个连的军队殿后护卫。送殡队伍从藩园出发，经东长街、贡院东街、贡院西街、督军署、小东街、福胜街、西长街出大西门，至中华汽船码头，然后分别从新码头、汽船码头、金家码头、义码头乘船过江。蔡锷灵柩由南咸号轮拖运，沿江上驶，绕道水陆

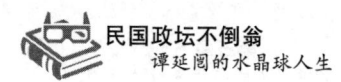

洲再由小河转下 2 里许，在岳麓书院附近码头上岸，谭延闿及各官员、军队，冒雨徒步护灵上山。下午 2 时，灵柩运抵墓地，由谭延闿领首，举行了隆重的下葬礼仪。礼毕，在 17 声葬炮和哀乐鞭炮声中，蔡锷灵柩徐徐降下墓内，予以安葬。蔡锷是辛亥革命以来国葬第一人，故史称"民国之有国葬，实自松坡始"。我国近代杰出的政治家、革命家、军事家，为共和而献身的伟大爱国主义者蔡锷的遗体，终于以国葬仪式被葬在长沙景色旖旎的岳麓山上，依山傍水，长眠地下，永供后人凭吊。岳麓山，青山有幸埋忠骨；潇湘水，碧水无澜浴忠魂。

在蔡锷国葬大会上，谭延闿哭拟二联，字字血泪。一联云：

　　天地一英雄，出生入死，提挈河山还故有；
　　邦家两愁惨，眼枯泪尽，艰难身世复何言！

下联首句指黄蔡两公相继去世。另一联云：

　　心事如白日青天，遂使贞诚回劫运；
　　家国正风潇雨晦，况兼孤露哭余生。

4 月 15 日，为黄兴国葬之日。这天早晨，雨过天晴，碧空如洗，是不冷不热的难得好天气。上午 9 时，灵柩如时起运，按军乐队、军队、警察、学生、各机关团体代表的顺序出发。接着是生前友好执绋，灵柩后面是遗族，在灵柩旁边护送的是军队的高级将领以及远道而来的亲密旧友、旧日随从等。大家在狭仄的街道中缓缓行走，拥挤不堪，迟迟不能前进。距河岸不远 2 华里的行程，费时达两句钟之久。到达河岸后，由接待员引导到指定的码头乘船渡河。灵柩到达时，河中船上的汽笛哀鸣。渡河的以及未能渡河的群众，这时都忍不住掉泪。10 艘小火轮，有六七艘都挂着各自的军旗，乘载着官兵，慢慢地引导。最后的小火轮悬挂着白布，载运灵柩，乐队在后面奏着哀曲，实在是悲壮极了。灵柩到达河西岸时，礼炮声大作，和以鞭炮声，更显得悲壮。由此往岳麓山黄公的墓地，不到7华里，先行者已到了半山，午后3时灵柩才到达墓地。墓地前面设置祭坛，先由湖南督军谭延闿代表大总统礼拜后，朗诵祭文。文曰：

> 世运丕变，肇启大同，潮流所激，万国从风。伟哉黄君，乘时而起，独立一电，八区披靡，当其蛰伏，衡湘一儒，欻然豹发，风涌云驱。逊迹扶桑，覃精讲学，虎啸龙蟠，气吞河岳。喂锋河口，遂踔羊城，大声爆发，朝野悼惊。搏战汉阳，挺身首难，义旅云兴，若春冰泮。南都留守，敷政雍容，苟无大衅，敛日全锋。天方荐瘥，丧乱未已，烈士壮怀，指星誓水。脱身远徼，默运风雷，共和再建，如斗旋魁。万仞之台，基如累土，不有先倡，孰贻厥后？即今奠定，士女讴歌，追维首烈，亘古不磨！岂意大星，遽殒沪上，倾国倾城，来观营葬。民权赫赫，譬日中天，环赢万族，奋势趋先。欧战风云，此其嚆矢，大道为公，克日可俟，惜哉人杰，中驾先摧，壮猷郁勃，未展其才。假我数年，争雄宇宙，伟绩煌煌，孰殚孰穷？丰碑峨碣，式勒鸿功，千秋万祀，钦此崇隆！

念毕，呜咽四起，各界代表一齐行礼。礼毕，鸣炮17响，哀乐声起，黄兴灵柩徐徐降下墓内，安放在5.45米大，上面堆积约1.2米厚的水泥土的岩石穴中，予以安葬。

在国葬黄兴的大会上，谭延闿亲书挽联一副，内曰：

> 当世失斯人，几疑天欲亡中国；
> 遗书犹在箧，此行吾愧负平生。

以寄托自己对黄兴的感谢和深深的思念。

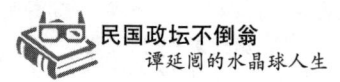

## 4. 抵制易督　无力回天

1916年黄兴、蔡锷相继病逝，湖南革命党人的势力严重削弱，北洋军阀势力的气焰更加嚣张。不料11月，谭延闿的母亲又在上海病死，他前往上海料理丧事。段祺瑞遂决定借谭延闿"丁忧"的机会，将其开缺，而以其内弟吴光新递补湖南督军。由于熊希龄、范源濂从中斡旋和黎元洪的坚决反对，计划未能得逞。

1917年7月1日，清废帝溥仪在"辫帅"张勋的拥戴下，重新戴上了皇冠，在紫禁城内再次宣泄龙威，进行复辟帝制活动。北京城内群魔乱舞，清朝的遗老遗少们含着激动的泪水纷往京城汇聚，尘封多年的龙旗挂满了京城，旧衣铺内的清朝官服陡然升值，争抢一空，乐坏了见钱眼开的商人。封官许愿的诏书接二连三地从紫禁城内发出，广大市民用冷漠的眼神瞧着这场荒唐的闹剧，那位引狼入室的黎大总统元洪，只得逃往外国使馆，向全国发出了一封讨伐张勋的通电。全国各地的革命党人也继起响应，一致声讨张勋的复辟行为。段祺瑞看到重新崛起的机会来临，于是誓师马厂，打着讨伐张勋的旗号，进迫京都。7月2日，谭延闿也通电副总统冯国璋及各省军政要人，明确反对张勋复辟。电文略谓：

> 复辟情事，查系逆贼张勋所为，大盗卖国，殊堪愤恨，民国成立，于兹六年，中更波潮，卒获底定。逆贼何物，又乘此次政争，阳托调停之名，阴施鬼蜮之计，元首被其威胁，国家已具牺牲，破坏共和，颠覆民国，举诸先烈艰难缔造之山河，四百兆休戚与共之生灵，沦为私产，视同奴隶，凡有血气，孰不发指。刻

下黄陂被幽,生死莫测,应即按照约法第四二条公恳副总统代行大总统职权,赳日会师北伐,歼厥渠魁,还我共和。延闿谨率三湘军民秣马厉兵,以为前驱。

7月3日,谭延闿通电在全省戒严。明确宣布:"国贼张勋等拥宣统废帝复辟,背叛民国,罪恶昭彰,延闿决计兴师讨逆,誓歼此丑。现为维湘省秩序起见,已于本月二日依照战时戒严法宣布戒严。特此电闻。"同一天,长沙各界举行拥护共和大会,谭延闿通电宣布湖南出师讨逆令:

> 张勋、康有为拥立宣统,黄陂被幽囚。稍有人心,闻之愤激,讨伐逆叛,心理所同。闿已宣布出师,联合宁、赣、粤、桂、滇、黔、蜀各省一致出师,诸公首创共和,知同切齿,望一面整饬军队,绥辑地方。若有匪徒,即以便宜行军法,勿稍姑息,安内乃能攘外,切盼注意。

讨逆令发出后,谭延闿派湘军第2师师长陈复初率部出省北伐,乘机收回岳州。不料段以讨逆军事胜利在望,命吴光新迅速回师岳州,谭也只好就此收兵,各安疆地。

张勋复辟失败后,黎元洪倒台,冯国璋继任总统,段祺瑞仍重掌内阁,依靠日本帝国主义的支持,继续袁世凯的衣钵,重温武力统一全国的美梦。他又开始图谋西南各省的地盘,将魔爪伸向了湖南。他将计就计,以谭的"湘人治湘"还治于谭。8月6日,他将候补湖南督军多年的吴光新调往四川,改派傅良佐为湖南督军。傅良佐是湖南乾州人,长期供职于北洋,是段祺瑞的内弟,又是其手下的"四大金刚"之一,他长期生长在北方,讲的是一口北方话,吃的是北方的饭,湖南人很少知道他是湖南人。傅良佐在就任之前,为缓和湖南人民的抵抗情绪,发表了所谓"治湘三大方针":(1)湘人治湘;(2)军民分

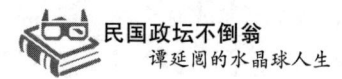

治；（3）不带北兵入湘。虽然他有不带北兵入湘的保证，但湖南人记得很清楚，以前汤芗铭到湖南，曾经说过不带北兵入湘，杨善德到浙江，也曾说过不带北兵入浙，随后北军源源而入，这种保证只不过是一种空头支票，明眼人一看就很明白。事实正是如此，正当段、傅等宣言不派北军入湘的时候，保定第20师范国璋调动入湘的消息，已在报上登出来了。

湖南易督令下达后，谭延闿一面飞电西南诸帅，征询陆荣廷、谭浩明、唐继尧等人的意见，他在致谭浩明的电文中说："大局拯救，全赖西南。西南门户厥为湘省，故非法政府首先窃伺军权。延闿薄材，不堪任巨，个人权利，岂恤弁髦，但以湘江沦陷，必至半壁速连，欲顾全大局，亟先保守一隅，但恐兵力微弱，不足支危，连毗邻封，亟赖援救。桂湘关系，无异齿唇，奏廷乞师，请助指臂，缨冠披发，谅有同情，务即下令动员，即出桂境以作后盾。庶使北方闻风胆塞，则湘省则受赐良多，西南之保障益固矣。"⑳一面又请在京的熊希龄设法缓颊，使段收回成命。

湖南"绾毂西南，地当要冲"，是西南各省的屏障。陆荣廷、唐继尧因为与谭延闿利害一致，害怕北洋军进攻湖南后，进而染指他们的地盘，危及自身的利益，乃取一致态度。陆荣廷在回电中说："湘桂唇齿相依，你如果要干，我一定支持，唯力是视。"唐亦回电说："湖南为西南的门户，万不可放北军一兵一卒进来，滇军有一师在韶关，可以随时入湘增援。"㉑陆荣廷还电请北京政府，要求冯国璋收回成命，冯国璋叫段祺瑞直接回答。8月14日段回电说："谭省长清亮淑慎，勤政爱民，惟军旅非所素娴，故以民事专畀。今日文人不能将兵，已为各国通例。为军事计，为湘省计，为组庵计，皆以专办民事为宜。湘俗强悍，诚如尊论，善用之则为劲旅，以卫国家，否则逾越恒轨，以资扰害，尤非知方通变之才，不能控制统驭。湘省易帅，良非得已。以傅易谭，盖也几经审慎：傅本湘人，感情素通，断不至因更调而生携贰。明令早颁，势难反汗。远承注念，感何可言。希以此意转告西南群帅为荷。"②熊希龄在北京运动"督、长不同城",督军傅良佐驻岳州,省长谭延闿仍驻长沙,段也不肯答应。

到了这个时候,陆荣廷知道单凭口舌无济于事,他示意湖南采取武力抵抗,并且表示愿意予以实力援助。于是谭延闿在长沙召开秘密军事会议,决定武力抵抗。此时,第1师师长赵恒惕,以父丧回衡阳原籍,由第1旅旅长李佑文暂行兼代师长。李佑文和步兵第4旅旅长朱泽黄已为北军收买,认为北军朝发夕至,长沙无险可守,反对用兵。第2师师长陈复初因恨谭疏己而亲赵(恒惕),曾公开扬言说:"自古人君有视将相为股肱、腹心、爪牙者,未闻有视将相为鹬蚌者,因造成鹬蚌相持之势而收渔人之利,诚未敢望于今日之当局也。"陈复初是沅陵县人,与傅良佐同属湘西籍,看到傅的靠山硬,早已对他表示拥护,想凭借傅的力量得志于湖南,因而对用兵态度冷淡。西南军阀虽有"唇亡齿寒"之虑,答应派兵助谭,但是陆荣廷又不肯给予驻粤滇军所必需的军费和军火,滇军本身也缺乏援湘的热情。

驻粤滇军是由李烈钧率领,在护国讨袁时期开来两广准备经湖南北伐的。护国运动时期,李烈钧受孙中山委派从日本回到云南,与蔡锷一起,发动护国战争。蔡锷为第1军总司令,主攻四川;李烈钧为第2军总司令进据广东。袁世凯死后,局势大变,在粤和在川的滇军成为大问题,撤回云南,他们不愿意,云南也无力承担,不撤回去他们自然要有所作为,而所驻地的地方势力也不欢迎他们长期留驻,在川在粤,滇军都遭遇到这一问题。

李烈钧所率领的滇军当时驻防在广东的北江,而两广已成桂系军阀陆荣廷的地盘,他们不愿意滇军留在广东,不过他们只希望滇军离粤,援湘抗北正符合他们的心意,可是当谭延闿万分迫切地要求广东督军陈炳焜(桂系)催促滇军迅速出发时,桂系却又不肯发给滇军作战所必需的军费和军火,而滇军也不愿意去打头阵,因此除虚张声势外,并无实际行动。

与此相反,北军却源源开往湖南,王汝贤的第8师、范国璋的第

20 师进迫岳州。谭延闿见势不妙，乃采取以退为进的策略：一面假以欢迎新督到湘就任为名，派与北方关系极密的零陵镇守使望云亭到北京欢迎傅良佐，任命其亲信刘建藩代理镇守使，当时零陵镇所属的江道区守备队，"精悍为各区冠"，又加其地接近广西，可以与陆荣廷的桂军互相呼应，是日后卷土重来的理想基地；另一面调第 1 师第 2 旅林修梅部移驻湘南，第 2 师第 3 旅陈嘉祐部移驻湘西以示退却，并无抵抗之意。是时，谭已接到陆荣廷电报，建议乘北军未来之际进攻岳州，若岳州不取，应保存实力，退守湘南。表面上是退却，实则是为抗击北军储蓄力量，做卷土重来的准备。

谭延闿在卸任湘督之前，拍卖大批公产，用以提充军费，并提出其中一部分馈赠文武官吏。军民两署职员一律加薪水一月，借以收买人心。这时长沙各级人员从县长、科长到厅长、院长全体向北京政府提出辞职，表示"与畏公同进退"。从 8 月中旬到下旬，几乎每天都有各级机关职员举行公宴为谭饯别。这在长沙官场中是从来未有的场面。实则，这些军政人员都懂得"一朝天子一朝臣"的道理，与其让新官斥革，不如给旧官送个顺水人情。并且由于湖南人民反对北洋军阀的意志异常坚强，大家都有一种预感，傅良佐这个"朝官"根基不深，注定是短命的，不久"畏公"仍将卷土重来，这天下还是谭家的。

谭延闿在离开长沙以前，还专门从湖南教育基金里拨了一笔专款，给总务厅长林伯渠、教育司长熊知白、交涉科长陈寅恪 3 个人作赴美国的留学经费，标准是每人路费 400 大洋，另每月生活费 140 大洋。为防止傅良佐来了后断掉这笔钱不发，还专门预付了 15000 块给驻美国大使保管，专款专用。

这样一来，有些官员就不满了，他们发牢骚说我们跟了您这样久，您一个都不帮忙安排后路，林伯渠、陈寅恪他们才来了几天，倒照顾得这样周全，不公平吧？

谭延闿却对他们说，你们跟着我，只是为了做官，但林、熊、陈 3 个不一样，那是我专门请来建设新湖南的人才，现在新湖南虽然建设不成了，但人才不能委屈，我当然要安排好他们的今后。你们也想一样，先问问有他们那个才气没有。

当然没有，所以大家也就无话可说了。后来，陈寅恪留学美国多年，靠的一直就是这笔钱。这也算是谭延闿对国家、民族所做的重要贡献之一。

8月26日，傅良佐由北京动身南下。他绕道津浦路，先到南京会见李纯，再乘轮船到武汉会见王占元，然后到岳州停下来。傅良佐在上任之前先访问直系督军，显然由于冯、段两人在对西南的政策上存在分歧，因此需要联络协商，以求步调一致。他不直接到长沙而在岳州停下来，则是因为对湘军存有戒心。到岳州后，他命令岳州北军向湘阴以北的"无兵地带"推进。

9月5日，傅良佐带领卫兵一个营抵达长沙。进城时禁止各机关团体燃放鞭炮迎接，长沙人民均以新督军胆小如鼠为笑谈。谭延闿以圆滑、工于心计而著称于世，他清楚地认识到，傅良佐一上任，自己失去兵权，做个寡头省长，日子并不会好过，且迟早得被排挤。他不愿与傅见面，借口回家乡扫墓，于9月1日回茶陵原籍。临走之前他曾对别人说："我做惯了婆婆，做不了媳妇。"9月10日，他在茶陵向北京政府电辞省长，然后微服潜往上海。就这样，谭把刘建藩、林修梅、陈嘉祐等湘军将领推向战争的前台，自己却跑往上海，静观时局，伺机卷土重来。他的第二次督湘也在这种无可奈何的困境中告终。

---

注释：

①谭伯羽．先公年谱初编［M］．台北：文海出版社，1971.82.

②谭伯羽．先公年谱初编［M］．台北：文海出版社，1971.84-85.

③湖南大公报，1916-05-30.

④文公直．最近三十年中国军事史：（一）［M］．台北：文海出版社，1971.316.

⑤陶菊隐．记谭延闿［M］//中国人民政治协商会议全国委员会文史资料研究委员会．文史资料选辑：第5辑．北京：中华书局，1980.96.

⑥湖南政报，1917. 第 12 册.

⑦湖南政报，1917. 第 37 册.

⑧湖南政报，1917. 第 37 册.

⑨湖南大公报，1917－02－25.

⑩湖南政报，1917. 第 19 册.

⑪湖南政报，1917. 第 38 册.

⑫湖南大公报，1917－03－15.

⑬湖南大公报，1917－03－02.

⑭湖南大公报，1917－02－06.

⑮谭延闿. 6 月 6 日电［M］//中国第二历史档案馆. 中华民国史档案资料汇编：第五辑第三编·政治. 南京：江苏古籍出版社，1999. 1217.

⑯周秋光. 谭延闿集（一）［M］. 长沙：湖南人民出版社，2013. 436.

⑰周秋光. 谭延闿集（一）［M］. 长沙：湖南人民出版社，2013. 437.

⑱周秋光. 谭延闿集（一）［M］. 长沙：湖南人民出版社，2013. 437.

⑲毛泽东选集：第 2 卷［M］. 2 版. 北京：人民出版社，1991. 546.

⑳周秋光. 谭延闿集（二）［M］. 长沙：湖南人民出版社，2013. 528.

㉑仇鏊. 刘建藩零陵独立前后［M］//中国人民政治协商会议全国委员会文史资料研究委员会. 文史资料选辑：第 26 辑. 北京：文史资料出版社，1980. 76.

㉒陶菊隐. 北洋军阀统治时期史话：第 4 册［M］. 北京：生活·读书·新知三联书店，1978. 14.

# 第四章

## 三度督湘 众叛亲离

谭延闿利用孙中山的护法战争和直皖矛盾，实现了三度督湘，但他自食其言，一人身兼督军、省长和湘军总司令三职，引起了跟随他在湘南苦战的赵恒惕等人的不满。而谭延闿则采取"多建诸将而少势力"的办法来削弱赵恒惕的势力，又借"湘省自治"来拒南抗北，导致了南北不喜，众叛亲离，在湘军的内讧中，含恨离湘。

## 第四章
### 三度督湘 众叛亲离

# 1. 南北烽烟 督师湘南

衡阳城南有一座回雁峰。据说雁性畏寒,每年秋末冬初,北来的大雁,成群结队地飞来地温气暖的衡阳,绕着这座南岳首峰,盘旋留恋,鸣叫不绝,声闻数里,蔚为大观。然而,今年的回雁峰,已经见不到大雁争相筑巢的欢快场面。南来的大雁飞到回雁峰上空,久久盘旋,发现回雁峰四周屯兵扎寨,硝烟弥漫,惊得不敢落下安栖,只得长鸣数声,扇动着疲惫的翅膀,继续向南飞去。原来,是谭延闿在离开湖南以前,就把林修梅、刘建藩的部队调到了这里,他们正在这里修筑工事,集结部队,进行大规模的军事训练,占据着有利的地形,静观着湖南政局的新变化。

傅良佐自恃有北洋势力作后盾,屁股还没有坐热,就开始清除异己势力。9月13日,他接连发表两道命令:一是将林修梅撤职,派邹序彬为湘军第1师第2旅旅长。二是将刘建藩调省,派段祺瑞的内亲、水上警察厅厅长陈遂章为零陵镇守使。他的命令无异于火上浇油,立即触发了战争的导火线。刘建藩和林修梅是谭延闿摆在湘南的两枚棋子,将他两人撤职,无疑是要断了谭延闿的后路,这是湘军不愿看到的事情。刘、林早就有默契,一致反抗傅良佐,等到傅良佐派陈遂章前来抢夺零陵镇守使之职,又看到粤、桂、滇已反段独立,孙中山已发出护法宣言,并密派程潜入湘运动护法,于是,决定趁此良机,争取两广支援。9月18日,刘建藩、林修梅通电全国,宣布衡阳、永州独立。

是时,北京的段祺瑞炙手可热,他以"再造共和"的元勋自居,因而"一手遮天,目无余子"。对内公然宣布"三不"施政纲领,即

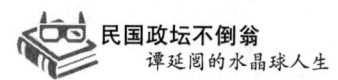

"一不要约法、二不要国会、三不要旧总统",推行其"武力统一"政策,实现其专制独裁的野心。这使寄希望于北洋政府"规复约法、尊重国会",不"重陷天下于纷纠"的孙中山甚为愤怒。于是他毅然放弃原定周游各省,考察实业状况的计划,说服海军舰长程璧光和西南军阀,于1917年8月25日,在广州成立中华民国军政府,发动了护法战争。他通电否认北京段祺瑞政府,命令护法军政府所辖各陆军出师北伐。他获悉刘建藩、林修梅起义护法,无比兴奋,迅即致电支持、鼓励,并委派赴广州汇报起义情形的林伯渠为湖南劳军使,回湘南前线慰问起义将士,鼓舞士气。程潜受孙中山委派,前往衡阳,被刘建藩、林修梅等湘军将领推为护法军湖南总司令,与两广采取一致行动。

衡、永独立,使傅良佐极为恐惧,他除宣布长沙戒严外,还派李佑文所率湘军第1旅开赴衡山"招抚"第2旅。这时在家守孝的赵恒惕再也不能坐视不管了。他知道湘军是谭延闿卷土重来的老本,怎么能让他轻易地落入北洋军的手中,成为湘军自相残杀的工具呢?谭延闿对他有再世之恩,自己无论如何也要为他保持这点儿家底。于是,他脱下孝服、除下孝帽,亲赴衡山湘军的军营。湘军将士看到自己的顶头上司,无不欢声雷动,他不费吹灰之力,就把第1旅"招抚"过去,其部下宋鹤庚、廖家栋皆弃旅长李佑文而加入护法。朱泽黄部接战不利,11月1日,李佑文单骑逃回长沙,林修梅部进据衡山。

傅良佐得到前方兵溃的消息后,急忙催促北军增援。段祺瑞一方面增兵湖南,于9月28日,任命第8师师长王汝贤为湘军总司令,第20师师长范国璋为副司令,分兵三路:第8、第20两师从正面进攻衡山;从安徽调来的安武军为左翼进攻攸县;湘军第2师第4旅朱泽黄部为右翼进攻宝庆。三路北军兼程南进,连下衡山、宝庆等地。另一方面又施放"调停"的烟幕弹,于10月11日,致电广西都督陆荣廷请其从中调停湘事。声言:"前以南北政见尚未调和,迭经遣派专员南下商榷,方望同心合力,早息内讧,讵使者犹未言,旋而湘南倏倡背叛。"进而歪曲事实,指责刘、林妄动干戈:"此次刘、林负固,纯属权利冲突问题，非有政治改革思想，刻已相机缴抚。如果始终抗命，当以武力相绳。惟湘省火热水深，岂忍干戈再见，我公西南砥柱，物望所归，当必有以止焰塞流为中央少纾南顾者，化干戈为玉帛，既倒之狂澜，惟执事实嘉赖之。"①湖北督军也表面上以局外人姿态，实际上是从维护北洋政府利益出发致电谭延闿，要他以刘建藩、林修梅旧有的密切关系，劝其"暂时停止其内战之主张"②。然而，段祺瑞电请陆荣廷从中调停为假，因"政府昨发表明令，声讨刘、林，已表示纯取武力解决之政策"。陆荣廷也坚持南方护法北伐的意见，所以调停没有取得任何成效。

刘、林湘军前线失利，急盼两广增援。广州军政府为策应湘军，派马济、马鋆、王德庆等经耒阳向攸县、醴陵进击；派林俊廷、陈浴光经武冈向宝庆；韦荣昌经零陵向衡阳前进。10月，陆荣廷命令谭浩明率部大举援湘，入湘桂军总数达5万余人。

湘军得到粤桂军援助以后，士气大振，共推桂系将领谭浩明为湘、粤、桂联军总司令，程潜为湘南总司令，大举反攻。10月至11月，左路军经宝庆、永丰、衡山一线，将北军主力击败；右路军经醴陵向长沙进攻。投靠北军的陈复初、李佑文部纷纷哗变倒戈，王汝贤、范国璋因直、皖两系矛盾尖锐，不愿为段祺瑞的"武力统一"全国充当炮灰，被迫于11月14日通电停战求和，并将部队向后撤退。傅良佐闻讯，于当日夜间，携同新任省长周肇祥仓皇逃离长沙。湘粤桂联军乘胜追击，于20日进占长沙。

湘粤桂联军进驻湖南后，谭浩明自以功高，私心自用，沿路滥发桂票，擅委官吏，激起湖南各界的不满。进入长沙后，他趾高气扬，不把湖南军民放在眼里，强令湖南省议会和长沙各界代表推举自己为湖南督军，而把湘军总司令程潜屈为省长。谭延闿在上海听到这一消息，非常震惊，立即致电仇鳌，指使他向陆荣廷交涉，反对程潜就任省长。同时，唆使旅居上海和湖南的亲信，通电反对程潜。陆荣廷为顾全谭延闿的面子，又考虑到程潜与谭浩明不能合作，湘西、湖南实力派又都反对谭、程就任督军、省长之职,于是电令谭浩明不要就任湖南督军的职务。谭浩明只得宣称:"督军、省长非中央(指广州军政府)命令,不便自居,余暂以联军总司令兼摄军民两政,改行三厅之制。"③遂以军务、民政、财政三厅直接管理全省。谭延闿鉴于程潜到衡阳时,已被起义各军推为湘军总司令,通过谭浩明转令程潜改称护法军湘南总司令,即促其离开长沙,率部开往前线。④借此削弱程潜的职权,为自己重主湘政保留余地。

北洋军在湖南的失败,加速了直系军阀和皖系军阀的矛盾,迫使段祺瑞辞去国务总理的职务。直系军阀冯国璋为了缓和局势,分化湘、桂两军,决定改变其对湘策略。他于1917年12月8日,特任谭延闿为湖南督军兼省长,以便挑起湘、桂军阀之间的矛盾。当时谭延闿正在上海,认为回到湖南的时机尚不成熟,北军还留驻在岳州,随时有南下的可能;谭浩明、程潜也不表示欢迎;谭人凤还致电赵恒惕、刘建藩、林修梅反对议和,劝他们不可以数千万人之生命争得之土地,而"徒以作谭氏子一人督军省长之代价"⑤。因此,谭延闿不敢遽加履任,而以北军一律撤出岳州;驻湖南的桂军由湘省长向谭浩明直接交涉退出湘省,政府不得干涉;中央拨巨款,维持湘省市面;湖南原有陆军两师,仍照旧募集;担任本省防务等5项苛刻条件加以回绝。

1918年1月,湘粤桂联军向新墙、鹿角一带的北军进击,退守岳阳一带的王金镜、王汝贤、范国璋部都属于直系和接近直系的部队,不愿与南军交战,因而湘军进展顺利。23日占领新墙。27日,进克岳阳县城,桂军韦荣昌从旁侧击,北军全部退出湘境。

联军攻下岳阳后,本可以长驱直下武汉。但由于湘、桂两军矛盾的加深,以及陆荣廷有联直抗段的意图,因而在占领岳阳的当天,谭浩明下令严禁前线各军跨入鄂省一步,并电李纯保证"北不攻岳,南不攻鄂"。程潜也电告李纯:"此次用兵,实为促进和平起见,已向王督(指鄂督王占元)声明,此后对荆襄不事苛求,我军决不进窥武汉。"⑥企图以此求得和局。

## 第四章

### 三度督湘　众叛亲离

岳州的失守，使冯国璋、段祺瑞大为震动，急思补救之策。段祺瑞通过他的替身王士珍与日本帝国主义商妥贷得一批巨款。他决定对直系军阀诱之以利，使他们为其在前线卖命。冯国璋也因诱谭（延闿）就督不成，兵戈依旧，因而与段采取一致态度。他经过与段祺瑞来往协商，决定大举讨伐湖南。3月23日，冯国璋重任段祺瑞为国务总理，拼凑50万兵力大举讨伐湖南。其战略部署是：以直系军阀曹锟为攻湘军总司令，以张敬尧为副总司令兼第2路司令，率第7师由湖北通城向湖南平江进攻，指向长沙；任张怀芝为第3路司令，率第5师由江西萍乡向湖南醴陵进攻，对长沙采取包围形势；任吴佩孚为第1路司令，率第3师先击溃石星川、黎天才部，再出湖北襄樊，经荆州、监利向湖南岳阳进攻，与第7师和第5师会师长沙；冯玉祥旅由湖北沙市袭取湘西。湖南又面临着新的劫难。

此时，滞留上海的谭延闿，因回湘不成，乃转而充当"调人"，希图避免战争。他派岳森前往南京晋谒总统冯国璋，请求他取消进攻岳州的命令，表示愿回湖南进行"调停"，让"南军自动退出岳州，北军也不进驻"。3月3日，他从上海亲到南京，与江苏都督李纯接洽，建议北军停止反攻，桂军也退出湖南，让湖南人实现"地方自治"⑦。李纯将他的意见电告冯国璋，李、冯慑于主战派咄咄逼人的气焰，不敢再下停战的命令，只是要谭延闿自己到汉口与曹锟等协商解决。

3月初，第2路司令张敬尧立功心切，急派他手下大将第7师第13旅旅长吴新田担任前锋，进攻湘、鄂两省间的要隘羊楼峒，当时驻守羊楼峒的是湘南游击司令李仲麟，在湘军之中最称骁勇善战，部下个个都是不怕死的好汉，3月11日，张敬尧下令实施总攻击，凌晨5点多钟，吴新田正在集合部队，整理队形。星光微曦中，蓦地杀声遍野，弹落如雨，站队的北军来不及回到阵地，纷纷卧倒还击，霎时便看见大队南军争先恐后，蜂拥而来，当先一名高举指挥刀的军官健步如飞，高声喊杀，那正是湘军第一骁将李仲麟。北军仓促应战，用密集火力压制南军冲锋。李仲麟的队伍前赴后继，誓死不退。他们一口气冲上了山坡，跟北军展开白刃作战。吴新田拼死抵御，但是那些穿草鞋的湘军越战越勇，而且奔跑跳纵，在危岩峭壁间往返如履平地，北军跑不过南军，阵脚一动便忙不迭地后退，跑得慢一点儿的，不是背后被刺一刀就是脑袋搬家。张敬尧的总攻还没发动，正巧碰上李仲麟的拂晓攻击，第 11 旅紧急退出羊楼峒，半路上又给自平江赶来的沈鸿英部杀了一阵，死伤人马三去其二，山间路畔到处躺着北方大高个儿。张敬尧再也不敢与湘军对阵了，只得让吴佩孚的第 3 师顶了上去。吴佩孚头扎青巾，脚跨骏马，命令他的第 6 旅向湘军猛冲。李仲麟一身是胆，正在挥军乘胜追击，杀得好不痛快，眨眼间又见黑压压的北军层次分明，一波一波地往前冲来，短兵相接，刀枪齐施。吴师长和李司令身先士卒，都在乱军之中逢人便杀，见马就砍。湘军打了一上午的冲锋，已成强弩之末，又碰到吴佩孚这支训练有素的生力军，李仲麟自知不敌，只得下令退回羊楼峒，占据山上有利地形，与北军对垒。从 11 日，打到 13 日，羊楼峒一天 24 小时内枪炮声不绝，杀声不断。吴佩孚的兵力虽然超过了南军，但是南军高屋建瓴，凭险而守，使北军难以突破。后来，吴佩孚发现，驻守羊楼峒的南军由三部分人组成：以湘军一旅居右，桂军一旅居左，而粤军一旅居中策应。桂、粤军队存有矛盾，于是，他改变作战部署，集中力量攻击中路粤军，果然，除了中、右两军密切配合，拼死抵抗外，左路桂军一枪不发，作壁上观。北军集全部之力，向中路粤军发起总攻，冲锋号凄厉尖亢，响彻云霄，整整 3 个旅直如排天巨浪，抢登右边的山冈，北洋军踏着弟兄们的死尸、血迹前进，一鼓作气，摧毁了右路防线。于是，左路急退，中路粤军全被包围缴械。30 日，吴佩孚率部占领羊楼司，南北战争正式爆发。谭延闿调停失败，只得扫兴地回到上海。吴佩孚首战告捷后，愈加奋发，16 日，随占云溪，接着长驱直入，直指湘北门户——岳阳。赵恒惕所率湘军主力曾一度"凭高逆击""卒以要隘尽失，左右受敌，一败涂地"，北军乘胜力追，17 日占领岳阳。

与此同时，江西方面张怀芝北军，亦下令以第 6 混成旅任左翼出萍

## 第四章
### 三度督湘 众叛亲离

乡进攻湖南的醴陵,以赣军12师一部任右翼,顺修水进攻萍江;另以施从滨一部由万载黄芽出宜春攻护法军右路,皖军李传业一部循株萍铁路堵截护法军后退,很快展开了长达400余里的火线,配合着曹锟从正面进攻。张敬尧部则沿着通(城)、平(江)大道直趋长沙,一路上烧杀抢掠,展开了对老百姓的野蛮大屠杀。张敬尧部攻陷醴陵后,"醴陵全城万家,烧毁略尽,延及四乡,经旬始熄;株洲一镇,商户数千家,同遭浩劫;攸县黄土岭一役,被奸而死者,至女尸满山。杀人之多,动至数万,而兵听劫掠,地无不遍,人民流离转徙,至今未复。死不能葬,生无可归。岳州、宝庆各处,大半烧残,十室九空,不忍目睹"⑧。3月18日,张敬尧的部队没有遭到任何抵抗就进入了平江县城。谭浩明在长沙听到岳阳、平江相继失陷后,惊慌失措,为保全桂系实力,于24日晚间逃出长沙。临行之前,他还做了一番虚张声势的表演,煞有介事地贴了一张安民告示,布告上写道:"岳阳小挫,兵事之常,本帅坐镇,自有主张。安居乐业,勿稍惊慌,造谣生事,明正典章。"⑨然而正是这个"自有主张"的联军总司令"灵活"地运用了孙子兵法上的"三十六计,走为上"的秘诀,先期逃之夭夭。

26日,吴佩孚率领第3师进入长沙,31日张敬尧部也相继开到。张敬尧到达长沙后,"纵兵殃民,杀人放火,无所不为,人称第7师为'披着军衣的活强盗'"。该师第5团"白天是兵,夜晚是匪",人称为"烂5团"⑩。

吴佩孚、张敬尧会师长沙以后,遂决定分三路追击南军:吴佩孚任中路,向衡阳;张敬尧所部田树勋任左翼,向宝庆;张怀芝所部张宗昌、张克瑶等任右翼,向攸县、茶陵。这时谭浩明秉承陆荣廷的旨意,为保全桂系势力,将军队撤出湘境,在湘桂边境一带的黄沙河布防。为防北军入粤,只留下马济的一部分退驻湖南永兴县辖的公平圩。程潜、赵恒惕、刘建藩所率的湘军则仍集结潭、衡道上,伺机反扑,夺回失地,无奈寡不敌众,湘军刘建藩部虽在醴陵大败张怀芝部,一度向长沙追击,但是无补于大局,最后,以孤军奋战,缺乏援兵,被

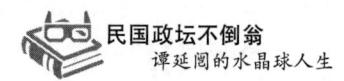

迫后撤,而刘建藩本人在撤退途中,不小心被士兵挤下了木桥,淹死在株洲河内。4月21日,吴佩孚攻陷衡山,23日再陷衡阳,旋即段祺瑞任命皖系军阀张敬尧为湖南督军,吴佩孚心怀怨愤,于是屯兵不进。6月以后,双方处于停战状态。

这时候,广州军政府内部孙中山与桂系的矛盾日益尖锐,孙中山在唐继尧、陆荣廷等滇桂军阀的掣肘下,愤然辞大元帅职,于5月21日离开广州到上海。陆荣廷鉴于湘桂矛盾的发展和湖南战场的失利,特别是鉴于同孙中山之间的矛盾,使他与程潜所率的湘军隔阂日深,不利于抵抗南下的北洋军。他为了解脱这种困境,因而想到了与他声气相通的谭延闿,凭谭延闿的资历和与湘军将领的渊源,很可能使湘、桂关系有新的转机,于是他决定将谭延闿护送回湖南。谭延闿也认为孙中山去职,南北必将和谈,是他重回湖南的良机。恰在此时,他以湖南的矿砂作抵押,从日本的三井洋行借得日币30万元,获得了回湖南的经费和资本。1918年4月,经仇鳌、张其锽沟通,谭延闿自上海前往广州。在广州故地重游,涌起了他心中的无限感慨。在《到广州口占》一诗中言道:

二十年前叠鼓声,今来仍向耳边明。
旧人老尽长堤改,怅触平生是此行。

游历旧时其父任职的两广总督衙门,使他浮想联翩,在《旧署》一诗中说:

蕉满墙阴榕覆池,春花红上木棉枝,
重来庭院都非故,惟有斜阳似旧时。

路过儿时就读的广益堂,使他产生一种物是人非的感叹。他在《广益堂》一诗中写道:

## 第四章

### 三度督湘　众叛亲离

冠佩雍容数举觞，当时职事戒无荒，
廿年前事无人识，雪涕重经广益堂。

在重游了广州后，谭延闿离开了广东前往广西，准备去寻求桂系军阀的援助。一路上踌躇满志，当他途经武鸣时，曾有诗吟道：

驰道真如砥，轻车过武鸣，苕苕春欲暮，濯濯稻初生。
野旷群山合，江晴一水清，主人能好客，何惜百壶倾。

谭延闿怀着满腔的豪情，坐在车上看着窗外的青山绿水，一路的疲劳早已消失得无踪无影。那初发的稻穗在雨后的残阳中珍莹透亮，空旷的群山像绿色的彩带连绵不断，使人产生无限的遐想。谭延闿想到马上就要与陆荣廷见面，从他那里获得支援，实现自己重主湘政的抱负，他的心里就激动不已。

19日，谭延闿、陆荣廷在武鸣会晤。陆荣廷生就的身材魁梧，方面大耳，高鼻梁、粗眉毛，一双眼不大，却炯炯有神。他本是海盆大口，但在龙州落草的时候，因为分赃不均，被惯匪张拉珠用枪打穿了右嘴，从此成了歪嘴巴。他在"上将第"接待了谭延闿。"上将第"位于武鸣南门内，占地约8亩。这座宅第宏伟壮丽，气象庄严。从宅第横跨南门大街的正中筑有一座"上将台"。上面刻着袁世凯题赠的、陆荣廷亲笔书写的"康强纳祐，锡福间阎"8个金漆大字。在"上将第"内宅的花园里，还立有一块石碑。石碑上刻着陆荣廷的像。陆右手持剑，左手持枪，一派威严。陆自认为是上天星宿下凡，下界能镇各种妖魔。谭延闿看着陆荣廷这个豪华的宅第，心里暗暗骂道："这个山野莽夫还真会享受。"但在表面上，他对陆荣廷的宅第称赞不已。陆荣廷也满脸堆笑，说自己久仰畏公的才名，今日得见，真是三生有幸。双方客套了一番，就开始转入了正题。当时，程潜以湘军总司令驻扎于郴州，与谭浩明极不相容。陆荣廷于是决定由谭延闿另以湖南督军兼

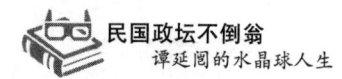

省长的名义入湘，与桂军取联合态度。谭延闿在得到桂系支持后，又顺道前往桂林，拜访他的老友张其锽，苏桥地方系张其锽家里，饶有园林风景之美。

张其锽，字子武，与谭延闿交情极厚，系前清光绪甲辰科（1904年）进士同年。辛亥革命前，曾任职于湖南零陵、芷江等地。谭延闿第一次督湘期间，张曾任军事厅厅长，对军事方面颇有研究，协助谭延闿裁编湘军，因而深得谭的信任。谭延闿在苏桥曾有诗云："故人情义重，为我启前轩。"又云："暂归仍是客，偶到即如家。"这些诗句既是感情的真实流露，也体现了政治意味。因为谭延闿回到湘南，局处于一隅，必须有外力援助。又因湘南前线与吴佩孚北军对峙，仅隔一熊飞岭，随时可能发生接触，深感棘手。他认为张其锽在朋辈中是足智多谋的人，和吴佩孚素有交情，希望张在两军之间进行活动，以便于两军维持现状，避免冲突。张其锽也是一个重情重义的人，在谭延闿的盛情邀请下，决定与谭一道共挽危局，建功立业。1918年6月，谭延闿偕同张其锽等"间关至衡、永一带，抚集湘军"。

谭延闿到永州后，湘军将领除零陵代理镇守使肖昌炽对其表示支持和欢迎外，自程潜以下并不承认他是督军兼省长，仅以普通逃难士绅来对待他。只有湘西方面，因谭延闿在离开上海时，曾通过周则顾写信给其弟周则范，要求竭力支持，许以湘西半壁由周去收拾，因此来电表示欢迎。其余靖国军诸将领都没有任何表示。谭无法号令湘南各军，只得悠游山水，做出一副与世无争的样子。他在永州，遍游朝阳岩、谈山岩等名胜古迹，访拓古代题名碑刻，搜罗甚广。又提倡用永州所制的毛笔，临池学书。并讲究饮食烹调，特制一种豆腐，酒席馆照样仿制，一时风行，谓之"组庵豆腐"。不久他移住郴州，游览万华岩、苏仙岭等处，均有诗纪游。他在郴州正式建立了湘南总司令部，一些旧的僚属和好友都纷来投效，均得到了很好的安置，他的幕中人物，颇极一时之盛。总部组织为参谋长张毓鲲、副官处长岳森、军需处长唐支厦、军法处长李芨、秘书长吕苾筹，秘书有徐崇立、黎承福、

## 第四章 三度督湘 众叛亲离

刘善泽、曹孟其等人，但他仍旧号令不了湘南诸军。

谭延闿在湘南，目睹湘桂军阀间貌合神离的情景，深感前途未卜，忧虑不安，情绪十分低落。"白首盟犹在，丹心愿已违。愁思同绿水，无语对斜晖。""家园年来无限恨，不因追忆泪潸然"就是他此时心情的写照。他这一时期的不少诗作都流露出对政治斗争的厌倦和无奈。

> 了了残更人听余，冷冷寒雨到窗虚。
> 静中偶悟灯明灭，定里宁论境有无。
> 方死方生聊自适，观空观我境何如。
> 此心不是无归处，可奈根尘未铲除。

深夜残更，寒雨扑窗，一个人对着或明或灭的油灯独坐，是何等冷寂清静！清晰的打更声，夹杂着冷雨敲窗的悲鸣，此时听来，也是那么虚缈、遥远，沉浮宦海、身经征战的谭延闿竟静心禅悟了：世上万事万物不是也像明灭灯光中的物境一样属于空幻？又何必执着个人的得失呢。如此说来，颇有一种"看破红尘，皈依佛门"的心思。但是，谭延闿毕竟是受儒家文化熏陶出来的士大夫，"修身齐家治国平天下"的"入世观"对其思想的影响是深远的，他不可能真正认同佛家的超尘脱俗的"出世观"。何况此时正在奔竞角逐中，于是发出了"此心不是无归处，可奈根尘未铲除"的无奈慨叹。六根未尽，使他难以放弃自己的努力。

谭延闿在这种进退维谷的情况下，只得收起督军兼省长的招牌，而试图集中力量扩大自己的影响和势力范围。凡是北军力量达不到的各县，他都派人去联络拉拢。这时他探知吴佩孚的幕僚葛豪（岳阳人）向来为吴佩孚所宠信，因而他派与葛豪有旧交情的余道南前去联系，争取吴的友好和支持。

1918年，经过葛豪的穿针引线，吴佩孚派参谋白坚武来永州联系，暗示吴将按兵不进。谭延闿在永州热情地款待了白坚武，在宴会上，极力夸赞吴佩孚"秀才带兵",文武兼资,每战必胜,真是千古奇人,自己对他真是佩服得五体投地,希望他能念及湖南人民连年处在水深火热的战争之中,困苦不堪,早日撤兵北返,使湖南人民脱离战争之苦。他频频举杯,殷勤地向白坚武敬酒,连连夸赞他年轻有为,才智过人,弄得白坚武百体通泰,满心欢喜。拍着胸脯保证,要极力在吴佩孚面前为他美言,早日达成罢兵议和的心愿。谭延闿派肖仲祁随同白坚武返衡,吴佩孚殷勤招待。

双方往来频繁,引起皖系军阀的不满,为了促使吴佩孚进军两广,实现段祺瑞武力统一天下的目标,段祺瑞的狗头军师徐树铮想了一条釜底抽薪之计,用高官厚禄拉拢吴佩孚,瓦解冯国璋和曹锟的直系军阀。段祺瑞升任吴佩孚为孚威将军,并派徐树铮亲赴衡阳,督促吴佩孚率兵南进,还答应补给他巨额经费,吴佩孚虚与委蛇,表面答应支持段祺瑞的武力统一政策,实际上是想借此获得北洋政府的军费支持。徐树铮自认得计,满意而归。段祺瑞也亲自打电话给吴佩孚,表示亲热和优礼。吴佩孚表面上给段祺瑞以受宠若惊的感觉,实际上并不把他当回事。他暗地里托人邀约湖南督军谭延闿、湘军总司令赵恒惕的好朋友童锡梁,从长沙前来衡阳晤谈。在会谈中,吴佩孚直截了当地告诉他说:"民国肇建8年了,如今竟闹得人人都在争夺地盘,位置私人,把当年革命的目的,全部忘掉。长此以往,必将亡国!有人说我是因为争不到地盘方始主张和平,其实呢,纵使政府发表了我当湖南督军,我也不会干。我认为我们军人现在惟有埋头整军,以准备将来抗御外侮,这才是正经事,再要南北对峙,惟有同归于尽。"童锡梁深表赞同。吴佩孚又继续言道:"我跟赵炎午(恒惕)先生素无一面之雅,但是我很佩服他的为人,赵先生治军严而有威,作战坚毅勇敢。不是我放诞浮夸,倘若我在北而赵先生在南,我俩合力练兵,整军经武,将来左提右挈,同心御侮,国事还有可为!"吴佩孚还请童锡梁传达他的诚意,希望与谭延闿、赵恒惕停止敌对,交个朋友,共为国家的和平出力。当时,谭延闿、赵恒惕率领1万湘军,枪支不过2000,

## 第四章 三度督湘 众叛亲离

局处于郴县和零陵一带，处境极为艰难，士兵军衣褴褛，官长月饷数角，面临强敌，正在苦撑危局。因此，得到童锡梁带来的好消息后，真是大喜过望。谭延闿立即派自己的秘书吕苾筹与赵恒惕的族侄赵荪塘一同前往衡阳与吴佩孚协商合作事宜。

吴佩孚对谭、赵派来的两位代表很是热情，当时正是端午前夕，他假将军府大摆宴席，请了童锡梁和许多衡阳士绅作陪，杯觥交错，笑语殷殷，气氛十分轻松和谐。笑语正欢之际，吴佩孚的副官拿着一份急电匆匆走了进来，送到了吴佩孚的面前，吴佩孚打开一看，那是国务总理段祺瑞亲自给他发来的电报，催促他即日进军，攻打两广，并允诺他事成之后，将酬他以广东督军一席。看完急电，吴佩孚头也不回地说，"拿笔来"。他接过副官递来的钢笔，在电报上批了个"阅"字，交还给副官，然后，从容不迫地向举座嘉宾，举杯劝饮。大家仍旧笑语一堂，尽醉而归，由此大家心知肚明，吴佩孚议和之心已决。

谭延闿获悉吴佩孚因张敬尧督湘，对段深怀怨愤，又知其素好风雅，推仰名人，乃派其密友张其锽前往联络，吴仰慕张的才名，与其定为"兄弟交"，并答应由谭延闿派张莆廷、吕苾筹、肖仲祁等在衡阳设立联络机关。于是，张莆廷等人在衡阳的马嘶巷设立永州银行新币兑换处，利用从日本三井银行借来的30万元作为本金，整理金融秩序，发行新币，由张莆廷任主任。新币可以通行衡、耒各县。而分驻各县之湘军如赵恒惕、刘铏、吴剑学、宋鹤庚各部，皆得新币调剂，始有振作气象。湘、直两方代表通过阳公坪谈判，于6月25日，订立了正式的停战协定，并通电全国指出："此次新国会（指安福国会）选举，政府以金钱大施运动，排除异己，援引同类，因之被选议员，半皆恶徒……伪造民意，实行专制，酿成全国叛离，外人瓜分之祸。缘此推之，亡国之兆已崩，若再以武力平乱，是惟恐亡之不速也。"严词指斥北军讨伐西南，则是为外国人提供"渔人得利"的便利条件："以有限之兵力，从事内争，置外患于不顾，是对敌国宁可屈服，对国人毫无迁就，重轻倒置。"因为"我国内争年余，所有军用各款，纯由抵押借债而来，用借款以残同种，是何异饮鸩止渴，借剑杀人。长此以往，恐未罢同室之戈，已堕渔人之网"。通过谭延闿的关系，桂系与吴佩孚也互通往来，从而加速了北洋军阀内部的分化，扩大了驱张阵营，为湖南的独立创造了有利条件。7月3日，吴佩孚派员出席在衡阳举行的各界人士罢兵息战大会。双方"情投意合"，关系十分融洽。

谭延闿在联合吴佩孚的同时，又想方设法排挤程潜。一山不容二虎，是谭一贯信守的原则，程潜在湘军中的威信和资历是他不能独霸湖南的障碍，程潜对他的冷遇和轻视使他终生难以忘怀，必去之而后快。1919年6月，北京湘籍政客陆鸿逵携带北京政府薛大可等人的密函前往郴州去拉拢程潜，共同对付吴佩孚。谭延闿的部下侦悉到这一消息后，马上告诉了谭延闿，谭延闿认为这是千载难逢的赶走程潜的好机会。他秘密地嘱咐桂军马济部在陆鸿逵来郴州的路上设下埋伏。在中途将他运送的财物截获，并将这些人全部杀掉。当陆鸿逵等人行进至栖凤渡时，落入了马济部的伏击圈内，桂军从四面八方一齐而下，不管三七二十一，见人就杀，陆鸿逵等人从惊恐中尚未清醒过来，就已成了刀下之鬼。桂军劫走了陆鸿逵所带的全部巨款，只把所缴获的密信交给了谭延闿。谭延闿于是将密函公布并大肆渲染，于是，"湘军将领以'程潜通敌有据'，通电与之脱离关系"[11]。29日，程潜被迫出走，将部属交赵恒惕指挥。程离湘后，谭延闿成了湘南湘军的唯一统帅，他又挂起了督军兼省长的招牌，并以总司令统率湘军。接着，他又向湘西扩张势力。1919年11月，他利用湘西镇守副使周则范为其部下廖湘芸所杀的机会，指使周部将领蔡钜猷、刘叙彝起兵驱廖，在谭延闿派兵支援下，大败廖军。于是，湘西镇守使田应诏也在名义上表示拥谭，谭的势力扩大到湘西。

## 2. 驱张渔利　自食其言

正当谭延闿在湘南苦心经营，结好各方，笼络民心，争取支援，力图大举之时，全国形势也在悄悄地发生变化。随着第一次世界大战的结束，英、法、美、日等协约国集团在法国召开了战后分赃的巴黎和会，巴黎和会不顾中国为战胜国的事实，欲将德国在山东的利益转让给日本，引起了中国人民的强烈义愤。1919年，全国各地爆发了声势浩大的"五四运动"，北京学生纷纷走上街头，冲破军警阻挠，云集天安门，高呼"誓死力争，还我青岛""收回山东权利""拒绝在巴黎和约上签字""废除二十一条""抵制日货""宁肯玉碎，勿为瓦全""外争主权，内除国贼"等响亮口号，火烧赵家楼，痛打章宗祥，迫使北洋政府做出让步，拒绝在巴黎和会上签字。与此同时，直皖矛盾日趋激化，开始走向诉诸武力的新阶段。湖南人民乘此机会，于这年冬天发动了大规模的驱张运动。

12月2日，湖南学生在长沙举行了5000人以上的反日爱国教育游行示威，并召开大会，张敬汤率领军警1000余人包围会场，张敬尧骑马带领一连大刀队冲进会场内，强行驱散与会群众，辱骂殴打学生，当场殴伤数十人，逮捕5人。

青年毛泽东以新民学会会员为骨干，领导学生，对倒行逆施、反动气焰十分嚣张的张敬尧进行了针锋相对的斗争，他们公开打出"驱张"的旗帜，联络社会各阶层，发动全省学生罢课、教师罢教、工人罢工、商人罢市，并派出代表分赴北京、衡阳、常德、郴州、广州、上海等地，公开揭露张敬尧祸湘虐民的罪行，争取全国舆论对"驱张"的支持和同情，以造成举国一致的浩大声势。

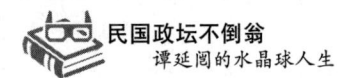

张敬尧（1881—1933）别名勋臣，安徽霍邱人，家境贫困，父张锦轩以教书为业，母常氏，生子4人，张敬尧居长，其弟张敬舜、张敬禹、张敬汤，人称二、三、四大人。张敬尧做过学徒，当过说书先生，后混入北洋军，被选送进入北洋武备学堂，他虽不学无术，但善于讨好长官，长得一表人才，又有一些小聪明，深得上司喜爱，一路官运亨通，辛亥革命时，当上了营长，攻下汉阳龟山后升任团长，因镇压"二次革命"有功升任旅长，袁世凯称帝时晋升为第7师师长，并受命进剿四川的护国军。袁世凯死后，北洋军阀分裂为直系、皖系、奉系三大派别。张敬尧因为与段祺瑞同乡的关系，成为段的忠实走狗，并取得了苏、鲁、皖、豫4省剿匪督办之职。张敬尧自1918年3月率部入湘到1920年6月被逐出境，在湖南的2年3个月里干尽坏事，罪恶累累。一位湖南人写了副对联："堂堂乎张，尧舜禹汤，一二三四，虎豹豺狼。"就是张氏兄弟祸湘的生动写照。

张敬尧作为皖系军阀的得力干将，他崇拜段祺瑞的"武力统一"政策，愿意充当皖系军阀在湖南的"清道夫"。他入湘后就纵兵殃民，滥杀无辜。张敬尧的假子张继忠所带的部队，人们称它为"烂5团"，驻守新化县城，张继忠好事不做，坏事干尽。自1918年6月部队开到县城后，他就放纵兵士在县城附近肆行淫掠。从近到远，遍及各个村镇，新化总共128个村，就有一大半的村子遭到了他们的蹂躏。他们四处杀人放火，奸淫掳掠，十家百姓有九家被洗劫一空。这支军队丝毫没有改变平时的土匪行为，公然在白天出外抢劫，他们拿枪持刀，随意地闯入老百姓的家里面，三五成群，此来彼往，十室九空，搜括殆尽。几个月以来，城镇的商户纷纷关门闭市，居民四处逃亡，颠沛流离，不堪瞩目。在资江上下来往的船只，被他们抢劫掠夺，开船的人被他们伤害的事情，也经常听到。因为这个缘故，离县城二三十里远的地方，早已看不到行人来往了。凄凉荒芜，就好像到了鬼城一样。张敬尧的第7师，是北洋军中纪律最坏的一师，而这一师中又以驻扎长沙的部队为最坏。因此，长沙人民所受的灾难比各县尤重。张敬尧在

## 第四章

### 三度督湘　众叛亲离

湖南曾扩充一个旅，派他的四弟张敬汤为旅长。张敬汤号称"四帅"，自比诸葛亮，他对诸葛亮的认识是戏台上借东风的孔明先生，所以他缝制了一件八卦衣，手拿一柄鹅毛扇，走着台步，自称山人，问他的马弁说："你们看我像不像卧龙先生？"马弁们回说："卧龙先生只会用计，不会打仗，哪比得上咱们四帅用兵如神，智勇双全。"他听了乐得不得了。这位"卧龙先生"在长沙经常跑到老百姓家中借东借西，有借无还，因此，长沙人民便有孔明做贼的笑话。张敬尧的部队在溃退的时候沿途烧杀。张敬尧逃到岳州后，仍然命令他手下的残兵败将，杀人放火奸淫掳抢。张军第 7 师补充第 3 旅经过安化兰田时，将该镇 1800 多家商店、2000 多家民房一把火全部烧光。新化、宁乡受到败兵的烧杀尤其凄惨。因此湖南人称张敬尧为"张毒"以代替张督，借表内心的痛恨。又称张督军为"张毒菌"。还有一句话说：从前夏朝百姓要"与桀偕亡"，今天湖南人民要与"尧舜禹汤"偕亡。尧舜禹汤就是指张敬尧四兄弟。

张敬尧督湘期间，除了纵兵扰民，滥杀无辜外，更是不遗余力搜刮民脂民膏，摧残湖南本已脆弱的近代工业和教育。张敬尧最大的爱好是贪财，为了聚敛财富，他什么事都敢想，什么事都敢做。1919 年 9 月 21 日，是他的四十大寿，为了庆寿，事前他就特用督署参谋处的名义向全省各机关发出公文，告知祝寿事宜，并在帅府专门设立大庆筹备处，寿仪分福、禄、寿、喜 4 个等级，即 1000 元、500 元、300 元、200 元 4 种，由筹备处指派全省绅商公认，指定城内 8 大旅馆为招待所。督署大兴土木，新建戏台一座，由"四帅"张敬汤亲自赴汉口邀来一批名坤角儿。寿诞的筵席开了 400 桌。寿期前 3 天起，督署卫队一色都上刺刀，东西辕门分置机关枪及水龙以资警戒，旅客无正当职业的一概被军警驱逐出境。21 日这一天，送旗伞的队伍绵延 2 里之长，交通为之断绝，旗伞上"中流砥柱""南国干城""功高五岳""德被三湘"等字样令人刺眼。此外献金山、金佛的也不少。张敬尧是一个贪财的人，只要可以赚钱，不管是什么违法的事他都敢做，别人不敢为、不忍为的他都一无忌惮而为之，诸如种鸦片、抽收烟税、公然运毒。1919年12月25日他派兵运鸦片5大袋，每袋重200斤，在武昌鲇鱼套车站被站长查出来，虽经放行，可是丑事已暴露出来。他不顾湖南人民的死活，除了大量贩运鸦片和加收盐税之外，还设立裕湘银行和日新银号，滥发纸币，中饱私囊，扰乱了正常的社会经济秩序。他盗卖湖田，拍卖湖南人民的公产，如省城门口的菜场、湖南银行所有省城各处房产，矿务局所管的宁乡田产和汶口地皮，以及价值有限的湘吉轮船、南学会书籍等，均被售卖尽净。张敬尧还与日、美商人勾结，妄图盗卖湖南的主要工厂第一纱厂和主要矿山水口山铅锌矿，只因遭到湖南人民誓死反对才未能得逞。熊希龄1905年创办的瓷业有限公司也以"兵燹为患，公司陷于停顿"⑫。更有甚者，张敬尧还强占实业学校的场地，克扣教育经费。乙种工业学校的工场被张的部队占用，不能实习，甲种工业学校的机器，竟被张部拆往陆军工厂。驻军时常毁坏房屋器具，甚至将图书作柴烧，拿仪器作玩具。各校长多次与他们进行交涉，张敬尧置若罔闻。1918年秋季还通令不准招考新生，致使学校班次不相衔接。同年10月，省立第一师范、第一工业学校以及公立商业专门学校等5校校长因张敬尧克扣教育经费，使他们办学经费毫无着落，只得联合向张敬尧辞职。而张敬尧在统治湖南期间，搜括湖南民财多达2000余万元的惊人数目，其搜括所得，除以充军饷和任意挥霍外，就是大量购置土地，实行超经济剥削。他在原籍安徽霍邱县的80个村落，"共计置买田地3万余亩，契约概注张百忍堂勋记字样"。

张敬尧的倒行逆施，激起了湖南各界人民的强烈义愤，他们在反段卖国的五四运动的感召下，掀起了声势浩大的驱逐军阀张敬尧的活动。他们选派代表到衡阳、郴州请愿，散发《蒸阳请愿录》，进行驱张宣传。吴佩孚、谭延闿均表同情和支持，并加速了撤兵接防的磋商。谭延闿频与吴部接触，拉拢吴部官兵，使他们在撤防时，不致发生变故。吴慑于湖南军民对北军的敌意，又不甘为他人做"嫁衣裳"，1920

## 第四章

### 三度督湘 众叛亲离

年春,他决定从湖南撤兵,向谭索取撤兵费60万元,双方达成协议。当时谭还未取得省政权,日常生活都很艰难,因而无法筹措这笔巨款,于是求助桂系陆荣廷,陆满口应承。

经过双方默契,吴在撤军后把地盘交给湘军。5月27日,吴佩孚亲率第3师和3个独立旅,撤防北归。吴佩孚一手训练的北洋劲旅,容光焕发,服装整齐,他们排队而行,在衡阳百姓的鞭炮和欢呼声中,一路高唱着吴佩孚填的满江红军歌,昂首阔步地走向衡阳码头。衡阳百姓由于与吴佩孚的军队相处日久,吴军严明的军纪,秋毫无犯的行为给衡阳百姓留下了深刻的印象。吴军溯湘江北上,所有船只,一概论酬计值,决不封船拉差。每4艘帆船排成一串,用一艘小火轮拖曳而行,吴佩孚率领参谋卫士,乘一艘较大的轮船,船上竖起了帅字大旗。坐船走的都是吴佩孚的中军,沿江两岸,鱼贯而行的则为掩护部队。沿途所经之地,老百姓莫不扶老携幼,站在路旁伫看欢迎,箪食壶浆,以迎仁师,士兵们却是微笑道谢,婉语推拒,好一幅军民鱼水情的画面。湘军紧随其后,步步接防。张敬尧还想赖着不走,为对付谭延闿、赵恒惕等湘军的进攻,他将部队部署为3路:以田树勋守长宝路;张敬汤守长衡路;张宗昌守醴陵、攸县等路。3路均采取纵深配备,而以宝庆、黄土岭等处为重要据点,在战略上形成进可以战,退可以守的军事体系。同时,又派赵春霆部接防衡阳。谭延闿、赵恒惕针对张的布防情况,决定采取集中主力于湘江左岸,分路攻击张部各重要据点。以一小部活动于湘东地区,形成佯攻牵制的状态。其具体兵力划分为:独立第3旅(鲁涤平部)攻宝庆;第1师第1旅(宋鹤庚部)攻永丰,并策应左右两纵队的作战;第1师第2旅(廖家栋部)攻衡阳直抵护湘关。湘东地区的牵制佯攻则以第1师骑兵营(何键部)担任。另外,田应诏、林修梅等湖南地方军阀也都做好战斗准备,与谭、赵取一致行动。张敬尧在湘军各部的强大攻势下,节节败退,强迫长沙商会筹措现金10万元后,于6月11日晚,逃出了长沙。12日,湘军占领长沙,23日,逼近岳阳,张敬尧败走鄂境。7月23日,驻扎常德的冯玉

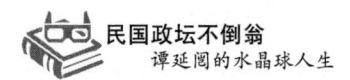

祥部在常德商会凑足了 10 万元的开拔费后，也撤回鄂西。自此，湖南全境为湘军占领。

谭延闿于 6 月 17 日自衡阳乘南屏小火轮到达长沙。省商会 200 多人，用倒闭的湖南银行发行的钞票，缝成长袍 200 多件穿在身上，并制成欢迎旗帜，站在大西门河岸，列队欢迎第三次督湘的谭延闿，警察队长唐荣阳率领警察用警棍驱逐他们，一时河岸秩序大乱。坐在船上的谭延闿急忙问负责警卫工作的鲁荡平："是什么事弄得河岸乱哄哄的。"鲁荡平将商人因湖南银行倒闭发泄不满的情况告诉了谭延闿。谭延闿知道真相后，赶忙走下船来，命令警察不要捕人，并向围观的群众拱手作揖道歉说："我谭延闿有罪，湖南银行的票子，本是我签名发行的，我谭延闿不能保障 3000 万人民的财产，使张敬尧在湖南横征暴敛，实在是我谭延闿的罪过，万分对不起各位父老兄弟姐妹。"商人们听了他这番话后，感动得痛哭流涕，不仅收起了币制长袍，而且喊出了发自内心的欢呼声，谭延闿在众人的欢呼声中，回到了湖南都督府。

到长沙后，谭延闿大权独揽，身兼督军、省长和湘军总司令 3 职。他的那群"马嘶巷"的幕僚，也以护驾有功，得到了肥缺美差，其中最著名的有督署秘书长吕苾筹、政务厅厅长刘岳峙、榷运局局长唐支厦、矿务局总理萧仲祁等。而跟随赵恒惕出生入死的军人，自恃在湘南饱尝过枪林弹雨的洗礼，忍受过失败的屈辱，一朝获得抬头的机会，自然也想能身居高位，享受美差。赵恒惕早谭延闿几天到达长沙，本想捷足先登，让自己的亲信得到好的安置。他入城后便要其参谋长唐经百占了铜元局，副官长唐岳五占了盐运总局，赵的叔父赵峙轩占了长沙盐务分局，左右亲信各得其所。谭延闿平日以圆滑著称，遇事很少动声色，但这次以利害关系太大，便下了一道手令，说总指挥所委任的所有官职一律无效，并另委自己的党羽"马嘶团"成员接管各机关。赵恒惕的亲信眼看到手的美差肥缺又被谭派文人占据，因而他们深感怨愤，几乎闹得要大动干戈。况且，谭延闿曾在湘南，声言过

"将来打完仗，军事交赵（恒惕）负责，民事交林（支宇）负责，本人决不贪图权位"⑬。而今他却自食其言，毫不客气地身兼三职，连湘军总司令一职也不相让，这让赵甚为不快，曾多次请求谭延闿解除其有名无实的湘军总指挥兼职，谭、赵的矛盾已露端倪。

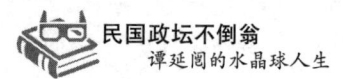

## 3. 名流聚湘　督军剪彩

1920年，湖南乃至全中国正处于又一个十字路口，是各省由自治而联合，走自下而上和平统一之路，还是沿袭自古以来大一统的观念，由强者以武力削平群雄，重建真正集权的中央政权以号令全国，人人都在期盼，各省都在揣测，看谁敢率先打破僵局，而且是怎样来打破这僵局。果然，敢实干的又是湖南人！刚刚赶走张敬尧重掌湖南军政大权的谭延闿，7月22日向全国发出了"祃电"，宣布湖南自治了，今后省长要湖南人自己选举了，不再由中央政府任命了，还要制订省宪法了！

谭延闿说，这就叫作"湘人治湘"。

谭延闿祭出"湘省自治"的旗帜，完全是形势所逼，是应付内外矛盾的权宜之计。湖南地处南北中心位置，不可避免地又将成为南北军队交锋的角逐场。从1911年到1920年，北洋势力三度祸湘，先是汤芗铭，次为傅良佐，三为张敬尧，湖南人深受其害，早到了忍无可忍的地步。再承受刀兵之灾，湖南人是绝不情愿的了。为求免祸而祭起自治这个"法宝"，灵不灵先不说，总算是一套临时抱佛脚的办法。死马医不活，不过仍是死马，若医都不医，死马断无复活之理，又怎能心甘？前清翰林出身，当过湖南省谘议局议长的谭延闿，从辛亥年就任湖南都督始，之所以屡仆屡起，总是位子还没坐热，就又被敌对势力逐走有如丧家之犬，他个人痛定思痛，也只有宣布自治这一条道，谁会愿意老夹在狭缝之间，过着风箱里的老鼠两头受气的日子呢？所以他一旦借助赵恒惕、程潜的军事实力，假广州护法军政府之威，重归故里执掌湖南督军兼省长的大权之后，马上就毫不犹豫地打出了自

## 第四章
### 三度督湘 众叛亲离

治的旗号,为的就是改弦更张,跳出人为刀俎我为鱼肉的恶性循环怪圈。另外,湘省内部也是暗流涌动,因为权利分赃不均,湘军内部嫌隙丛生。当时,湖南的将领分为3派,即赵恒惕派、谭延闿派和程潜派。谭延闿三度督湘后,他采取"多建诸将而少势力"的办法,借此削弱赵恒惕的势力。他将在省的正式陆军编为1师3旅,赵恒惕任师长,宋鹤庚、廖家栋、鲁涤平分任1、2、3旅旅长,另有1个鄂军步兵团,夏斗寅任团长。1920年9月间,他又将地方军编为12区守备队,以吴剑学为第1区司令,驻防宝庆;张辉瓒为第2区司令,驻防湘潭、湘乡;谢国光为第3区司令,驻防衡阳;罗先闿为第4区司令,驻防零陵;刘叙彝为第5区司令,驻防洪江;李仲麟为第6区司令,驻防醴陵、浏阳;陈嘉祐为第7区司令,驻防郴州;蔡钜猷为第8区司令,驻防沅陵;田镇藩为第9区司令,驻防芷江;李韫珩为第10区司令,驻防澧县;林支宇(由副司令唐荣阳代)为第11区司令,驻防常德;萧昌炽为第12区司令,驻防永兴。他想利用这种方式,使各湘军将领互相牵制,使他们不敢异动,从而听命于己。在这些将领中,宋鹤庚、吴剑学、张辉瓒、陈嘉祐与赵恒惕为日本士官学校先后同学,他们拥赵亦拥谭,其中宋、张更拥谭。蔡钜猷、刘叙彝、田镇藩倾向于谭。萧昌炽是谭的亲信。廖家栋、李仲麟是程潜的旧部,对谭怨恨很深。团以下军官多属于赵派。谭、赵本为一体,但是,因为谭延闿自食其言,并抢走了其手下的美差肥缺,因此,双方产生了矛盾,有了感情上的隔阂。谭延闿急想借"湘省自治"超脱南北之外,也想借此使自己的统治在湖南合法化,以民选省长的身份兼理军民两政,将军政大权集于一身,以堵赵、程两派之口。

谭延闿的这种自治主张在当时有一定的市场,连年的南北战争,弄得民不聊生,百姓流离失所,苦不堪言,厌乱望治之心十分迫切。既然中央政府难以统一,北京政权如走马灯般交替不停,无法冲破你方唱罢我登场的权力游戏,自然无法还堂堂中华以安定,因此,许多人希望从下层安定做起,倒逼中央政府顺应民意,放弃以武力争权夺利的闹剧。湖南谋自治，并非唱独角戏，当时"联省自治"的呼声正响彻全国，俨然要把中国引上美利坚合众国式的联邦国体轨道。其中最为今人所熟知的蔡元培、胡适、熊希龄、蒋百里、章太炎，甚至还有北大的教授李四光等名流学者，都在鼓吹"联省自治"。其论调不外乎是鉴于国家宪法迟迟不能制定，就不如转而另辟蹊径走地方分权之路，由各省制自治宪法，自行施政，自管军事、经济、教育，进而联合成一国，可釜底抽薪，永远免除重蹈中央政府被独裁者控制而为害全国的覆辙。"联省自治"这个口号，是浙江人章太炎提出来的，为的是强调"联省"而非"联邦"，以防被"统一派"斥之为"分裂"，可见"联治派"用心之良苦。

章太炎，浙江余杭人，是联治派的主要代表。他在"二次革命"失败后，遭到袁世凯的关押，对北洋政府的专权极为痛恨。他认为中央集权只有造成腐败、迫害和战争，并造成集权的机会，只有各省自治，方可减少政争。他甚至建议四川督军熊克武与湖南的谭延闿联合，共推联省自治。1920年，谭延闿超脱南北战争之外，实行联省自治的"祃电"发出之后，得到了西南军阀的广泛喝彩，投机政客更是把它作为时髦的政治口号。旅京湘绅熊希龄、范源濂致电谭延闿，称"祃电为根本之言，洞中肯要，非此不足以救湘救国救各省"。章太炎对此也深表赞同，认为自治是解决中国政治僵局的良方。湖南省内的人士，更是万头攒动雀跃不已，认为这是湘省超脱苦难的新生机。

谭延闿本是一个生性谨慎，处事圆滑的人。三次督湘后，他虽想在湖南推行地方自治，但又怕引起北京政府的不满与干预。谭延闿前两次督湘均是在北京政府的干预下含恨离湘的，教训深刻。他对于北京政府可谓既怕又恨。他的地方自治主张完全是出于无奈之举。他在驱逐张敬尧之初，曾寄希望于南方军政府桂系的协助，但是，粤桂战争爆发后，陆荣廷的桂系自顾不暇，没有余力来帮助谭延闿，因而谭有脱离护法军政府的倾向。而此时北方正值直、皖两系大战当头，倾向于袒护直系军阀的总统徐世昌，在眼见长沙为湘军所得，不想再动刀兵的情况下，很乐意把湖南问题解释成不属于南北战争而仅是"对人的问题"。谭延闿为了"缩小打击面，借以稳定战争成果"起见，就自然而然地走向超脱于南北斗争旋涡的做法，把湖南转为局部问题性质。所以当湘军占领长沙以后不久，谭氏即一面趁直皖交战之际与赣、鄂之陈光远、王占元信使往来，并派长沙总商会会长左宗澍往保定通款于吴佩孚，一面适时地打出了所谓"湘人治湘"的招牌。

谭延闿没有想到，他的这一权宜之计，会引来如此多的关注，不管是省内省外都获得了不少人的喝彩，这使提心吊胆的谭延闿底气大增，地方自治的劲头日益高涨。他一面将熊希龄从北京送来的《湖南省自治根本法》及《省自治大纲》印刷多份，分送各界要人，作为省人研究之蓝本，一面发出通告，遍约全省各界名流及绅、商、学界领袖40余人，筹开自治会议。他想通过"官绅制宪"来达到"湘省自治"的目的，9月13日，谭延闿以私人名义，在湘军总司令部召集省内官绅曾继梧、袁家普、彭兆璜、粟戡时、仇鳌、罗良干、易宗夔、贝允昕、刘庚先等30余人参加自治会议。会上讨论了自治问题，决定由省政府委派委员10人，省议会派议员11人组成"湖南省制起草委员会"或"湖南省自治法起草委员会"，起草湖南《自治法》。15日，省议会议员50多人就自治法起草事宜召开协调会议，就省议会是否按自治会议精神加入起草委员会进行讨论。大多数议员因自治法采联邦宪法性质，主张组织国民宪法会议，而对省政府与省议会合组的所谓委员会"决不加入"。这无异于对谭延闿"官绅制宪"的当头一棒。谭延闿没有办法，只得把制宪这个烫手的山芋交给省议会来主持，但省议会在取得制宪权以后，又自食其言，不愿召开国民制宪会议，主张由他们来包办制宪，这就引起社会各界的不满。10月4日，湖南省各界联合会会议正式请求谭延闿负责召集湖南人民宪法会议。10月5日、6日，湖南各界代表龙兼公、毛泽东、朱剑凡、何叔衡、彭璜等377人联名在长沙《大公报》上发表了长达4000余字的《由"湖南革命政府"召集"湖南人民宪法会议"制定"湖南宪法"以建设"新湖南"之建

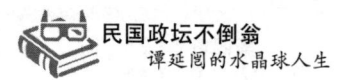

议》，请谭延闿政府召集人民宪法会议。并由各界人士杨绩荪、吴小山、魏振邦、陈家鼎、彭璜等，分别联络各界，于10月10日国庆日在长沙举行万人大游行。参加这一行动的有报界、商会、农会、工会、教育会、湖南改造促进会、律师公会、青年会、女青年会、湘社、旭日学会、教职员联合会、自治期成会、俄罗斯研究会、基督教联合会、学生联合会等30余个团体。他们高呼"解散省议会""建设新湖南"的口号，将省议会的旗帜扯掉，并派代表与谭延闿交涉，直到谭表示"允纳人民意见"，同意召开人民宪法会议，方才慢慢散去。这就使得湖南的制宪开始由"官绅制宪"转向了"公民制宪"的阶段。

　　谭延闿本想通过"湘省自治"来稳固自己的统治，结果在如何达成省治、如何制宪等实际问题上意见分歧、一波三折，弄得谭延闿焦头烂额。谭延闿为打破僵局，只得利用名人效应，邀请宪政名流赴湘，帮其解脱宪政困境。

　　谭延闿早在1920年"祃电"发出后，就特意邀请章太炎等国内名流到湖南参与自治问题讨论，并提供意见，章太炎很乐意接受谭延闿的邀请，不过当时正值他大病初愈，加之天气炎热，无法成行。但他在给谭延闿的回电中，表达了他"大病之后，亟欲游湘"的心情。秋凉以后，谭延闿又再次派与章太炎感情深厚的湖南省教育会委员易培基前往上海迎接。此时章太炎的身体已明显好转，能够行走自如。10月1日，他在易培基的陪同下，从上海乘轮沿长江西上，一路风尘仆仆，饱览两岸风景，与好友谈笑风生。10月11日抵达汉口，12日搭乘湘潭轮离开汉口赴长沙，于10月14日抵达长沙。谭延闿、赵恒惕等亲率湖南军政长官和湘绅前往小西门外码头迎接，并在这里举行了隆重的欢迎仪式。仪式过后，章太炎在谭延闿、赵恒惕等官员的陪同下，乘车前往谭延闿的总司令部。是日晚，谭延闿设宴为之洗尘，赵恒惕以下各要员数百人奉命陪席，大家推杯换盏，笑语声喧，总司令部门前车水马龙，盛况空前。晚宴后，章太炎按照湖南方面的接待方案，下榻专门为其装饰一新的定王台图书馆内。

# 第四章

## 三度督湘 众叛亲离

在长沙及其周边地区，章太炎总共活动了 34 天，1920 年 11 月 18 日，章太炎离开长沙经汉口返回上海。

章太炎初到长沙的前几天，连日应酬，繁忙异常，即便是长沙《大公报》的记者"欲一瞻其风采"，进行采访，也一直难以寻找到机会。直到 10 月 19 日下午 4 时，谭延闿总司令在总司令部召开专门的欢迎大会并邀请章太炎正式演讲，湖南各界代表方才有机会一睹章氏真容。

会议开始前，由湖南军政两界各派代表一人，在谭延闿总司令部少校副官左万雄、鲁士英率领欢迎队一队、军乐队一队的护送下赴定王台图书馆章太炎下榻处恭迎章氏，其礼遇决不下于国之大老。这一天的欢迎大会十分隆重，规模盛大，长沙省城军界自营长以上，政界自科长以上以及正在长沙的各方面著名人士如柏文蔚、牛向辰及欧阳俊明、钟伯毅、陈嘉会等国会议员约 200 余人出席。总司令部内外分别悬旗挂彩，布置了不少鲜花，并于辕门口钉扎松花，上缀"欢迎"二字。章太炎身着长衣布鞋，戴金丝眼镜，口镶金牙齿数颗，在士卫的前呼后拥下，安全抵达总司令部，然后由专门的引导员引导入休息室与谭延闿茗谈片刻，随由谭氏陪同进入礼堂与各界相见，待章氏入座时，司仪宣布奏国乐；国乐毕，与会全体向章太炎行三鞠躬礼，章太炎回礼如仪；此后，由会议主席谭延闿致欢迎词，大意是说章氏为民国先觉、革命元勋，道德文章久为世人所钦仰。湖南省经创剧痛之后，百端待理。值此关键时刻，得章太炎先生来湘，指导一切，对于国家，对于湖南，均大有裨益等。

在谭氏致辞之后，章太炎起立发表演说，辞甚长，又因章太炎带有浓厚的浙江口音，其实真正能够听懂章氏演讲的人为数不会太多，其大意有三：

（1）现在西南分裂，有广东军政府，又有重庆军政府。目迷五色，莫知适从。在章氏之意，军政府可以不要，只要各省能自治。

（2）护法系表面文章，对于非法选举之国会，当然反对，即对于非法国会选举出之总统,亦当然不能承认。反对非法国会,即是护法。言下似不坚持恢复旧国会,但对于旧国会所议决之法律案,仍认为有效。

(3)从交通上立言,广州交通便于对外,不便于对内。重庆便于对内,不便于对外。惟湖南据长江上游,对内对外,交通都便,文化发达亦早,须好自为之。

章太炎的演说约1个小时。演说毕,奏军乐,随后在引导员的引导下,章氏入休息室稍事休息,遂与全体与会人员一起参加谭延闿代表湖南军政当局举办的盛大欢迎宴会。是日的宴会,由谭延闿总司令部副官处向洪家井一支香番菜馆定制西餐200份。在宴会前,奏国乐,由陈家鼎代表各界致欢迎辞,章太炎起立答谢。至晚9时许,宴会结束。

由于章太炎带有浓厚的浙江口音,不仅与会者听不明白,即便是与会的《大公报》记录的要点也与章氏的本意略有差别,为此,章太炎在第二天"自述演说之真意"如下:

(1)各省应如何自处?自长沙克复,引起各省自立之心,四川人驱逐云南,广东人反攻广西,已经有成绩,长江各省都跃跃欲动。兄弟以为从今以后,只宜讲联省自治,其余可作缓论。至于军政府存灭无关轻重,假如广州军政府不倒,不妨以罗马教皇相待。如其倒了,更不容设第二军政府。因为军政府本是无用的长物,强权者得之只为侵略之利器;无权者得之,不过议和之机关。究竟对北作战,丝毫无与,简直可以不用了。如恐南方分离,但请看辛亥起义原状,起初未有中央政府,各省何等一致?自设有了南京政府,就闹出争端来了。这样看来,分离反是统一之母,统一反是涣散之源。这一点望大家彻底醒悟。

(2)护法名义应否存在?6年南方起义,原为南方自己图存,护法不过是个表面。在当时保护国会,还有可说,今日国会自分为两,在广州的已零落不成片段;在云南、重庆的,又是弃职私

# 第四章
## 三度督湘 众叛亲离

逃。国会不愿受人保护，别人还去保护国会吗？但护法二字，依旧可以不破，只不是保护国会。如何护法呢？反对北方的非法国会，并不承认非法国会所选的伪总统，这就是护法。假如伪总统依法召集国会，也是不能承认，因为召集的人，本来非法，就是无法。阻止伪总统召集新国会，这就是护法。所以护法名义虽不破，都与原始护法的事实就不同了。

（3）湖南应如何自处？南方6省，只有湖南是交通便利的地方；只有湖南是文化最高的地方。所以湖南负的责任比各省更重。如提倡自治一节，湖南向来本有绅权，本与各省专制不同。今日更进一步，由绅权变为民权，总比各省要容易些。如对北作战的事，湖南既是长江枢纽，进取也比各省容易。但望湖南人士不要妄自菲薄，以为民权断非中国所可行，北方不是南方所能倒。如存了这种意见，就辜负各省人民的期望了。向来发奋为雄，是湘人的特性，望以后不要有退却的观念。[14]

在邀请章太炎来湘的同时，谭延闿也通过湖南教育会出面组织名人演讲会，邀国内外学术界名流如罗素、杜威、蔡元培、张东荪、陶行知、李石岑等来湘讲学，并就湖南自治运动中出现的一些问题进行咨询。加之章太炎、张继、吴稚晖等名流学者，一时之间，中外名人不期而至，诚湖南历史上未有之盛会。

从1920年10月中旬至11月初，罗素、杜威、章太炎、蔡元培、张继、吴稚晖等人在长沙举办了多场演讲会。

10月27日下午2时，雅礼会与湘雅医学会在湘雅医院三楼聚会，欢迎杜威、罗素、章太炎等人。与会者有长沙军、政、警各界重要人物及外国各领事、牧师、教员、医生等共数十人。会议完全按照外国人的聚会办法，各人凭自己的喜好随意取用茶点，并无中国开会的一定仪式。男女杂沓，极尽谈笑之晤乐。席间，章太炎与罗素在翻译人员的帮助下进行了交谈。他们这两位东西方大师级的学术大师本应就中西文化等问题进行一些交流与沟通，然而由于此时的章太炎着力于地方自治，而罗素虽新到中国，但他毕竟刚刚访问过苏联，对现实政治有着高度的关注，所以他们2人的谈话也就主要围绕着政治问题进行。章氏对罗素说，目前中国的政治只能走上各省相对独立的道路，中央虚置，各省分权，即外交权也应归之各省，不应由中央独揽。如日前发生的山东问题，尽可由山东人自己向外人交涉解决，较之中央代谋，当胜一筹。

对于章太炎的意见，罗素有相当积极的回应，他称章之言甚有兴味，鄙人领教甚多，但自己毕竟初到中国，情形未谙，尚不能置答。

罗素的谦逊似乎使章太炎颇为高兴，但罗素毕竟很快将到章太炎最为讨厌的北京去，也不可避免地要受到北京政府的影响。所以章太炎不忘告诫罗素：北京空气甚坏，此次晋京，幸勿为所惑。

同日（10月27日）晚6时，湖南教育会等湖南演讲会组成单位为了欢送当晚将离开长沙的罗素，特在教育会内举行欢送宴会，列席者除演讲名人外，尚有军政各界高级官员、各团体代表及湖南绅士若干人，由长沙曲园餐馆提供西餐60余份。罗素及其女友勃拉克小姐、杜威夫妇及蔡元培等相继发表演说。席间，谭延闿再三挽留罗素及女友，并允诺派专列送罗素到武昌。

10月30日下午6时，湖南省农会、总商会、长沙县教育会、报界联合会、律师公会、青年会、实业协会、中华公会等8团体在总商会举行欢迎杜威及其夫人与蔡元培、章太炎、张继、李石岑等诸人的会议，到会者80余人，用中餐宴会。席间商会左会长代表各团体致欢迎辞，接着杜威夫妇、蔡元培、章太炎、张继、李石岑、杨端六等人相继发表演讲。杜威的演讲具有相当的礼仪成分，他说：今日承各位欢迎，感谢之至。自来中国一年有余，多承各处欢迎，但不如今日之盛，尤为感谢。太平洋两岸两大共和国有此两大国旗（会场中悬挂有中、美两国国旗），可以表现两国之邦交。此种邦交，并非外交上及表面上一种虚伪表现，在骨子里实彼此有密切之关系。鄙人离美来华，见此情形，与在美无异。前次美公使来华之时，受美总统威尔逊训示，谓须尽力辅助中国人民。此语于两国邦交甚有关系。来华美人不论何界，不仅为自己利益计，俱愿为中国人民尽辅助之力，此种情形足为两国联络最好之现象云。

继杜威之后进行演讲的是杜威夫人。杜威夫人说，中国有8样东西最宝贵，谓之"八宝"。我对之观念最深。今日承8团体欢迎，且来湘又受有8次之欢迎，更增八宝之观念，并钦佩各位对于教育之热心。中国愿再送留学生到美国，美人甚表欢迎。以后甚希望送8倍、80倍、800倍学生到美为幸。

杜威夫人演讲之后为蔡元培演说，其大意谓湖南应着重交通的发展，只有交通发展了，才能输出农产品及工业品，商业也才有希望振兴。另外，湖南应该注意谋求教育与实业间的联络，多派留学生，并注意湖南所需的专业。

在蔡元培之后接着演讲的是章太炎，由于章太炎带有浓厚的浙江口音，估计真正听懂的人也不会太多，章氏的演讲根本没有顾及杜威夫妇及蔡元培的演讲内容，他依然是就自己最感兴趣的湖南现实政治问题发表看法，他说：湖南此次驱张，不仅兵力，实人心为之。兄弟此次来湘，主张自治，不仅主张湖南自治，并主张各省自治。闻省公署前次召集各公团会议，不主张省议会草宪法会议组织法，应由地方各团体速定宪法，以达民治之目的。现南方各省俱已投降，不知何故，川、滇、黔、桂均不免降于北方。所谓国会，所谓军政府，人格丧尽，徐世昌昔呼之为贼，今称之为大总统。翻云覆雨，朝四暮三，至此已极。实因广西之陆荣廷、四川之人物，均无廉耻，因小故而投降，实为可笑。湖南此次自行恢复，不如四川素能统一，所受痛苦实较他省为深。此时应能独立不移，然事实上恐不免被他省所牵制而有变迁。军警政界不足恃，所恃者人民耳、人心耳。五省乞怜，湖南当不致如此。希望湖南人为中国留人格，希望湖南全省人民同具此思想，同报此热忱。显然，杜威的教育哲学、学生自治等主张很难唤起章太炎的兴趣，而章太炎的这些说辞即使引起了杜威的注意，凭杜威的那点儿中国知识，也很难找到与章太炎对话的机会。

10月31日，谭延闿邀请杜威、章太炎及讲演会诸主讲人蔡元培、吴稚晖、张继、李石岑、杨端六、张东荪等至长沙郊外游览观光，谭延闿、赵恒惕、黄一欧、柏文蔚、欧阳俊明等陪同，后转至岳麓工业专门学校同席演讲。当晚归来，他们似乎又一起参加沈让溪、王心田、曹子谷等长沙士绅在南门外黄承斋的公馆举行的招待宴会，章太炎诗兴大发，作《长沙何氏园》及《岳麓》诗作二首。

第二天，即11月1日，杜威夫妇按计划将于晚间离开长沙经武汉返回北京，为了报答杜威夫妇对湖南的关爱，长沙各界在这一天举行了一系列的欢送活动，章太炎及其他诸位演讲者也一同参加了这一系列活动。上午8时至9时，省议会设早宴款待诸名人。紧接着，下午4时至6时，报界联合会假座长沙商会设茶点招待。杜威、章太炎、蔡元培、张继、吴稚晖、李石岑、杨端六等来湘演讲的诸名人在谭延闿及总商会会长左益斋、教育会会长陈夙芳等陪同下参加了招待会，与会者有四五十人。正是在这次会上，章太炎与杜威终于有了比较直接的对谈。

会议先由主席包道平致辞，谓前日8团体在此举行欢迎大会，报界联合会亦属8团体之一。报界联合会今日再次单独举行欢迎会，意思是各位来湘演讲的先生学问经验皆甚丰富，湖南除教育、实业外，尚有自治问题需要请各位先生指导。湖南自治问题自谭延闿总司令通电发表之后，各方赞成之声甚高，但对于自治法起草方法各方意见极不一致。

紧接着，湖南总商会会长左益斋在致辞中建议与会的诸位演讲人在今天的演讲中请紧扣如下3个问题：

(1) 中国今日不实行联邦制不足以止乱，西方一些国家实行联邦制已久，利弊若何？欧战以后，有哪些变化？

(2) 中国实行联邦制，以湖南为首创，湖南宪法内容应该如何制定才算完善？方可被他省取法？

（3）湖南宪法应该采用什么方法产生？

这 3 个问题可能也正是谭延闿邀请章氏来湘的原因，也是章氏乐于来湘的直接动力，更是杜威本人不能不在今天的演讲中回答的问题，由此，章太炎与杜威之间建立了一个对话的平台。

在左益斋致辞之后，杜威、章太炎、蔡元培、张继、吴稚晖、李石岑等相继起立答复。杜威的答复主要是根据美国的经验与历史，讲述美国联邦制的构成及美国宪法产生的过程与方法，在谈到中国及湖南问题时，杜威认为中国的情况与美国略有差别，在中国、在湖南，制定出一部比较好的国宪或省宪，目前看来还有一定的难度。这些难度主要体现在，包括湖南在内的省以下的自治机关尚未能完全建立，当然更谈不上像美国州以下那样完善。且中国目前当战乱之后元气凋丧。因此杜威建议，目前的中国与湖南应该先注重教育与实业，与民休养，不可因制宪问题再起纠纷。为此，中国应该先制定一部临时宪法，暂行若干年，再制定正式宪法。至于湖南省宪应该如何制定，杜威表示因其仅为教育专家，对这方面的问题没有进行过专门研究，且系外人，对湖南的情形不太了解，故不能答复。不过他许诺待回到北京后，或咨询友人，或参考书籍，进行研究，如有心得，必将以书面形式贡献出来。尽管如此，杜威仍真诚地建议湖南目前应该努力发展自治，总结经验，以供各省采择。

继杜威演讲之后起立演讲的是章太炎。与杜威的谦逊态度略有不同，章太炎对中国应该实行什么样的制度，湖南应该怎样制定省宪法等问题都有一套完整的方案。他指出，凡有一个制度，必有利弊，不过采择那利多弊少的罢了。联邦的自治制，今日中国的国民都希望实现，因为从前的中国都是中央集权，各省的财产生命权都操在中央手里。试看民国成立以来，什么总统制、内阁制，无不利用外交把各省的财产卖个干净。要免除中央的专制，非行联邦制不可。湖南、湖北，从前本是一个省，安徽、江苏、浙江，也是一个省。现在既由合而分，当然各个省份先制定宪法，自治了再行联邦。将来中国或分或合，不能预料，但不能说联邦（自治）也有弊，就不兴联邦自治了。宪法当依多数心理为标准，不能做到尽人说完全无弊。湖南宪法，县知事当然民选，人民能得自治的益处。但是联邦制，军政长官也须不受中央牵制，这军政长官何从选出，却也是个大问题。鄙意军民两长必须分驻，然辛亥黎元洪做湖北都督，他将民政让出，意欲分治，而实际上竟做不到不干涉。现在既行自治，那一班武人实在无法制裁他。鄙意一面削小武人兵权，一面还须武人自身有觉悟，这自治才有真精神。省议会会员才有100余人，交他制宪，人民当然不满意。然而人民要人人直接制宪，事实上也做不到。总要拣做得到，总要拣个折中办法才好。譬如湖南有75个县，县议员约有3500人，比较的有真正民意些。再次合商会、教育会、农会、工会及原有的各法团，亦无不可。现在湖南制宪，总要拣简单速成为是。

继章太炎之后起而演讲的还有蔡元培、张继、吴稚晖、李石岑等，他们都从自己各自的经验与知识背景回答了会议主席的设问。在全部演讲结束的时候，谭延闿发表讲话，他期待湖南在各位专家的帮助下，能够以极短时间、极简手续，制定宪法，不采刚性，但采柔性为和平的革命。现今反对各省自治者，除野心家以武力向外发展，及军阀以武力保全势力者外，若西南各省及长江一带，定表同情。我湘人亦乘此闲暇期间，速成宪法为好。

此次演讲会结束之后，湖南军警学三界于当晚8时至9时假教育会为杜威夫妇举行饯行宴会，赵恒惕等出席。

正当谭延闿忙于借中外名流，为他的"湘省自治"造势助力，以打破制宪僵局，使自己由被动变主动，早日超脱南北战争之外，以便集中精力，稳固自己在湖南的统治地位之时，没想到他却搬起石头砸了自己的脚。一群刚出校门的年轻人，却借自治的名目，要求实行民主，主张人民自治。他们还借着自治的东风，又是大游行，又是办报纸，又是办学会，又是办书社，把湖南弄了个天翻地覆。

## 第四章
### 三度督湘 众叛亲离

这个领头的不是别人，就是那个从韶山冲走出来的毛润之，大名叫毛泽东。他曾经发动学生掀起了驱逐皖系军阀张敬尧的活动，他们北上南下，争取各方力量支持驱张运动，为谭延闿重主湘政帮了大忙。张敬尧被赶出湖南后，在外从事驱张活动的毛泽东经武汉回到了长沙，应聘担任第一师范附属小学的校长，不久，又被聘为第一师范的国文教员兼一个班的班主任。毛泽东开始着手办两件大事，一件是着力于新文化、特别是马克思主义的宣传，把眼光主要转向俄国。还在北京的时候，毛泽东便两次写信告诉长沙的新民学会会员陶毅和周世钊，表示自己不打算到法国勤工俭学，而准备"往俄"。"何叔衡想留法，我劝他不必留法，不如留俄。"毛泽东还准备在两三年后组织一个"留俄队"，他说："我为这件事，脑子里装满了愉快和希望，所以我特地告诉你。"为什么想要去俄国呢？因为"俄国是世界第一个文明国"。第二件是同易礼容等人创办文化书社。7月31日，湖南《大公报》发表毛泽东起草的《文化书社缘起》，宣称："湖南人现在脑子饥荒实在过于肚子饥荒，青年人尤其嗷嗷待哺。文化书社愿以最迅速、最简便的方法，介绍中外各种最新书报杂志，以充青年及全体湖南人新研究的材料。"文化书社所面对的工作对象，比新村和自修大学时要广得多。他当时说的新思想、新文化，也不再是宽泛的"新思潮"。他说："不但湖南，全中国一样尚没有新文化。全世界一样尚没有新文化。一枝新文化小花，发现在北冰洋岸的俄罗斯。"可以看出，他已经把中国和世界的希望开始寄托在马克思主义指引下的俄国十月革命的榜样上。

毛泽东等人租了长沙潮宗街湘雅医学专门学校的3间房子，作为文化书社的社址。社址选好后，毛泽东等人为了扩大书社的影响，决定请人为书社写一块招牌。可是找不到合适的人选，要么是字写得不好，要么是声望不够，想来想去，最后他们想到了湖南督军谭延闿。

1920年8月底的一天，毛泽东等人恭敬地给湖南督军谭延闿写了一份请帖，毛泽东亲自把它送到了都督府。当秘书将请帖送到谭都督面前，谭延闿打开一看，只见上面写着：文化书店开张，想请他督军

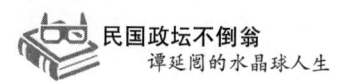

大人出席开业仪式并主持剪彩,顺带惠赐墨宝,为书店题写个招牌。

请他写招牌,在当时人们看来是十分荣耀的事情,可以大大地增加店面的知名度。论当官,谭延闿是湖南督军,一省之长,湘军总司令,论功名是前清的进士、翰林,算文化名人,论书法,那一笔字更是好得呱呱叫,不然后人也不会公认他为"民国四大书法家之首"。有什么喜庆盛典,能请出这等人物出来撑撑台面,当然算极有面子的事情。

难得的是谭延闿为人随和,很好打交道,不像其他当官的人,官气十足,架子很大。"谭婆婆""水晶球"的外号当时海内闻名。这个"水晶球",是指他为人处事八面玲珑,圆滑得好像一个玻璃球,万事不肯得罪人。比方他身为湘军元老,曾三度执掌湖南,头一回袁世凯嫌他碍事赶他走,第二回段祺瑞上台,又派人抢他的督军位子,那两回湘军弟兄本都是愿意为他卖命保地盘的,他却都选择了辞职跑路,一走了之——为了不得罪人,连一省的地盘都可以一丢再丢,更不用讲寻常小事上给人个面子了。所以当时长沙有头有脸的人物求上门来,"水晶球"照例会抽点儿空,写上几幅字画,免得扫人家面子,使大家都高兴高兴,这也算是自己一种亲民的表现,做督军,总得有人肯抬轿子。

但是这回情况有些特殊,因为他刚刚公开立过规矩封了笔:凡是不认得的人再来求字,一概敬谢。

这倒也怪不得谭都督变小气了,只怪他的字越来越值钱,有些不长进的角色就趁机钻空子,认得不认得都托关系来请他题字,今天是开张明天是贺寿,总之都有借口,等拿到他的墨宝后,却转手就卖去了书画市场——老谭的字扎实过得硬,一幅中堂当时卖得200大洋,当然今天更不止这个价了。

一来二去谭延闿上当多了,只好立下规矩,今后如果不是至亲好友,再来求字的一概封笔不提——总不能让他这个日理万机的一省最高长官去做别人赚钱的工具吧。要不然以后鸡毛蒜皮的小事都来找他

# 第四章

## 三度督湘　众叛亲离

帮忙，他怎么应付得过来呢？

但是这回这张请帖，既让他吃惊，又让他犯难。

因为送请帖的人不一般。

送请帖来的，这个年轻人毛泽东，跟他谭延闿一不沾亲二不带故，也没有什么交情，本可以不用理睬。但年轻人理由硬邦邦，这不是请督军、省长，而是请"老校长"光临剪彩，惠赐墨宝。

这"老校长"3个字搬出来，可有缘由：前清末年，长沙有名的千年学府城南书院改成湖南师范馆，实行西式教育，谭延闿被聘到师范馆当过一任监督，也就是校长，不过那时叫监督而已。后来师范馆又改成了湖南第一师范，所以他也算一师的前任校长之一。

而那个送请帖的年轻人，正是第一师范的毕业生，喊他一声"老校长"天经地义。

假若光是这层拐弯抹角的师生关系，倒也罢了，问题是这年轻人虽然无官无爵草民一个，谭延闿却晓得他有些斤两，他是一个天不怕地不怕的人物，在年轻人里面很有些号召力，在长沙城里，扎实算得上是个响当当的角色。

还是谭延闿上次当湖南督军的时候，就听说第一师范出了个学生了不得，进校才两年，就挑头闹学潮，把大名鼎鼎的校长张干赶跑了。后来第一师范组织什么学生军，请他谭延闿去视察，他只当是学生细伢崽图新鲜当不得真，也没往心里去，没想到一去才发现，那学生军居然练得有模有样，一问才晓得，也是这个学生挑头搞的训练，把一帮子秀才练得个个好像铁打的兵。3年前护法战争爆发，谭延闿被段祺瑞赶下了台，等他带湘南护法军打回长沙城，才晓得又是那个学生，居然率领第一师范200多个赤手空拳的学生，一举逼降了进犯长沙的两三千北洋溃兵，保住了长沙城。就连段祺瑞手下的红人，杀人不眨眼的魔王张敬尧也拿他没有办法，硬是被他发动的学潮，弄得身败名裂，灰溜溜地逃出了长沙，使他谭延闿捡了个大大的便宜。谭延闿当时还真为自己的学校出了这么个人才而感到骄傲呢。

可这两年，还是这个年轻人，却着实让当督军、省长的谭延闿伤透了脑筋，他一会儿办什么《湘江评论》，一会儿组织什么新民学会和湖南各界联合会，今天喊要反封建，明天喊要打倒军阀，后天喊要学俄罗斯搞革命，总之有新名堂。论身份呢，不过是第一师范附小刚聘用的一个小学老师而已，一座长沙城倒被他搞得热闹喧天不得安宁。远的不讲，就在前不久，年轻人还在杂志上写文章，把他谭延闿搞的"湖南自治"骂了一通，还提出要搞什么"湘人自治"，让他们这群当官的靠边站，由人民来实行自治，当官的由他们来挑选，这岂不是乱了套吗？这着实惹了他一肚子的气。

这个惹事的祖宗！谭延闿虽不曾跟年轻人打过交道，但也领教过他的厉害，听过他的一些传闻，肚皮里早已经把他看成了一个大麻烦。

如今他不曾找这后生的麻烦，这个惹事的祖宗倒找上门来了，求他题字剪彩，还讲他跟人合伙开的这家"文化书社"是要担起在湖南传播新文化、新思想的重任，非要他这个"老校长"支持一下不可。

什么新文化、新思想？只怕又是要在他的治下搞出些乱子来吧？

这个字，题还是不题？这个彩，剪还是不剪？

思来想去，"水晶球"到底是"水晶球"，谭延闿最终还是决定：冤家宜解不宜结，人家好歹喊了自己一声"老校长"，何必计较年轻人不懂事爱惹乱子，给他一个面子，只当交个朋友嘛。话又讲回来，后生伢子精力旺，原来惹是生非可能也是没别的事好干，如今他肯开店做生意，也算是个正途，也许经过这一回，自己大人大量，那年轻后生说不定就此上了正路，不会再给他惹麻烦添乱子了，不也是一桩好事吗？

于是乎谭延闿铺开宣纸研好徽墨，凝神运气提笔沉腕，"文化书社"4个大字写得虎骨龙筋浓墨重彩，跃然于纸上。墨迹干了以后，他就叫自己的秘书将这幅字送给了等在门外面的毛泽东，并带出几句话来，要毛泽东好好经营这个书店，把书店办成"新湖南"建设的重要文化基地。

几天之后，也就是 1920 年的 9 月 9 号，长沙潮宗街上，不过 3 间平房的小小文化书社正式开张了——书店虽小面子可够大：湖南督军、省长兼湘军总司令谭延闿大驾光临，亲自为书社开业剪彩贺喜，谭督军的亲笔墨宝也挂上了书社的大门。

那一日潮宗街上鞭炮阵阵，谭督军与书社各位老板，当然也包括那位送请帖的年轻人毛泽东言笑晏晏，好一派宾主同庆、喜气洋洋的景象，往日的些许恩怨芥蒂，似乎也便在这喜庆气氛中烟消云散了。

毛泽东以"特别交涉员"的身份，多方筹借资金，努力扩大营业范围，先后和省外六七十个单位发生业务往来。文化书社经营的书刊，如《新俄国之研究》《劳农政府与中国》《马克思资本论入门》《社会主义史》等译著，以及上海共产党早期组织编辑的刊物《劳动界》，都体现了毛泽东追求"新文化"的希望之光。这些书刊都很畅销，社里总是供不应求，反映出当时湖南社会中对介绍新思潮的出版物的迫切需求。文化书社社址后来事实上也成了湖南共产党早期组织对内对外的秘密联络机关，走上了谭延闿所期望的反面，这是谭延闿所始料未及的。难怪 10 年以后，谭延闿在南京担任国民政府行政院长，从报纸上看到报道江西的"朱毛共匪"大举进攻长沙城的消息时，他不禁向身边的孙科等人一声长叹："唉，早晓得会这样，当初我去剪什么鬼彩哟，派两个兵去把那个祸害一抓，何至于今日劳师动众！"

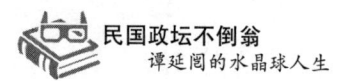

## 4. 拒南抗北　含恨离湘

谭延闿宣布自治，进而要制定省宪法，为的是造成湘人治湘的局面，为自己披上一层法理的铠甲，使南北两个以中央政府自居的强势集团不能轻易染指湘境，也就是主要以"攘外"为目的。可他没想到的是，此议一开，众说纷纭，各种看法和政见互为抵牾，湖南内部矛盾大爆发，使他穷于应付，"安内"尚且不暇，甚至似乎比"攘外"还难！

毋庸讳言，谭延闿的自治，与学界、商界，乃至一般老百姓心目中的自治，并不完全是一回事。这里面有个"在朝"与"在野"的区别，在朝者除了谋长治久安之外，不让外人插手的真实目的，不能说没有保个人权位的私心；而在野者欲得到参政议政的发言权，也即是要获得一定的民主权力，才是他们最为急迫的诉求。所以马上就有了"要自治不要官治"的呼声出现在本省的《大公报》上，那是该报主编龙兼公所言，直指谭延闿想借湖南人的家乡观念，为他们一批本省籍的官僚政客包办湖南政治开路，毛泽东等新民学会的一批年轻人更是初生牛犊不畏虎，他们反对官治，提出了人民自治，主张将湘省自治权交于人民来决定，他们集会、游行、请愿，弄得谭延闿好不尴尬。

谭延闿祭起的"湘省自治"，可以说是费力不讨好，既没有使湖南超脱于南北战争之外，也没能弥合内部矛盾，"攘外安内"都没有起到任何实效，反而徒增了更大的内外压力。

这时南北两政府都对湖南虎视眈眈，都想把湖南拉入自己的怀抱之中。1920年9月1日，北洋政府总统徐世昌授意研究系湘籍阁员范源濂以同乡之谊劝告谭延闿赞助和平统一，谭延闿以"反对局部谋和、

# 第四章
## 三度督湘 众叛亲离

赞成公开议和"作为应付北方的手段。9月9日,孙中山、唐绍仪、伍廷芳由上海来电,竭力劝告湘军出兵广西,捣桂系军阀的后路,参与孙中山发动的粤桂战争,配合陈炯明的粤军以收东西夹击之效。这个电报对湘军与桂系的关系有所分析,指出桂系历来怀抱"兼并湘粤"的野心,每次湖南战事发生,"冲锋陷阵均属湘人,克地获城则归桂贼"。国民党认为把湖南拉回到西南方面来,是团结西南、重组军政府的关键。因此孙中山多次致信谭延闿,争取他赞成北伐,但是,谭延闿对其采取了"敬而远之"的态度,继续"以湘省自治"来拒南抗北。

尽管如此,孙中山仍对湖南参与北伐寄予厚望,想通过多方努力来改变谭延闿的态度。1920年夏天,周震鳞代表孙中山到福建漳州会晤陈炯明和许崇智,商讨由他们率援闽粤军回粤,驱逐旧桂系莫荣新、沈鸿英的部队,以便早日在广州成立革命政府,实现孙中山北伐大业的计划,当时,陈炯明、许崇智主张由周震鳞回湖南说服谭延闿分兵入北江声援,并议定由孙中山为他筹措经费,湘军进入广东境内,即可由广东供给他们饷糈。周震鳞回上海后,将他们的建议报告给了孙中山,孙中山完全同意他们的计划,并要周震鳞积极做争取谭延闿参加北伐的工作,周震鳞先用个人的名义向谭延闿写信,转达了孙中山先生的北伐大计和对湖南的要求,谭延闿回信唯唯从命。于是,周震鳞拿着孙中山先生的手函亲回湖南面交谭延闿,以便争取他加入孙中山的北伐阵营。不久,孙中山又派了李执中、覃振、柏文蔚到湖南,利用他们与湖南军政要员的关系,协助周震鳞做谭延闿的工作。9月,在上海的孙中山又从上海发来电报,要求住在长沙的黄一欧、阎鸿飞、杨丙速往上海,3人搭乘日轮"湘江丸"离开长沙前往上海。到达上海的第二天,黄一欧等人同往法租界莫利哀路29号孙中山的寓所拜见他,孙中山见到他们到来,十分高兴,破例在楼上的小书房里接见了他们。双方坐定后,黄一欧就把张敬尧出走后湖南军政方面的形势和谭延闿的态度简单地向孙中山作了汇报,听完汇报,孙中山指示他们说:"现在的局面必须打开。由广东北伐,湖南首当其冲;湖南的动静,关系西南大局。谭延闿不是革命党，他不会死心塌地跟我们走的，所以湖南的每次革命都没有成功。"

接着，孙中山指着黄一欧说："湖南这个地方很要紧。从前你父亲（指黄兴）的部下在那里的很多，事情比较容易着手，所以找你们来商量。我请道腴先生（周震鳞）回湖南活动，你们迟来一步，他已经搭船走了。你们回去后，看情况变化，如果谭延闿不愿意革命，就把他拿下来；谁把谭延闿拿下来，我就让他做湖南督军。"⑮

黄一欧回答说："谭延闿是一个八面玲珑的人，听说北京和广西都有他的亲信代表。他惯于'见风使舵'，对于革命党说话时，从不露一句真实话，所以很难指望他同我们走一条路。"

孙中山听后，有些激动地说："那就把他立即赶走，不要他！"

阎鸿飞接着说："先生，现在革命不比从前。谭延闿有一套圆滑做法，他明知处于四面楚歌中，却要多方挣扎。湖南的情况很复杂，内部不一致。正因为有这种不一致，我们可以想方设法将其中一些有革命思想的将领运动过来，同我们一起走北伐的光明大道。但是，话虽这么说，很难立即做到。我们回去后就立即进行，只等广东的北伐军达到湖南地界，谭延闿的地位就会如他早几年在癸丑革命时所说的'瓜熟蒂落'。"⑯

黄一欧还分析了当时湘军中各派将领之间的矛盾，认为要倒谭，程派军人可以首先发难，李仲麟私下常骂谭延闿，希望程潜能回湘主政，这方面的工作让程潜去做。要倒谭，单靠程派势力还不行，必须把湘军总指挥赵恒惕拉过来。赵对孙中山也是阳奉阴违，但在目前赵、谭矛盾激烈的时候，赵是容易拉过来的。

孙中山听了他们的分析后，沉思了一会说："你们先去进行，赶紧运动。"并要他们到居正那里去领2000元活动经费。但因当时经费紧张，居正只给了他们1200元。

黄一欧等人在上海逗留了几天，于10月份搭轮船回到了长沙。周震鳞、黄一欧回到湖南以后，就召集各军的军官和士兵开会，宣布中山先生的北伐大计,当时驻守省城的军官鲁涤平、陈嘉祐,驻醴陵第6区司令李仲麟,都积极拥护孙中山先生北伐,各自调遣所属的部队,集结在省城等待命令[17]。但是,谭延闿却醉心于"湘省自治"的美梦中,对孙中山的北伐态度冷淡,不肯发布出兵明令,而且还邀请吴敬恒、章太炎、蔡元培、张继等名流学者来湘讲学,游山玩水,酒食征逐。同时,他还发出通电,提出"以武力勘祸乱,不如以民治固国基",[18]反对孙中山的武力北伐。在这种情况下,周震鳞、黄一欧等人决定策动湘军将领联合倒谭。

谭延闿之所以不肯响应孙中山的北伐呼吁,乃有他的考虑。谭自重掌湖南军政大权以后,深恐直系势力卷土重来;对桂系则既有赖于它的支持,又怕它乘机渗入,喧宾夺主;同时鉴于湘军内部谭、赵(恒惕)、程(潜)之间的矛盾加剧,自己难于独揽军政大权,乃重弹湘省自治的老调,并提出"实行民治""省长民选"的口号,借以对外保持一省割据,对内缓和派系矛盾,笼络人心。随后,他进一步提出"联省自治"的主张;并于7月22日假借湖南人民的名义发表了一个"祃电",制造舆论;又于9、10月召开在省官绅会议,炮制一部省宪法,还通电各县征求旧省议会制宪的"人民意见"。他既热衷搞这套把戏,对孙中山的北伐讨桂计划自然不会真心拥护了。

赵恒惕掌握了湘军势力,早已自成一个派系,与谭延闿一派存在深刻矛盾。周震鳞等国民党人这次策动倒谭,自然首先寻求赵的支持。黄一欧因为父亲黄兴的关系,早与赵恒惕过从甚密,杨丙与赵恒惕既是日本士官同学,又因与杨宇霆的密切关系曾代表湘军到奉系军阀张作霖处联系,因此和湘军有很深的渊源,与赵恒惕比较容易接近,阎鸿飞与赵恒惕虽无深交,但因为他长于应酬交际,并很健谈,因而与赵恒惕也常相往来。当时赵恒惕住在东门捷径吊楼子公馆,赵的另一日本士官同学、第8师老同事田凤丹因湘西解职来长,住在落星田。黄一欧等人利用这些关系经常与他们见面,地点不是在赵家就是在田家,经常参与这一活动的还有鲁涤平、宋鹤庚、胡雨屏等人,无非是打牌

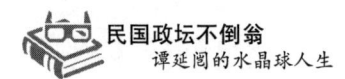

消遣，逢场作戏。尽管如此来往密切，有些话还是不好直率谈出，因为赵恒惕为人阴狠，拥兵自重，也以联省自治相标榜，并不乐意听孙中山的话。在这种情况下，黄一欧总是从远处、大处谈起，拐弯抹角地透露出孙中山先生的意图，希望赵恒惕顺应潮流，顾全大局，以革命利益为重。黄一欧当时谈到湖南人应当团结一致，不要互相猜忌，把力量自相抵消了；不要关起门来称王称霸，而要设法打开大局面，努力向外发展；中山先生豁达大度，对湖南局面非常关心，希望湖南人做一番革命事业。并且谈到谭延闿在粤桂战争中名为保持中立，实际上是中间偏桂，这种两面敷衍的态度，终归是不会见信于双方的。如果谭不择善而从，拥护中山先生的北伐大计，赵恒惕应该取而代之，这是义不容辞的。赵恒惕对于黄一欧等人的劝告，表面上态度很矜持，但实际上已心有所动了。赵不可能拥护孙中山的北伐大计，但他决不会放过取代谭延闿的大好机会，只不过采取的方法更为阴狠罢了。他一面唆使爪牙唐义彬、邹序彬等人积极策划串联，本人则自始至终不露声色，借以迷惑谭延闿，麻痹谭系军人。

程潜在陆鸿逵事件后离开了湖南，但在湖南仍留有他的派系势力，湘军中的李仲麟、廖家栋和林修梅都是拥程反谭的。李仲麟是倒谭最积极的人，他是农民家庭出身，青年从军，在程潜部下，因为作战勇猛，超升很快，当了司令以后，乡下人都对他另眼相看，长沙金井的李家宗祠把他捧得很高，他常有一种"衣锦还乡"的自豪感。当时，他的司令部在醴陵，所部六营，势力雄厚，他本人时常来长沙，住在该区驻省办事处（浏正街聂云台宅，过去做过德国领事馆）。李仲麟多次与孙中山所派的黄一欧等人见面，他多次向黄一欧等人表示过希望程潜重回湖南，并在私下里常骂谭延闿。他和谭延闿的亲信张辉瓒积怨甚深，常闹摩擦。黄一欧站在朋友和同乡的立场上，总是劝他遇事谨慎为佳，不要太露锋芒，遭人嫉妒。他和阎鸿飞交情最深，常常向阎请教军事学，自称"弟子"，喊阎鸿飞为"老师"，并将他在长沙史家巷自买的公馆让给阎鸿飞住。阎鸿飞婉谢了他的盛意，并劝他对张

# 第四章
## 三度督湘 众叛亲离

辉瓒只能貌合神离,万不可针锋相对,以免张的暗箭伤人。阎鸿飞曾为他们奔走调停,他们都写有亲笔信要言归于好,但内心的积怨却始终未能抹平,因而在李仲麟倒谭之后,张辉瓒借赵恒惕之手,杀了李仲麟。廖家栋也是程潜的旧部,他的第2旅驻守长沙,廖处事比较谨慎,阎鸿飞动员他参与倒谭活动,他虽然非常痛恨谭延闿,但不愿做倒谭的戎首,只能在暗地里支持倒谭活动。林修梅本是谭延闿旧部,且为谭派健将,却因裁兵事也对谭表示不满。谭延闿为削其兵权,派林修梅为驻广州军政府的湘军代表,他多次请求重回湘军,但遭谭拒绝,因此,对谭延闿十分不满,对其阻挠孙中山的北伐也颇有意见。

1920年7月,澧州镇守使王正雅因倾向南方政府,在澧县、慈利之间的貌儿峪地方,被副镇守使卿衡派兵加以杀害,他的儿子王育寅在慈利县属东岳观起兵为父报仇,自称常醴护国军总司令,攻占大庸、慈利。王育寅请求省方予以收编,并为父亲昭雪。谭延闿认为卿衡是省方所派官吏,拒绝收编王育寅军,并通电痛斥王育寅起兵作乱,应即缴械投降。王势单力薄,束手无策,在贺龙提议下,派代表谒见孙中山,请求支援,孙中山便派林修梅赴湘西"察看助理"。林修梅到湘西后,帮其训练军旅,积极开展援粤讨桂斗争。10月初,常醴护国军改称湘西靖国军,王育寅看重林修梅的政治、军事才干,遂推林为湘西靖国军总司令,自任副总司令兼代澧州镇守使,并通电西南各省,宣布湘西起义独立。10月15日,林军进攻常澧。常德守军刘叙彝和澧县守军李韫珩迎战失利,谭十分惊恐,急调第1师第1旅旅长宋鹤庚带兵"讨伐"。11月2日,宋军先后攻下慈利、桑植、大庸,林修梅部被迫撤走。

在孙中山派人倒谭的同时,程潜也派自己的私人秘书姚大愿从上海回到湖南。临行之前,程潜对姚大愿说:"如果赵恒惕能够与我合作倒谭,事情成功之后,湖南的事情由他主持,我不参与;但是广东局面解决之后,革命政府成立,湖南必须听从孙中山先生的号令,参加北伐;又林修梅现在湘西组织部队,系孙中山先生所委派,请赵恒惕

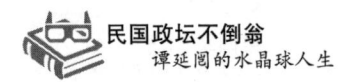

力与维持。"程潜还写信对赵恒惕说:"派大愿兄回湘面商一切。"又致书给李仲麟、张振武:"派大愿兄回湘有所策划,一切多与大愿兄商量。"10月中旬,姚大愿回到长沙,第二天即持程潜手书往晤赵恒惕,告以来意。赵恒惕虽然意态雍容,情无抗拒,但却没有任何表示,只是脸色时红时白,内心似很激动。姚大愿又接连往访了几次,想摸清他的态度,但赵依然如前,仍是一言不发。又过了几天,赵恒惕派师部副官唐岳武和师部职员赵铭鼎去会姚大愿,在东拉西扯中略露可与程潜合作倒谭的意思。姚大愿问倒谭应如何进行,唐岳武回答说:"你们应先发动部队。"姚大愿说:"李仲麟近在醴陵,可将张振武、郭步高两团调来,应该调到什么地方?"唐说:"可调到水渡河。"姚大愿又问:"你们预备发动哪支部队?"唐、赵两人说:"暂时还没有确定。"姚大愿见赵恒惕有了全盘考虑,便约李仲麟悄悄来省,把程潜写给他的信交予他,并告诉他与赵恒惕交涉的情形以及最近与他的倒谭约定。李仲麟笑着说:"赵炎公兴致不浅,但不肯当面吐实耳。既然已经约定好了,便可照此办理。"接着,姚大愿又派人赴岳州会晤张振武,把程潜写给他的书信转交给他,告诉他最近发动倒谭的状况和李仲麟的意见,并请他约同郭步高团,迅速开到水渡河,听候调动。张振武答应依计而行。这样,倒谭密谋已经水到渠成。

11月13日,程派军人第6区守备司令李仲麟等在平江策动兵变,军官于应祥等以兵士闹饷为名,枪杀谭派第12区司令萧昌炽,发动倒谭。谭延闿闻讯十分震怒,立即派鲁涤平、李仲麟带兵前去讨伐变兵。鲁涤平按兵不动,李仲麟则联合于应祥和鲁部团长郭步高、张振武发出"清君侧"的联合通电,指责谭延闿任用的官僚都是一些宵小败类,要求改造湘政。随之第3旅第5团团长张振武,第7团团长郭步高率部移驻水渡河;原驻平江的游击司令张伟民部,也移驻到长沙东乡大桥,隔省城仅30里[19]。而身为第1师师长的赵恒惕对湘军各部的行动始终"不声不响",作壁上观。长沙形势十分危急,谭延闿急忙暗中电调宋鹤庚兼程回省护驾,但远水救不了近火,他又电召驻湘潭的第2区司令张辉瓒和驻衡阳的第 3 区司令谢国光火速率兵前来长沙，共谋应付之策。张辉瓒虽然率部很快赶到省城，但因兵力单薄，不敢贸然行动。谭延闿迫于形势，于 11 月 18 日在督署召开军事会议，宣布张、郭异动，并且说："本人年老力衰，湖南事主持不了，请各位另举贤能继任。"[20]并请赵恒惕担任湘军总司令，廖家栋兼任戒严总司令，企图借此来缓和湘军内部的矛盾，取得赵恒惕等高级将领的同情，使他们能自告奋勇地帮其出兵平乱。但是，事与愿违，与会诸人都知道赵恒惕已有谋反之心，慑于他的威势，虽有救主之心，但已是有心无力，除"相与慰留"外，并无其他主张。谭延闿目视赵恒惕，希望他站出来替自己说几句话，但赵恒惕则"只是哭泣，涕泪继横，终不开口"。[21]谭延闿又多次打电话给李仲麟，求他出面帮忙，消除衅端。李仲麟以本人身份不够为由，向赵恒惕身上推脱。

赵恒惕看到谭延闿并无离职的打算，心怕他通过缓兵之计恢复元气，日后对自己不利，于是，他决定再加一把火，进一步向谭延闿逼宫。但他又不想担倒谭的罪名，不想动用自己的军队直接倒谭。于是，特派自己的亲信去见姚大愿的弟弟姚大慈，要张、郭两团再进一步，开到小吴门外，以作逼宫。同时，赵恒惕又令自己的心腹叶开鑫团于 18、19 两日从湘阴全部开入省城，名为"维持治安"，实为控制长沙。

谭延闿见势不妙，要想恋栈已不可能，乃于 11 月 23 日，召集军政各界和各团体代表在湘军总部举行联席会议，讨论他的去留问题。谭延闿希望赵恒惕或鲁涤平能挽留他一下，他就可以不走，但赵、鲁两人都默无一言。谭延闿只得宣布："本人即日离职，去沪养病，湖南事另举贤能继任；省城秩序重要，请赵师长维持。"并声言"还政于民"，废除督军，民选省长。赵恒惕听了谭延闿的话，一边痛哭，一边表示：对于总司令一职，他无法接受。理由是：（1）现在在省军官尚属少数，在外者尚多，复电未到，不知他们的意见若何。倘私相授受，将来不好向各军官交代；（2）现在财政困难，军饷繁剧，自己没有能力来应付局面；（3）此次变故，系由平江事变而起，以平江少数变兵戕害长官，竟使总司令辞职，叛兵能逼去总司令，也会使将来的总司令地位非常危险。曾继梧在发言中说：谭总司令既去志已坚，不可强留，总司令一席，应请赵师长担任。至于省长一职，必俟省宪法成立，实行民选，到那时谭公仍可退职。鲁涤平则主张谭延闿辞去总司令和省长职务，理由是：谭延闿"不仅为湖南的英雄，实为中国的英雄。爱谭公不必强其在湖南一隅做事，可希望其在中国做事，总司令请赵师长担任，省长可交省议会表决"[22]。谭延闿知事已无可为，于是起身退入内室，暗暗地伤心了一场。随即于 27 日，在吕苾筹的陪同下，潜往上海，重新过其寓公生活，而将"自治"的招牌留给他的后任，成了各省军阀实行地方割据的滥觞。

谭延闿的第三次督湘，历时短暂，仅仅只有半年的时间，不仅政治上甚不得意，在内不为湘军将领所容，与赵恒惕的长期合作关系完全破裂，失去了强大的军事依傍，而且也失去了商民的好感，没能兑现原来在驱张活动中对他们许下的诺言，因而在谭卸任离开长沙时，不少的商民用湖南省政府发行的纸币粘成"万民伞"，夹道欢送，发泄他们因钞票贬值而导致倾家荡产的怨气，使谭延闿羞愧难言。在外则因"湘省自治"得罪了南北各派政治势力，成了四面受敌的孤家寡人。

这时，家庭的不幸也成了他一生难以忘怀的隐痛。先是 1918 年 6 月，谭延闿的夫人方榕卿在上海病死，家人考虑到他公务在身，迟迟不敢向他汇报，直到这年冬天才把这个消息告诉于他，这是谭延闿引为平生的最大憾事。方夫人为直隶清远人，其父方汝翼为江西布政使，出身名门望族，1895 年 3 月 3 日与谭延闿在南昌结婚。方夫人温柔贤德，与谭延闿情深义重，生有 2 子 4 女，临死时曾托人转告于谭，希望他不要再娶第二个夫人，好好地养育他们的子女。谭在零陵军中听到年仅 38 岁的妻子先他而去，悲痛欲绝，发誓谨遵妻子遗言，终身不再娶第二个妻子。为了表示对方氏的深切怀念之情，一向注重美食佳肴的谭延闿竟在军中吃了一百天的蔬菜，不沾任何肉食，以示对妻子的哀悼之情。谭在离湘之前，得知其夫人灵柩正由人护送从上海经水路

# 第四章
## 三度督湘 众叛亲离

回湘安葬，请求赵恒惕允许他暂缓几日离湘，以便料理完夫人的丧事，但未得赵恒惕的同意。当谭延闿乘轮船在城陵矶附近与运送方氏灵柩的轮船相遇，吕苾筹害怕谭延闿触景伤怀，只自己借故前往祭奠了一番外，没有把这件事告诉谭延闿。谭后来每想到这件事情，不禁悲从中来，常自叹"相逢不相见，存殁两难安"。因此，谭延闿在每年的3月3日，即他与方夫人结婚的纪念日，他都要作一首诗来纪念她，并亲写悼亡诸作，编成悼亡集，以示对妻子永不忘却的思念。谭的第三次督湘可以说是扫兴而去，含恨而离，满腹愁怀，几多失意。

---

**注释：**

①湖南大公报，1917 – 10 – 11.

②湖南大公报，1917 – 10 – 19.

③湖南省志编纂委员会．湖南省志·湖南近百年大事记述［M］．3 版．长沙：湖南人民出版社，1980．400．

④杨思义．护法时期的湘西动向［M］//中国人民政治协商会议湖南省委员会文史资料研究委员会．湖南文史资料选辑：第 8 辑．1964．121．

⑤石芳勤．谭人凤集［M］．长沙：湖南人民出版社，1985．264．

⑥仇鳌．刘建藩零陵独立前后［M］//中国人民政治协商会议全国委员会文史资料研究委员会．文史资料选辑：第 26 辑．北京：文史资料出版社，1962．84．

⑦陶菊隐．记谭延闿［M］//中国人民政治协商会议全国委员会文史资料研究委员会．文史资料选辑：第 5 辑．北京：中华书局，1980．101．

⑧上海民国日报，1920 – 01 – 19.

⑨张联升．一九一八年北洋军对湘作战经过［M］//中国人民政治协商会议全国委员会文史资料研究委员会．文史资料选辑：第 26 辑．北京：文史资料出版社，1962．97．

⑩陶菊隐．记者生活三十年［M］．北京：中华书局，1984．20．

⑪陶菊隐．记谭延闿［M］//中国人民政治协商会议全国委员会文史资料研究委员会．文史资料选辑：第 5 辑．北京：中华书局，1980．102．

⑫张朋园．中国现代化的区域研究：湖南省（1860—1916）［M］．台北："中央研究院"近代史研究所，1983．332．

⑬陶菊隐．记谭延闿［M］//中国人民政治协商会议全国委员会文史资料研究委员会．

文史资料选辑：第5辑. 北京：中华书局，1980. 103.

⑭章太炎演说之真意［N］. 湖南大公报，1920 – 10 – 21.

⑮黄一欧. 谭延闿被迫下台和李仲麟等被杀的回忆［M］//中国人民政治协商会议湖南省委员会文史资料研究委员会. 湖南文史资料选辑：第4辑. 1963. 2.

⑯黄一欧. 谭延闿被迫下台和李仲麟等被杀的回忆［M］//中国人民政治协商会议湖南省委员会文史资料研究委员会. 湖南文史资料选辑：第4辑. 1963. 2.

⑰周震鳞. 谭延闿统治湖南始末［M］//中国人民政治协商会议湖南省委员会文史资料研究委员会. 湖南文史资料选辑：第2辑. 1961. 7.

⑱陶菊隐. 记者生活三十年［M］. 北京：中华书局，1984. 33.

⑲黄一欧. 谭延闿被迫下台和李仲麟等被杀的回忆［M］//中国人民政治协商会议湖南省委员会文史资料研究委员会. 湖南文史资料选辑：第4辑. 1963. 8 – 9.

⑳姚大慈. 赵恒惕上台的阴谋和血手［M］//中国人民政治协商会议全国委员会文史资料研究委员会. 文史资料选辑：第30辑. 北京：文史资料出版社，1980. 148.

㉑姚大慈. 赵恒惕上台的阴谋和血手［M］//中国人民政治协商会议全国委员会文史资料研究委员会. 文史资料选辑：第30辑. 北京：文史资料出版社，1980. 148.

㉒欧金林. 赵恒惕传（未刊稿）［M］. 19 – 20.

# 第五章

## 追随中山 倾心革命

谭延闿在极度失望之余，终于明白了一个道理，就是要在湖南这块南北军阀争食的土地上，想超脱战争之外是不可能的。自己要想重新再起，只有借助以孙中山为代表的民主革命派力量。于是他由一向的反孙革命变成了拥孙的信徒。协助孙中山北讨赵恒惕，东征陈炯明，北伐皖奉，南讨杨、刘，为广东革命政府的统一立下了汗马功劳。

## 1. 北上讨赵　称兵废宪

1920年11月底，谭延闿被赵恒惕、程潜旧部驱出湖南后，国民党军政府任命赵恒惕为湘军总司令，林支宇为湖南省省长，孙中山希望赵恒惕能履行参加北伐的诺言，放弃湘省自治的幌子。但是，赵恒惕主持湘政后，他不仅拒不履行参加北伐的诺言，反而倒行逆施，步谭延闿后尘，以"联省自治"相标榜，宣布湖南"自治"，要求南北双方勿以该省为战场。

为了建立在湖南的独立王国，赵恒惕比谭延闿更为阴狠，谭延闿为文人出身，心性比较仁慈，做事也很圆滑，不到万不得已的境地，他绝不会用武力来解决问题，宁可委曲求全，打脱门牙和血吞，也不愿意血溅庙堂，鱼死网破，因此，他时常被跋扈武人赶下台。赵恒惕则完全不同，他不喜欢卧榻之侧有他人安睡，更不允许与他相对抗的势力存在。他在利用程潜势力赶走谭延闿后，决定用强硬手段来对付威胁他统治的任何反对势力。

程潜派军人在联合赵恒惕赶走了谭延闿以后，他们又想采用同样的手段赶走赵恒惕，将湖南控制在自己的手中。12月5日，长沙再次发生了士兵闹饷风潮。闹饷士兵为第2旅第4团瞿维臧手下的1、3两营。他们枪系红带，有人声言要请程潜总司令回来，又有人声言要请李仲麟当总司令，还有人要推荐廖家栋为临时总司令。他们冲进赵恒惕的总司令部，劫走现洋2万元，将司令部内的陈设器物捣毁，随后又冲入第1师司令部及赵恒惕的私人住宅大肆劫掠，赵恒惕慌忙逃到北门外美国领事馆躲避，总司令部的其他人大多躲进了日本的山本洋行。后由廖家栋、鲁涤平、李仲麟等人出面劝告，这些变兵才停止骚扰，

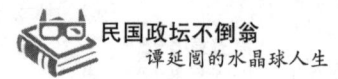

湖南商会出面为他们筹集了 10 万巨款,发清了欠饷,闹饷风潮才最后平息。廖家栋到美国领事馆迎回了赵恒惕。

经过这一事件,赵恒惕惊恐不已,他强按住心中的怒火,盘算着如何对付程派势力的办法。

长沙闹饷风潮结束后,程派势力不仅不知道收敛,反而自以为是,更加张扬。李仲麟经常往返于长沙、醴陵之间。他是一个锋芒毕露、飞扬跋扈的人物,常常骑着高头大马,带领马弁多人,在城中横冲直撞,旁若无人,谭派人物尤其是张辉瓒恨透了他。谭派想借刀杀人,时常将李仲麟等程派的活动添油加醋地报告赵恒惕,弄得赵恒惕如坐针毡,心乱如麻。赵派亲信唐经百、唐岳五、叶开鑫、夏斗寅、唐荣阳更是摩拳擦掌,主张先发制人,解决程派势力,以去除后患。赵恒惕也感到李仲麟"拥兵结党""约期暴动""若再加以姑息""必致军纪荡然,莫能统驭,犯上作乱",不日就有"滔天不测之害",于是,密谋将他们杀害。谭派张辉瓒对李仲麟等倒谭势力恨之入骨,他获悉赵恒惕的计划后,就马上拟定了一个杀人名单,送交赵恒惕圈定。赵删去了一部分,接受张辉瓒的建议,以讨论湘军出兵援桂和滇军假道问题为由,召集各区司令官、旅长以上军官来省城举行军事会议,以诱骗李仲麟等人落网。

长沙闹饷风潮发生后,外间就谣传是李仲麟策动了这一事件,革命党人已有所警觉,姚大愿多次劝李为人要低调,不可过于张扬,以免遭人忌恨,并要他千万不可离开部队,有事可派代表来省,要加意防范。李口头上答应,但心里并不把姚的话当作一回事。当外间盛传赵恒惕要对李仲麟不利时,6 区司令部参议李午云特赶往李仲麟的金井老家通风报信,在半路上刚好遇见在金井老家宗祠挂匾坐轿回城的李仲麟。李午云劝李仲麟说,现在外间风声很紧,赵恒惕可能会对你下毒手,你千万不能回到长沙去,赶紧由梨、渌口绕道回醴陵,免遭毒手。但李仲麟却毫不在意地说:"赵炎午现在不敢动我的,他还在拉拢我,答应将我们的部队编师哩!"因此,大摇大摆地回到了长沙。当时,已到广州追随孙中山的程潜也怕李仲麟莽撞误事,遭来无妄之灾,特派易象从上海来到长沙,劝说李仲麟不要轻敌自大,但都没能引起李仲麟的警惕。

赵恒惕做好一切准备后,便通知李仲麟来长沙参加军事会议。李仲麟到达长沙后,革命党人多次提醒他注意防范,尽快离开长沙回到醴陵,以防不测,但他却毫不在意。1920年12月24日,黄一欧在通泰西街自己的家中请客,宴请回湘省亲的北京政府陆军部军衡司长林镜南,并请彭允彝、李醉吾、杨丙、阎鸿飞、李仲麟等人作陪,但李因为回乡挂匾没能出席。黄一欧不放心,晚上又给他的办事处打了一个电话,李仲麟亲自接了电话,说他下午刚进城,没有来陪客,很对不起。李还邀请黄一欧等人到他那里去谈谈。黄一欧于是邀同阎鸿飞一起,前往李仲麟的办事处,刚走到泰安里叶开鑫的家门口,卫兵问"口令",他们回答了,卫兵再问"特别口令",他们回答不出,卫兵正要阻拦,阎鸿飞情急智生说:"我们是来会叶太太的。"到了叶家一问,才知道是临时换了口令。黄一欧等人由叶家回到自己家里,已是11点多钟了,想到情况有变化,于是马上给李仲麟打了个电话,说明他们本是要来看他的,但因今晚换了特别口令,他们只好临时到叶家去了一趟,现在不能来看他了,希望他要特别注意。但李仲麟仍旧大意地说:"这有什么关系,怕什么!"

12月25日凌晨2时,赵、谭两派联合对程派要人的大屠杀开始了。赵恒惕亲自坐镇夏斗寅团部指挥,吩咐叶开鑫、唐荣阳、夏斗寅率部分路包围各个预定目标,捕住后就地正法。一时之间,长沙城内枪声不断。派往浏正街捕杀李仲麟的为叶开鑫部的亲信赵茂林,此人与李仲麟有宿怨,他率部冲入室内,李仲麟与其如夫人方从梦中惊醒,来不及做任何反抗,赵茂林就拿出了赵恒惕就地正法的手令,李仲麟知道自己已逃不脱被杀的命运,因此,请求写一份遗嘱,但赵茂林没有答应,而是手起刀落将李仲麟杀害,并将他的头挂在多福寺门前的电线杆上示众,下书"李仲麟"3字。他的妻子抱着无头尸痛哭不止。

直到第二天，黄一欧邀同夏斗寅前往总司令部去找赵恒惕，赵恒惕当时正靠在椅子上烤火，黄一欧问他："昨夜死了那么多人，究竟是怎么一回事？"并说："李仲麟的脑壳挂在多福寺门口示众，省会之地，观瞻所系，这不大好！"赵恒惕听了黄一欧的话，不好解释，只得对夏斗寅说，你就负责把他安葬了吧。当晚与李仲麟同时遇害的还有程潜派往长沙劝李仲麟忍耐提防的易象。赵恒惕认为他是程潜特意派来与李仲麟"密谋捣乱"的人，因此，命令唐荣阳派人前往捕杀。兵士冲入房内，将易象从床上拖下，说奉命来执行枪决，易象请求写几个字，兵士不答应，经再三哀求，兵士才同意他的请求。易象挥笔在桌布上题诗道："天外飞来事可哀，丹心一片付浮沉。爱乡爱国终成梦，留此来生一恨吟！"[①]诗一写完，即被架下楼去枪杀于西长街金钱巷木牌楼。当夜被杀的还有第2旅第4团团长瞿维臧、第1师军法正萧泽元、第2旅第4团补充营营长曹广燧、烟酒专卖局局长张自雄、湖田局局长叶隆科，以及张化龙和2旅司令部卫队步哨各1人。廖家栋逃至武汉后转赴上海，郭步高、张振武、姚大愿、姚大慈、杨源濬、黄梦遽等因觉察较早，逃入山本洋行，在日人帮助下，才乘船脱险。

25日，赵恒惕以总司令的名义宣布李仲麟、瞿维臧的罪状，指责他们"拥兵自恣，屡违节度，蓄意倡乱，约期起事"。赵恒惕对归附自己的谭延闿旧部则用加官晋爵的办法加以笼络，目的是对抗代表南方革命政府的程潜。他以整顿和扩充湘军为名，将程潜所部或跟程潜关系密切的军队全部缴械遣散，以求斩草除根。将湘军扩编为2个师10个旅，将12区司令改为9个镇守使，企图依靠其军事势力，对内镇压，对外扩张，在湖南建立一个独立于南北的赵家王朝。

赵恒惕主持湘政后，采取了较谭延闿更为果决的步骤，他不仅在口头上极力鼓吹湘省自治，而且在行动上更是雷厉风行。1921年2月10日，赵恒惕再次发布通电，声言：湖南"此次实行自治，为地方增幸福，为人民争人格，为国家谋建设，关系极巨，志愿尤宏"。[②]他将各种各样纠缠不清的意见放到一边，以快刀斩乱麻的手段，由政府一手操办，抛开宪法会议这个程序，采用蔡元培等提出的建议，直接聘请专家学者来起草省宪法。1921年3月中旬，赵恒惕正式敦聘名流专家李剑农、王毓祥、王正廷、蒋方震、彭允彝、石陶钧、向绍辑、陈嘉勋、皮宗石、黄士衡、董维键、唐德昌、张树声等13人为省宪起草委员，开始筹备宪法的起草工作。

1921年3月20日，由13名学者组成的自治法起草会议在岳麓书院举行开幕典礼，全省军政长官以及农、工、商、学、报等各界代表，各法团、公团代表共300多人参加了这次典礼。是日城厢内外各铺户，俱悬国旗，以表庆贺。会上首先由自治筹备处主任彭兆璜报告自治筹备处经过情形，然后由各界代表发表演说。总司令赵恒惕发表演说云："国事之坏，皆起于自私自利之一念……自治二字，从狭义言之，即个人能治个人之谓。各个人皆能自治，而后全省乃能治。余现为湖南总司令，若植党营私，保全位置，即是不能自治。"师长鲁涤平亦演说道："民国以来，有三大危险人物：（1）军人，（2）官僚，（3）政客。余即危险人物中之一。此三项危险人物，互相利用，互相勾结，而天下纷纷，乃无宁日……军人既属危险人物之一，本不应有，但自治法成立之后，又恐有人破坏，故不能不暂存，作为自治法之拥护队。俟自治法实行稳固之后，吾辈军人，皆当退还田园，受自治法之保障。"③军界代表的这番表态，不论以后能否兑现，在当时的确给人觉悟非凡之感慨，也给起草委员和社会各界莫大信心。

开幕仪式后，13名学者谢绝一切访客，关在岳麓书院的书斋内辛勤地进行起草工作。在讨论自治政府的体制设计中，起草委员们发生了严重的分歧。以李剑农、黄士衡为代表的纯学者型委员，他们自比为美国制宪会议的先贤，决心为湖南人民起草一部长治久安的"根本大法"，以使湖南的自治事业有章可循。他们认为赵恒惕的势力已占压倒性优势，将来省宪完成竞选省长时，赵一定会稳操胜券，军民分治恐难实行，因此，主张限制省长职权，提高议会职权。他们一方面引进甚至是照抄欧美国家最先进的政治制度；另一方面，在引进的时候尽量根据现实情况权衡利弊，酌量采择，而当他们这样选择移植的时候，首先考虑是要发扬民主政治的精神，防止省长的独断专行，通过各种措施来制约省长的权力。以王正廷、彭允彝为代表的务实型委员，主张借鉴美国总统制，采用"省长制"（当时又叫"独任制"）。王正廷认为湖南时当南北要冲，又值多事之秋，需要强有力的政治权威，应当赋予省长较大职权，使其有所作为；对省长限制太多，是自缚手脚。但是他的主张与当时反对专制独裁的一般社会心理相冲突，更与学者们的理想相违背。因为大多数学者当时最关心的，是如何以民治代替军治，如何制约集军政大权于一身的省长赵恒惕，对于王正廷的省长制主张，自然不肯答应，甚至认为王氏是专为赵恒惕当说客的。因此，讨论结果，决定仿效英、法责任内阁制，采用省务院制，对省长在用人行政方面，设置多重限制，比如规定省务院长及各省务员，非经议会同意，不得任免；省长发布命令文书，非经省务院长及主管司长之副署，不生效力；同时规定，省长任期4年，不得连任。④4月21日，赵恒惕迫不及待地将《湖南自治根本法草案》予以公布，不久又将其改名为《湖南省宪法草案》。该草案从文本上看采用的是省务院制，对省长的权力有较多的限制，对人民群众规定了较多的民主权利，表现了一定的资产阶级民主主义精神。但是，这不过是纸面上的东西，后来的实际证明，赵恒惕并不受它的约束。

　　4月，湖北国民党人李书城与鄂军团长夏斗寅密谋，准备像湖南"驱张"那样，举起"鄂民自治"的旗帜，驱逐鄂省督军王占元。夏斗寅是赵恒惕的旧部，此时赵正因湖南"兵多、财尽"陷入困境，因而急想借此机会，让湘军觅食他省，以减少湖南的财政负担，更何况汉阳兵工厂又可以解决湘军向感缺乏的军火问题，加上川军也有援鄂合作的要求，以及武汉正可以作为联省自治政府的所在地的引诱等，赵恒惕及湖南将领们，便顾不得"自治"是不是可以进兵他省了。7月，赵恒惕以"援鄂自治"的名义，出兵邻省，宋鹤庚所率第1师，由岳阳进入湖北，在连战皆捷的情况下，于8月初逼近武昌，湖北督军王占元弃职逃跑。北京政府急忙改派吴佩孚为两湖巡阅使,率兵南下,一举夺取了湖北政权。吴佩孚还亲自率领舰队由长江入洞庭,攻占岳阳,对长沙构成严重威胁。9月,赵恒惕被迫与吴佩孚签订停战和约,把湖南的一切军民财权拱手让给吴佩孚,实行附北抗南的反动政策。

同年冬,孙中山在桂林大本营下令取道湖南进行北伐,赵恒惕却指使其御用省议会派代表前往桂林请愿,以"湖南自治"为借口进行阻拦和对抗,并暗地里派遣贺耀组前往广东,与陈炯明进行勾结和密谋,拿不许孙中山的部队进入湖南,作为供给陈炯明叛军饷弹的交换条件,通电声称:"依据省宪法,客军入境,当迎痛击!"而且还假造民意,假借衡山会议以及湘省各公团的名义,拒绝北伐军取道湖南北上。赵恒惕之所以这样起劲地以"湘省自治"来阻挠孙中山的取道湖南北伐,是有其险恶用心的。正如时人所评述的那样:"赵恒惕所以创制省宪,非其主张之与人不同,实所以预防谭延闿而献媚直系,使吴佩孚西击巴蜀,东收八闽,南扰百粤,北制奉张而无回顾之忧。"赵"窃省宪之名,为固位之具,祸乡卖乡,其无人格已达极点……其用心尤为可耻可恶"。⑤由于赵恒惕的阻挠,孙中山北伐取道湖南的计划破产。第二年春夏,他不得不改道江西进行北伐。孙中山非常气愤和失望,决心组织力量推翻赵恒惕,扫除北伐道路上的障碍。

正在这时,谭延闿的政治立场发生了变化。谭延闿被逐出湖南后,赋闲上海,极度的无聊和失意使他反躬自省,检讨自己三次督湘的经验教训,进一步看到了以孙中山为代表的革命民主派的力量,认识到没有他们的谅解和支持,要想取得和巩固自己在湖南的统治是不可能的。他常同杨庶堪等国民党员接触,杨庶堪等人经常向他介绍孙中山的政治主张和伟大人格,劝他诚心助孙,政治上才有前途。谭延闿表示愿意投靠孙中山,追随他参加革命。1922年,他在上海向周震鳞表示悔悟之心,周感到孙中山先生在湘的势力单薄,如谭能参加革命,由他回湘召集旧部投入革命阵营,可以壮大革命声势,于是重新介绍他加入国民党,晋谒孙中山。孙中山豁达大度,不念旧恶,竭诚表示欢迎。从而谭延闿得有机会"与总理信使书札往还,讨论国是",亲受孙中山教诲颇多。通过这段时间的书信接触,孙中山对谭延闿有了进一步的了解和认识,在给胡汉民等人的书信中说:"吾党缺乏政治人才,今后必须多联系国内知名人士以为我助,如北孙南谭,均一时人望。"⑥孙中山在这里所说的孙,即指孙洪伊。孙洪伊,字伯兰,直隶天津人。辛亥革命后在上海与汤化龙等组织民主党,不久参加进步党,为党魁之一。1913年任众议院议员、宪法起草委员。次年反对袁世凯称帝,1916年6月任联合内阁的教育总长,1917年后组织民友社,是当时北方不可多得的政治活动家。谭即指谭延闿,由此可见,孙中山对谭延闿是相当器重的。1921年7月,孙中山下令讨桂,谭延闿除利用自己的政治声望联络有关人士讨桂外,还利用自己的私人关系,在上海策划、筹集、押解给湖南军队的饷银累计达几十万。周震鳞以湖南劳军使名义进入湖南,谭也派张翼鹏入湘,劝导赵恒惕动员北伐。但赵却以"湘省自治"加以拒绝。

同年5月,直奉战争爆发,孙中山改道江西北伐。谭延闿向孙中山声称,湘军谢国光、吴剑学、陈嘉祐3旅均可接受其调动。因此,孙电令谢国光等侧击江西,谭也准备回湘夺取政权。不料直系很快战胜了奉系,迎黎元洪入京为傀儡总统。黎为拉拢西南各省,促进全国"统一",任命谭延闿为新内阁的内务总长。谭不愿就任这个有名无实的职务,回电搪塞说:"延闿从西南义师之后,不能悖护法政府之主张;又为湖南人民之一,当服从联省自治之主义。人各有志,幸无相浼。"⑦7月12日,谭延闿还同章炳麟一起在上海组织"联省自治委员会"。8月15日,他又致电西南各省一致拒吴,其电文曰:"吴佩孚拥众洛阳,自谓北方第二政府,特派孙传芳为援川总司令,以两师两混成旅入川,预定川事得手,设长江上游总司令部于重庆,现渝、万虽复,而吴氏侵略之志未衰,又复纠合秦陇,规出川北,煽惑黔军,冀其响应,所以图川不遗余力,非特报十年北伐之仇,实以铲西南自治之本。"⑧谭仍旧大谈其联治主义,说明他并未服膺孙中山的三民主义。

# 第五章
## 追随中山　倾心革命

北伐军进入赣南后，陈炯明忽然在广州发动叛变，孙中山被迫再次赴沪。时在上海的谭延闿也极力接近于孙，不仅亲往码头迎接，而且连续数周前往孙中山的住宅晤谈，两人相处"几无虚日"，谭还常对别人说"革命领袖非孙公莫属"，又说："近与总理常相处，得一教训，即天下事无所谓成败之说也。事前种种着急，皆属多事，与我平日信天之说合成一片。"⑨

他还把这些话语写在致部属的书信中，以表明自己跟随孙中山救中国的志向。1923年1月，陈炯明被滇桂军逐走，孙中山受杨（希闵）、刘（震寰）的邀请，准备回粤。但是，苦于经费没有着落，谭延闿又将上海唐山路的住宅卖掉，并托湘人筹资5万银洋，促其成行，孙中山深为嘉许。

对于孙中山与谭延闿之间的关系，方鼎英曾在《谭延闿的湘军及其与孙中山的关系》一文中做过生动的描述：

> 有一日，我与谭闲谈中，曾面质之曰："你往日在湖南开口闭口说孙中山是孙大炮，而你今日对孙完全改变，固已判若两人矣，可是赵炎午那一班人犹在那里大喊孙大炮。这都是你教出来的徒弟。请回顾一下，你对此究竟作何感想呢？"谭曰："赵炎午那班家伙真是至死不变之徒，何足论哉！何足论哉！我自追随孙先生左右，朝夕领教以来，才逐渐认识到孙先生是不如我从前所听说的孙大炮，而确是一个文通中外学贯古今的有真才实学的人，是排满、反袁、打倒北洋军阀的一个真正领导人。"

由此可见，谭延闿对孙中山的认识是由浅入深的。民国初年，他虽挂籍国民党，但更多的是迫于在湖南的国民党人的势力，他需要他们的支持，尤其是黄兴、宋教仁对他的影响，而对孙中山，他并无什么好感，更多的只是表面上的应付。"二次革命""护国""护法"运动，他对孙中山基本上是阳奉阴违。他的前两次下台，与他的首鼠两端不无关系，当然北洋军阀的压力是主因，是他没有办法的事情，第三次下台，则与孙中山脱不了干系，没有他的连番派人倒谭，谭延闿也不可能这样快下台。他终于看到了孙中山的力量。赋闲上海，与革命党人的接触，他对孙中山等革命党人有了更深一层的认识，意识到了自己连番督湘的失败，是因为缺乏革命理想和信念，想以小恩小惠来笼络自己的手下，然而靠利益结成的团体是不稳靠的，很容易为利益所分解。赵恒惕、鲁涤平、曾继梧都是他一手栽培而成，但在关键时刻却逼他下台，这是多么惨痛的历史教训。他在与孙中山的频繁接触中，看到了孙中山人格的伟大，孙中山不是为个人利益而战，而是为国家和人民利益而战，他有理想、有抱负，为人豁达，处处以革命利益为重，因此，他对孙中山由疑忌转为佩服，成了同病相怜的朋友。他常对人说："中国历史上，也有许多贤哲，对国事不无献替。但时至今日，真能提出整套革新办法，对外适应世界潮流，对内切合国计民生需要，舍三民主义，更无他途可循。""我一生佩服的只有孙先生，除孙先生外，再没有第二个人了。"

1923年2月，孙中山回到广州，建立陆海军大元帅府，15日，他召约谭延闿离沪赴粤。当天，正值大年三十，谭延闿在上海家里面正与家中亲人欢喜地吃着年饭，突然有人送来一封加急电报，谭延闿打开一看，见是孙中山先生要他速赴广州，谭延闿来不及多想，匆匆安排了一下家中的事务，带上几件简单的衣服，乘第二天早上的军舰前往广州。从上海赴广州一个星期之久的船上生活，使谭延闿思绪万千，心情难以平静。他在诗中写道：

　　海上逢元日，年年无此情。不寒风日美，微浪舵楼轻。
　　旧俗随烟游，新题试蟹行。塘山应祝我，倾耳似涛声。

2月21日，谭延闿到达广州，故地重游，亲朋好友登门相贺。落魄之后，再展政治抱负，使谭延闿别有一番心境。他在《广州杂诗》

中说：

> 小院闲庭熟荔枝，栏杆步步耐寻思。
> 书声未歇茶烟飏，尚友轩前听雨时。

广州居地那株株荔枝树上，挂满了一串串即将成熟的果子；南国庭院那颇具西方风味的建筑构造，品茶读书的悠闲自乐，历史古迹前闻听那滴答有声的春雨，怎不教人心旷神怡，浮想联翩呢？谭为自己能重登政坛感到无比的欣慰。

3月，孙中山任命谭延闿为内政部长，而一直跟随孙中山的程潜，此时正担任大本营的军政部长。为了开创革命新局面，孙中山特别要求国民党人要做到"人格高尚、行为正大。不可居心发财，想做大官；要立志牺牲，想做大事"。而他本人，则以"天下为公"身体力行，成了国民党人的楷模。程潜长期耳濡目染，深受影响，养成了大公无私、不计个人恩怨的高尚品格。一天，他对内政部长谭延闿说："组庵，孙总统对我们委以重任，我们应该对他忠贞不渝，为国为民鞠躬尽瘁，死而后已。"程潜的话给谭延闿深刻的启迪，他激动地回答："颂云，我过去骂过孙中山为'孙大炮'，他不咎既往，还如此委我重任，我一定服从孙中山的领导，不负重托。"他为了表达对孙中山的爱戴，特意把家里珍藏已久的两方汉玉古印送给孙中山。这两方古印，恰巧分别刻有"鞠躬尽瘁""死而后已"4字，是稀世珍宝。孙中山收到这对汉玉古印，只留下"鞠躬尽瘁"的一方，而把另一方送还谭延闿，并附上一封言辞恳切的信："'鞠躬尽瘁，死而后已'，是诸葛孔明对后主刘禅表明心迹的话，我们革命党人对革命、对人民鞠躬尽瘁，是应有的志趣；但前人未完成的革命任务，后死者应该不屈不挠，继续实行。我们应当以'死而后已'为己任，再接再厉，贯彻始终。"当时，孙中山正亲临前线，躬冒矢石与陈炯明在石龙、石滩上作拉锯战。

自陈炯明叛军发动反攻开始，孙中山身边贴身护驾的，本为蒋介石、叶挺、叶剑英3人，谭延闿赶到后，孙中山立即将3人全部派上战场，连警卫部队也一个不留，只留谭延闿一个人跟在身边。谭延闿平日里衣冠楚楚，儒士风度，这回却也换了满身戎装，腰插佩刀，手执双枪，一副武弁模样，寸步不离孙中山左右，冲杀在石龙前线。

蒋介石为此很不放心，就跟叶挺商量说，总统身临前线，亲冒矢石，我们3个军事技术还算过硬，贴身护卫还有几分把握，如今就剩个谭胖子，枪都不知道拿不拿得稳，怎能保护总统？还是应该由我们留在总统身边才是。

没想到叶挺却道：你知道个屁！谭胖子从小玩枪长大的，双枪百步穿杨，我们3个加起来，也不是人家对手。有他在，总统身边哪还用得着我们？打你的仗去吧。

蒋介石于是无话可说，老老实实地领兵冲锋去了。

谭延闿手执双枪，寸步不离地跟着孙中山，在弹火横飞的石龙前线，他连眼都不眨一下，丝毫没有畏惧的样子，直到孙中山的部队打退了陈炯明叛军的进攻，他都没离开过半步，孙中山大受感动。自此，谭对孙极为恭顺，孙对谭也相当倚重。

谭延闿担任内政部长后，一些对谭延闿不满的湘籍将领，总喜欢在孙中山面前说谭延闿的坏话。有一天，某湘籍将领要求面见孙中山，自称有机密大事要单独禀告。正在大元帅府办公的谭延闿与胡汉民很识趣，他们立刻退入厢房。那人进屋后，不知道隔墙有耳，立即向孙中山大进谗言，将谭延闿如何不可靠，如何不地道之类的话讲了几箩筐，孙中山捺着性子听他胡说八道，自始至终未置可否。那位湘军将领是有名的雷公嗓门，声音异常洪亮，退到厢房静候的谭延闿、胡汉民不是聋子，字字句句都听得分明。胡汉民都有点坐不住了，很想冲进去狠狠地扇他几个耳光，方才解气，但又碍于孙中山的面子，只好继续在门外候着。他拿眼角瞟了瞟站在旁边的谭延闿，看看他听了这些话会有什么表情。只见谭延闿听了那人喋喋不休的混账话，仍然气定神闲，丝毫不恼，仿佛那些话与自己毫不相干似的，这使胡汉民佩服得五体投地,说谭延闿"宰相肚里能撑船"。

孙中山并没有因为听了这个湘军将领的话,而疏远了谭延闿,反而更加信任谭延闿。

5月7日,孙中山改任谭延闿为大本营建设部长。21日,谭延闿遵照命令,将任内经营印信、文卷、人员器具以及余存经费分别列册移交新任内政部长徐绍桢。28日,重组建设部,委任罗崇论、谢益为、王猷、邓耀康、彭希廉、李淞、陈润棠、刘百泉、卫鼎堪、邓维贤、王文炳、俞鸿基、王炳勋等人为该部科员;委任王星帆、司锦章、张国元、伍大光等人为该部书记官。谭就职伊始,就立即指派吕苾筹、岳森等回湘劝赵恒惕出兵参与广东的讨贼之役,遭到赵恒惕的拒绝,至此,孙中山和赵恒惕的关系最后破裂。1923年夏,谭延闿奉命回湘讨伐赵恒惕。

在谭延闿发动讨赵战争之前,湖南爆发了湘西镇守使蔡钜猷与省长赵恒惕争夺湘西鸦片特税的战争。蔡钜猷盘踞湘西多年,鸦片烟税丰厚,当时湖南全省财政收入,每年不过1000余万,而洪江一隅,便可岁入1000万,可见湘西之富。赵恒惕极想染指却无法插足。恰有李烈钧所部滇军1万余人进入湖南的晃县、芷江、靖县一带。赵恒惕命令蔡钜猷的部队前去驱逐,声言派唐生智旅作为后援。蔡钜猷不仅不与滇军交战,反而恳请李烈钧介绍其加入国民党。后来,唐继尧将滇军调走,滇军所占防地都交还给蔡。赵恒惕对蔡恨得要命却又奈何不得。

1923年2月,谭延闿在离开上海前往广州之前,就暗地里派陈嘉祐赴湘西活动,联络蔡钜猷作拥谭倒赵的准备。陈嘉祐是谭派军人中的急先锋,原驻扎郴州,任第6混成旅旅长,早在1921年年初,陈嘉祐就因私委地方官被赵恒惕严厉申斥,嗣后更屡屡抗命,成为湘军中最不服调动的将领。2月18日,陈嘉祐奉谭延闿之命潜往湘西,陆续收编了雷洪、朱刚伟、蔡隆菜等部。4月中旬,与蔡钜猷取得联系,在辰州公开宣布讨赵。6月,蔡钜猷奉谭延闿的命令在湘西宣布独立,通电指斥赵恒惕"甘心附北,背叛西南",随即组织讨贼军,兵分3路,

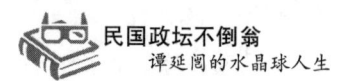

由刘叙彝、田镇藩、周朝武率领,向常德、安化、新化等地进攻。

赵恒惕对蔡钜猷拥护谭延闿恨之入骨,又垂涎于他辖区内的鸦片特税,早就想除掉他。7月2日,赵恒惕在省垣召开军事会议,以蔡钜猷未奉命令擅自收编陈嘉祐"叛部"为理由,撤其湘西镇守使的职务,将蔡调任湖南讲武堂总办,所辖刘叙彝、田镇藩两旅,改归第1、第2两师节制,但蔡毫不理会。24日,赵再次召开军事会议,决定调驻常德的唐生智主力两个团,益阳贺耀组所部一个旅开到郑家驿、辰龙关东坪、低庄一带,与蔡钜猷的部队作战,蔡、赵战争正式爆发。

蔡、赵战争一开始,广州革命政府认为打倒赵恒惕的时机已经成熟。25日,孙中山任命谭延闿为湖南讨贼军总司令,着其回湘驱逐赵恒惕。8月初,谭延闿率领朱培德部两营滇军,由粤入湘。7日抵达衡阳,衡阳镇守使谢国光率部迎入衡阳城,谭即发出通电,宣布就任孙中山所委任的湖南省省长兼湘军总司令职。8日,他又发出讨赵通电,直斥赵恒惕为窃湘大盗,严正指出:"湘民三千万,劫持于极不忍受之政法下,直已陷于绑票之奇祸。虽经无数次之赎票,产既全破,而生命仍无救出之望。"郑重声明:今"大元帅痛民生之颠危,思缔造之不易,特命延闿归来,伸张精神,刷新内部,以救湘人无数之苦,以竟先烈未竟之功"。为此号召:"凡我父老,当知裁择;凡我袍泽,自有同情,天下事固有自知非力所胜,而为大义所迫。"明确表示:延闿"为奉命而来,则赴汤蹈火,摩顶捐躯,毫无可辞者"。从而放弃自己过去曾提倡的省宪主张,宣示现今所奉主义就是孙中山的三民主义,只知"服从主义",⑩决不受别的什么主义如"自治"一类的东西所制约。随后,谭延闿委派宋鹤庚、鲁涤平、谢国光、吴剑学为讨贼军1、2、3、4军军长;林支宇为湘西善后督办;廖家栋、李韫珩为讨贼湘军第1、2纵队司令;谢慕韩为讨贼湘军湘南边防司令。又在总司令部下设立军务、政务、财务、事务等委员会,大肆网罗各方反赵人士。军事委员会的委员有石陶钧、岳森、张辉瓒、林益简、易棠龄、谢慕韩等10余人;政务委员会的委员有易培基、谢晋、吕苾筹、姜济寰、朱剑凡、方维夏、刘劲先、罗介夫、彭国钧等10余人。组织机构、人员安置十分庞大。谢国光、吴剑学2人公开接受谭延闿的号令，兴师讨赵。宋、鲁2人则因内部赵派力量雄厚，表面上保持"中立"，实际上也倾向于谭延闿。

11日，赵恒惕组织"护宪军"，亦发表通电与谭延闿相对抗。电谓："蔡逆蓄祸已深，弄奸益肆。利啖巨镇，共谋破坏，犹恐奸计不遂，乃假手一二失意流寓之党徒，拥首倡制宪自治之人，为根本破坏省宪之举。……夫吾湘托命于省宪旗帜之下，在国宪未成立之前，不受任何方面之干涉。"同时，他还指使省议会发出两种通电：（1）对外声明谭延闿以首倡自治之人竟有称兵毁宪之举。（2）对内请各界奋起护宪。⑪继续以"省宪"作为他推行附北抗南的灵符。

8月中旬，谭延闿分兵3路进迫长沙：以蔡钜猷率所部依原定计划东进为西路；以宝庆镇守使吴剑学率部开驻湘乡附近的永丰镇，东顾衡州，西与蔡军相呼应，担任中路；东路以谢国光所部编成4梯团，以衡山为大本营，以重兵进驻护湘关，直迫湘潭、长沙。赵恒惕也不示弱，急调3路军队抵御，以唐生智、贺耀组原有各军任西路，抵御东进之蔡军；以叶开鑫为中路总指挥，率所部一团和贺耀组一团，抵御吴剑学部，以杨源濬任左翼总指挥，率叶开鑫驻长沙、岳州、醴陵、茶陵的军队，应付谢国光部。

谭、赵双方剑拔弩张，只是由于据守湘潭、湘乡一带的鲁涤平尚不表态，谭、赵也都想拉拢他，为己所用，鲁进退两难。8月27日，他在湘乡发出通电，正式宣布"中立"，电文中有"畏（谭延闿号无畏）、炎（赵恒惕号炎午）两公均吾姑，两姑之间难为妇"两句话⑫。并将袁植团撤出湘潭，以避免与双方接触。

8月下旬，谭、赵两军战于衡山一带。赵恒惕倾巢出动，进展顺利，于31日攻下衡阳，西线的唐生智部也迫进辰州、溆浦。

正当赵军前方进展顺利之时，由长沙开往衡山增援的叶开鑫部朱耀华团和贺耀组部罗寿颐营经方鼎英、张辉瓒策动，反戈倒赵回师袭

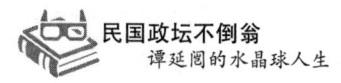

击长沙。赵恒惕措手不及，仓皇逃往醴陵。

9月1日，方鼎英、张辉瓒率部进入长沙，张贴告示，安抚百姓，并电迎谭延闿及宋鹤庚、鲁涤平等人回省城。谭延闿对张辉瓒在危难之际力挽狂澜的举动非常赞赏，称赞他们在这次战役中出奇制胜，功不可没。6日，谭延闿率部进入衡山，立即电告孙中山，讨贼军已顺利进入衡山，赵恒惕部退往醴陵，可能会逃往江西、湖北或广东边境。7日再电孙中山报告讨贼军已占领衡阳，克服常德，湖南局势即日可以平定。此时，湖南全省工团联合会和湖南学生联合会等因赵恒惕执掌湘政后血腥镇压群众的爱国民主运动，也想借势驱逐赵恒惕，同时为了向谭延闿表示一下湖南人民的要求，于11日举行了"长沙市民欢迎讨贼军大会"，公开表示反对赵恒惕，并向谭延闿提出5项要求：取消自治省宪；言论、出版、集会、结社绝对自由；取消苛捐杂税；严禁鸦片烟害；继续民主革命，不与任何军阀及帝国主义者合作。并请谭延闿作圆满答复，表示欢迎他做民主革命派。谭延闿表示顺从湖南民意，以孙中山的三民主义为依归。

赵恒惕逃到醴陵后，心中愤愤不平，自己千算万算，甚至拼了老本去与谭延闿作战，没想到朱耀华这个忘恩负义的家伙，却在他后院放起火来，弄得他措手不及，灰溜溜地逃出长沙。说起朱耀华，他的牙根就不停地发痒，恨不得寝其皮、食其肉。他惊魂稍定之后，就四处收集残兵败将，决定组织力量夺回长沙，他一面派人向吴佩孚求援；一面调集贺耀组、唐生智两旅于岳阳待命。13日，贺、唐两部开始向长沙压迫前进，方鼎英、张辉瓒守备单薄，乃率部过湘江至西郊岳麓山，沿湘江西上，与赵的援兵一面对战，一面南撤，经株洲、三门、昭陵、淦田、朱亭，向衡阳前进。到10月中旬，两军在湘江东岸的昭陵、醴陵一带形成对峙局面。

这时，吴佩孚为阻止革命势力入湘，乃调马济、谭道南、葛应龙等部北军，向粤汉、株萍二路推进，并在岳阳组织两湖警备司令部，吴亲任总司令，指挥北军进攻谭延闿。赵恒惕得到北军增援，乃大举反扑，谭部在赵军救援长沙时所收复的失地，又相继被赵军夺取。形势急转直下，讨贼军前线兵力单薄。同时，广东方面告急：陈炯明、邓本殷由东江和南路合围广州；方本仁、邓如琢部又从江西进犯粤北。驻粤滇桂军抵挡不住叛军进攻，广韶震动。孙中山急电谭延闿率师返粤救援。谭延闿感到再继续进行战争会不堪设想，乃奉命回师广州，谭赵战争结束。

谭赵战争相持达4个月之久，死伤军民1万余人，耗去军费200多万元，湖南元气受到了重大的损伤，谭、赵关系也由此"恩断义绝"。当时谭延闿在一首题为《诗史》的诗中写道："刎颈论交计本疏，张王毕竟负陈余；恩深交重成轻绝，纸上同心再寄书。"后悔自己当日卵翼赵恒惕之非计。此后，赵恒惕更是死心塌地与北洋军阀、陈炯明相勾结，与孙中山领导的革命力量为敌，与谭延闿、程潜领导的湘军誓不两立。

谭、赵之战有别于军阀之间的战争，谭延闿入湘驱赵虽然免不了有争权夺利之嫌，但是，他又是同孙中山统一两广、北伐中原的目的相一致的，他是孙中山领导的民主革命的一部分。这次战争，虽然没有达到预期的目的，但是它引起了湘军内部的分化，加剧了湘军内部的矛盾，促使湖南军民转入以广东为基地的革命阵营，进而促进了全国革命形势的高涨。

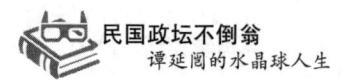

## 2. 回师援粤 东征讨陈

1923 年 11 月，谭延闿率所部湘军 24000 人退出湖南，救援广州。所部主力由方鼎英率领，从柳州、九峰辗转进入粤北，到达北江时，正值北军方本仁部从大庾岭进攻粤北的南雄、始兴，驻防北江的滇军步步后撤，韶关岌岌可危。孙中山急令谭延闿节制北江各军，率湘军投入战斗。命令略谓：

> 北虏不道，屡犯南雄，罪在必讨。兹责成湘军总司令谭延闿督率各部迅速进剿，务先巩固边陲，再进以图大局。现在北江各部队，着归该总司令指挥调遣。仰即克日分途进剿，务绝根株。

谭延闿接到孙中山电令后，立即转电驻韶关湘军各将士，要求他们按照"大元帅令……协同滇军追击北敌"。谭延闿经与孙中山商议，任命鲁涤平为湘军总指挥。11 月 22 日，鲁涤平在韶关军桥附近的军舰上设立湘军总指挥部，通电公开宣称就任湘军代总指挥之职。声明呈请谭延闿兼任湘军第 1 军军长，宋鹤庚为湘军总指挥，考虑到"军事吃紧"，而宋鹤庚在上海尚未回来，"涤平不得不担任代行职务"，表示当北江肃清以后，宋鹤庚回到广东，"涤平仍当随时交代，以免贻误"。紧接着，鲁涤平与滇军首领杨希闵商议，以湘军为主体加上滇军韦杵旅编为湘滇联合军，进行战前各项准备工作。

南雄地处广东省东北部，大庾岭南麓，毗邻江西赣南地区，自古是岭南通往中原的要道，是粤赣边境的商品集散地，史称居"五岭之首"、江广之冲，枕楚跨粤，为南北咽喉。南雄既为粤北重镇，也是北军由江西进犯广东的交通要道，南雄如果坚守不住，那么始兴的形势就会十分危急。当时滇军第 1 师的韦杵旅以兵单待援之目的移驻大桥，而南雄、始兴仅仅有一天的路程，如果北军一旦攻入南雄，那么始兴也一定会相继沦陷。因而鲁涤平遵照谭延闿的指令，"以时不可失，敌不可长"，于就职之日定为誓师之期，并会同滇粤桂联军总司令杨希闵拟定了一个具体的进攻计划。当时，敌对双方的兵力为：北军共 4 个混成旅，即江西陆军第 3 混成旅高凤桂部，江西桂军第 9 混成旅邓如琢部，山东陆军第 1 混成旅雷长禄部。湘军投入 4 个军，滇军投入 1 个旅。11 月 26 日，湘滇联军在始兴南端 10 余里与敌军接触。12 月 1 日，联军攻占始兴，并乘胜跟踪追击，与敌军激战于始兴境内五里山、古碌市一带。2 日，湘滇联军挺进南雄境内，敌军则收拾残部在邓坊墟、中站一带负隅顽抗。6 日，联军实行合围，经过激战，敌军纷纷溃退至信丰、南安一带。7 日联军乘胜追击，已将侵入粤北的敌人全部赶到了江西境内。方本仁第 3 混成旅旅长高凤桂率部投降。这次南始之战，湘滇联军总共"夺获大炮五门，机关枪十余挺，步枪及军用品无算。又俘虏六百余名……敌部队计方本仁之一、四两团，高凤桂之第三混成旅，邓如琢之第九混成旅，雷长禄之山东第一混成旅及其他补充团营名目合计不下一万五千余人，经此巨创已不成军"。孙中山于 12 月 14 日驰电嘉奖。电文曰："此次北敌犯我南始，该军奉令协同滇军进攻，数日之间尽破逆军，恢复名城，追兵直度庾岭，北江遂告肃清，自非将士忠勇，曷克奏此肤功。昨接前方捷报，当经明令嘉奖，并饬筹给赏金。"[13]谭延闿也于 12 月 16 日致电湘滇联军，电文曰："名城迭复，欣幸无已。我友军及本军各官兵备尝艰苦，忍受缺乏，尤为系念，并乞转语慰问。"方部谭军高凤桂部就地在粤北休整。

谭延闿则率鲁涤平、谢国光、吴剑学、陈嘉祐等部数千人沿铁路前进，增援广州。时值陈炯明叛军正向广州发动猛烈进攻，孙中山即令廖湘芸（兼虎门要塞司令）师巩固石龙阵地，派滇军杨廷培师在石滩收容溃兵，巩固省城。并令谭延闿所部"由车开到新街，军田一带

下车"。⑭同时又召开军事会议,决定增调部队以坚守白云山、龙眼洞、瘦狗岭、观音山等要地,急电驻粤北的豫军樊钟秀部,迅速南下支援。11月中旬正当广州危急之时,樊部在黄沙车站下车,跑步至东山梅花村,猛力向东部瘦狗岭一带敌军反攻。谭延闿部也遵令在新街、军田一带加入战斗,洪兆麟等围城的部队,见湘军南来,便喊出"湖南人不打湖南人"的口号,自动撤去,⑮广州乃转危为安。孙中山对南来的湘军慰劳有加,并任命谭延闿为湘军总司令兼大本营秘书长,所部湘军编为5个军,由宋鹤庚、鲁涤平、谢国光、吴剑学、陈嘉祐分任1、2、3、4、5军军长。从此,谭延闿凭借他这支势力雄厚的部队和他原有的官僚政客的圆滑手段,在国民政府内扶摇直上,开始了他后来政治生涯的崭新局面。因而,他在南退途中,曾情不自禁地赋诗道:"胜固欣然败亦喜,西风吹泪到昭陵。"

谭延闿、樊钟秀部配合广州革命政府将陈炯明逐出石滩、石龙后,陈炯明将兵撤到惠州,两军在东江转入了相持阶段,孙中山获得了暂时的喘息机会。孙中山从历次的战乱和多次的下野中,已深深地感觉到了国民党正在死亡,如果不增加新生血液,进行大力改组,难以完成国民革命的历史重任。而投靠他的军阀,大多是借用他的旗帜,为他们争地盘服务,他们奉行的原则是"有奶便是娘",因此,这种靠利益结合起来的集团,是很难诚心拥护国民革命的,就连他一手扶植起来的陈炯明也在他羽翼丰满之后,反对他的北伐主张,公然炮轰总统府,叛变革命,这更令他痛心疾首。他从俄国革命中受到了启发,要完成国民革命,就必须建立一个坚强有力的政党,有一支由党亲自培养、效忠于三民主义的革命军队。他在马林、鲍罗廷等人的一再劝导下,决定改组国民党,创建党军,建立一个坚强有力的革命政府。1924年1月6日,孙中山在大元帅府召开会议,讨论组织政府,出兵北伐与统一广东财政的问题。

这时,那个找"老校长"题写招牌的毛泽东也来到了广州。不过这时的毛泽东已经不是原来那个开文化书社的小商人,他已经是中国共产党的中央委员了。由于中国共产党的总书记陈独秀被孙中山任命为大本营宣传委员会委员长，陈独秀到达广州就职，中共中央也随同由上海迁到了广州。毛泽东受陈独秀之邀，与共产国际代表马林从上海来到了广州。他住在东山恤孤院后街 31 号，即春园，与陈独秀、蔡和森、李大钊、谭平山等人在这里，筹备中国共产党三大的召开，主要商讨与孙中山实行国共合作的问题。离春园不远处，是恤孤院 24 号，有一座既有欧美别墅风情又结合地方建筑特点的建筑，名叫简园。这幢 3 层高的中西合璧的房子，外形十分出众。开拱式门楼，门楼上端是飘出的阳台，仿希腊柱式，外墙涂刷米黄色粒状灰砂，出檐处有几何图饰，前后都有花园，主体建筑朝南，布局对称。它最初是南洋兄弟烟草公司简琴石的产业。这时候已经成了谭延闿的公馆。据史料记载，中共三大期间，毛泽东曾多次到简园找老乡谭延闿，争取他支持国共合作。谭延闿对湖南来的这个老乡，总是以长者的身份给予热情的接待。虽然他曾经在湖南一直令谭延闿头痛，但是，他那充满活力、天不怕地不怕的个性，又使谭延闿羡慕不已。从他身上，谭延闿看到了湖南人百折不弯，心忧天下，敢为人先的影子，这是他自己所缺乏的东西。谭延闿对毛泽东所谈的国共合作问题虽然兴趣不大，也不知道能否让国民党起死回生，但是，他知道孙中山对此有着很浓厚的兴趣，既然孙总理认为国民党正在死亡，必须加入新生的血液才能挽救国民党的命运，那么一定有他的道理。出于对孙中山的崇敬，谭延闿并不反对国共合作，甚至还在道义和行动上支持孙中山改组国民党，从而更坚定了孙中山进行国共合作的决心。

1924 年 1 月 20 日，中国国民党召开第一次全国代表大会，确立了"联俄、联共、扶助农工"的三大政策。大会通过了《中国国民党总章》，把民主集中制原则引进党章，制订了党的纪律，规定了党员的义务和权利。大会还选举了第一届中央执行委员会，会上，谭延闿被选为中央执行委员会委员。

国共合作统一战线的建立，推动了广州革命形势的逐渐高涨。然而当时的广东，形势依然严峻，属于孙中山政府管辖的只有广东省中心部分——一条从北向南延伸的形同走廊的地带。退往东江的叛军陈炯明部，其势力仍很雄厚，他依靠潮汕的资源和惠州的天险继续顽抗；其另一部叛军邓本殷部，则占据南路高雷八属和琼州岛地区，他们在英帝国主义和北洋军阀的支持下，妄图夺取广州，消灭革命力量，占领整个广东。

在革命阵营内部，驻扎在广东的粤军、滇军、桂军、赣军、川军等，情况相当复杂，特别是先入为主的滇、桂军，他们占据要津，抢夺地盘，截留税款，开设烟赌，扩充势力，其他小军阀也划地为营，食其余润。这些军阀大多是饥附饱飏，他们"觉得自己在广州，就像是在火车站候车的乘客。每个人都尽力积蓄足够的力量，以便打垮广州的竞争者或收复'各自的'省份。他们通常都既不关心他们所占地区的经济发展，也不关心居民生活的改善。军阀们首先感兴趣的是保全进款即税款，这些税款每月在他们之间分配的情况如下：滇军3190000元；粤军1060000元；桂军100000元；海军370000元；其他军队1000000元。军阀们互相猜疑，城府很深，彼此毫不信任"。⑯他们只在利害一致的时候才联合起来，利用孙中山的名望来保护自己既得的利益。"政府根本不能左右广东省的政局，行动完全不能自主，一举一动都要受军方的支配……"孙中山的号令也不能越出士敏土厂的围墙，蛰居广州的"番号不一"的各省军阀为争夺地盘和税款，互相排斥，时生摩擦。民众也对孙中山领导的革命政府持强烈反对态度，"城市小资产阶级，因前线时胜时败和敌军经常进犯而深受无政府状态之苦，一听到令人胆战心惊的消息，要么关闭自己的店铺，要么藏身于外国列强的旗子之下。苦力们一批批被抓走，送往前线，强制劳动，因此城市里的交通工具明显不足。这种现象又损害了商业。滥征捐税引起了更多的误解和仇视，而没有给国库增加收入。至于农民，他们把孙（中山）同陈（炯明）的斗争只看作是降临到他们头上的一种不幸。他们不再纳税，不再把粮食卖给军队，最终拿起武器在某个地方

## 第五章 追随中山 倾心革命

从后面袭击部队"⑰。这是孙中山不愿看到的事情,但又莫奈其何。这时陈炯明叛军虽退出广州,到了石龙、东莞、增城、宝安一带及北江以东各地集结,仍俟机反攻,孙中山下令各军向陈逆残余部队进攻,但各军多是自私,保全实力,均不听孙中山指挥,气得孙中山七窍生烟。有一日,孙中山召集各军旅长以上将领到大元帅府(广东河南士敏土厂)训话,愤愤而言:你们各位纷纷联名电请我返粤主持国家大计,如今你们只知向我要钱要弹,却不愿东出消灭敌人。你们叫我孙某一个人怎办呢?老实说,我回广东是为了革命,不是为了升官发财而来的。如果你们不愿意跟我革命的话,随你们造反我也不怕的。哪知孙中山训骂一顿之后,情形如故,没有什么好转。驻广州各军除了开赌、卖鸦片烟等生意经外,各军驻到哪里,国税和地方税就包收到哪里,还勾结不肖商人走私包私。更有甚者竟拦途截抢,三几个军官胆敢收缴别军军官的自佩手枪,真正无法无天。⑱

　　滇、桂军阀占据着广东的富庶之区,不许其他各军染指。因而,湘军初到广州时,"即欲觅一宿营地,亦不易得"。谭延闿为了摆脱这种困境,入粤后,就再三向滇、桂、粤等军声称:"现在敌军已退回东江,我们也不应该逗留后方,自求暇逸,应该赶紧前进,将敌人消灭,扫除我们革命的障碍。"然而曲高和寡,无人呼应。

　　2月,谭延闿为了给湘军打开新的出路,谋求自身的地盘,趁陈炯明赴闽南协助直系军阀孙传芳进攻困守漳州的臧致平之时,他呈请孙中山,决定出发东征陈炯明。

　　2月13日,谭延闿正式召集湘军各部举行东征誓师大会。会场上彩旗飘飘,口号连天,各部湘军迈着整齐的步伐,精神抖擞地走向检阅台。孙中山等许多国民党党政要员都出席了这次盛会。孙中山在会上发表了热情洋溢的讲话,号召湘军要秉着三民主义精神,发扬湘军敢打硬仗的优良作风,坚决彻底地打败陈炯明的叛军。谭延闿也号召湘军要谨遵孙中山的教诲,以英勇无畏的精神去完成总理交给他们的光荣任务。整个会场欢声雷动,气氛热烈。会后,1.5万多湘军陆续由

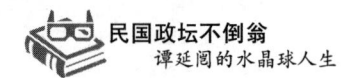

广州开赴东江前线。谭延闿命令湘军分兵 3 路齐头并进。29 日，湘军中路宋鹤庚部 6000 多人抵达苏村；右路吴剑学部 4000 多人抵达常平，陈嘉祐部 5000 多人抵达正果；左路鲁涤平、谢国光部 1 万多人集中石龙、石滩，前锋直向龙门方向进发。在湘军四面合围之下，徘徊于广东北部，前进不能，后退无路的桂系军阀沈鸿英只得宣布服从孙中山命令，愿意接受谭延闿的节制，作为北伐的前驱。孙中山答应了沈鸿英的求降，要他率兵马上西征，不允许他继续在广东北边逗留。沈鸿英只得率领自己的军队向梧州进发，去讨伐另一桂系军阀陆荣廷去了，广州西面的危机暂时得到了解除。于是，孙中山决定集中全部的力量对付东江的陈炯明。他分兵 3 路：中路杨希闵的滇军进攻博罗；右路刘震寰的桂军顺广九铁路出发，夺取樟头、淡水；左路谭延闿的湘军进攻龙门。由于陈炯明为讨好直系军阀，将自己的主力部队调往福建前线协助直系围攻臧致平，使得东江前线兵力空虚。东征部队进展顺利，迅速扫除了惠州外围的敌人，陈炯明的部队被死死地包围在惠州城内。孙中山见前方战事顺利，想一鼓作气，攻下惠州，全歼敌军。他电令杨希闵率部向惠州突进，刘震寰留一部分军队监视惠州外，其余军队直绕海陆丰，截断惠州的后路。但是，没有想到杨希闵、刘震寰占领了这些地方以后，已经感觉到心满意足了，便屯兵观望，不肯前进，拒不执行孙中山的命令，只让湘军孤军深入，向梅县方面进攻。陈炯明看到杨希闵、刘震寰观望不前，于是抽调中左路的得力部队，全力对付湘军。这时谭延闿正患中风之疾，手臂麻木，动作不灵。他先用西药治疗，虽然有所好转，但不能从根本上解决问题，于是，改用中药治疗，效果不很明显。他对自己的健康大发感慨："中年以后，骨力渐不如前，不能无老至之感矣。"但是，大敌当前，身负湘军总指挥重任，他顾不了身体的不适，仍旧亲督湘军，向陈炯明叛军发动进攻。不料湘军水土不服，一路行军官兵疾患不止，死亡累累，又加上医药两缺，饷粮也断续不继，谭延闿进退维谷，只得"寄愁天上，埋忧地下""徒唤奈何"。林虎又用诱敌之计，将湘军困在垓心。湘军奋勇冲出时，已经被敌军抢去了 1000 多枪械。陈炯明军队乘势前进，经湘军拼死反攻，勉力堵住敌军。由于陈炯明派往福建的洪兆麟军班师回粤，为免于腹背受敌，湘军在攻克河源后，不得不旋师而归，休养整顿。

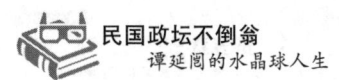

民国政坛不倒翁
谭延闿的水晶球人生

## 3. 奉令北伐　兵败赣南

1924年，全国的形势发生了戏剧性的变化。在北方，直系军阀相继击败了皖、奉军阀，控制了北京政权。曹锟凭借金钱和武力，当上了贿选总统，其悍将吴佩孚坐镇洛阳，八面威风，邀朋引类，贪功好斗，其"专横尤甚袁、段千百倍"，并高唱"南北两秀才"携手合作的滥调，鼓动陈炯明进攻孙中山的广东革命政府，做着武力统一全国的美梦。雄居东三省的奉系军阀张作霖，也虎视中原，整军经武，蓄势以待，以图与直系军阀再决雌雄，报昔日被逐关外之仇。皖系军阀则迫于直系军阀对其地盘的蚕食政策，难以自安，乃与张作霖改仇通好，托庇奉系军阀。孙中山纵观大势，迫于直系军阀策动陈炯明骚扰广东的威胁，并有驱兵南下的意向，只得与狼犬同巢，转而与奉、皖建立共灭曹、吴的三角同盟。

在南方，滇、桂军阀飞扬跋扈，他们根本不把大元帅放在眼里，玩忽命令，坐地索饷，包烟包赌，无所不为。滇军第2师在西关，第3师在长堤和城内，第4师在佛山、石围塘，画地为牢，各开番摊、彩票、山铺票、白鸽票、字花、麻雀，招商承办，截留饷项。在滇桂军阀控制的区域，不仅赌禁大开，烟禁也大开。烟馆开满城厢，街头巷尾，烟帜招摇。军队为了抢烟，经常在城里爆发枪战，子弹横飞，伤及无辜。可怜的草民，既无处逃避，也无可申冤。军队强拉夫役，杂赌公开、鸦片公卖，甚至在光天化日之下，当街杀人，掳人勒赎的事情，竟然无日无之。广州市民岂止侧目而视，简直是目眦尽裂了。[19]当时的香港报纸写道："草木皆兵之广州城，竟一旦尽变赌国，十色五光，应有尽有，已属绝对大观。且强占商店以做赌场，划分防地以截赌饷。赌国光复,灿烂极矣。"陈炯明治粤时代,赌博悬为厉禁,无人敢犯,现在斯人一去,赌禁大开,比禁赌前有过之而无不及,香港报纸挖苦说:陈炯明是贼,但"贼"不肯、不忍开赌,而"讨贼"的人却大赌特赌,"真令吾侪小百姓欲哭无泪"[20]。当时孙中山所可依赖的在粤各军只有湘军和粤军。其他各军则阳为拥戴,阴为拆台,这使孙中山甚为愤怒,他曾严厉斥责拥兵自重的杨希闵、刘震寰说:"你们戴了我的帽子,却来蹂躏我的家乡!我是革命党人,牺牲是不惜的,如果于国家有益,我就约同广东的父老兄弟一齐牺牲,也都是愿意的。可惜你们把我的家乡这样蹂躏,而于国事是毫无益处的,那我就不能再和各位一块办事,不得不离开,我要回香山去了!"杨、刘虽受重责,但恃势以骄,仍我行我素,甚至与英、美所支持的广东商团武装暗相勾结,与东江的陈炯明心有默契,把讨陈战事当作摇钱树,以要挟孙中山给粮给款,为了自己小集团的利益,视孙中山统一广东财政的命令如儿戏,处处借故推诿。这些带着浓厚封建性的雇佣武装,所奉行的原则是"有奶就是娘",流行的口号则是"有一分钱,打一分仗",这都严重损害了孙中山的革命形象。孙中山因无自己的军事势力,往往受制于人,使得广东革命政府显得软弱无力,无法贯彻革命政策。军阀们对广东市民毫无节制地骚扰和掠夺,使得市民怨声载道,由原来对孙中山的"热烈相迎",变成了"对孙政府的不闻不问"[21]。孙中山正是鉴于这种困难的处境,才决定出师北伐,另谋生路,以缓和内部的矛盾。1924年9月,他在给蒋介石的一封信中,就分析了可致广东革命政府于死地的三个不利因素,即英国的压迫,东江敌人的反攻及客军贪横造出种种之罪孽[22]。在他看来,广东革命政府只有另寻新路,才能避免覆亡的危险。将近20万名号各异、信仰不一的杂牌军局处一隅之地,是很难相安无事的。如果长此下去,不求新的发展,不仅会助长他们耽于安乐的恶习,而且还可能为争夺防地发生内部火并,从而给敌人以可乘之机,导致革命的失败。况且,就广东革命政府所辖的区域而言,很难养活这样庞大的军队。无限制的摊派,只会导致市民的反感。因而让一部分军队向外发展,既可扩大广东革命政府的影响,减轻政府的财政负担,也可以使军阀各遂其愿,暂时相安,聚合在革命的旗帜之下,从而促使滇、桂军阀改变对商团和陈炯明的态度。加之当时隶属于广东革命政府的黄埔军校正在创建阶段,黄埔党军处在幼年时期,这就更需要一个较为稳定的社会环境,来助其成长,变成一支有实力的革命军队。因而选择北伐的道路,既可以使在粤各军为争夺地盘,勇于作战,避免他们内部的纷争,也可以打破直系军阀与陈炯明的勾结,安抚滇、桂军阀,使其垂涎于广东的财税,而暂时站到革命的一边,以共同对付东江的陈炯明,不致以分赃不均而早日叛变政府。这样就可以争取时间,借暂时的安定局面,通过速成的方式,培养出真正革命的军队,以铲除全国的军阀,以实现孙中山三民主义的革命理想,因而,孙中山为开创新的革命局面,决定组织建国军出师北伐。

9月4日,孙中山在大元帅府召开筹备北伐会议,决定调湘、赣、豫军全部,滇、粤军各一部,以谭延闿为总司令进行北伐。次日,孙中山发表第一号帅令,宣告"刻日移师北指,与天下共讨曹吴诸贼"[23]。13日,孙中山亲率大本营警卫队、飞机队、军官学校学生第1队吴铁城部及赣军各1部进驻韶关,迁大本营于此,在广州设留守府,指派胡汉民代行大元帅兼广东省省长职,廖仲恺为军需总监兼财政部部长,李烈钧为前敌总指挥。9月中旬,谭延闿即召集湘军各路指挥官开会商议北伐战略方针,并向孙中山递交了一个军事报告,提出拟将湘军分3路,经河源向老隆方向前进的作战方案。孙中山批示说:"如此,则敌必退入赣南,后患无已;出三南(笔者按:指江西省南部邻接广东省的定南、龙南、虔南3县),乃可断敌之联合,希望截得一大批子弹,此所谓入虎穴得虎子也。此似险而实安,其他实加三倍之艰苦,而又恐被各个击破,似安而实危也。"孙中山还表示:"如各将领入敌地而杀人,我当同往也。"[24]

17日,第二次直奉战争爆发,为了策应奉系,集中力量打击曹锟、吴佩孚的直系势力，18日，孙中山正式发表《北伐宣言》，内称：

> 此战之目的，不仅在覆灭曹吴，尤在曹吴覆灭后，永无同样继起之人，以继续反革命之恶势力；换言之，此战之目的，不仅在推倒军阀，尤在推倒军阀所赖以生存之帝国主义。盖必如是，然后反革命之根株乃得永绝，中国乃能脱离次殖民地之地位，此造成自由独立国家。

孙中山特在韶关南华寺设立大本营。南华禅寺位于韶关南20公里，依山面水，峰峦奇秀。山是庾岭分脉，水为北江支流曹溪，为中国佛教著名寺庙之一。该寺初名宝林，创建于南朝梁天监三年（504）。唐仪凤二年（677），禅宗六祖慧能主持曹溪，发展禅宗南派，故佛教徒有"祖庭"之称。唐代敕名"中兴寺""法泉寺"，宋初赐名"南华禅寺"，寺内有六祖真身像，乃为该寺之宝。孙中山北伐之际，曾派孙科等赴沈阳拜见张作霖，会商讨伐曹、吴大计；段祺瑞也派许士英到韶关做说客为陈炯明求情，后以陈炯明并无真心悔过之心，许士英无法为其说情，后干脆留在了孙中山身边。有一天，在公事完毕之后，孙中山邀谭延闿、刘成禺、许士英诸人同游南华禅寺。孙中山见六祖佛身臂肘缺坏，慨然而语："此僧立数千年之志而躯壳可怜。"

刘成禺趁机打趣道："先生医术最高，何不为此僧医之？"

谭延闿也插话说："先生以小儿科著名，慧能非小儿，且陈死之人，又何必医？"

许士英亦庄亦谐地道："先生主义，起生民而生死肉之者也，死者当受其赐。"

孙中山机智而轻松地应答道："容我改四书两句，孔子曰：'未知生，焉知死？'我则曰：'不治生，焉治死？'"

孙先生寥寥数语，使众人折服，暗谓先生聪敏睿智，幽默风趣，平易近人。

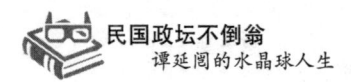

9月20日,孙中山在韶关举行北伐誓师大会,随即命令在粤各革命军改称建国军,北伐各军分两路向湘、赣进发。

谭延闿令豫军樊钟秀为北伐先遣队向湘鄂边地区前进;以赣军朱培德为右纵队向赣州樟树镇前进;以湘军为后续,由宋鹤庚为总指挥,鲁涤平为前敌总指挥,向赣州、吉安前进。谭延闿与孙中山决定的北伐军事方略为:以占领江西南昌会师长江为目的,第一步作战计划为先行歼灭赣南之敌,进占赣州起见,定于11月1日"以前到达攻击准备位置"。担负中路军任务的湘军由驻地始兴、南雄向梅岭、大庾、青龙圩、南康之线攻击前进,迅速占领赣州;朱培德为首的左翼军由石化、城口、聂屯镇、崇义、遂川之线攻击前进,以迅速逼迫敌军侧背而截断其退路,"俾中央军进展容易";由卢师谛为首的右翼军由岳昌、仁化经南雄以东之地区,向小江口、信丰、古坡圩之线会攻赣州。第二步作战计划以占领赣州后,中路军沿赣江左岸驱逐泰和、万安之敌,迅速占领吉安、阜田、峡江之线,向樟树、南昌攻击前进;左翼军以一部经三都、永汤、阜田之线,协同中路军攻击吉安、峡江之敌,以大部出莲花、安福占领宜春、新喻后,取道清江,会攻樟树、南昌;右翼军攻击吉安、峡江之敌,以大部经兴国、东安直出宜黄、崇仁,与中路军取得联络,相机占领抚州。各路达其预定目的后,迅速回师南昌,然后再向武汉方面挺进,与程潜援鄂之师汇合再图进取。

9月25日,北伐先遣队樊钟秀的豫军首先突入赣境。29日,连续占领仙霞岭风门坳、崇义、遂川、万安等地,前锋直逼泰和、吉安,各地民军奋起响应,永新、莲花、宁冈等地望风而靡。赣督蔡成勋闻报,急令冯绍闵旅赴吉安应援,并增兵宁都、广昌、抚州等处防守。冯绍闵部抵达吉安,樊钟秀部与其激战,遇伏受挫,被迫于10月26日退往湘境之桂东,守险待援。

与此同时,直系将领冯玉祥在革命形势高涨的推动下,于1924年10月23日竖起了反对直系的旗帜,在北京发动首都政变,囚禁了贿选总统曹锟,迎皖系军阀头子段祺瑞为北京政府的临时执政。冯原希望段祺瑞能"有一番新的觉悟，能把他自己身上的大疮和虱子割尽除绝，使国家人民少受些弊害"，谁知他上台以后，"不但旧有的虱子未除，反倒加了臭虫；不但大疮未割，反倒加了疥疮。官僚买办，二花脸，三花脸，等等全都来了，成天抢官、抢钱、分赃打吵，闹得昏天黑地"[25]。冯玉祥驻军湘省时，就曾与国民党要人多相往还，"因而得闻中山先生之言论，久深景仰"[26]。后又多次收到过孙中山寄给他的书信和著作《三民主义》等，从而受到民主革命思想的影响，加之国民革命潮流的不断高涨，促使他组织中华民国国民军，于是月25日召集政治军事会议决定，电请孙中山北上共商时局。段祺瑞、张作霖迫于形势，也假意表示欢迎孙中山进京面商国事。孙中山为了实现全国的和平统一，同时也为了"拿革命主义去宣传"，毅然接受了冯玉祥等人的邀请，决定冒着生命危险，到北京去"共筹统一建设之方略"，于27日分别致电冯玉祥、段祺瑞等人，表示"拟即日北上""晤商一切"[27]。孙中山将党务托付给廖仲恺；令胡汉民留守广州代行大元帅职权；将北伐军事交托给谭延闿，"所有入赣入湘各军，归其节制"[28]。

谭延闿深知担当北伐重任"实在太难"，他曾向孙中山表示，湘军力量薄弱，恐不足以当此重任。但孙中山勉励他说："革命前途，只有进取，出兵比不出兵好，打败仗比不打仗好。"在孙中山的开导和鼓励下，谭延闿放下了思想包袱，毅然对代理大元帅的胡汉民说："既是总理主张了，不管难不难，我们不能赞一词，只有努力去干。"[29]他随即返回韶关，遵照孙中山的指示，电令北伐各军同时并进，以优异的战绩，来配合孙中山的北京之行。

攻鄂军总司令程潜，取道城口、汝城及岳昌、东坪等处，分两路入湘入赣；朱培德部也绕过赣州向樟树镇推进。28日，退往桂东的樊钟秀部得各方声援，乃大举反攻，击败常德盛部，向北推进。11月，樊部绕湘鄂边顺利进入豫南；朱培德部抵达樟树镇。

此时北军赣粤边防督办方本仁，与赣督蔡成勋不和，想趁此机会驱逐蔡成勋，因而向北伐军总司令谭延闿输诚，谭委其为赣南督办。

11月，方本仁通电讨蔡，分兵北进，由于蔡成勋不得人心，赣南杨如轩、杨池生等部都按兵不动，坐视观战，方军得以长驱而入吉安。12月6日，蔡成勋狼狈逃沪。是日，北伐军开始向赣南进攻，午后，湘军占领大梅关、马鞍山各要隘，继进仙人岭、广头坟一带，是晚占领大庾城，夺回枪械100余，俘虏数十。7日，宋鹤庚亲率主力军攻占青龙圩；左翼陈嘉祐也于是日午后占领新城，其他各路军也相继北进，占领南康。9日，北伐军占领赣州，敌人向零都退却。北伐军以一部尾追之，大部向吉安前进。

赣州攻占之后，谭延闿率北伐军总司令部各人员尾随北移，自始兴出发经大庾等地，晓行夜宿，到处是战火烽烟的痕迹，满目是流浪逃荒的人群，旅途劳顿，苦不堪言。谭在致友人的书信中说："我军千辛万苦，始得成行。因敌之虚，遂入赣州。日来已迫吉安，或有大战未可知。成事在天，惟尽人事而已。"㉚

在《大庾岭》一诗中，谭延闿抒发了自己行军的艰难和对北伐的美好憧憬：

　　自昔南迁路，北归能几人，我来苦行役，怀古一酸辛。
　　路阔浑忘险，风和已似春，登山殊不觉，未惜往来频。

前方胜利的消息，使谭延闿精神大增，陡生了一种春风拂面的快感。

11月13日，湘军总指挥宋鹤庚赴万安督师，总司令部迁移赣州，北军常德盛、雷长禄两部相继输诚，赣南遂定。随后，谭延闿下令北伐军左、中、右各路兼程进发。中路由宋鹤庚、鲁涤平指挥；左路由朱培德、李明扬指挥；右路由常德盛指挥。中路及左路各部自万安相继进展泰和，与驻吉安的方本仁部相距仅80余里。

方本仁自蔡成勋逃往上海，其目的已经达到。9日，他占领南昌，即电请段祺瑞以求赣督，并请求段劝孙中山停止其军队北进。14日，段祺瑞发表任命方本仁为江西军务督办的命令,并指使方军反攻建国军。方在段的鼓励下,致电谭延闿劝其停止北进,改道入湘。17日,段又致电孙中山,请其制止"谭军攻赣",孙中山建议派李烈钧到江西进行调解,方本仁惧怕李烈钧在江西人民心目中的威信,对其统治不利,乃力加拒绝。于是,谭延闿分兵3路继续讨伐。20日,北伐军挺进吉安,方军之留守吉安者不足1000人,其主力已先期退守峡江、阜田一带,构筑工事,囤积粮草以拒北伐军。21日,湘军攻占吉安。23日,谭延闿亲赴赣州犒军,准备由赣州出师武汉。

方本仁部退出吉安后,急向赵恒惕、陈炯明求援,与赵、陈结成攻守同盟。陈派林虎,赵派夏斗寅率师入赣助方。方本仁得到增援,于是亲赴樟树督师,以邓如琢、蒋镇臣、唐福山3个师置于峡江、新涂、理江3县,互为犄角。25日,向北伐军反攻。时北伐军左翼朱培德部进占吉水,中路宋、鲁两部取道峡江,与方军邓如琢部相遇,激战于吉水附近,邓部佯败退走,宋鹤庚不知是计,轻敌冒进,"甚至连前卫都无,而任打前站的前行,其余毫无戒备,跟着前进"。北伐军前队进薄临江,忽然受到方本仁部的包围,湘军溃不成军,遂向峡江、吉安方面突围,方军蒋镇臣、邓如琢两部兼程追袭,北伐军伤亡惨重,于是退守仓岭待援。这时,林虎的部队已由赣粤边境分向寻乌、翁源出动,进至塘江;夏斗寅军自修水附近到达万载,北伐军腹背受敌,饷弹俱缺,援兵无期。宋鹤庚受赵恒惕派人拉拢,率一部分溃兵返回长沙,投靠赵恒惕。谭延闿观此情势,被迫于1925年1月从赣州、南康等地向南撤退,直至韶关。入湘的程潜部也受挫折回,这次北伐军事至此结束。

建国军北伐虽然因为主帅轻敌,筹谋欠周及兵单力孤,缺乏后援,遭到陈炯明、赵恒惕、方本仁3方的南北夹击而致败,但是,不能因此否定它的历史功绩。诚然,建国军的北伐带有一定的军事冒险,蔡和森、邓中夏等共产党人在北伐开始时,也曾撰文反对这种单纯的军事冒险观点,认为孙中山避开与商团的冲突,不建立强固的根据地,而倾力北伐,只是一种徒劳无功的冒险,但是必须看到共产党人之所以反对建国军北伐,仅仅是因为孙中山在当时有放弃广东革命根据地的意图,害怕与商团的冲突,而不注重巩固后方的革命根据地。更担心他率师北上,经不起右派分子的围攻,而与皖、奉军阀同流合污,影响刚刚建立起来的国共合作统一战线,从而葬送大好的革命形势。因此,其批评是出于一种爱之愈深,责之愈切的革命情感。当孙中山回师平定了商团叛乱,共产党人给予了积极支持,并帮助孙中山创建了黄埔军校,培训革命的骨干,这又在一定程度上支持了北伐战争,使北伐军免去了后顾之忧。建国军北伐虽是一种冒险,但在当时的环境中,又是一种迫不得已的选择。在当时广东革命政府尚无自己的革命武装,黄埔党军处在初建阶段,尚未显出自己的实力。支撑政府的主要是那些心怀各异的军阀雇佣武装,他们不懂得孙中山的革命宗旨,所相信的只是升官发财。无革命的势力作后盾,孙中山无法改造这样的军队。他只能靠个人的威信来维系这个松散的团体,而不是靠他的革命思想来统一行动;他只能通过军事胜利来扩大影响,并延缓内部的矛盾,以避免重演陈炯明炮轰总统府的悲剧。

  作为这次北伐军总司令的谭延闿,虽因文人而治兵,不谙军事,缺乏统筹全局的谋略和指挥将领的长才,但不能因其才智上的欠缺,而贬低他的劳绩。作为一个督湘多年的地方军阀,在穷途末路中投靠孙中山,归依革命,谭延闿免不了带有封建军阀的痕迹,也有占有地盘,扩充势力的军阀意识,但较其他在粤的各派军阀来说,谭延闿的湘军算是较为忠实于孙中山的部队,尚有一点有别于他军的革命气息。广东革命政府所辖各军,"军纪之好,以湘军为最"。虽然谭延闿知道北伐军事胜败难料,前路艰难,但还是勇承其任。当他闻知北伐军在吉安的败讯,痛心自责,曾作诗曰:"趋利轻千里,终遗大敌禽,竟符楚签语,恨失赣人心,齿剑嗟何及,舆尸痛已深,何时当一酒,念乱转沉吟。"他在溃败南归途中,一路上看到的是"多少苍生泪欲倾,路人犹自说欢迎"的悲壮场面,而他自己的心情则是"伤心掩耳南康道,怕听穷檐爆竹声"。战场的失利，使他萌生了一种对穷苦百姓的怜惜之情，对有负于孙中山的重托感到痛心。

建国军的北伐是孙中山民主革命的重要组成部分，它也像孙中山历次发动的军事战争一样，闪现着革命的火花。它不同于军阀内部的纷争。尽管它未能达到预期的目的，最后折羽而归，但是，在当时起了一定的积极作用。首先，它打乱了直、陈勾结，共图广州的军事密谋，延缓了陈炯明出兵围攻广州的时间，暂时缓和了广东政府内所辖各军的内部矛盾，并从军事上支持了北上的孙中山。表面看来，直系军阀的垮台，只是由于冯玉祥、胡景翼、孙岳等人发动的首都政变所致，其实并不尽然。直系的垮台，是多种因素促进的结果，奉军的入关，给冯玉祥发动政变创造了机会；建国军的北伐，引起了直系内部的分裂，使坐镇南方的直系头子孙传芳、齐燮元为防堵北伐大军，不肯抽兵北上，以支持势蹙技穷的吴佩孚北讨奉系，南征两广的军事计划。陈炯明也因曹、吴的失败，缺少外援，不敢异动。加之北伐军威震赣南，连战皆捷，迫使陈炯明调出其精锐林虎旅帮助方本仁围攻北伐军，这就迫使他将进攻广州革命政府的军事计划推迟执行，减轻了对广州的威胁，从而给广东革命政府整肃内部，速练党军，造成革命之势赢得了时间。建国军在赣南的军事胜利，也支持了孙中山在北京谋求和平的政治活动，使段祺瑞不得不放下架子，乞求孙中山停止"攻赣"，扩大了孙中山的政治影响，树立了孙中山在全国人民心目中的形象，也使段祺瑞、张作霖等军阀不敢小看孙中山，不得不做出一番降身相从的虚伪表演，从而推动了北方革命高潮的到来。其次，建国军的北伐为广东革命政府以后东征陈炯明创造了有利条件。北伐的失败也促使谭延闿痛下决心，整肃湘军和积极接近共产党人，从而提高了湘军的战斗力，为广东的统一和革命军北伐做出了一定的贡献。建国军的北伐不仅牵制了陈炯明的军队，而且保证了黄埔军校培训骨干的延续性，使黄埔党军的势力迅速发展起来，"到一九二四年十月，军校的政治影响即已超出黄埔的范围，成为广州时局中举足轻重的因素"。[31]北伐的失败,使孙中山改变了致力北伐的传统政策,转而谋求稳固后方的根据地。在东征前夕,苏联顾问加伦致电孙中山"关于东征计划的设想,他表示赞同。只有在东征胜利后,才可能进行北伐"[32]。这一切都给东征的胜利进行创造了条件。但习惯上,人们只看到黄埔党军在东征战场上叱咤风云的雄姿,而忽视了给党军练成带来稳定环境的北伐战争。北伐的失败使湘军陷入困境,也迫使谭延闿重整旗鼓,再树雄风。1925年1月,北伐军南溃时,代理大元帅胡汉民严令湘军不许再越韶州一步,并断其给养,谭延闿只得将溃散湘军集中于大庾岭、南雄一带。谭延闿此时处境艰危,"一日之间,三电胡(汉民)索饷不得"[33],只得"收北江之榷税,以资饷糈"[34]。并痛下决心,重整湘军。他在韶关成立湘军整理处,谭自任总监,鲁涤平任副总监,汰除老弱,精简机构,将军、师、旅长一并裁去,将所部编为6个团,直隶于总司令部。设学兵营训练军士,以岳森兼任营长。湘军经过整训,壁垒一新,战斗力大增,在后来参加广州近郊、小北江及广东南路诸战役中,都颇著战绩,为巩固和统一广东根据地贡献了力量。

## 4. 讨伐杨、刘 统一两广

1924年10月27日,孙中山正式接受冯玉祥、段祺瑞的邀请,决定北上共议国事。他将北伐重任托付给谭延闿后,从韶关返回了广州。11月10日,孙中山以中国国民党总理名义,发表了《北上宣言》,主张速开国民会议,废除不平等条约。

11月12日,广州各界2万多人,举行提灯游行大会,欢送孙大元帅北上。灯潮如海,把夜空照得通亮。孙中山站在财政厅楼上,脱帽向欢迎群众致意。他对大家说:"北京可以作革命的好地盘。革命要在北京成功是可能的……大家聚精会神都把力量集中到北京,将来自然有机会把革命得到彻底的成功。这次北京的变动,不过是中央革命的头一步;头一步走通了,再走第二步、第三步,中央革命是一定可以大告成功的。"13日,孙中山乘舰路经黄埔时,特地巡视了黄埔军校。当孙中山莅临军校时,学校全体师生于校门外码头列队欢迎孙中山。孙中山军舰到达时,军乐齐鸣,蒋介石登舰恭迎,孙中山在蒋介石等人的陪同下,在校园内巡视了一周,又参观了一、二期学生演习。参观完毕后,孙中山大为称道,并对蒋介石说:"余此次赴京,异常危险,能否归来,尚不一定。"言罢又叹道:"余年已五十九岁,虽死亦安心矣。"

蒋介石听了孙中山的不祥之语,惊问道:"先生何出此不祥之语?"

孙中山回答说:"我是有感而言。我看见你这个黄埔军校精神,一定能继续我的革命事业。现在我死了,就可以安心瞑目了!如果前二三年,我就死不得。现在有这些学生,一定可以继承我未竟之志,能够奋斗下去的。"孙中山突然提高声调说:"这次北上,不论成败,决

不回来，革命大任，交黄埔军校同志负之！"㉟

没想到孙中山却一语成谶，此次北京之行，不幸而被他言中。

孙中山于1924年除夕到达北京之后，由于多年艰苦的革命工作，耗去了他大量的精力，从而积劳成疾，已患有肝癌。到北京后，他又四处发表演说，宣讲革命道理，争取民众了解国民党的革命宗旨，并同段祺瑞、张作霖等反动军阀周旋，抱病与北洋军阀进行针锋相对的斗争，使得他的病情日趋恶化，但他仍旧经常写信指导广州军政府的革命工作。然而盘踞在惠州的陈炯明看到孙中山病情日益严重，谭延闿率领的北伐军刚从江西战败，滇桂联军的将领杨希闵、刘震寰等人又都态度不明，广州军政府群龙无首、大有可乘之机，公然于1925年1月7日下达反攻广州的命令。英帝国主义和北洋军阀也积极配合他的行动，给予他以人力和物力上的援助。陈炯明大肆收罗东江一带的土匪，拼凑反动武装，自称"救粤军总司令"，并从汕头商界中筹措了40万元公债作为进攻经费，号称拥兵10万，分兵3路，向广州进发，气焰极为嚣张。15日，广州大本营决定将所辖的许崇智的建国粤军、杨希闵的建国滇军、刘震寰的建国桂军、谭延闿的建国湘军以及蒋介石的黄埔军校教导团和学生军组成东征联军，以杨希闵为联军总司令。是日，杨以联军总司令名义颁布东征的动员命令。谭延闿于是筹划湘军进兵部署，并接到蒋介石催促派遣湘军加入战斗的信函。2月1日，广州留守府发布东征总动员令，各军相继出发。正当谭延闿打算由韶关亲往东江前线督战之时，传来了孙中山在北京逝世的消息。

1925年3月12日，孙中山病逝于北京，广州政府顿呈群龙无首的状态，长期与孙分庭抗礼的云南军阀唐继尧，突然宣布就任副元帅职，声称："尔时军国大事，凤赖大元帅主持，未便遽膺崇秩；今不幸大元帅在京逝世，一切未竟之主张，皆吾辈应负之责任。"㊱他还分兵进入南宁，侵犯两广。唐想取代广州革命政府，独霸西南的险恶用心已暴露无遗。作为唐继尧老部下的杨希闵伙同刘震寰趁机拥唐为西南盟主，并于4月初与唐订立了一项"在广州发动政变"的"秘密协议"㊲。自

4月28日始,滇、桂军不听广州政府的统一指挥,纷纷从东江前线返回广州集中,企图趁东征军主力出征未归之机,夺取广州政权。

此时,谭延闿因北伐失败和孙中山逝世的双重打击,悲伤过度,引发旧疾,除遥饬湘军参加东征联军围攻盘踞惠州的陈炯明叛军外,他自己主要是在广州的颐养园养病。其间,谭延闿的生活较为安闲自在,或吃药调养,或赋诗会友,倒也自得其乐。但在这宁静安闲之余,又不自觉地勾起了他对往事的回忆,对自身前途的担忧和对亲朋好友的怀念之情。颐养园虽环境优美,宁谧清静,但因出户散步往往孤身一人,惆怅寂寞之情油然而生:

出门无所诣,四顾欲何之?惆怅人将老,徘徊意自疑。
感深情恻恻,心倦步迟迟。正有冥行叹,无为泣路歧。

原配方氏夫人自1919年5月病逝于上海,谭因未能为其送终,又因第三次督湘下野,未能为其料理丧事,而"引为生平大恨",常自叹"相逢不相见,存殁两难安"。亡妻故去多年,但他的思念之情依旧未减,一直谨遵其妻"望他不要再婚娶,将几个孩子带好"的临终遗言,没有再娶第二个夫人,一心一意养育子女。而今病魔缠身,既无床笫之欢,又无家庭之乐,儿女不在身边,孤身只影,不免又引起他对亡妻的怀念:

三十年前今日事,一时和泪到心头。
洞房帘箔春如旧,华屋山丘恨未休。
老去也知欢意尽,宵分无复梦痕留。
朱颜绿发谁长在,且向人间恣独游。

孙中山的逝世,更增加了谭延闿的伤感,使他感到从今以后在政治上失去了一个可靠的保护人。时势艰危,人事纷扰,病魔交侵,谭延闿深感忧虑。当时，国民党内各派人士因孙中山逝世，引起了急剧的思想波动，有的人毫无顾忌，违背孙中山的遗愿，起劲反对中国共产党及其领导下的工农民主革命运动；有的人则设法另求政治出路，争权夺利，丑恶勾当公开或暗地进行；有的人则缺乏继续革命的斗志，如胡汉民在广州军政府要人齐集广州筹办孙中山丧事时，曾找到谭延闿，将他事先同伍朝枢、廖仲恺等人商议让他不再代理大元帅职权的想法告诉了谭，谭延闿态度鲜明，认为孙中山先生新逝，马上进行改组，对广东革命局势将会产生严重的后果。他郑重其事地对胡汉民说："你的计划是对的，可是此刻却万不能行，请你再勉为其难。"㊳

由于谭延闿的坚决制止，胡汉民"只好暂不提"改组之事，从而使第一次东征顺利进行，广东革命局势得到短期的稳定。胡汉民曾在其回忆录中，专门记载过此事。他说："先生逝世，组庵赶回粤垣，我一见面，即提出我的组府主张，我当时极有感触，不很经意地说：'书生弄军事，终于弄不惯，委员制实现，继起有人，我们也可以息肩了。'组庵不赞成，他说：'你的道理很对。但此时万万不能卸责。如果一卸责，便闹大乱子了。'什么乱子？（1）共产党捣蛋，攘夺党权，阴谋愈露；（2）滇桂军不稳，受其煽惑，谋叛甚亟。我甚然其说，因此到滇桂军事解决后，始改组大元帅府为国民政府。"㊴对杨、刘的叛乱，谭延闿早有虑及。在悼念孙中山期间，谭延闿就借与胡汉民到杨希闵家吃早饭的机会，当着众人的面慷慨陈词："孙先生在世的时候，我们对革命只有一知半解，遇到任何困难的事，还可向他请示，可是沮小而无知，我们还常常傲然自大，不肯切实服从孙先生的命令，这正是我们罪大恶极万无可恕的地方。现在孙先生死了，一知半解的我们，更失了指导的人了，我们今后应该怎样努力，才能免为先生的罪人呢？"又说："我一生佩服的只有孙先生，除孙先生外，再没有第二人了。便是我的同乡黄克强，也只佩服得一半，今日后大家如果只图私利，不能遵照孙先生遗教完成革命，便是孙先生的叛徒。"㊵

谭延闿讲这番话的用意，既是表白他坚持孙中山生前所定路线方针的心迹，也是借此劝导、警告杨希闵等人不要背离国共合作的方向，否则就是孙中山的叛徒，就是革命的敌人，就必将遭到继承孙中山遗教的人反对和谴责。谭在国民党内向以和事佬自居，在胡汉民的心目中，他是一个遇事不轻易表态而又工于心计的迂夫子，因而谭延闿这番态度鲜明的语言，给胡汉民触动很大。

6月初，滇、桂军公开叛乱，占领了广州市城北的狗头山、观音山等重要阵地和广州电报局、车站等处，代理大元帅胡汉民避往沙面租界，企图通过妥协、退让的方法，来和缓与滇、桂军阀的矛盾，廖仲恺、谭延闿则力主讨伐。廖仲恺敦促胡汉民召集谭延闿等人会商处置办法。胡汉民认为："杨、刘的问题，到今日已如箭在弦上，不能不谋根本解决。假如我们能完全将他们歼灭，正是遵行总理的遗教……兄弟于此，已下莫大的决心，不知各位的意见究竟如何？"在场的谭延闿"首先表示赞成"。他说："我相信做这件事，是非常困难的，甚至我军部队敢不敢和杨、刘抗衡，此刻还没有相当的把握，不过胡先生的见解，断断不错。……在理论上只有这么做才能开辟革命的道路，我们除拼命干去以外，更计不到成败利害了。"[41]

廖仲恺、朱培德等人都一致赞同谭延闿的意见，表示对杨希闵、刘震寰这种叛乱行为绝不能姑息，必须坚决镇压。经廖仲恺、谭延闿、胡汉民3人磋商决定：调许崇智的东征军和驻粤北的谭延闿湘军、朱培德赣军，以及赴援广西的陈济棠、黄镇球两部速返广州平叛。6月5日，大元帅府公布了杨、刘罪状，并免除其滇、桂军总司令职务。6月10日，许崇智部和黄埔学生军于扫除广九路沿线的叛军后，到达广州外围，由乌涌、新塘攻龙眼洞、白云山、瘦狗岭及广州市区之敌；朱培德部由竹料出黄婆洞，攻三元里之敌；陈济棠、黄镇球军由江西攻石井、西村之敌；谭延闿也从小路亲赴北江调动军队，从背后向杨、刘叛军发动猛烈攻击。11日拂晓，各路革命军在广州市的工人和郊区农民的支援下，全线开始攻击，广州城内枪炮齐鸣，喊声大震，魏邦平从猎德大举渡河，在石牌与滇军拼力厮杀；蒋介石、何应钦的黄埔

党军又从东面杀到，漫山遍野，旌旗蔽日，不知多少军马。12日下午，气势如虹的党军攻入广州市区，占领观音山。滇军继续向西北逃窜，黄埔学生协助警察维持治安，搜捕散兵游勇。谭延闿的湘军沿粤汉路南下，全歼桂军主力。经两昼夜激战，叛军溃败，敌师长赵成梁被炸毙，陈天泰被俘虏，杨希闵、刘震寰潜逃香港，其他军官鸡飞狗跳，纷纷躲进沙面租界。刘震寰后来不知所终，杨希闵一直过着隐居生活，中华人民共和国成立后，应邀为云南省政协委员，1967年病故。不可一世的刘、杨叛乱遂告平定。

第一次东征的胜利和刘、杨叛乱的平定，使广州政府处于比较稳定的地位。为了从政治上、经济上、军事上促进广东革命根据地的统一，改组广州革命政府就成了当务之急。刘、杨叛乱平定后的第二天，即1925年6月15日，在中国共产党的倡议和国民党左派廖仲恺等人的实力促进之下，国民党中央委员会召开全体大会，谭延闿到会并发表赞同改组的意见。24日，大会作出重要决议：（1）国民党中央执行委员会为最高权力机关；（2）改组大元帅府为国民政府；（3）改组军队，统一军队编制，国民党所属的军队，一律改称国民革命军；（4）整理政府和军队的财政。国民政府"掌理关于全国之财政，以委员若干人组织会议，并于委员中推定常务委员5人，处理日常事务。并设置军事、外交、财政各部，每部设部长1人，以委员兼任之。如将来有添部之必要，经委员会议决行之"。军事委员会"掌理全国军务，以委员若干人组织会议，并于委员中推定1人为主席。凡关于军事之命令，由军事委员会主席及军事部部长署名。在军事委员会内设军需等处，分掌职务"。并规定："各种机关均须于本年7月1日成立。"

7月1日，广州大元帅军政府正式改组为中华民国国民政府，汪精卫任国民政府主席，"掌理关于全国之政务"。7月3日，又成立了军事委员会，"掌理全国军务"[42]。谭延闿任国民政府委员会的常务委员和军事委员会委员。8月4日，谭延闿、许崇智、朱培德、程潜等联衔通电宣布："实行中国国民党之议决案及训令，即日各解除所有总司令职务。自此以后，一切军事设施，悉受成于军事委员会……而完成国民革命之业。"㊸26日，国民政府将在粤的各省革命军队改编为国民革命军。军队改编后，一律去掉地方名称，统一编为6个军：黄埔军校学生和一部分粤军编为第1军，蒋介石任军长，周恩来任政治部主任；谭延闿率领的湘军编为第2军，谭兼任军长，李富春任政治部主任；朱培德率领的滇军编为第3军，朱培德任军长；粤军改为第4军，李济深任军长；李福林之"福军"改为第5军，李福林任军长；以援鄂军、豫军、山陕军、赣军等零星部队合以吴铁城部一个师混合编为第6军，以援鄂军总司令程潜为军长。各军实行"三三"编制，即：每军3个师，每师3个团，每团3个营，每营3个连，每连3个排，每排3个班，每班士兵14人。普遍设置党代表和政治部，规定："各军防地一切税赋捐项，统归中央或省政府直接收入。无论何人何军不得有丝毫截留等事发生。其军饷统归军事委员会军需局平均发配。"㊹

这就强化了中央对军队的领导。军队改编后，谭虽兼任第2军军长，但军队的实际指挥者却是副军长鲁涤平，谭因此而离开军事生涯，专门从事政治工作。

谭部被改编后，有一部分编余军官，需要进行安置和训练。经谭延闿建议，决定设立"国民党政治讲习班"，由"湖南政治研究会"具体领导。湖南政治研究会系由当时在广东的湘籍高级军政人员所组成，以研究有关湖南革命运动为宗旨的一个团体。它受托主讲讲习班后，即推定谭延闿、程潜、鲁涤平、陈嘉祐以及共产党员毛泽东、林伯渠、李富春等7人组成理事会，谭为理事会主席，另由李富春任讲习班主任。讲习班的主要任务是为第2军培养政治工作干部，同时也培养湖南地方的骨干。学习班名义上由湖南政治研究会主持，实际上由毛泽东、李富春负责领导，李主持讲习班的一切事务。讲习班的教员中有萧楚女、恽代英、邓中夏、张太雷、熊锐、高语罕等共产党员。在中共的大力支持下，湘军的政治工作生动活泼，别开生面，军纪和战斗力有了很大增强。1926年3月，苏联军事顾问古比雪夫在给莫斯科提交的一份关于广东国民革命军的综合报告中提到了谭延闿所部湘军的状况："该军被认为是一支不错的军队，有战斗力，而且军事训练适度，供应充足"，甚至认为谭延闿"尽管他不十分激进，但仍被看作一个革命者""革命政府和我们的领导人认为，谭延闿将军值得信赖，是政府中忠诚而坚决的支持者"[45]。方鼎英也曾回忆道："谭以文人而兼湘军全军统帅，关于部队内部的一切，彼惟众意是从。"

湖南政治研究会和政治讲习班的成立，反映出谭延闿同共产党人建立了比较融洽的合作关系，他企图通过联共的政策来扩大自己的政治影响，进而加强自己的军事势力和政治声望。

广西与广东山水相依，在历史上就有很深的渊源，都是两广总督管辖的地区。在孙中山派陈炯明统一两广以前，广西一直是陆荣廷统治的地区，陈炯明攻占广西后，陆荣廷的势力受到了严重削弱，后因陈炯明叛乱，陆荣廷死灰复燃，广西陷入新旧军阀相互争夺的混乱局面。李宗仁、白崇禧、黄绍竑等新派势力乘机崛起。当广东党军、粤军、湘军等东征陈炯明时，广西的李宗仁、黄绍竑与陆荣廷、沈鸿英之间的战争复起，云南唐继尧分兵进入南宁，声称假道进兵广东。广州大元帅府一面发布动员令，出发东征外；一面接受李、黄电请派军援助的要求，先后派建国粤军第1师第2旅陈济棠全旅，补充团黄镇球一团，第1师第1旅的蔡廷锴营进入广西，协助李、黄打败了陆荣廷和沈鸿英，接着又派范石生入桂，援助李、黄抵拒唐继尧军东下，唐继尧军在李、黄、范等各军的联合攻击下，损失惨重，狼狈窜回了云南，广西全省遂告统一。

为了争取广西，使之统一于国民政府，1926年1月下旬，国民政府派汪精卫、谭延闿、甘乃光（广西岭溪人）前往广西，以慰劳广西军民为名，谋求两广的统一。征得广西方面的同意，汪、谭和李宗仁、黄绍竑在梧州会晤。汪精卫、谭延闿等人乘坐江防兵舰溯江而上，李宗仁、黄绍竑从南宁亲往梧州迎接，并组织了盛大的欢迎仪式，这一天，梧州五显码头上，真是人山人海，盛况空前，即便是民国十年孙

# 第五章 追随中山 倾心革命

中山第一次到梧州的时候,也没有这么隆重的欢迎场面,仅江岸上欢迎的民众便有1万多人,市民、学生们举着彩色的小旗,不断地挥动着,一条条巨幅标语醒目地排列在江岸上。当军舰抵达梧州港口时,排列在岸上的人群欢声雷动,欢迎口号惊天动地。汪精卫、谭延闿走出军舰,满面春风,向沿岸欢迎的人群频频致意,李宗仁、黄绍竑快步上前,与汪、谭等人握手言欢。梧州会晤,双方没有举行任何正式会议,而是分别地进行商谈,汪、谭满口"救国""革命"的话语,对广西方面的成就称赞备至,李、黄也极力恭维汪、谭,称颂他们为革命元勋。在一次宴会上,谭延闿很风趣地问黄绍竑说:"你这个大名的竑字,为什么不用英雄的雄字呢?"黄绍竑回答道:"这是我父亲取的名字,取任重道远的意思。"谭又问黄的父亲在前清有没有功名,黄告诉他:父亲是丁酉科举人。谭哈哈大笑说:"我也是丁酉科举人呀!我现在同你,不但是革命的同志,还与令尊是满清的同年呢。我一见你用这很冷僻的竑字为名,就猜想这位命名的先生,对于旧文学,一定有很深的修养,现在果然不出我所料。"㊻大家在宴会上你一言,我一语,频频敬酒,表现出非常轻松的样子。不过,李宗仁、黄绍竑对汪精卫的革命理论多少也有点儿迷惘。如汪氏谈起革命时,总是口口声声"革命的向左走"。据李宗仁回忆:"一次在梧州郊外参观,汪氏误向左边走去,我招呼他向右走。汪笑着说:'革命家哪有向右走之理?'我说:'向左去走不通啊!'说得大家都大笑起来。但是我们当时也有些不解,本党自有其革命程序,何必又一定要向左呢?所以我们对他的一套革命理论也只是姑妄言之,姑妄听之而已。"㊼经过多次宴会和商谈,李、黄答应统一,并同意利用自己的影响对湖南、贵州进行争取工作。但对党务问题有所考虑,不同意派甘乃光前来插手广西的党务问题,谭延闿窥出广西方面的这种隐衷,乃表示说:"广西好似一张白纸一样,你们要写什么就写什么,要画什么就画什么,不比广东那样复杂。"意思是说,只要广西名义上统一于国民政府,至于省内的其他一切都可以由自己做主,国民党中央是不会干涉的。因而梧州的会晤,双方都获得了满意的效果，后经白崇禧、黄绍竑往广州磋商，3月15日，中央政治委员会正式通过"两广统一案"，广西正式归附于国民政府。由于梧州会晤确立的基调，因而两广统一后，广西的一切法令规章都由李、黄自行规定，只是将原来的民政长公署改称为广西省政府，算是统一于国民政府的一点表示，而全套行政班子一切依旧，国民党派去组织广西省党部的筹备员也受到了李、黄的冷遇，军队的党代表制更以不合时宜而告吹。李、黄所抱的是"广西是我们的，军队更是我们的，只要我们加入国民党就是了，底下不能让你们插手进来"[48]。

从两广统一后广西的这一情况而言，谭延闿的这种只求表面统一的妥协方案，首开了军人干政，新军阀割据称雄的恶例，也为李、黄新桂系成为蒋介石反共反人民的帮凶埋下了祸根。但是，也应看到，谭延闿的这一弹性方案也是当时实现两广统一的唯一办法。李宗仁、黄绍竑等新桂系军阀之所以实行联粤政策，并不是他们诚心服膺于孙中山的三民主义，而是欲借广州国民政府这面革命的旗帜找到一个出师湖南，争雄全国的借口，他们一直视广西为新桂系的禁脔，这在当时及其蒋介石统治时期都已做了证明。正是谭延闿这种妥协提议，使梧州会晤获得了满意的效果，从而促进了两广的统一。两广的统一，壮大了国民政府的声势，也影响了西南其他省份的一些军阀向国民政府输诚纳好，这就减少了国民政府北伐的一些阻力，壮大了国民政府的力量，这种作用还是应该肯定的。再则，李、黄虽不希望其他人染指广西，但他们也不得不将某些政策做一些和缓的改革，以免与广州国民政府的差距太远。因而1926年1月国民党广西全省第一次代表大会组织的国民党广西省党部中也容纳了几位共产党人，并在一定范围内允许共产党人在广西活动。因此，在1926年广西的工农运动得到了一定程度的发展，为大革命在广西的深入发展提供了有利条件，这也不能不说是两广统一的一个积极效果。

随着两广的统一和广州政府的稳定，湖南境内的湘军又发生了新的分化。谭、赵战争后，唐生智的势力日渐增强，大有取赵而代之的野心，为了取得外援，他开始表现出联粤倾向。1925 年冬，赵恒惕为了防止在广东的谭延闿、程潜重返湖南，曾派叶琪（第 2 师旅长，广西人，与李宗仁、白崇禧、黄绍竑等有先后同学之谊）赴广西，与李宗仁、黄绍竑等就政治立场问题进行洽谈，决定订立攻守同盟。赵指示叶的使命有三：第一，湘桂亲近，实行联省自治，守望相助，攻守同盟；第二，若广西愿意恢复以前陆荣廷囊括两广的旧局面，湖南当局愿意出兵相助，同下广东，湖南意在消灭广东境内之谭、程军队，并非为了分割广东地盘；第三，希望广西至少不要为广东方面所利用，在湘、粤发生战争时，采取中立态度。[49]然而李、黄早已采取联粤北伐的政策，不仅没有中赵的奸计，反过来潜移默化地感染叶琪，当叶对两广联合出现的新局面略有所动时，他们又乘机对叶做争取湖南的工作，问赵恒惕、唐生智有无加入国民革命的可能，叶否定赵，肯定唐。李、黄随之把他引见给参加梧州会议的谭延闿，谭对他称赞备至，摆出一副容人雅量的忠厚长者风度，接着叶又前往广东实地考察。这样，叶琪便作为唐生智的代表沟通了与广东的联系。同时，唐又派其胞弟唐生明和一批优秀青年去黄埔军校学习，同广东政府建立了直接的联系。但谭延闿由于过去的宿怨，对于唐的联粤北伐政策持怀疑和消极的态度。1926 年夏，当李宗仁访问广州，将他策动唐生智参加国民革命的经过告诉谭延闿时，谭微微一笑说："你要唐生智加入革命吗？他恐怕靠不住吧！"

注释：

①黄一欧. 谭延闿被迫下台和李仲麟被杀的回忆［M］//中国人民政治协商会议湖南省委员会文史资料研究委员会. 湖南文史资料：第 4 辑. 1963. 15.

②互相策立自治案［N］. 湖南大公报，1921 - 02 - 14.

③昨日自治开幕记［N］. 湖南大公报，1921 - 03 - 21.

④何文辉. 历史拐点处的记忆·1920 年代湖南的立宪自治运动［M］. 长沙：湖南人民

出版社，2008.82 – 83.

⑤黄季陆．革命文献：第52辑［M］．台北："中央文物供应社"，1970.566、567.

⑥西南军阀史研究会．西南军阀史研究丛刊：第1辑［M］．成都：四川人民出版社，1982.346.

⑦陶菊隐．记者生活三十年［M］．北京：中华书局，1984.89.

⑧四川省文史研究馆．四川军阀史料：第3辑［M］．成都：四川人民出版社，1985.291.

⑨谭伯羽．先公年谱初编［M］．台北：文海出版社，1971.113.

⑩广州民国日报，1923 – 08 – 17.

⑪东方杂志，20（14）：6.

⑫戴岳．谭、赵战争亲历记［M］//中国人民政治协商会议湖南省委员会文史资料研究委员会．湖南文史资料选辑：第6辑．1964.71.

⑬杜永镇．陆海军大元帅大本营公报选编（1923年2月至1924年4月）［M］．北京：中国社会科学出版社，1981.258.

⑭吴拯寰．孙中山全集：续集，第1集第2辑［M］．2版．上海：三民公司，1929.86.

⑮方鼎英．一九二三年谭赵战争与湘军入粤［M］//中国人民政治协商会议湖南省委员会文史资料研究委员会．湖南文史资料选辑：第6辑．1964.63.

⑯［苏］亚·伊·切列潘诺夫．中国国民革命军的北伐［M］．北京：中国社会科学出版社，1981.29 – 30.

⑰张秋实．解密档案中的鲍罗廷［M］．北京：人民出版社，2014.31.

⑱莫雄．白马会盟与滇桂粤联军讨伐陈炯明的回忆［M］//广东文史资料：第25辑，广州：广东人民出版社，1979.245 – 246.

⑲叶曙明．中国1927·谁主沉浮［M］．广州：花城出版社，2010.17 – 18.

⑳香港华字日报，1923 – 02 – 03.

㉑［苏］A.N.卡尔图诺娃．加伦在中国［M］．北京：中国社会科学出版社，1983.29.

㉒中国第二历史档案馆．中华民国史档案资料汇编：第四辑（下）［M］．南京：江苏古籍出版社，1986.795.

㉓太平洋书店．中山丛书：（四）［M］．上海：太平洋书店发行，1927.26.

㉔广东省社会科学院历史研究所，中国社会科学院近代史研究所中华民国史研究室，中山大学历史系孙中山研究室．孙中山全集：第11卷［M］．北京：中华书局，1986.113.

㉕冯玉祥．我的生活（下）［M］．哈尔滨：黑龙江人民出版社，1981.416.

㉖冯玉祥．冯玉祥自传［M］．北京：军事科学出版社，1991．75．

㉗广东省社会科学院历史研究所，中国社会科学院近代史研究所中华民国史研究室，中山大学历史系孙中山研究室．孙中山全集：第 11 卷［M］．北京：中华书局，1986．251，252．

㉘刘峙．黄埔军校与国民革命军［M］．台北：文海出版社有限公司，1971．35．

㉙杜元载．革命人物志：第 8 辑［M］．台北："中央文物供应社"，1971．414．

㉚谭延闿手札［M］．［出版地不详］［出版者不详］．43－44．

㉛［苏］A．N．卡尔图诺娃．加伦在中国［M］．北京：中国社会科学出版社，1983．155．

㉜［苏］亚·伊·切列藩诺夫．中国国民革命军的北伐［M］．北京：中国社会科学出版社，1984．155．

㉝胡耐安．胡汉民与谭延闿［J］．台北：中外杂志，1970．7（5）：65．

㉞谭伯羽．先公年谱初编［M］．台北：文海出版社，1971．124．

㉟冷欣．第三次恭迎总理记［J］．台湾传记文学，1965．7（5）．

㊱中国社会科学院近代史研究所中华民国史组．中华民国史资料丛稿·大事记：第 11 辑［M］．北京：中华书局，1978．43．

㊲［苏］亚·伊·切列藩诺夫．中国国民革命军的北伐［M］．北京：中国社会科学出版社，1981．222．

㊳杜元载．革命人物志：第 8 辑［M］．台北："中央文物供应社"，1971．415．

㊴胡汉民．胡汉民回忆录［M］．北京：东方出版社，2013．88．

㊵胡汉民．胡汉民回忆录［M］．北京：东方出版社，2013．201．

㊶胡汉民．胡汉民回忆录［M］．北京：东方出版社，2013．201．

㊷国民政府［N］．上海民国日报，1925－07－04．

㊸国民政府军事委员会成立［N］．上海民国日报，1925－08－18．

㊹国民政府统一军民财政［N］．上海民国日报，1925－08－21．

㊺苏联顾问关于国民革命军的报告［A］．韦慕庭．革命的传教士——苏联顾问与中国革命［J］．中山大学学报论丛，1994．(1)：187．

㊻黄绍竑．黄绍竑回忆录［M］．北京：东方出版社，2011．116．

㊼李宗仁．李宗仁回忆录（上）［M］．南宁：广西人民出版社，1980．284．

㊽黄绍竑．新桂系的崛起［M］//中国人民政治协商会议全国委员会文史资料研究委员会．文史资料选辑：第 52 辑．北京：中华书局，1981．50－51．

㊾李宗仁．李宗仁回忆录（上）［M］．南宁：广西人民出版社，1980．278－279．

# 第六章 国民政府的变色龙

1925年7月1日，国民政府在广州成立，谭延闿以党政要员的身份在各派之间进行调和，争取各方好感。"中山舰事件"，他居间调停，从中渔利，在汪精卫愤而出国后，当上了代理国民政府主席。在"迁都之争"中，他言行不一，先是赞同苏联顾问和中共以及国民党左派迁都武汉的决定，后又屈从蒋介石的压力，滞留南昌察看风向，最后在中共和国民党左派的极力争取下，回到了武汉，为表示拥护革命，特改号"左庵"。在"宁汉合流"中，他又联合桂系，排汪挤蒋，当上了国民党中央"特别委员会"的主席。在蒋得势后，他又改任行政院长，以"伴食宰相"而终。

# 第六章 国民政府的变色龙

## 1. "中山舰事件"居间调停

国民政府成立后,在苏联顾问鲍罗廷的操控下,汪精卫集党政军大权于一身,当上了国民政府主席和军事委员会主席,胡汉民虽为国民政府的五常委(即汪精卫、胡汉民、廖仲恺、谭延闿、许崇智)之一,但地位却一落千丈,只担任了一个无足轻重的外交部部长,这使拥胡的亲信党徒甚为不满,他们极力反对孙中山的联俄、联共、扶助农工的三大政策。国民党"一大"产生的中央执行委员会由于历史的原因,本来就有一些右派委员,随着反帝反封建革命运动的深化,特别是由于孙中山的病逝,"原来处于中派地位的党员便逐渐地转到右派一边,只有少数人转到左派一边"①,从而增大了右派的势力。当时,以"中派"面目出现的胡汉民,实为国民党中央内右派势力的首领,"所谓右派之中委,如居正、邹鲁、谢持、丁维汾、王法勤、覃振、石青阳、邓家彦、茅祖权辈,每为胡之马首是瞻"②。在右派势力的拥戴下,胡汉民有意无意地阻挠孙中山三大政策的继续实行。他早在商团叛乱时,就以要孙中山"不听鲍罗廷的话",不让苏联顾问插手平定商团事件,作为他担任省长的条件;他平时虽摆出不偏不倚的架势,实则"隐然为反共之领袖"③。

孙中山去世后,胡汉民和廖仲恺成了广州国民党政府内最有权势的两个人:胡汉民不仅是国民党内阅历最深、资格最老的"元老"党员之一,而且因为他一向为孙中山所倚重,地位也最高——他是国民党中央执行委员会常委、政治会议主席,又是大元帅大本营代帅,兼广东省省长。他有独当一面的能力,在党内有若干拥护者,形成了自己的政治势力。按照一般常规,由胡汉民这位党与政府中的第一号人物来承继孙中山的地位,似乎是顺理成章的事。胡汉民自己也有夺取国民党最高领导权的意图和行动。廖仲恺也是国民党的重要"元老"之一,是孙中山最忠实的信徒和最得力的助手,孙中山逝世后,廖仲恺便成了国民党的重心——国民政府中的一位"积极领袖"。他一身兼任过国民党中央执行委员、常务委员、政治委员会委员、革命委员会委员、工人部长、农民部长、财政部部长、广东省省长兼财政厅厅长、黄埔军校和党军党代表、军需总监等10余职,他忠实地捍卫着孙中山联俄、联共、扶助农工的三大政策,勇敢地同国民党右派的分裂活动作斗争。对于胡汉民夺取党和政府最高权力的阴谋,廖仲恺认识到:将大本营改组成国民政府,关键在于实现权力的转移,如果继续让胡汉民既得的现有权力发挥作用,势必破坏三大政策的继续贯彻,危害孙中山缔造的国共合作统一战线以及正在进行的国民革命事业。为了党的利益,为继续孙中山未竟的革命事业,他挺身而出,担负起了联合革命左派势力同右派斗争的重任。当时,廖仲恺之所以能挑起这副重担,是因为他具备承担重任的主客观条件。就主观条件而言,他的资历与胡汉民不相上下,他一直受到孙中山的器重,是孙中山最主要的助手,在党、政、军方面担负的职务多,权力与胡汉民比,实际上有过之而无不及。他与苏联顾问、共产党人、工农大众及党军关系十分密切,深受他们的拥护和支持,并且与汪精卫、蒋介石、许崇智、谭延闿等重要军政大员,保持着良好的关系,成为能够联络他们的核心人物。就客观条件而论,当时的政治形势对左派有利,对手胡汉民周围的一些要员"胡作非为",特别是他的兄弟胡毅生等人"卖官鬻爵的贿赂勾当",使他大失党心,"广州的多数党员主张胡汉民下野,让其他更有威望的人上台";胡汉民又和"粤军总司令许崇智彼此公开对立"④,大大抵消了他对军队的影响;胡汉民与苏联顾问及共产党人交恶,使他失去了国民党左派和共产党人的支持。这些大大有利于廖仲恺反击胡汉民的斗争。廖仲恺和汪精卫等在苏联顾问和共产党人的支持下,排除胡汉民的干扰,果断地商定了政府改组后的人选名单,用

## 第六章 国民政府的变色龙

汪精卫取代了胡汉民的地位。廖仲恺在改组国民政府的过程中不贪权、不求名、不恋利（新政府成立后仅出任财政部部长职）的磊落行为，大大提高了其政治地位和威望。达林曾指出："当时广州政权实际上是由革命民主主义者廖仲恺领导的……形式上是由汪精卫领导政府。"[⑤]因而廖仲恺成了右派集团篡党夺权不可逾越的一大障碍，帝国主义和国民党右派必欲置之死地而后快。

国民政府成立后，胡汉民的寓所成了右派中央委员等集会策划对付廖仲恺的秘密据点之一。吴铁城、林直勉、胡毅生、邹鲁、邓泽如等10余人，常在胡宅开会"集中攻击仲恺。他们污蔑仲恺被人利用，'祸害国民党'；又说'仲恺挑拨各方恶感'"，叫嚷要让仲恺"倒台"。胡汉民还派人分赴北京、上海，把分散在各地的国民党右派拉回广州，密谋布置，然后在8月10日的中央会议上提议在9月15日提前召开一届四中全会。他企图在一届四中全会上搞突然袭击，把廖仲恺排挤出国民党中央和国民政府的领导层。同时，他的兄弟胡毅生阴谋搞恐怖政策，他纠合一批无耻的粤军将领梁鸿楷、魏邦平等，与英帝国主义相勾结，由英国提供200万元经费，在广州成立了一个叫"文华堂"的恐怖组织，准备对廖仲恺实行暗杀，由粤军旅长兼民团司令朱卓文具体负责执行。8月20日，他们在中央党部门前，公然制造了震惊中外的刺杀廖仲恺的血案。廖仲恺被刺身死，正是国民党右派势力在帝国主义者支持下向国民党左派的一次反扑，其目的就在于要推倒孙中山的三大政策和破坏国共合作统一战线。

廖案发生后，在鲍罗廷的主导下，国民政府组成了汪精卫、许崇智、蒋介石3人特别委员会，负责缉凶和处理廖案问题。但是，3人特别委员会都各怀鬼胎，甚至借题发挥，以便获取个人的最大利益。汪精卫急于把胡汉民弄掉，以便独享孙中山遗产。在国民党内，汪精卫、廖仲恺、胡汉民一直是并驾齐驱的三巨头，虽然国民政府改组时，胡汉民受到了排挤，但是拥护他的还大有人在，刺廖的凶手都是为胡抱不平，使胡不自觉地卷入其中，这使汪精卫看到了胡汉民潜在的影响力。现在廖仲恺已死，如果胡汉民被推倒，汪精卫自然就可以独揽国民政府的大权了。8月25日，汪精卫派黄埔党军，包围了德宣西路胡汉民哥哥胡青瑞的寓所，胡汉民一家也住在这里，黄埔党军以搜查胡汉民的堂弟胡毅生的名义，缴了胡汉民卫队的枪械。胡汉民大惊失色，与家人从后门逃出，逃到了一个卖菜的旗人家中。胡汉民回忆说：当时旗人问他需要找什么人来帮忙时，"我这时心血来潮想起了谭延闿，虽然随和，无论军队闹到什么程度，组庵应没有干系，或者还能说话。我便答他说：'好！谭总司令的住址你知道吗？可以替我找找他。'旗人赶紧去了，约莫过了1点钟，旗人回来，他说：'交通断了，没有找到谭总司令。'我无可奈何，也就罢了。"⑥胡汉民的妻子又跑到汪精卫家中求助，汪的妻子陈璧君又打电话给蒋介石询问，蒋介石才派人将胡汉民接到了黄埔军校，身怀六甲的陈璧君深感内疚，也到黄埔陪在胡汉民一家左右。9月1日，特别委员会决定让胡汉民离粤出国。9月23日，胡汉民从黄埔乘苏联轮船"蒙古"号离开广东赴苏联考察，从而清除了汪精卫集权的障碍，实现了汪精卫独揽大权的政治目标。

　　许崇智虽然是3人特别委员会委员之一，但是，因为他一直对廖仲恺统一财政的政策不满，加之他的手下又直接参与了廖案，因此，在处理廖案的过程中，他成了最大的障碍。许崇智出于私利，庇护涉嫌廖案的手下将领梁鸿楷，拒不执行逮捕梁鸿楷的决定。他"不愿意逮捕梁鸿楷的借口是，胡汉民与廖案有关，应该先把他赶走。许崇智与胡汉民素来不和，其不和的原因并不是什么原则性分歧，而是双方强烈的争权欲望导致的敌对情绪。后来在许崇智得知确实要对胡汉民采取措施后，他才表示同意逮捕梁鸿楷。8月25日，在廖案发生整整5天后，许崇智才默许逮捕其手下涉案的粤军第1军军长梁鸿楷。许崇智的态度和行为，让鲍罗廷产生了一定要将他清除出广州的想法"⑦。在鲍罗廷的支持下，"在处理廖案过程中，蒋介石同汪精卫始终密切合作，剪除异己。虽然汪、蒋和许崇智3人同为特别委员会成员，但实际上特委会完全被汪、蒋所控制。汪氏借此打击胡汉民，蒋氏则将矛头

## 第六章 国民政府的变色龙

对准了自己的顶头上司——粤军总司令许崇智"⑧。

蒋介石则想借助廖案,将许崇智赶下台,以便把军权从广东人手里夺过来。蒋介石与许崇智本为磕头的把兄弟,并长期是他的手下,但蒋却看不起许。他认为许在军事上无能,政治上庸碌,生活上腐化,只是迫于自己羽毛未丰,才不得不屈居于其下。廖案发生后,许崇智的部下参与了刺廖的阴谋,使许崇智一下子处于被审查的地位;而鲍罗廷要清除许崇智的愿望,使蒋介石"倒许"的机会和条件完全成熟。特委会在侦办廖案期间,发现粤军将领魏邦平、梁鸿楷、杨锦龙等有与廖案主犯通谋及勾结陈炯明部下,阴谋危害广东国民政府之罪嫌,于是蒋介石将梁鸿楷等人逮捕,并顺藤摸瓜查明了许崇智把持财政、私吞公款、克扣军饷、阴谋叛国等种种罪行,并在社会上广泛传播,使许崇智的声望大受影响。同时,他又暗中拉拢粤军中对许不满的将领李济深和陈铭枢,用金钱收买了许的嫡系第2师旅长谭曙卿等,许崇智顿时陷于内外交困之地。9月19日,许崇智的寓所被军队包围,晚上10点,蒋介石致函许崇智,历数其治理军政财政不力、借公营私、用人不当等种种过失,毫不留情地说:你不卸职,"无以对总理在天之灵"。许阅信后,泪如雨下,自知回天乏力,同意交出军权。20日,国民党政治委员会召开会议决定,准予军政部长兼粤军总司令、财政总监许崇智卸职,由谭延闿署理军政部长,宋子文为财政部部长兼广东省财政厅厅长,粤军由蒋接管,并入其控制的第一军,军事实权完全落入蒋介石的手中。当天下午,大势已去,无可奈何的许崇智由陈铭枢武装"护送"离开了广东前往上海,过起其寓公生活。

赶走了许崇智、胡汉民后,鲍罗廷高兴地向他的上级汇报说:

随着许崇智的离去,梁鸿楷被解除武装和胡汉民被流放到海参崴(胡赴苏的第一站),我们在广州好像有了一个统一的巩固的政权。这个政权的首领是始终最忠诚最积极的工作人员汪精卫、明确表示自己是国民党左派信徒,甚至可以说是极左派信徒的蒋

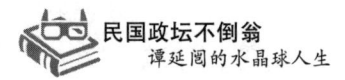

介石和湘军将领谭延闿。⑨

到 1925 年 9 月下旬，鲍罗廷苦心孤诣的汪、蒋政局形成。此时，汪精卫在广东身兼党、政、军 3 个主席，可谓"春风得意"，但也因此成为国民党元老派嫉恨和尖刻抨击的首要对象。蒋介石实际上成为广州国民政府掌握实权的军事领导者，并开始步入军政决策层。⑩

但是，国民党右派并不甘心自己的失败，他们决定与广州国民政府分庭抗礼。1925 年 11 月 23 日，国民党右派邹鲁、谢持、张继、林森、沈定一、邵元冲、叶楚伧、居正等 12 人在北京西山碧云寺孙中山灵前，非法召开所谓"国民党一届四中全会"，公开进行分裂活动。会议历时 43 天，至 1926 年 1 月 4 日结束。会议作出了一系列的反动决议：(1) 取消共产党员在国民党之党籍，明文规定开除中央执行委员谭平山、李大钊、于树德、林祖涵，候补委员毛泽东、瞿秋白、于方舟、张国焘等人的党籍；(2) 解除鲍罗廷顾问职务；(3) 取消政治委员会；(4) 中央执行委员会暂移上海环龙路 44 号，原上海执行部取消；(5) 停止广州中央执行委员会职权，推举林森、覃振、石青阳、叶楚伧、邹鲁为常务委员；(6) 开除汪精卫国民党党籍 6 个月，并不得在国民党执政地方之政府机关服务；(7) 本党此后对俄国之态度。会议把"解决共产派"作为中心议题，公然反俄反共。

右派的分裂行为遭到了国民党中央和各省国民党人的反对和斥责。作为国民党重要领导人的谭延闿对右派的分裂行为感到痛心和愤怒。好友廖仲恺的惨死，引起了他极大的悲愤。他在《廖仲恺墓下作》一诗中言道：

> 秋风吹我前，举步增惨伤。俯仰一星终，沈哀未能忘。
> 眷怀墓中人，炯炯犹相望。志决身已殉，事往行弥彰。
> 烈士轻死生，国论始彷徨。培风折其翼，决起空飞抢。
> 平生观古今，贤者亦寻常。不因睹疹瘵，岂叹人云亡？

# 第六章
## 国民政府的变色龙

> 精诚虽若存，神识畴能量。徒令后死人，感激申悲凉。
> 溘然亦何益，生民犹未康。终渐涕无从，黾勉崇周行。

这首声情并茂的诗文，既表明了谭延闿对国民党内暗潮迭起，国事纷争的忧虑，又表白了谭延闿对廖仲恺高风亮节、不畏强权，坚持正义、为国而死的伟大人格和革命精神的赞许，同时也说明他要继承烈士遗愿，勉力完成烈士未竟之业的决心。对于西山会议派的分裂行为，谭延闿旗帜鲜明，坚决拥护孙中山的三大政策。1925 年 11 月 27 日，谭延闿与汪精卫、瞿秋白、张国焘等国民党中央执委、候补执委联名通电反对西山会议派，决定在广州召开国民党一届四中全会。在宋庆龄、何香凝、吴玉章、周恩来、陈延年、毛泽东等人的努力和推动下，国民党一届四中全会于 12 月 11 日在广州召开。会议指出，国民党右派于 1925 年 11 月 23 日在北京西山碧云寺召开的会议为非法。并作出了于 1926 年 1 月 1 日在广州召开国民党第二次全国代表大会来处理"西山会议派"的问题的决议。12 月 27 日，谭延闿与汪精卫致电林森等人，指出西山会议于党于法皆不合，于国尤不利。

1926 年 1 月 1 日至 19 日，国民党在广州召开了第二次全国代表大会。由于共产党人的积极努力和国民党左派的推动，会议重新强调了孙中山联俄、联共和扶助农工的三大政策，谴责了右派的分裂行为，会议重申对外打倒一切帝国主义，对内打倒一切帝国主义的工具——军阀、官僚、买办及地主阶级，"以坦白真挚之精神，为民众谋利益"。

国民党"二大"，虽然经共产党和国民党左派的共同努力，抑制了右派的分裂，取得了一定的胜利，随之共产党积极领导了工农运动，使工农运动如火如荼，在全国各地迅速蔓延开来。但是，当时在国民党中央握有军政实权的还是汪精卫、谭延闿、蒋介石 3 个人，"政府主席汪精卫、军事部长谭延闿和国民革命军的总监蒋介石——成了解决军队生活中一切实际问题的最高决策机关，而军事委员会只研究总方针"。在他们 3 人当中，"汪精卫负责一切政治问题，谭延闿负责军需，而蒋介石总揽了一切军事行动问题、组织问题，以及军队的训练事务。蒋介石这个黄埔军校的校长，通过一系列的手腕，骤居国民政府要员的高位"⑪。第一、二次东征，黄埔党军连战皆捷的神威，使他捞取了向上超越的资本。1925年8月，他借廖仲恺的被刺，趁机将国民党的元老右派分子胡汉民迫出国内，将粤军总司令许崇智轰下台，夺取了粤军的指挥权，并兼任广州警备司令，后来又任第1军军长，再提高到军事总监，统辖各军，成了军事实力派。汪精卫认为"任何蒋方势力的超升，都是对他在党的领导地位有必定性的威胁"，企图借军事委员会主席的名义来抑蒋。谭延闿凭借他的第2军，以及与其接近的朱培德的第3军和程潜的第6军，来充当汪、蒋的调停人。他虽对蒋氏势力的膨胀有所担忧，常对人说"蒋介石的位置提得太高了"⑫，想对其有所抑制。但是，汪、谭都是文人，军事非其所长。谭自进入中央，虽兼第2军军长，但他心性懦弱，患得患失，缺少铁的手腕，因此他们无法抑制蒋的势力。蒋介石像一个骤富的商人，看到革命势力的膨胀和各方来朝的大好形势，有损于他的独裁统治，于是，他决定实行新的冒险。1926年3月，他撇开国民党中央和国民政府，一手制造了震惊中外的"中山舰事件"，公开暴露了他那封建专制独裁的面目。

3月18日，孙文主义学会成员，海军学校副校长欧阳格突然跑到海军局，诡称接黄埔军校邓教育长电话，奉蒋校长面谕，命海军局派得力军舰两艘，开赴黄埔，听候差遣。海军局代理局长、共产党员李之龙因为是"校长的命令"，除由作战科通知宝璧舰准备前往外，当晚又亲自调派中山舰前往。次日早晨，当中山舰开抵黄埔时，接到通知说没有调动军舰的事情，李之龙于是立即向蒋介石请示，将中山舰开回广州。其时，孙文主义学会分子大造谣言，说共产党"阴谋暴动"。这一天的深夜，蒋介石在广州卫戍司令部经理处召开秘密会议。参加会议的有刘峙、蒋鼎文（团长）、惠东升（团长）、陈肇英、徐存（经理处长）、欧阳格、马文车（广州卫戍司令部秘书）等人，蒋介石在会上诬指"共产党阴谋暴动，要推翻政府"，宣布广州戒严，调动大批军警包围了省港罢工委员会,同时命令王柏龄、陈肇英执行逮捕李之龙;刘峙执行扣押党军各级党代表;第2师的另一部占领海军局,并解除海军局的全部武装;陈策、欧阳格执行占领中山舰,并解除中山舰的武装;吴铁城率部监视汪精卫和苏联顾问团。并要求共产党员全部退出国民革命军。这就是蒋一手策划的"中山舰事件"。

事变发生后,广大共产党员、工农群众和进步人士无不义愤填膺,要求制裁蒋的暴行。第2军的广大士兵和军官也纷纷表示愤慨,欲联合3、4各军共同讨蒋。谭延闿在第2军军官岳森等的催促下,也准备上火车返北江防地正式发动反击。这时,正遇方鼎英(蒋的日本士官同学,此时已调至黄埔军校任入伍生部部长)前来高弟街第2军司令部,两人谈起这件事情,方鼎英认为不可一误再误,主张对蒋先礼而后兵,要谭马上提出顾全大局的意见,征求各军的同意,然后同去质问蒋介石,设法纠正他的错误。⑬

当日上午7时左右,广州卫戍司令部马文车到谭延闿住的地方。谭延闿问起广州"戒严"的事情,认为事态搞得太严重了,应该及时挽救,并且表示很想和蒋介石晤谈。经马文车与蒋介石通电话联系,蒋介石答应与谭见面。在交谈中,谭延闿对蒋介石说:"国共合作是总理生前的主张,遗嘱也说要联俄、联共、扶助农工,你现在的行动,总理在天之灵能允许吗?"⑭蒋介石虽然表面镇定,但也不得不考虑谭延闿等军事领导人的意见,他当即对谭延闿表示可以和平解决,允即下令解严,并要求谭延闿带一封信给汪精卫,请汪谅解。于是,谭同朱培德一起去汪精卫处,将信交给汪精卫,并汇报说蒋介石已经占领了东门外造币厂的旧址做司令部,海军局长兼中山舰舰长李之龙已经被扣押起来,至于第1军的党代表无论是否共产党已于昨日下午全体免职,概行看管。

汪精卫听后很愤慨地说:"我是国府主席,又是军事委员会主席,介石这样举动,事前一点也不通知我,这不是造反吗?"谭延闿说:"我看介石是有点神经病,这人在我们看来,平常就有神经病,我们还是再走一趟，问问他在想什么和要干什么再说。"⑮

当时，汪精卫正养病在家，他也挣扎着想从床上爬起来，对谭、朱说："我也和你们一起去造币厂。"但是，当他刚抓起一件长褂往身上穿，穿到一半时又晕倒在床上了。

汪精卫的妻子陈璧君很焦急地劝阻说："你身体这样是不能去的。"

汪精卫强打精神说道："好！等你们回来再说吧，我在党内有我的地位和历史，并不是蒋介石能反对掉的！"⑯

谭延闿邀同朱培德又再次前往蒋介石处，蒋介石很巧妙地向谭出示了孙中山生前给他的一封信，中有"今之革命委员会——此固非汉民、精卫之所宜也"，蒋暗示谭延闿应支持自己，而谭延闿对蒋介石的野心"自然多多少少感到不快"，但"决不会有逆水行舟的勇气"⑰。

这时共产党内以陈独秀为代表的一部分领导人，压抑党内主张彻底揭露和坚决制蒋的意见。陈独秀派张国焘作为中共代表前往广州，一面动员中共广东区委执行妥协方针；一面对蒋进行所谓"亲善访问"，表明中共继续支持蒋的态度。⑱苏联顾问对事变也持退让态度。3月22日，苏联驻广州领事馆代表去见蒋介石，询问"是对代表团中某些人的问题？还是对苏联全体的问题呢？经答复他当然是对人，而不是以苏联全体为敌，他表示安心"。并且还按蒋介石的意愿将季山嘉等苏联顾问遣送回国。结果，为了解释"误会"，在汪精卫的床前开了约1小时的国民政治委员会会议，汪精卫"仍认为军事当局非奉党的政治领袖命令不得擅自行动"，对蒋介石"事先未征求意见（下令戒严）而感不满"。黄埔军校教育长邓演达严正指出："三月二十日镇压中山舰及缴俄顾问卫队械事，疑近于反革命行动。"但蒋介石继续诡辩，仍坚持其无理要求。声称"革命党应事事以革命行动出之，总理之主张废除约法与余之主张修正党代表制，如他人为之，则为反革命，而以总理与余为之，则无论何人，应认为革命应取之态度，以可由余手创者，即有由余废除之权"。他恬不知耻地以孙中山的继承人自居，把自己凌驾于党和政府之上。参加会议的苏联顾问索洛威耶夫居然没有站出来表明态度,而谭延闿则见风使舵,不敢有所表示。最后,会议按蒋的意图通过了要求3位与蒋不和的苏联顾问回国和对共产党加以限制的决议。

在这次事件中,谭延闿的态度大致经过了3个阶段的转变:首先是主张联合3、4各军武力反蒋;其次是居间调停,缓和矛盾;最后是迫于压力,迁就于蒋。尽管谭延闿的态度一次比一次软弱,但是我们不能忽视造成谭态度改变的诸多外来因素:(1)谭放弃武力反蒋除了方鼎英的劝说所起的作用外,其重要因素是当时2、3、4、6各军大多驻防在广州城外,蒋介石的全城戒严,割断了各军指挥官与部队的联系,使他们难以马上集结;加之当时广州各派政治势力由于事起仓促,来不及制定应付时局的良策,也无法做出任何有效的反应,这不能不使谭延闿调整自己的态度,放弃武力反蒋的打算。(2)谭的居间调停对于缓和当时广州城内的紧张局势,协调各方意见,弥合国共关系,无疑有过积极的作用。"中山舰事件"后,不管是汪精卫、蒋介石,或是苏俄、中共都处在进退两难的尴尬境地,谁都不敢做出轻率决定,各自剑拔弩张,但又害怕流血冲突;想和平解决,但又拉不下脸面。在这种情势下,如果无人协调,势必以武力做最后决断,然鹿死谁手,谁也难以预料。孙中山历经艰辛促成的国共合作及其带来的大好革命形势能否延续,轰轰烈烈的北伐战争能否进行,谁也不敢肯定。因而我们不能忽视谭延闿居间调停对于打破僵局,延缓国共合作关系破裂所起的积极作用。正如中共派往广州活动的张国焘所言:"谭的政治手腕老练圆滑,他常滔滔不绝地安坐漫谈,除斤斤以大局为重外,不大接触实际政治问题,但就在这种谈笑风生的谈话中,产生了调协作用。"[19]而且谭在调停之初,为了防卫蒋介石的武力胁迫,仍旧做了应变的准备,他曾经叫陈公博通知鲁涤平和黄衡秋(第3军参谋长)"吩咐军队准备,以备万一之变"[20]。由此可见,谭在事前既无与蒋勾结的嫌疑,事后也无与蒋同流合污的打算,他的居间调停是在武力作基础的前提下,摸清蒋的真实意图,防止事态恶化的一项积极行动。(3)谭

的迁就于蒋，虽然含有明哲保身的自私意图，但主要责任不在于谭。当时以陈独秀为首的中共中央与苏俄对事变的态度，就注定了这次事件的妥协结局，而谭延闿至多不过是促进了这种妥协结局的最终完成。苏联顾问的一再退让和中共代表的妥协方案不能不影响谭、朱等人处理事变的态度，他们既然不能搞掉蒋介石以取而代之，那么就只好给蒋卖个顺水人情，好使自己处于灵活地位。因而对谭延闿的迁就于蒋，应该放在当时的客观环境中来加以考察，而不能武断地将其作为蒋介石篡权帮凶的一条罪证。

对于"中山舰事件"发生的原因，谭延闿认为是蒋、汪矛盾导致的结果。陈公博回忆说："一天我和组庵先生谈到这个问题，组庵先生喟然叹道，'什么共产党，这是介石反对汪先生罢了！'我问这话怎讲，组庵先生说：'你还不知道吗？大概介石不满汪夫人，因而连带反对汪先生。你知道吗？汪先生和介石还是拜把兄弟呢！'我吓了一跳，什么时候他们拜起把来，什么时候他们又由把兄弟而结成仇怨；我再问组庵，他的话匣子开了。'我看汪先生和介石一定有问题，外面只管要好，我倒看出他们有些冲突。有一次国民政府宴客，席刚散后，有一个副官回来说介石有电话给汪先生，汪先生忽然露出不大愿意的神气，说：我不接。说完这话，他便离开国府了。''你知道他们是把兄弟吗？自东江平定之后，介石便送了一个帖给汪先生。不过陈璧君是顶反对这套的，汪先生拗不过汪夫人，只好唯唯诺诺。一天汪先生写一封信给介石，开头写着介弟两个字，给汪夫人发觉了，她大发雷霆地骂汪先生说：你愿意做他把兄，可是我不愿意做他的把嫂。汪先生不得已撕了那封信重写，此后不敢再写介弟，或者他们两个人的冲突，就因为璧君罢！'谭先生更叹口气：'本来璧君也太难缠了，谁也要受她的气。不过有一次我算是报复了。我和汪先生住在上海时候，无事时便饮酒，时常挨她痛骂，说我教坏汪先生。有一次我们出门乘了一只船游地方，璧君在船上对我说，谭先生你太太死了许久，怎么多年还不续弦呢？我说我太太在生未干涉我饮酒，好不容

## 第六章
### 国民政府的变色龙

易才没人干涉，难道我再要娶一个来干涉我饮酒吗？'谭先生说完这句话，依然还带着胜利的神气，把眼睛张一张又微笑了。从各方面的零碎消息归纳起来，似乎汪蒋之间真有问题，直至民国十五年八月围攻武昌的时候，蒋先生才亲口告诉我三月二十日（'中山舰事件'）的真相。"[21]蒋介石告诉陈公博说："我以为党政军只能有一个领袖，不能有两个领袖。如果大家要汪先生回来，我便走开。如果大家要我不走，汪先生便不能回来。"蒋介石愤愤地说道："汪先生要谋害我，你不知道吗？汪先生是国民政府主席，是军事委员会主席，他对我不满意，免我职好了，杀我也好了，不应该用阴谋害我。""他要我参观俄国来广东的船，打算就在船上扣留我直送海参崴。"[22]由此可见，"中山舰事件"发生的原因虽然复杂，但汪蒋之间的矛盾也是一个重要的原因。这一点，张国焘当时也看得很清楚，他说："汪自接替廖仲恺任黄埔党代表后，有时要与闻黄埔的事务，这就触犯了蒋氏独揽军权的大忌；加之鲍罗廷走后，在对俄顾问的立场方面，对国共关系和处理军事财政事务方面，他们间的歧见渐深。这些事在旁观者看来，固然各有是非；但其主因，仍在军政两雄之不能并立所致。"[23]

汪精卫从"中山舰事件"中，看到蒋介石飞扬跋扈，咄咄逼人，全不把自己放在眼里，便采取以退为进的策略愤然离职出国。汪精卫出国后，由谭延闿代理国民政府主席。4月16日，国民党中央与国民政府举行联席会议，在蒋介石被推选为军事委员会主席的同时，谭延闿被选为政治委员会主席。

蒋介石发动"中山舰事件"是他实施夺权的一次军事盲动，也是他测试自己影响力的一次冒险行为。他知道自己这样做不得人心，但他要看看到底有多少人会站在自己一边。"最初，蒋介石意识到处境危险，张皇失措。他开始反悔、哭泣，以自杀相要挟，并说马上要辞职，要求会见汪精卫。汪精卫却百般回避，通过妻子对外联系。他的妻子逢人便说，丈夫心脏病发作，谁也不能接见。蒋介石一筹莫展，于3月26日离开广州，留下一封信，说汪精卫不视事，他就不回来。"[24]正如

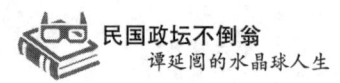

苏联顾问所言:"蒋介石的行动不管是在将领中还是在广大群众中,均未引起反响。"[25]"多数国民党将领不愿意抬高蒋介石,他的独断专行很不得人心。邓演达和李济深这样的左派公开表示愤慨。李济深以国民革命军总司令部参谋长身份亲自来东山(苏联顾问驻地)道歉,说他要和蒋介石斗争。一些右翼将领也做了这样的表示。"[26]如果说蒋介石曾经指望政变一旦成功,其他将领就会与他联合,但是,事实证明他想错了。因此,蒋介石不得不迅速采取一系列补救措施,发布《罪己书》,宣称3月20日之事是一系列误会的结果,来自莫斯科的布勃诺夫使团成员和苏联顾问很快就获得了自由,李之龙也被解除拘禁,蒋介石甚至向被捕的纠察队员赔礼道歉。蒋介石整日提心吊胆,害怕自己因此受到清算。张国焘在他的回忆录中曾经这样说道:"那时谭延闿与蒋氏过往甚密,他常花几个钟头水程,到虎门去看蒋。有一次他一清早就去了,直到晚间才如约赶回来与我晤面。他显得很疲劳,向我说他在蒋氏住所待了大半天,竟没有看见什么人去找蒋。如果不是他去聊天,告诉蒋一些各方实际情况,不知道蒋又要胡思乱想到什么地步。这些话出自深沉老练的谭延闿之口,其中自然包含了耐人寻味的内幕。"[27]但是,后来事态的发展完全出乎蒋介石的预料,汪精卫因为得不到苏联顾问的有效支持,以生病为由,躲了起来,使国民党左派和反蒋势力失去了政治招牌;苏联布勃诺夫使团和重回广州的顾问鲍罗廷害怕国共分裂再次迁就了蒋介石;中共中央领导人陈独秀也主动作出让步,他称赞"蒋介石是从原则上忠于革命的。他写道'事实上从建立黄埔军校一直到3月20日,都找不出蒋有一件反革命行动。如此而欲倒蒋,这是何等反革命。如果中国共产党是这样一个反革命的党,您就应该起来打倒它'"[28]。

蒋介石以他的主要对手如此轻易地为他让路而得意扬扬,但是,"蒋介石当时还没有下定决心同他所憎恶的共产党彻底决裂。他知道,没有共产党的帮助,他应付不了局面。北伐在即,他需要群众的支持。这就是他摇摆不定,语无伦次,言行矛盾的原因"[29]。然而,他又深感

# 第六章 国民政府的变色龙

共产党对他独裁统治的威胁,于是,他又得寸进尺,决定进一步打击在国民党内的共产党员,为他独揽大权扫清障碍。

5月15日至22日,国民党在广州召开了二届二中全会,蒋介石在会上抛出了《整理党务案》,其中包括4个议案:即整理党务案;国民党与共产党协定事项提案;选举中央执行委员会主席案;国民党全体党员重新登记案。谭延闿参加了整理党务案第1和第3议案的签名。在大会开幕的当天,作为主席团3人成员之一的谭延闿代表政治委员会作了政治报告,报告分析了"二大"以来,国内外政治变动情况,提出了解决有关政治纠纷的意见。关于外部政治形势,谭延闿指出:由于段祺瑞政府惨杀市民以及种种对于国民革命的"阻碍",致使在北方的工作不能按照第二次全国代表大会的决议而深入开展,"不但政治方面不能活动,即党务也不能公开地做去了"。而且张作霖、吴佩孚"两大军阀又起来了",他们的背后因为"完全有英、日两国帝国主义的帮助",所以"极力向我们进攻",这样一来"北方的活动因之大受挫折,在目前也不得不暂时停止"。至于长江以南尤其是湘、赣两省的政治形势,湖南比江西要好。虽然因国民政府无暇顾及支助湖南,而被吴佩孚乘机出兵该省,迫使已向国民政府"输诚"的唐生智不能不由长沙退守衡州,"好在唐生智在衡州的形势尚好,闻宝庆已克复,叶开鑫部略退。在这短时期内,如果再退守,则广西的军队到了湘境之后,再过一二十天,或可有很大的希望",如果能够在湖南问题上取得胜利,那么"我们或许在短时间就到长江方面"。关于内部情形,谭延闿指出:除了"整理财政""肃清盗匪"方面有所成绩外,"其他政治方面,还没有显著的成绩",相反"在这时间内,有了许多纠纷发生。如中山舰案,引起各方面的误会"。他回顾了国共合作的一段经历,强调"本党自第一次全国代表大会以后,就开始改组,并决定集中革命势力,诚恳与苏俄联络,及容纳共产分子之加入",两年以来,虽然引起了右派的"许多攻击,但我们都认为是反革命的作用"。这是因为,"在前先有总理数次的告诫,在后有第二次全国代表大会的决议案",

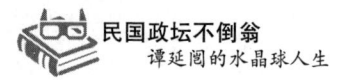

所以对于党内的纪律予以特别重视，对于那些破坏国共合作的人，"有的是开除，有的是警告，有的是予以自新之路"。他重申："惩戒的方法虽是不同，而对于党，对于总理的心事，确是一样。"然而，在"事实上并不如此。往往因小小的意见，而发生轨外的行动，所以中山舰案一时几乎弄出大祸来"。在这篇政治报告中，谭延闿承认并指出不仅在国民党内，而且在党外都存在着一定程度的矛盾和纠纷，并特意指出"中山舰事件""一时几乎弄出大祸来"，他还对国民党右派攻击和破坏孙中山的三大政策以及国共合作的行径予以谴责。然而，谭虽认为"中山舰事件"是"大祸"，是"轨外的行动"，但却认为这是由"小小的意见"发生而来，看不出是蒋介石蓄谋已久，一手制造这个重大政治案件的反革命性质。并天真地认为只要划清国共两党合作的办法，就可以避免误会，所以他满怀希望地要求国共两党"相亲相爱，把两党合作的事业永远合作到底"。最后，大会通过了蒋介石旨在限制共产党人活动的《整理党务案》，共产党人被迫辞去了国民党中央各部部长的职务。共产党员谭平山的国民党中央组织部部长改由蒋介石担任；毛泽东的代理宣传部部长之职改由顾孟余继任，中央党部秘书原为谭平山、林祖涵、杨匏安3人负责，这时改由叶楚伧任中央党部秘书长，免去了谭、林、杨3人的职务。原来，在国民党中央党部和各级地方党部中，共产党员占很大比重，如中央党部，最多时，在29名部员中，就有26名共产党员。在二届二中全会后，对各级党部进行了新的"整理"和改组，到1927年1月，共产党员在各级党部中，最多不过占1/3。蒋介石还把张静江捧出来担任国民党中央常务委员会主席，他自己兼任国民党中央组织部部长和军人部部长等职，进而篡夺了国民党的党权。

张静江，原名张人杰（1897—1950），浙江吴兴人，祖上以经营丝、盐起家，早年捐资得道员衔，以一等参赞随孙宝琦出使法国，途中巧遇孙中山，加入同盟会，资助孙中山在华南沿边一带发动武装起义，又与吴稚晖、李石曾等在法国创办"世纪社"，出版《新世纪》杂

## 第六章 国民政府的变色龙

志,鼓吹无政府主义。他是一个昏庸老朽的官僚,既是蒋介石的入党监誓人,又是蒋昔日上海证券交易所的合伙人。他唯蒋马首是瞻,对蒋言听计从,是蒋在中央的点缀品;谭延闿则运用他那素有的八面玲珑的手腕,在国民党左、中、右三派和国、共两党之间的斗争中,搞折中调和。谭延闿心中明白,他的政治地位的取得是各派政治势力妥协的结果,只要保持国民政府各派政治势力的均衡,他的政治地位就不会发生动摇,如果一旦倾斜,他就有被取而代之的危险。而当时威胁他政治地位的最大敌人是已握有军政实权的蒋介石,因而只有利用苏俄和中国共产党,才能达到制衡蒋介石的目的。鲍罗廷正是抓住了谭的这一心态,达到了再度左右广州政局的目的。正如王健民所言,鲍罗廷"对国民党之党、政、军均可过问,且几乎完全在其操纵之下。其操纵枢纽为国民党中央执行委员会下之政治委员会","鲍罗廷的操纵政治,还在于他的技术。中央政治委员会开会,他多数是列席的,对于小事,他都没有意见,但每逢大案,他必预先和出席的人们个别交换意见,等到大家都无异词,或大多数没有异议时,他才以顾问的资格提出。因此鲍罗廷所提的建议没有不通过"。由此可知,鲍罗廷能够重树威信,除了他个人操纵政治的技术之外,还与谭延闿的支持不无关系。作为政治委员会主席的谭延闿对于政治委员会的决策拥有最终的裁决权力,他的态度如何,直接关系到会议的结果怎样。虽然没有足够的证据可以证明,谭延闿到底给予了他多大的支持,但有一点可以肯定谭延闿至少默许了他的这种做法,没有给其发展革命势力设置障碍,因而使苏俄和中国共产党在经过"中山舰事件"打击后有了一定程度的复苏。但是,谭又是一个性格懦弱、优柔寡断的人,在强权面前不敢吭声,地主资产阶级的名利观念和得失意识极强,因而,他也不过是蒋介石的玩物,为了保住名位,他也只有随波逐流。正如苏联顾问所言:"在国民革命政府的领导人中,他(指谭延闿)是最诚实最正派的人,但他性格脆弱、优柔寡断,易受自己周围人的影响。他在第2军里很受尊敬,但由于未受过军事教育,所以该军实际上由他的副手鲁涤平将军指挥，他只负责一些大的事情。从外表上看，他很像一本幽默杂志上画的牧师：身体肥胖、行动迟缓，宽脸，扁鼻子上架着一副墨镜。""不满蒋介石独裁的人依靠军队的左派（第2、3、6军，近3万人），这个左派的领导人是谭延闿。"㉚这样，蒋介石实际已经独揽了党、政、军大权。

## 2. "迁都之争" 言行不一

1926年，直、奉军阀在日、英帝国主义的支持下，结成了以"反赤"为目标的反革命同盟，并制定了"先北（冯玉祥的国民军）后南（南方的广州国民政府）"的战略方针，随即向冯玉祥的国民军联合进攻，致使冯军连失山东、河南、天津、直隶、北京的地盘。在此情况下，冯玉祥决定与南方合作，共同反对直、奉军阀。4月，他赴苏联考察的同时，特派马伯援为代表到粤请援，嘱其"将国民党之宗旨及工作向党中（国民党中央）陈述，最少限度，国民军必与国民党合作，解决国事"㉛。6月，他又在莫斯科致函蒋介石、谭延闿，郑重表示："救国之方惟有遵照总理中山先生遗训，从事于国民革命。"㉜并随即派刘骥、李鸣钟为全权代表由莫斯科去广州，与国民党中央接洽国民军入党手续，并与国民政府商定共同革命计划。刘、李到达广州时，受到了谭延闿和张静江的接见。谭对刘谈及北伐军事进展顺利，并望冯"早日回国，联合起来共同为革命事业奋斗"。刘转达冯的意愿，希望国民政府对北伐军事作一通盘筹划，给国民军以物资上的接济，使国民军与国民革命军配合作战。谭对此完全同意，并表示在条件许可的时候，一定对国民军尽力支援。通过协商，谭延闿、徐谦、宋子文、孙科和刘骥、李鸣钟等达成了两项协议：第一，冯的国民军接受三民主义和联俄、联共、扶助农工三大政策，从北方协助国民革命军北伐；第二，国民政府对于国民军按照国民革命军的标准，一律待遇。从此冯的国民军同国民革命军正式联合起来，从南北共同打击直、奉军阀，配合进行北伐战争。

是年，湖南出现了有利于革命的良好势头。1920年11月，赵恒惕取代谭延闿统治湖南后,一方面他投靠北洋军阀,另一方面又祭起"湘省自治""联省自治"的破旗以自保。在他的手下,拥有省防军4个师,师长分别是贺耀组、刘铏、叶开鑫和唐生智,其中唐生智的第4师又是湖南省防军中训练和配备最佳、人数最多的一个师。自1924年第二次直奉战争后,吴佩孚就对统治湖南的赵恒惕心存戒惧,他为了着实控制湘省,就采取拉拢唐生智,以分化赵恒惕的势力,在唐、赵之间制造分裂,以收渔翁之利。唐生智因为得到吴佩孚的暗中支持,因而大有取赵而代之的野心。

1925年冬,赵恒惕为了防止在广东的谭延闿、程潜重返湖南,曾派叶琪(第2师旅长,广西人,与李宗仁、白崇禧、黄绍竑等有先后同学之谊)赴广西,与李宗仁、黄绍竑等就政治立场问题进行洽谈,决定订立攻守同盟。结果适得其反,叶琪被李、白拉拢过去,作为分化赵、唐的工具,成了唐生智与广东国民政府沟通的桥梁。

1926年年初,湖南人民在国共两党的共同领导下,掀起了轰轰烈烈的反英、讨吴、驱赵运动,并成立了"行动委员会"和"临时委员会",公开提出了"打倒赵恒惕""废除省宪""取消省议会""请国民政府北伐"等24条主张。3月11日,内外交困的赵恒惕被迫宣布辞职,由唐生智代行省长职权,15日,唐生智由衡阳抵达长沙。这时,唐生智虽然一面与广东国民政府早有联系,并派刘文岛夫妇赴广州请国民政府派代表来湘。但另一方面,又因吴佩孚态度不明,"不敢遽以代理省长自居,仍以师长身份,请赵氏回湘主持大政"。为了争取唐生智参加国民革命,25日上午,国民政府代表白崇禧、陈铭枢一行偕同刘文岛夫妇抵达长沙,劝说唐生智脱离赵恒惕独立,归向革命政府。在会谈过程中,唐向白崇禧、陈铭枢提出了3点要求:一是他如加入革命政府,革命政府是否愿意在军政上支持他抵抗吴佩孚的"援湘军"人马。二是谭延闿、程潜曾被他击溃,他如加入革命队伍后,谭、程是否会对他进行报复?三是他希望若广东北伐,程、谭之人马出江西,不要经湖南。白崇禧听后,信心十足地说道:"只要孟公肯附革命,谭、程必捐弃前嫌，湖南之军政由孟公负全责，广东方面亦全力支持孟公打吴佩孚，谭、程人马现均在赣湘边境监视孙传芳的5省联军，纵然北伐始，谭、程人马的任务也是对付孙传芳。"唐仍犹豫道："若谭、程人马对我有不利之行动呢？"白崇禧拍着胸脯保证说："若果，第7军必支持你。"唐生智听罢，以掌击桌道："有健公之言，吾不虑也。"唐当即表明态度，发表通电，归附广东国民政府。当晚，唐生智即宣布了就任湖南内务司长、兼省务院院长，并扣押了据兵自恣的湖南暂编第2师师长刘铏、秘书长萧汝霖、旅长唐希忭；第3师参谋长张雄舆、旅长刘重威等人，通电宣布免去吴佩孚、赵恒惕死党、湖南暂编第3师师长兼湘西善后督办叶开鑫，第11旅旅长蒋锄欧等人的军职。吴佩孚看到唐生智不把自己放在眼里，于是以"犯上之不可长"为名，"下了举兵驱唐的决心"㉝。4月19日，已退至湖北境内的叶开鑫被吴佩孚任命为讨贼联军湘军总司令，叶就职后，亲率蒋锄欧旅、余荫森所部的47旅以及谢文炳部，分两路（一路沿武长铁路，一路循萍浏大道）进攻长沙。同时又分电洪口、宝庆、源州、辰州的邹振鹏、刘雪轩等部径袭衡阳，会取长沙。5月2日，叶开鑫进占了长沙，唐生智退守衡阳，湖南的战局出现了急转直下的趋势，于是唐生智迭电广东国民政府，请求派兵支援。国民政府为了打击吴佩孚的北洋军阀势力，以解除唐生智部所处的危境为导火索，开始了历史上著名的北伐战争。

1926年6月5日，国民政府颁布了出师北伐的动员令。7月1日，发出北伐宣言，历数了帝国主义和反动军阀的种种罪恶，严正指出当时的中国现状是"灾害深于水火，困苦甚于倒悬"。9日，国民革命军北伐誓师典礼在广州市东校场隆重举行，国民政府党、政、军负责人和各界民众、驻军10万多人参加了大会。校场内布置得庄严肃穆，阅兵台正中悬挂孙中山遗像，左右排列着马克思、恩格斯、列宁遗像。上午8时许，国民革命军总司令蒋介石，偕同张静江、谭延闿、吴稚晖等乘汽车到达会场，一时间鼓乐齐鸣，礼炮声隆，蒋介石、谭延闿等人登上阅兵台。旋由大会总指挥刘峙，策马奔至阅兵台，向蒋介石敬

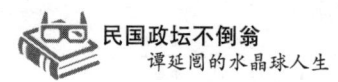

礼报告与会人数，蒋点头举手还礼。大会由国民政府代理主席谭延闿授印，国民党中央党部代表吴稚晖授旗，国民革命军总司令蒋介石发表宣言、通电和告广东军民书等。各路大军高喊着"打倒列强""打倒军阀"的口号，威武雄壮地走过阅兵台，国民革命军正式出师北伐。国民革命军的战斗序列如下：

国民革命军总司令　蒋介石
总参谋长　李济深
总参谋次长　白崇禧
第1军军长　何应钦　党代表　缪　斌
第2军军长　谭延闿　党代表　李富春
第3军军长　朱培德　党代表　朱克靖
第4军军长　李济深　党代表　廖乾吾
第5军军长　李福林　党代表　李朗如
第6军军长　程　潜　党代表　林伯渠
第7军军长　李宗仁　党代表　黄绍竑
第8军军长　唐生智　党代表　刘文岛

国民革命军共有兵力10万人。而当时奉、直军张作霖、吴佩孚、孙传芳等共有兵力70余万人。从敌我双方的兵力来说，敌方占有绝对的优势。但是，张、吴、孙3派军阀也有弱点，那就是他们虽有表面的暂时联合，但实际上却是互争雄长，各不相谋。北伐军根据这个特点，采用了集中兵力各个击破的作战方针。

北伐军的主要战场放在两湖地区。其兵力部署是：以第4军张发奎、陈铭枢两师以及叶挺独立团，李宗仁的第7军，配合唐生智的第8军在两湖与直系军阀吴佩孚作战；以第2军、第3军、第6军集中茶陵、攸县、醴陵一带，监视江西之敌。为了拱卫广东革命根据地，由国民革命军总参谋长兼第4军军长李济深镇守广州，指挥第4军第11

# 第六章
## 国民政府的变色龙

师、第13师和第5师（第16师已开赴前线）及其他部队驻守后方。国民政府机关亦暂留广州。27日，蒋介石从广州动身，前往湖南北伐前线指挥作战，而谭延闿等人留在广州处理党政日常事务及北伐军的饷粮筹划工作。按照北伐战略方针，谭延闿于7月上旬以第2军军长名义，命令教导团留粤训练及第5师驻守南雄之外，其他各师均归副军长鲁涤平指挥开赴湖南北伐前线。临行之前，他特地嘱咐鲁涤平说："前方的军事工作，全权委托给你，如果有需要用谭延闿名义的地方，请你直接使用就行了，不必远远地向我请示。"

北伐军自1926年7月9日出师以后，在工农群众积极的支援和配合下，进展顺利，相继克服了长沙、岳阳，逼近了武汉，第2、4、6各军也随即入赣，开辟了江西战场，革命形势迅速扩展到长江中游地区。

吴佩孚为了防止北伐军进入湖北，调集大军驻守于湖北境内粤汉铁路上的重要关口汀泗桥，准备与北伐军决一死战。

国民革命军第4军一部向汀泗桥发起攻击。吴佩孚亲赴附近的贺胜桥督战。双方激战一天，汀泗桥险隘四次易手，反复拉锯，毫无进展。在岳阳的唐生智急得跺脚，连电前线将领："必须迅速拿下汀泗桥，否则西援的孙传芳从背后夹击，后果不堪设想！"

形势万分危急，在湖南的北伐军决定发动总攻击。主要由共产党员组成的叶挺独立团，湖南人占了1/2，很有战斗力。拂晓，独立团和第4军各部向汀泗桥发起了全面进攻。陈铭枢指挥10师29团和30团攻占了敌玛瑙岭阵地，而后，29团又迂回朱家铺直趋汀泗桥北，控制了铁路，切断了敌人的退路。张发奎指挥第12师和叶挺独立团及35团从桥南左翼，猛扑桥头死守的敌人，攻势相当凌厉，敌人全线崩溃，各路大军奋起追杀，迅速占领了汀泗桥。吴佩孚的残部逃往贺胜桥，重新组织兵力，构筑临时工事，企图继续顽抗。

为了扭转败局，吴佩孚亲自披挂上阵。他来到贺胜桥，动用了自己全部的家底，把亲信的第13混成旅也拿出来使用，命令骁将刘玉春参战，集中兵力达10万人之多。吴佩孚看着防御纵深10多里的10万大军，配备了60多门大炮和100挺机枪的贺胜桥阵地，自负地说："本帅乘铁甲车亲自督战，以贺胜桥一战而定天下。"

北伐军第4、第7军向贺胜桥发起总攻，李宗仁、张发奎、陈铭枢亲自到第一线督战，战斗异常残酷。首先赶到贺胜桥的又是叶挺独立团。该团首先突破敌军防线，吴军拼命反击，空中弹雨横飞，地面白刃交辉。该团同大部队的联系被敌人切断。许继慎率领第2营硬着头皮向印斗山冲去，前方的敌人如潮水般涌来，北伐军伤亡惨重，伤员们咬牙坚持。终于，北伐军拿下了印斗山，距贺胜桥不足4公里。

贺胜桥桥头喊杀声震天，桥下积尸累累，河水都为尸体堵塞。尽管北军在大刀下督战，然而北伐军愈战愈勇，敌人为之胆寒，渐呈动摇之势。吴佩孚眼见败兵退下，勃然大怒，命令大刀队守住路口，砍杀后退的士兵，一时间人头滚滚，血流成河。吴佩孚杀掉了后退的旅、团长几十人。但是，北伐军队形不乱，拼死冲锋，分割包围敌人，各个击破，用刺刀和手榴弹杀开了一条血路。敌军无法支撑，后退又被砍杀，逃兵们忍无可忍，为求一条生路，索性调转枪口，冲向大刀队，内部展开厮杀，吴佩孚的卫士也被击毙1名。见此情景，当年叱咤风云的吴大帅只好放弃阵地。

唐生智决定兵分3路，乘胜直扑武汉三镇，中路由李宗仁督率进攻武昌；左路由唐生智第8军3个师和夏斗寅鄂军第1师进攻汉阳；右路以何应钦的第1军迂回进攻汉口。10月10日，北伐军在占领了汉阳、汉口后，又攻克了武昌城。捷报传来，留守广州的谭延闿回首往事，感慨万千，当即挥笔作诗。诗曰：

十五年中如转毂，又听江汉凯歌新。
当时事已随缘尽，此日天真送喜频。
喋血千军魂自励，腾欢万口气初申。
艰难回忆成悲喜，正有遗黎泪满巾。

# 第六章
## 国民政府的变色龙

15年前,孙中山领导的资产阶级革命党人举行武昌起义,将战旗插上武昌城头,宣告了封建帝制的终结。今天遵循孙中山的遗教,北伐军经历千辛万苦,终于又将武昌从北洋军阀手中收复过来,这其中既有悲,又有喜,怎能不使人心潮澎湃,感慨万千呢?

国民革命军占领武汉以后,国共两党在军事上的合作取得了前所未有的成功。但是,作为国民党北伐的政纲已经不适应新形势发展的需要。为推动国民党修订自己的政纲和解决新形势下出现的一系列问题,在共产党员吴玉章和国民党左派宋庆龄、何香凝以及谭延闿等人的共同努力之下,1926年10月中下旬,国民党在广州召开了中央委员和各省区、海外各总支部代表联席会议。在10月15日的开幕式上,谭延闿代表国民党中央执委会致开幕词。明确指出这次会议要着重"讨论应付时局问题"。他要求大家"不必唱高调,因为与其唱高调而不能实行,毋宁脚踏实地,使人民得到实在的利益"。他还强调国民党内每一个党员都要做到"言论步骤要非常统一……对于党的决议,要绝对服从",认定在这方面"俄国便是我们的榜样"。最后他特别强调:"我们的力量在民众,我们的目的在革命成功,不是开会批评人家,或者打电报攻击人家。"重申"这次开会凡到会的,都有决议权",希望"我们替党谋发展,要使国家统一起来,建设起来,我们才不辜负孙总理遗给我们的基础"。大会在谭延闿的主持下,通过了由他与徐谦等7人组成的提案起草委员会自10月7日起,反复讨论制定的《中国国民党最近政纲》《对全国人民宣言》《全国人民团体联合会之纲领》《国民革命军代表条例》以及国民政府发展问题等多项决议案。会议通过的《中国国民党最近政纲》,在国民党"一大""二大"宣言及北伐开始后一系列宣言的基础上,对国民党政纲作了具体的发挥,重要条文有:统一全国,废除军阀制度,建立民主政府;保证人民集会、结社、言论自由;废除苛捐杂税;扶助本国工商业,取消在华外国工业的特权;废除不平等条约,重新缔结尊重中国主权的新约;实行关税自主;减轻佃农田租25%;禁止重利剥削,最高利息年率不得超过20%;农民有设立农民协会和组织自卫军之自由；制定劳动法以保障工人的组织自由和罢工自由等。这次会议因为没有蒋介石的参加，国民党左派和共产党人占了绝大多数，因而通过的国民党政纲具有极大的革命性。谭延闿是这次会议的主角，从会议所通过的一系列决议案可以看出，他在这时期的思想言行可以说体现了国民党左派的根本利益，与蒋介石等人确有区别，这是应当肯定的。

随着国民革命的势力向两湖发展，革命的中心转移到了长江流域，国民党中央和国民政府决定迁都武汉。1926年9月9日，蒋介石致电广州张静江和谭延闿，请他们北来武汉主持党政。10月21日，谭延闿致电蒋介石，协商迁都武汉的事情，蒋介石也"喜惧交集"，认为"党务与政治可以从此发展也"。㉞11月26日，国民党中央政治会议决议：中央党部和国民政府均迁往武汉。两个机关从12月5日起，停止在广州办公。12月7日，国民党中央发表迁都通电："党政府为适应环境，实行迁鄂。决七日迁移，准半月内可到武昌办事。"同日，国民党中央及国民政府停止在广州办公，中央委员和政府委员分两批离粤赴鄂。

11月，北伐军相继攻下了九江、南昌，群众运动蓬勃发展。此时，身为北伐军总司令的蒋介石对日益高涨的群众运动深怀恐惧，又加上北伐军进展顺利，江西的大部分均已被国民革命军占领，蒋的独裁野心也日益明显。他利用职权，招降纳叛，积极扩充其私人势力，并勾结买办势力，镇压工农运动。1926年年底，他为了控制国民党和国民政府，使之成为他实行军事独裁的工具，以便他"挟天子以令诸侯"，取得控制国民党中央的主动权，竟出尔反尔，不顾国民党中央和国民政府已经做出的迁都武汉的决定，毅然要求迁都于他的总司令部所在地南昌，借口是为"政治与军事发展便利起见"。㉟

12月中旬，国民党中央委员会委员宋庆龄、徐谦、陈友仁、吴玉章和苏联顾问鲍罗廷等一行10余人抵达南昌，7日在庐山举行会议。在会上，蒋介石忽然提出首都应迁至南昌，各位委员留驻南昌办公。此议一出，举座骇然。委员们纷纷质问，武汉水陆交通便利，北上可指挥京汉线作战,东下可指挥宁沪战场,为什么不能作为战时首都?为什么不能把总司令部迁到武汉?蒋介石默然以对,委员们径往武汉,筹备迁都的工作,并于12月13日在武汉成立了"中国国民党中央执行委员国民政府委员临时联席会议",推徐谦为主席,宣布在国民党中央政治会议未在鄂开会以前,执行最高职权,予蒋截留中央于南昌的阴谋以重大打击。然而此时代理国民政府主席谭延闿和国民党中央常务委员会主席张静江仍滞留在广州,做善后工作。12月底,谭、张两人率领国民党中央委员何香凝、朱培德、李烈钧等10余人经江西北上,路经南昌时,被蒋截留,不许他们赴武汉,使得国民政府无法行使职权,国民党也无法在武汉举行全体会议。

1927年1月3日,蒋介石在南昌召开国民党中央政治会议第六次临时会议,邓演达和宋子文由武汉赴南昌参加会议,代表武汉方面的意见。会上,蒋介石首先向与会代表发问说:"中央党部和国民政府是不是应当留南昌,抑或迁武汉,请各位发表意见。"张静江首先发言说:"我主张留在南昌,因为南昌地势很好。"蒋介石接着将眼光转向了坐在第二位的谭延闿问道:"谭先生的意见怎样?"谭延闿很清楚蒋介石葫芦里卖什么药,他是希望自己支持他中央党部与政府暂驻南昌的意见,但谭既不想得罪蒋介石,又不想违背原有迁都武汉的决议,因此他又采用两面手法,模棱两可地说道:"论道理是应该迁武汉,论局势是应该留南昌,我倒主张中央暂时留赣。"蒋介石接着又询问与会诸人,宋子文、邓演达、陈公博等人主张维持原议,迁都武汉,朱培德也赞同此议,谭延闿最后又留下了一句话"这一问题还可以讨论"。但蒋还是不顾反对之声,作出了中央党部和国民政府暂驻南昌的决议,由此,蒋介石正式挑起了迁都之争。第二天早晨,邓演达、陈公博等人不约而同地来到了谭延闿的寓所。当时,谭延闿刚起床,尚在穿衣服。陈公博就非常焦急地问道:"谭先生,你怎么也赞成国民政府留赣?"谭延闿边抹眼镜,边回答说:"我的困难,难道你也不知道?我告诉你。"正当他准备告诉他实情时,他的副官报告说:"总司令到。"

谭延闿只好打住话题，转而与蒋介石商量事情。当天晚上9点钟，谭延闿给陈公博打电话说，他准备到陈公博家里去聊天。陈公博在与谭延闿闲聊过程中，突然想起了谭延闿早上中断了的话题，于是问道："谭先生，你今早对我说你有难处，难在什么地方呢？"谭延闿那时谈兴正浓，便滔滔不绝地说道："你不知道，我也犯了嫌疑了。照理论说国民政府当然要搬武汉，照情势说我倒不反对留在南昌。你知道吗？后方许多人都在反对张静江，静江很怕去汉口的。如果我主张搬汉口，倒有两层不便，若他们反对张静江，我没有方法替他辩护，结果不是形成拥谭反张的恶劣形势吗？而且我若坚持主张国民政府搬武汉，介石不难要怀疑我要和他分庭抗礼，对立起来。"陈公博以为谭延闿太怕事，缺少担当，于是又进而问道："难道凭你的本领，说不服一个蒋介石和张静江吗？"谭回答说："哈，你还不知道静江呢！介石是做了错事不肯认错的，而静江就以为他所做的事根本不会有错。他的脾气又倔强，又无理。我告诉你一段笑话罢，不久以前，我们在牯岭闲谈时，谈及牯岭的高度，在座还有黄膺白。本来牯岭的高度超过海拔5000尺，这是在游览书载得很清楚的。但张静江总以为靠不住。黄膺白是一个学测量的，他还傻头傻脑地和他争执，反复说着什么三角，什么几何；张先生更是一个不信科学的人，始终以为什么都靠不住，我忍不住便和他开玩笑，说：'我有一个办法，叫一个人用几千尺的绳子，从牯岭脚下拉起，拉到山顶，那一定准确了。'静江说：'这是斜的不是直的，还靠不住。'我说：'既是这样，顶好由山顶打一个直洞打到山脚，那一定准确。'然而静江说办不到。你想他是这么一个人，谁能和他讲理呢！"谭延闿说完之后，禁不住叹了口气。

鉴于这种情况，武汉临时联席会议一方面以宋庆龄、徐谦、陈友仁等人的名义致电蒋介石，要求他立即撤销南昌政府，让在南昌的中央委员和国民政府委员去武汉报到；另一方面武汉国民党左派和中共中央决定派谢晋（共产党员）秘密赴南昌联络被蒋介石挟持在南昌的谭延闿和其他一部分国民党中央委员，敦促他们速赴武汉。

# 第六章
## 国民政府的变色龙

1月6日,在武汉民众占领英租界的第二天,武汉临时联席会议获悉了南昌会议通过的国民政府及中央党部暂留南昌的决议,他们立即致电南昌的蒋介石声明:"关于中央党部和国民政府地点问题,早由在粤中央政治会议议决迁鄂,先推一部分委员来鄂准备;牯岭谈话亦认此举为必要。初到鄂时,时局颇感困难,但因人民对政府之信用,时局日趋稳定。最近占领英租界之举,尤须国民政府留鄂。在民众运动中,领袖应走在前面。如无重大军事变故,不应改变上述议决。"㊱

武汉的大好革命形势,加强了武汉左派的地位,蒋介石还不敢与武汉革命政府公开决裂。1月9日,蒋介石致电武汉联席会议,决定于12日亲赴武汉,解释中央政治会议的决定,以解除误会。

1月12日,蒋介石在万众欢呼声中于下午2时抵达武昌。他是头天晚上从九江坐"长安"号轮船到汉的。武汉方面的军政要员鲍罗廷、徐谦、孙科、宋子文、邓演达、唐生智、宋庆龄、刘文岛等人亲到武昌江边码头迎候。他们先是在岸上等待,在蒋介石快要到达武汉时,他们又分乘三艘小轮,顺江而下,在江中迎接。当鲍罗廷、徐谦等人登上"长安"号轮船时,蒋介石满面春风,笑容可掬地倚立在船舱门旁,与鲍罗廷等人一一握手,随后一起进入船上的大餐厅,互相寒暄一番。到下午2点10分时,"长安"号轮船抵达武昌文昌门江岸,只见码头上耸立着一座缀满鲜花的大彩牌,赫然写着"欢迎劳苦功高之蒋总司令",30万军政工商各界人士齐集江岸迎候。当蒋介石一行离船登岸时,军乐齐奏,万头攒动,欢迎群众手执小旗,欢呼声不绝于耳。与此同时,武昌蛇山鸣礼炮101响,3架飞机在空中翱翔,散发欢迎传单。蒋介石"披着青呢斗篷,徐徐登岸,以手加额,向群众答礼,谦和之气溢于脸上"。下午4时,武昌几十万人在阅马场举行了"蒋总司令莅鄂大会"㊲。

武汉联席会议给蒋介石以如此高规格的欢迎礼节,是想使蒋介石认识到武汉革命政府是诚心接纳他的,并没有排斥他的想法,希望他能面对武汉人民的热情改变迁都南昌的主张。但是,蒋介石此行另有

他的算计,他到武汉来是想说服鲍罗廷、徐谦等人,同意他改都南昌的决定,并促使在鄂的国民党中央执行委员和国民政府委员尽快迁赣。由于双方的目标相去甚远,因而热闹过后,依然是刀光剑影。

在欢迎蒋介石的宴会上,国民政府顾问鲍罗廷旁敲侧击地说道:"蒋介石同志!我与您共事已经4年了。如果我明天死去,那么国民政府势必要给我送葬——我是一个微不足道的人,我可以毫不客气地说……我不是个别将军的顾问,而是全体被压迫的中国人民的顾问……迄今为止我一直是同您一起搞革命的,迄今为止我们都在猛烈射击反革命,而现在却不得不换一种方式提问题……如果有人不想听我们的忠告,那么世界被压迫人民还是会需要我们的忠告的……"[38]接着,他又进而挖苦蒋介石说道:"你想众人都不说话是不可以的。我告诉你一件故事罢,古时西方有一个国王极讨厌各大臣说话。有一天他对着各大臣说,'你们说话太多了,我不喜欢'。各大臣说,'只有狗是不会说话的,陛下要我们不说话,只有找狗去'。"[39]

蒋介石听了鲍罗廷的讲话觉得浑身不自在,认为自己受到了极大的侮辱。他在汉期间,虽然频繁地出现于各界欢迎大会及公众场合,也发表热情洋溢的演讲和训话,但大都是一些言不由衷的套话。其实,武汉热烈的欢迎气氛并没有引起他感情上的共鸣,他的心离武汉很远,他始终觉得自己是在"做客"。这其中既有他与唐生智实力之争的原因,也有他在这里只有少数亲信部下等因素,但更主要的是他不喜欢武汉呈现出的汹涌澎湃的革命潮流和氛围。[40]"蒋介石即使在'政敌'包围的情况下,还是公开宣扬自己的观点。他在宴会上发言'反对进行阶级斗争',暗示中国共产党做得太过火,没有同国民党商量怎样领导民众。"[41]18日晚8时,在武汉举行隆重欢送仪式后,蒋介石悻悻然离开了武汉。他一回到南昌,就立即致电徐谦,指责鲍罗廷当众侮辱了他,要求撤换鲍罗廷,并坚持迁都南昌,结果遭到武汉革命政府的拒绝。

为了争取留在南昌的国民党中委尽快赶到武汉,完成迁都武汉的工作。1月中旬,谢晋奉命秘密到达南昌,住在谭延闿处,促谭速赴武汉,商议对付蒋介石的问题,谭表示同意。正当谭设法离开南昌之际,为蒋介石察觉,力阻其成行。谭迫于蒋的压力,不敢贸然前往,乃促谢晋速离南昌,临行时交给谢密电码一本,约定以后互通情报,密切联系。谢于月底回到武汉,向武汉方面的国民党中央和中共中央汇报说:"谭延闿本决心到武汉来,只是想多争取几个留在南昌的国民党中央委员一同来武汉。何香凝一定会来的,朱培德、李烈钧及×××等也可能前来。最好求得公开地、圆满地离开南昌……"[42]

1927年2月中旬,武汉国民政府又派遣谢晋和陈铭枢一道赴南昌,促请谭延闿、蒋介石以及留南昌的中央委员何香凝等赴武汉。谭态度很好,对谢表示决心赴武汉。对陈也说:"既然大家希望我去,我当然要去,不过蒋总司令能一同去更好。"[43] "谭延闿认为,马上同蒋介石彻底决裂,对于解决冲突是没有什么好处的。至于武汉左派散发的传单问题,谭延闿说,在他没有离开南昌之前就公开散发传单攻击南昌,这是一个失策,因为这样一来就使他离开南昌的问题变得极其复杂起来。谭延闿不主张把蒋介石本人清洗出党,但是不反对把蒋介石集团中的某些成员清洗出去。"[44]他并同谢晋一起,努力说服蒋赴武汉,后经国民党左派邓演达等的努力和谭延闿从中斡旋,蒋迫于舆论的压力,被迫同意迁都武汉。当谭临行时,蒋还以威胁的口吻说:"鲍罗廷现在武汉指挥共产党,倘到武汉,必遭共产党扣留。"[45]但谭没有听信他的离间之计,给蒋想挟持国民政府以自重的阴谋以沉重的打击。1927年3月7日,谭延闿和何香凝、李烈钧等人到达汉口,船刚一抵岸,谭延闿就"被一群人在'欢迎谭主席'声中拥上岸去"[46]。谭延闿看到武汉的革命形势蓬勃发展,展现出新的气象,为表示自己的"左倾",坚决拥护革命,乃改号为"左庵"。

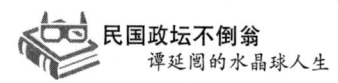

## 3. 宁汉对立 忽左忽右

鲍罗廷通过蒋介石发动的"三二〇"事件和随后的"整理党务案",看到了蒋介石专制独裁的野心,他在满足蒋介石权力欲望的同时,又在有意识地培养国民党左派和中共势力,形成在国民党内的权力平衡,防止蒋介石一权独大。他期望看到蒋介石及其整个集团在北伐中走向"政治上的灭亡"。他精心设计了一个玲珑棋局,"只要蒋介石进来,横也是死,竖也是死,如果他先打下武汉,就会促使各路诸侯联合起来与他争利,蒋介石两手难抵四拳,必然会失败;如果他不打武汉,而改去打江西或回师广州,则表明他的北伐战略是错误的,同样会遭到政治上的失败"[47]。鲍罗廷明确地告诉唐生智说,谁能继承孙中山的三民主义和联俄联共扶助农工的"三大政策",谁就有资格成为革命政府的领袖。怀有政治野心的唐生智立即向鲍罗廷表示,他愿意成为孙中山的忠实信徒,完成他未竟的事业。鲍罗廷还极力拉拢不满蒋介石专权的第2、第3、第4、第6各军以及李宗仁的第7军,来抑制蒋介石的军事膨胀,并以党权高于军权来削弱蒋介石的势力。张国焘在他的回忆录中这样写道:"武汉的反蒋运动,是鲍罗廷到达武汉以后才开始的。我们在前面已经说过,鲍罗廷不满蒋氏在3月20日以后的种种安排,但他大体上对蒋还表示容忍让步,以弥补国共之间几濒临破裂的关系。但1月到10月间,在广州举行国民党中央党部与各省市党部代表联席会议之时,反蒋的锋芒开始显露出来,这似乎得到鲍罗廷的支持。等到鲍罗廷到达武汉之后,认为反蒋时机业已成熟,不再隐藏他的反蒋决心了。这一反蒋运动,自然是以各方反蒋的倾向为基础而决定的,由限制和削弱蒋氏权力开始,进到武汉政府与蒋氏正式对立。"⑱这一点连老谋深算的谭延闿都看得十分明白,在北伐誓师的前一天他对陈公博说:"到了长江,介石是没有办法的,要是在长江搅不久的人到了长江那里有好办法!""组庵(谭延闿字)先生虽然老成和浑厚,有时高兴起来,也难免露出自负的神气。或者组庵这一句话未必就表示只有他才有办法,不过对于蒋先生不满意那是很显然的。"⑲

谭延闿在广州国民政府一直被视为左派的代表,在政界和军界拥护他的人都不少,不仅他的第2军拥护他,连朱培德的第3军、程潜的第6军都听命于他,因此,武汉革命政府多次派人前往南昌,主要争取的对象就是谭延闿,这也是谭延闿弃赣而赴汉的重要原因。

谭延闿到达武汉的同日,武汉临时联席会议召开了中执委第三次全会预备会议。在这次会议上,谭延闿虽然曾力争将国民党二届三中全会推迟到3月12日举行,以便等蒋介石、朱培德等人能来汉参加会议,但不能就此而论,谭延闿与蒋介石早有勾结,是蒋埋在武汉国民政府内的一颗定时炸弹。而应该看到谭延闿之所以坚持推迟会期,主要是出于两方面的考虑:一则谭刚从南昌而来,满耳充斥的仍是蒋氏党徒所散布的各种流言蜚语。况且谭临来武汉之前,蒋介石曾向他当面声言:"他们能等我到3月12日开会,就相信他们有诚意;假使提前举行,则虚伪可知。"因而谭延闿想通过推迟会期,使蒋无所借口,以便达到调和党内纠纷的目的。再则,谭延闿在国民党内惯以调和各方矛盾的"和事佬"著称,享有"药中甘草"的美誉,他不愿意因为会期之争,而导致国民党的内部分裂。况且同来的李烈钧、陈果夫等人都亲近于蒋,如果他不发表自己的意见,势必引起他们的反感。因而,他提出推迟会期,只是想通过双方的妥协,达到党内的团结,并无与蒋勾结的意图。应该看到这一时期,他与蒋的矛盾远远大于对中共的恐惧,这也是他舍蒋而赴汉的原因。所以当会期最后付诸表决时,他既没有像李烈钧那样"愤而退席",也没有像陈果夫等人那样潜返南昌,更没有再对会议按期召开的决定提出异议和抗争。

3月10日至17日,武汉国民政府召开了二届三中全会,会议由谭延闿主持，出席会议的中委共35人，共产党人和国民党左派占压倒优势。会议针对蒋介石军事独裁的倾向和干预政治、留难国民党中央委员的举动，决定提高党权，将一切政治、军事、外交和财政大权集中于国民党中央；会议还决定发扬民主，防止独裁，废除主席和委员长制，而代之以中央常务委员会、政治委员会和军事委员会的集体领导制度。谭延闿被推为中央常务委员会委员和政治委员会委员，并担任军事委员会主席。会议还对北伐军总司令的职权作了严格的限制，规定总司令仅为军事委员会的委员之一，总司令无权自行决定一切重要军官的任免。明确提出军长以上长官由国民党中常委委任，师、团长须由军委会任命。会议重申："必须遵守总理决定之革命策略，诚意地与世界革命战线上先进的苏俄亲密联合……一致努力领导群众……与农工群众之意志与力量形成一片。"[50]

1927年春，国民革命军继续向长江下游的安徽、江苏推进。程潜的江右军，沿长江南岸，由芜湖以东，分三路直取南京，于3月24日占领南京；李宗仁指挥的江左军也同时进抵安庆及津浦路南段之线。这时，蒋介石却在九江、安庆之间，着力建立自己的独裁统治，他一路摧残工会，血腥镇压工农运动，派遣爪牙，勾结劣绅，组织反动工会和反动团体。1月，他指使张静江、陈果夫，强行占据国民党江西省党部和许多县党部，并组建反动AB团。3月6日，蒋又密令枪杀赣州总工会委员长、共产党员陈赞贤，并相继指使流氓打手，袭击了九江国民党市党部和总工会、安徽省党部和总工会。鉴于蒋介石倒行逆施，迷途不返的行径，武汉国民政府乃密令程潜总指挥于蒋抵达南京后将蒋逮捕，"密令系武汉国民政府主席谭延闿亲笔写在绸料上，交由第6军党代表林伯渠缝在衣缝内，带到南京转给程[51]"。程潜因为事关重大，且力不胜任，主张商谋妥协。当蒋乘兵舰由九江到达南京时，程潜登舰欢迎，以市面秩序尚未恢复为词，请蒋暂缓登岸，直接赴沪。蒋到沪后，召开会议，程在会中力主调和，并愿赴武汉劝和。会后，他单身赴汉，调解失效，于是潜赴采石矶准备调第6军赴汉，被蒋介石发党,至此,蒋决心剪除第6军,并图加害于程。他一方面派其亲信徐培根乘兵舰疾速追程;另一方面,又密令第1、第7、第10各军及独立第2师武力解散第6和第2军。他将第6军改编为第18军,任命新近投靠的杨杰为军长。此时,第2军已渡江,正与北军相持于津浦线南段的乌衣、滁州等地,后李富春、鲁涤平等人察觉政局有变,乃率部从火线突围,经皖北入鄂,投入武汉国民政府。程潜离开南京后,几经曲折返回武汉。"程潜住在武汉国民政府主席谭延闿家里……谭延闿接待殷勤,国民党中央要人,如孙科、徐谦、林伯渠等,日夜来往谭公馆,密商大计。武汉反蒋空气此时更为浓厚了"[52]。

程潜在林伯渠等共产党人的大力协助下,在汉口重组第6军。

3月下旬,国民革命军相继占领南京、上海,底定东南后,蒋介石也加紧了他的反革命活动。他一面与帝国主义相勾结;一面收罗反革命势力,与右派人物胡汉民、吴稚晖、李石曾等重结旧好,被其驳斥的西山会议派人物,他也竞相结纳,与上海资产阶级和买办更是水乳交融,青洪帮的流氓更成了他的得力助手。李宗仁、黄绍竑、白崇禧新桂系以及广州的李济深也成了他"清党反共"的支柱。4月12日,蒋介石在上海公然发动了"四一二"反革命政变,血洗上海总工会,公开叛变革命,4月18日,在南京另组国民党中央和国民政府,宁汉正式分立。

鉴于蒋介石已完全背叛革命,走到了人民的对立面,武汉国民政府于4月15日宣布,开除蒋介石的党籍,撤销其一切职务,指出"蒋中正的一切行径,无可争辩地证明他是一个地道的反革命分子,他毫不犹豫地干了张作霖、张宗昌都不敢做的勾当,蒋中正自绝于党和人民,自甘堕落为一个新军阀"。22日,武汉国民党中央执行委员会、国民政府、军事委员会联合发出讨蒋通电,指出"蒋介石是总理之叛徒,本党之败类,民众之蟊贼"。随之武汉和长沙等地群众发动了声势浩大的讨蒋运动和示威游行。

由此可见,谭延闿在这一时期不论是从迁都之争或是提高党权、反对独裁以及对工农运动的态度方面，都顺应了时代发展的大潮。作为国民政府的主席，他有别人所不具备的政治招牌；作为国民革命军第2军的军长，他与军界有着千丝万缕的联系，不仅程潜的第6军与他息息相通，而且朱培德的第3军也是他借重的对象。表面看来，谭延闿政治势力不如汪精卫，军事势力不如唐生智。但是汪精卫、唐生智都不具备谭延闿军政兼备的双重素质。虽然汪精卫的资历和政治影响在谭之上，但是他手中无兵，且自"中山舰事件"离职出国后，远离了革命中心，其政治影响大不如前；唐生智虽然兵多于谭，但因其新附国民党，资历太浅，在政界的影响远逊于谭。因此，谭延闿在国民政府中的影响是其他人所无法比拟的，他的政治态度如何，直接关系到武汉国民政府的政策倾向。虽然武汉革命形势的迅速发展离不开苏俄顾问和中国共产党的支持和推动，但是谭延闿在其中的作用也不可低估。正是他继续贯彻了孙中山"联俄、联共、扶助农工"的三大政策，使苏俄和中共找到了用武之地，能够利用合法手段，来大力推进工农运动，促进反蒋独裁斗争的迅猛发展，从而使武汉的民众运动发展到了一个极为辉煌的历史时期。不过，我们也应看到，谭延闿不是一个易动感情、慷慨激昂的政治家，而是一个老于世故、工于心计的官僚政客。权力欲望和功利得失是他一切活动的行为准则。这一时期，他之所以愿同共产党在政府中合作，愿意继续支持工农运动，很大程度上是迫于形势和出于自己与蒋介石争权的需要。谭延闿虽然已身居要职，获得了国民政府主席的高位，但是手握重兵的蒋介石并不把他放在眼里，只是想把他当作一个徒有虚名的政治傀儡，这使谭心有不甘，而武汉革命形势的迅猛发展，加之武汉政府热烈欢迎他前往主政，暂时满足了他的权力欲望，因而表现了极大的革命热情。他企图借中共和工农的力量，来抑制蒋介石的独裁野心，巩固自己的政治地位。在中国共产党的积极推动下，他暂时顺应了时代发展的潮流，给予工农运动某种程度的支持，从而客观上促进了武汉革命形势的继续高涨，推动了反蒋独裁的民主运动。

# 第六章
## 国民政府的变色龙

但是,谭延闿对革命的支持毕竟是有限度的,特别是当个人的政治地位和家族利益受到革命冲击的时候,他的政治立场和革命态度就发生了明显的变化。到1927年4月中旬,谭延闿开始由原来的支持革命发展到反对革命,由原来的反蒋发展到反共,由原来的国民党左派堕落为反共反人民的帮凶。

那么,为什么谭延闿在这个时候会发生这样大的变化?只要我们仔细探讨一下当时武汉的政治形势和革命情况,就不难找出其中的原因。

首先,汪精卫于1927年4月10日回到武汉,就成了众星捧月式的政治人物,谭延闿的政治地位猝然下降,使他产生一种门前冷落车马稀的凄凉之感,因而革命情绪低落,思想日趋消极。在中国的政治舞台上,汪精卫大约是一个最具戏剧性的人物了。凭着他的"慷慨歌燕市,从容作楚囚。引刀成一快,不负少年头"的千古绝唱和出口成章、妙语连珠的演讲才华以及"作斧为薪"的光荣历史,还有那风度翩翩的文人气质,使他成为中国20世纪初叶的辉煌人物。历史嘲弄般地一次次把他推向时势的顶峰,又一次次地失意。他终究是个文人,用他自己的话来说,"一为文人便不足观"。每当失意的时候他便负气拂袖而去,表现出一种知识分子的清高飘逸。自"中山舰事件"离职出国后,汪精卫就游荡于西欧各国,盼望着能有人再看到他的政治分量。当迁都之争日趋激化,蒋介石的独裁野心日益明显之时,武汉国民政府内部又开始涌动着一股"迎汪复职"的热浪。他们想借助汪精卫的政治声望,来抑制蒋介石的分裂行为。他们过分相信汪精卫的政治能量,仿佛只有他才能担负起继续革命的历史重任,因而各种迎汪拥汪的电报充满了对汪的赞誉。说他是"指导革命的精神领袖,总理最亲信、群众最信仰的同志"。一些颂词还这样写道,"我公功在党国,全民爱戴。务肯继总理之遗志,竣革命之功,立即命驾来鄂主持中枢,以慰全国人民之热望","我公党国柱石,众望所归,讵中途极病,党国失依"。身在异国他乡的汪精卫读着这一份份充满渴望、满纸颂歌的

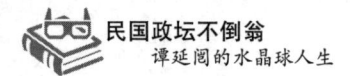

电报，仿佛在寒冷的冬天见到了温暖的阳光，他又看到了自己在中国政治舞台上的价值，原来那种灰溜溜离职出国的羞耻仿佛也被这一封封荡人心魄的电报所冲淡。各地报刊都是众口一词地欢迎汪精卫回国复职之声，连昔日的政敌蒋介石也发来了欢迎他回国主政的电报，这使汪精卫挣够了脸面，他感觉到现在是该自己重返政坛的时候了。汪精卫满面春风地带着患难与共的夫人陈璧君离开了法国的别墅，取道德国、波兰，来到苏联莫斯科，会见了密切关注着中国局势的斯大林，然后乘上列车，穿过春寒料峭的西伯利亚直达海参崴。一艘邮轮，颠簸着这位激情浩荡的游子，驶向中国的最大城市——上海。

汪精卫是4月1日到达上海的。在上海先与蒋介石、吴稚晖、李石曾、李宗仁、白崇禧等会晤交谈。双方达成一个秘密协定，议决在4月15日召集国民党四中全会，解决"党事纠纷"问题，由汪精卫通知陈独秀在开会前停止各地共产党一切活动；对武汉国民党中央和国民政府所发命令，宣布无效；对内部的所谓"阴谋捣乱者"予以制裁；并规定凡工会纠察队等武装团体，应归总司令部指挥，否则认其为对政府之"阴谋"团体，不准存在。这个协定，一向被认为是蒋、汪合伙反共的主要依据。从其内容上看，蒋、汪间似乎已经取得默契，但事情的发展却与此大不一致。就在汪、蒋会谈后的第三天，4月5日，汪精卫与陈独秀发表联合声明。该宣言指出国、共两党将为中国革命携手合作到底，绝不受人离间中伤云云。汪精卫因此受到吴稚晖的一顿臭骂，说他勾结共产党。汪精卫一怒之下，于4月6日深夜悄悄地登上"江丸"号轮船，从上海直赴武汉。武汉国民政府对汪精卫的到来表示了极大的欢迎，武汉国民政府党、政、军官员倾巢而出，分乘"新湖北""楚才"两轮，各机关团体也租派船只，下行二三十里，迎接改乘在"汉顺"轮上的汪精卫。大大小小的船只覆盖了江面，如一片流动的彩霞，滚滚而来；20万民众聚集在汉口码头，人人挥舞着彩色的小旗帜，倾斜微坡的江岸，如无比宏大的剧场，癫狂地跳跃着20万着迷的崇拜者，为他们的明星登场鼓噪助威。鞭炮声、锣鼓声和欢呼的口

## 第六章
### 国民政府的变色龙

号声互相撞击着,掀起歇斯底里的热浪。在朦胧细雨中,汪精卫身穿灰色的西服,右手高高地举着礼帽,向狂热的人群挥舞着。谭延闿带着武汉国民政府的党、政要员一一同汪精卫握手拥抱,每个人的脸上都闪着激动的泪花,仿佛汪精卫成了从天而降的大救星。天涯浪迹,宦海浮沉,冷雨铁窗……汪精卫阅尽了人间冷暖。可是,眼前这个场面,汪精卫不能自已了。前些时在法国,在归国的途中,阅读那些渴求自己回国的电报,汪精卫并不认真。"乐则行之,忧则违之",离家日久,不免思归。直到此时此刻,他才猛地惊悟,从中参研出一种深刻而又肤浅的学问。站在旁边的谭延闿看着这热闹非凡的欢迎场面,使他想起了他初到武汉时同样欢乐的情景,他深知汪精卫的到来,将会使他这颗政治明星暗淡无光,汪精卫将会成为武汉国民政府耀眼的政治明星,而他自己只能再作政治配角。汪精卫到达武汉以后很是风光了一阵,大会小会都请他演讲,他凭借着自己的演讲天赋,在会上高喊:"中国国民革命到了一个严重的时期了,革命的向左边来,不革命的滚开去。"他的每一次讲演都能激起无数人的欢呼,获得无数人的掌声。汪公馆更成了武汉国民政府党、政、军要员争相出入的场所,报纸杂志更是大篇幅地登载汪精卫的讲演和各种活动。原来门庭若市的谭公馆现在则是行人稀少,政治影响也日渐低落,这使谭延闿产生了一种物是人非的失落之感,因而对革命的态度日趋消极。

其次,日益高涨的工农运动,直接威胁到他自身的利益,因而他深感恐惧,对革命的态度发生了改变。随着革命形势的蓬勃发展,工农运动又出现了新的高涨形势。工会、农会如雨后春笋,向各个封闭的工厂、乡村蔓延,封建统治的旧秩序受到了沉重的打击,旧的土豪劣绅得到了应有的惩罚。1926 年至 1927 年年初,农民运动风起云涌,广东、湖南、河南、湖北、江西成立了省级农民协会,下辖 100 多个农民协会。此外,陕、川、桂、闽、皖、苏、浙 7 省农运也有了一定的规模。农民运动与北伐进军相互推进,发展速度很快,斗争向纵深发展。数百万计的农民行动起来,其势如暴风骤雨,迅猛异常,把几千年的

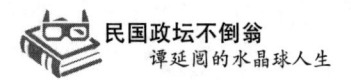

封建特权打得落花流水，引起中国社会的巨大震动。

随着北伐进军，农民运动的中心由广东转向湖南。据武汉政府农民部 1927 年 6 月调查，湖南农协会员达 600 余万人，遍布 65 个县。全省有枪的农民自卫军 7000 余人，另有数十万人的梭镖队。湖南农民运动的迅猛发展，对武汉政府党、政、军势力的分化产生了直接的重大影响。谭延闿的一些亲属故旧和攀龙附凤之徒，大多是湖南的土豪劣绅，在农民运动的冲击下，陆续逃到武汉，他们在谭延闿面前疯狂攻击农民运动。

长沙著名"文妖"叶德辉是第一个受到省级特别法庭严厉镇压的大劣绅。进士出身的叶德辉，在清代做过几任大官，愚顽守旧，维新运动时期猛烈抨击急进改革家谭嗣同。辛亥革命烧了一把火，清帝逊位，他也丢了官，对革命怀有不共戴天之仇。他在做官时筹集赃款，广置地产，丢官回长沙后被晚清遗老遗少尊为"在野名流"。叶德辉念念不忘恢复帝制，袁世凯想称帝，他称臣劝进；张勋拥溥仪复辟，他通电捧场。恢复帝制幻梦破灭，叶德辉反动本性丝毫不变。吴佩孚挥师湖南，他趋前称兄道弟，屈尊依附。平日里他依仗财势，纵酒狂欢，满脸麻子，却好色如狂，坡子街、樊西巷一带，妓院中色艺出众的妓女，都被他长期包占，成为其宣淫纵欲的工具。为了"理论指导实践"，他还发掘出《素女经》《洞玄子》等 10 多种古代房事秘籍，遵其战法"采阴补阳"。他生财有术，每本书付印，他必敦请湖南都督谭延闿为其题字，故而销路大畅。他干尽各种伤风败俗的丑事，还自诩为"风流名士"。蒋介石率北伐军进驻长沙，经谭延闿介绍，叶德辉又巴结上去。蒋介石宴请他后，送给他一张全身戎装照片。叶德辉把这张照片放大，悬挂在客厅里，作为护身符，胡作非为更肆无忌惮了。

工农运动高涨时，叶德辉到处造谣破坏。他凭借肚子里的一点儿歪才，舞文弄墨，写了一副讽刺谩骂农民运动的对联："农运方兴，稻粱菽麦黍稷，一班杂种；会场广大，牛马羊鸡犬豕，六畜成群。"横批是"斌尖卡傀"。咒骂农民协会是杂种畜类。领导农民协会的是"不文

# 第六章
## 国民政府的变色龙

不武（斌），不大不小（尖），不上不下（卡），非人非鬼（傀）"的痞徒。就连主张男女平权的妇女协会也被他大肆攻击。他原以为这回捏了一只软柿子，其实不然。妇协的委员十分泼辣，哪里肯买叶麻子的账？她们在公开信中放胆抒愤："恨不得食其肉而寝其皮！"叶麻子一见这句话，顿时乐了，痞子腔便打得山响，他浪笑着说："吾老矣，心有余而力不足。如欲寝吾皮，则吾骨瘦如柴；如欲食吾肉，今愧不及三寸，君等有兴且试一试！"听到这句话的人，没有不认为他下流可耻到了极点，而叶德辉照样快活自在，风流自赏。这可气恼了农民协会，他们派人深夜把叶德辉从他姘妇家中抓获，并搜得近尺高的反动函件文稿，人赃俱获。第二天上午召开群众公审大会，10万多名参加者一致要求立即处死叶德辉，呼声震撼全城，结果他被当众枪决。叶德辉身中6弹，才咽下了那口悠悠长气。

叶德辉被枪决后，土豪劣绅极为惊恐。石陶钧还以胡元倓（字子靖，主办明德学堂多年，和谭延闿有深交）也被害的消息告谭，谭听到这件事后非常惊诧，即刻致电何键，请他托在长沙军队中的熟人代为探听消息，何回电否定其事，谭方心安。面对着汹涌澎湃的农民运动，谭延闿深为恐惧，撕下了左派面具，表现出反对农民运动的真面目。他一面凭借自己的特权，窝藏逃亡的地主劣绅；一面攻击农民运动"过火"，甚至夸大其词地对别人宣称："他茶陵家里的佃农也难逃此劫运。"[53]并且断言："这条道路走不通，假如一定要勉强去走，鼻子会碰出血来。"[54]他表示反对所谓的"破坏农村社会秩序的行为"，"主张改组农民协会"[55]。1927年5月15日，夏斗寅在蒋介石派人策动下，联合杨森，乘国民革命军继续北伐的机会，公开发动叛乱。谭延闿惊慌失措，一个劲地叫"湖南葬送了革命"，"湖南农民处于农会的控制之下，现在农会对农民的压迫甚至比军阀要厉害得多"[56]。接着，何键又指使许克祥在湖南策动"马日事变"，谭深表同情，说什么在湖南闹事的"并非真正的农民"，而是"痞子"[57]。他和汪精卫一起不准革命军队进兵长沙，极力主张用和平方式解决。由此可见，谭延闿正是惧怕工农运动的深入发展危及自身的利益，因而改变了原来支持工农的态度，而走进了反共反人民的行列。

5月6日，当谭平山、邓演达、毛泽东等人将解决农民土地问题的提案送交国民党政治委员会审核时，遭到谭延闿的反对，他说什么"现在不能讲分配，要讲分配，必惹起极大的纠纷"[58]。汪精卫也因谭的反对而主张"不公布"。夏斗寅、许克祥叛乱发生后，汪精卫、谭延闿又操纵国民党中执委和国民政府，决定组织"特种委员会"，"以制裁民众运动的越轨行为"。发布保护"善良绅士"的训令，禁止工会对不法资本家有逮捕、罚款及其他"压迫"事情。5月24日，又连续颁布"保护军人田产"的命令，命令各级政府严禁土地革命，清查和发还所有被没收的土地财产[59]；公开压制工农运动，保护资本家和地主劣绅的利益。由于他害怕工农运动，胜过害怕蒋介石，加之汪精卫取代了他在武汉国民政府的地位，因而他对讨蒋的态度消极，对革命毫无信心。5月底至6月初，鲍罗廷连续在他的寓所召开了两次会议，讨论东征讨蒋的问题。汪精卫和程潜主张调遣军队去南京消灭反革命势力，只留少数部队去解放鄂西。孙科对此沉默不语，谭延闿则更无兴趣，"索性睡着了"[60]，以此来表示他的态度。

于是，武汉国民政府就把一切希望寄托在第2集团军的冯玉祥身上，希望从他那里得到支持，利用他的力量来制裁蒋介石。1927年6月初，武汉方面的北伐军和冯玉祥部在郑州会师。武汉方面的领导人汪精卫、谭延闿、唐生智和左派邓演达等前往郑州，欢迎冯玉祥。6月10日，在陇海路车站附近的陇海花园举行联席会议。谭延闿在会上致辞恭维冯"劳苦功高"，希望冯能继续担负北伐任务。而冯则以今后加强团结，齐心协力完成"革命大业"相答，对宁汉分裂持调解态度。汪精卫、谭延闿知联冯讨蒋计划落空，而继续北伐又力不能及，只好顺水推舟，将北伐军用鲜血换来的胜利成果拱手奉送给冯玉祥，以期换得他眼前暂时的中立和可能的某些支持。最后会议决定：撤销北京和西安两政治分会，成立开封政治分会指导陕西、甘肃、河南3省政务，由冯玉祥任分会主席。成立陕、甘、豫3省政府，任命冯玉祥为河南省政府主席，刘郁芬为甘肃省政府主席，于右任为陕西省政府主席。会后，唐生智率领北伐军回师武汉，冯玉祥则东去徐州，与蒋介石会谈，"鼓吹宁汉合作，联蒋反共"。6月23日，冯玉祥致电汪精卫、谭延闿等"力促他们与蒋介石合作，制裁工农群众的过火行为，并建议武汉国民政府命令邓演达出洋，鲍罗廷立即回国"[61]。随着冯玉祥倒向蒋介石，武汉国民政府的领导人"汪精卫、谭延闿以及军事领导人唐生智，甚至张发奎都准备同蒋介石言归于好，准备满足蒋介石和冯玉祥在徐州会议上共同提出的最后通牒式的要求"[62]。6月底，唐生智明令反共，公开镇压两湖的工农运动。7月15日，汪精卫、谭延闿等公开宣布"清党分共"，叛变革命，大批共产党员和革命群众被捕杀，一度称为"赤都"的武汉成了浸染着革命者鲜血的场所。此时，由于宁汉双方为分赃不均，互争雄长；唐、蒋恃势各不相让。武汉方面打出"东征"讨蒋的旗帜，南京方面则以"西征"相抗。

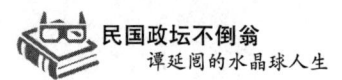

## 4. "宁汉合流" 名利双收

蒋介石已处在内外夹击之中。

武汉部队的东移使南京方面乱了套,蒋介石与李宗仁潜伏的矛盾凸现了出来。汪精卫的《告国民革命军将士书》见报后,蒋介石忧心忡忡,对张静江诉说心中苦闷:"汪兆铭天生一张臭嘴,骂就骂吧,打就打吧。我担心的是李宗仁。让他镇守徐州,难保他不隔岸观火,坐看我的部队同武汉部队恶战,到时候他来收渔人之利。我想调他回来守南京,只怕弄不好他来个里应外合,把我们扣押起来,当作他归顺汪兆铭的见面礼。汪兆铭盯住我骂,不骂李宗仁,给李宗仁留下倒戈的余地,用心何其毒也。"张静江献策道:"调李宗仁去抵挡武汉东征军。把他的部队一分为二,一部分西进迎击武汉部队,主力仍留驻徐州。这样安排,使李宗仁离开桂军主力,他纵然有反叛之意,也舍不得丢掉他的子弟兵呀!不过李宗仁工于心计,下调令之前不妨面谈一次。"蒋介石采纳了他的计谋,电召李宗仁回南京,要他带兵去抵挡武汉的东征军。李宗仁知道,蒋介石是想借两面迎敌的机会,分散他的兵权,于是,他不顾蒋介石要他"力保徐州"的命令,让战斗力较差的部队与北军对峙,将自己的亲信部队撤到长江、淮河一带,使蒋介石陷于孤立。他还拉拢第1军军长何应钦共同排挤蒋介石。

蒋介石为统一各军的思想,在南京丁家花园召开各将领会议,希望通过会议来激励部下,共同战斗,解除南京政府的危机。李宗仁、白崇禧在会上公开唱反调,力主与武汉合作,高唱"宁汉既已殊途同归,就应捐除成见,恢复合作"的调子,并讽刺蒋介石"不宜固个人地位而牺牲党国大计"。蒋介石环顾何应钦,希望他能站出来为自己说话，但何应钦装着没看见，坐在那里一声不响。蒋介石非常愤怒，没有等到散会就拂袖而去。蒋介石看到李宗仁及其桂系跃跃欲试，就暗地里让其嫡系第 1 军何应钦安排一场兵变，将不遵守法纪的桂军一部缴械，何应钦已经受到李宗仁、白崇禧的拉拢，加上对蒋介石的这种做法不满，便说自己动手把握不大，拒绝执行他的命令。蒋介石画虎不成反类犬，蒋、李积怨更深。第 1 军、第 7 军是蒋介石赖以建立南京政权的武装支柱，但现在何应钦、李宗仁都不支持蒋，反而从内部排挤他。

在外部，不仅武汉的汪精卫、唐生智、张发奎整军经武，并作沿江东下的部署，其精锐部队确已向长江下游移动；北方的张作霖乘李宗仁撤兵南返的机会，集结兵力大举南进，兵逼安徽、江苏。孙传芳为报江西之仇，也催兵南攻，亲率军队作殊死战斗，津浦线上连连得手。

蒋介石面对内外压力，深感统治地位摇摇欲坠。他想借助在前线的军事胜利来挽回败局，抬高自己的政治影响，打破李宗仁、何应钦的逼宫阴谋。收复徐州，成了蒋介石不可动摇的决心。他召集在南京的将领密议，决意亲赴前线指挥徐州战役的反攻。李宗仁反对说："徐州为四战之地，本不应采取守势，其理由上次已陈述甚详。今既不幸言中，则不如索性将各军南撤，固守淮河南岸天险，待武汉局势澄清，再图规复。"㊿但蒋介石固执己见，不听李宗仁的劝告，执意要亲赴前线，收复徐州。

蒋介石以嫡系第 1 军的两个师为前锋。亲自指挥第 10、27、32、40 各军，会同陇海线东段南面的白崇禧指挥的第 37、44 等军，形成浩大的声势，与孙传芳、徐源泉等部激战于淮河、徐州、蚌埠之间。南京部队在反攻初期进展顺利，以优势兵力沿津浦线挺进，迅速向徐州逼近。

在前线督师的蒋介石大喜过望，想一战而攻破徐州城池，创造快速攻坚的战场奇迹，于是下令将所有的预备队调入攻击前沿，与主力部队一起冲锋陷阵。不料北军前几天快速后撤，并非望风披靡、一溃千里，而是保存力量，收缩防线，准备在徐州决一死战。

在徐州城外，北军开始了强硬的抵抗，并不时发动反攻。蒋介石已经没有预备队可以调用，只能接二连三地下达强攻命令，唯求速战速胜，以免师劳兵疲，锐气消失。无奈将士大多没有拼死取胜的决心，枪炮声夜以继日震天响，好像打得很激烈，但担任冲锋任务的部队在北军机枪有效射程之外就趴倒在地，胡乱射击一阵，便撤回自己的阵地。围攻徐州的部队处于进退两难的地步；维持勉强的攻势，却不能撕破敌人的防线；撤退又意味着遭受追击，势必全军溃败。

北军则越战越勇，采取左右包抄袭击的办法，使蒋军首尾不能相顾，顿时阵脚大乱。北军乘坐装甲运兵列车，一路追杀南下，势如摧枯拉朽。8月6日，蒋介石仓皇退回南京，据江而守。

蒋介石这次败归南京后，既羞又愤，为了推卸责任，就找了一只替罪羊，把战败的责任归之于前敌总指挥、第10军军长王天培，并将他押送到杭州交给蒋鼎文，将其杀害于杭州拱宸桥。国民党一些高级将领不仅怨恨蒋介石无能，而且对蒋无故杀害王天培深为不满。

桂系一面利用蒋介石在徐州失败的机会，拉拢何应钦，联合西山会议派逼蒋下野；一面拉拢谭延闿和孙科，排挤汪精卫，分化武汉。汪无可奈何，乃策动张发奎返回广东，后为桂系所败，依附桂系。

随即经过冯玉祥的调停，蒋介石被迫下野，宁汉的要求逐渐趋于一致。李宗仁前往九江，与武汉方面的汪精卫、谭延闿、孙科、陈公博、唐生智等举行庐山会议，李宗仁请汪精卫等到南京共商团结办法，汪精卫提议由谭延闿和孙科先去南京，协商宁、汉合作。8月23日，谭延闿、孙科同李宗仁乘"决川"舰，从九江出发，顺江而下。船行很快，第二天早晨到达了芜湖江面，船过大胜关时，正与渡江南犯的孙传芳的军队相遇，孙军靠近"决川"舰，攀爬而上，情势十分危急，李宗仁急忙下令船上士兵向敌开枪，双方在短距离内隔船互射，烟雾弥漫，枪弹横飞。谭延闿、孙科、李宗仁急忙从甲板上躲入舱内。谭延闿、李宗仁凭窗观战，只见敌船排山倒海而来，有的已靠近"决川"舰。谭延闿看到情势危急，急忙抢过左右警卫的驳壳枪，向敌军射击，谭延闿素称"神枪手"，只见他弹无虚发，宛如秋风扫落叶一样，将迎面蜂拥而来的敌人打得人仰马翻。恰巧陈调元的部队乘专轮赶到，加入战斗，打退了孙军的进攻，使得"决川"舰于当晚顺利到达南京。9月中旬，经宁、汉、沪（西山会议派）三方面协商，在上海召开国民党中央"特别委员会"会议，改组了国民政府，谭延闿任国民政府主席。政府表面上由谭延闿、李烈钧主持，实际上由桂系操纵，一切按桂系的意旨行事。

特别会议并没有解决各派的矛盾，汪精卫满以为蒋介石下野后，党国领袖非己莫属，但是事与愿违，西山会议派和桂系集团极力排挤他，他仅得一个国府常委的名义。因此，他大受打击，进退两难。后来他回忆说："弟于此时只有两途：其一，使谈判决裂；其二，表示消极，使此谈判无由进行，而徐图挽救之术。"⑩汪精卫最后选择了后者。会后他与陈公博前往武汉筹商对策，拥唐生智成立武汉分会，挟鄂、湘、皖3省同南京对立。桂系则利用谭延闿、程潜同唐生智的宿怨，联谭、程以倒唐；而蒋介石则以局外旁观的态度，等待桂系与唐生智的残杀，以便重新控制政局。因而，他以"探宋母（宋美龄母亲）"为名，东渡日本，去寻求日本帝国主义的援助，做重登政坛的准备。这时，唐生智的势力雄厚，拥有第8、35、36、17等几个军，又有汪精卫这块政治招牌，大有气吞南京的架势。而谭、程认为蒋既下野，师出无名，劝唐与南京合作，免遭桂系之忌。但唐拒绝接受，致使谭、程与唐处于对立状态。

是年秋天，唐生智率第8、35、36等军继续"东征"，进至安徽芜湖、当涂，给南京以巨大的压力。10月20日，南京政府也下令西征讨唐，以李宗仁、程潜为第3、第4两路总指挥。李率第7、19、30、37等军，从长江北岸进击；程率第6、13、44等军从长江南岸进击；朱培德所部则从南浔路夹击。唐在安徽的部队有被截断的危险，于是下令刘兴、何键两军退出芜湖、安庆。25日，西征军不战而入安庆，并继续向前推进。此时，在鄂西的鲁涤平第2军因谭加入宁方，也助宁反唐，方鼎英也率由宋鹤庚旧部及许克祥部改编而成的第13军，从广东进驻湘南宜章，夹击唐军。唐部在宁方各军的追击下，节节败退。11月，从武穴、田家镇，一直退至武汉。唐生智迫于四面受敌的形势，被迫通电下野、出国，将军队交于李品仙、何键、刘兴等人，以屈中求生。李、何、刘等部唐军在桂、程"西征军"的追击下，逃回湖南，向湘西撤退。这时，何键利用他同程潜昔日的旧属和同乡关系，向程输诚，得到了程的荫护。又通过叶琪、夏威向李宗仁、白崇禧疏通，获李、白保证：唐部3个军均保留建制，不予编散；又商得李品仙、刘兴的同意，由3个军长通电向桂系求和，表示服从命令，静候移师北伐。

正当"西征军"忙于处理两湖善后，而准备回师北伐时，蒋介石经过同日本的秘密勾结，得到了美、日帝国主义支持后，于11月中旬抵达上海。此时，因策动张发奎叛乱的汪精卫，受到了国民党各方的责难，于是转而与蒋勾结，高调请蒋复职，以摆脱孤立局面。谭延闿知蒋必定再起，也就顺水推舟，屈尊相从。他前往上海，"数度趋访，劝请早日复职"。他还与孙科等人以南京国民政府的名义发表通电称颂蒋介石，说他："受命北伐以来，身经百战，卓著奇勋，不以逆亿纷来，而稍丧其护党之心。"谓"党部政府一致决议，派员敦促其返旆"。1928年1月4日，他又亲往上海接蒋，并讨好地对蒋说："观今日民众之欢腾，从可知去年8月，吾兄下野以后，全国民心之惶惶为何如矣。"⑮蒋介石下野还不到半年，局势就出现了完全的改观，蒋介石原来受各方攻击，被人贬得一钱不值，现在却是颂扬声一片，仿佛成了挽救时局的大英雄。促请蒋介石复职的官方电报，满载于上海各报，恍如北方军阀出山的故事。

1月7日，蒋介石由上海到达南京。9日发出复职通电，大言不惭地说："自（1927年）8月退职后，纠纷益盛，不容计私人得失，继续旧职";全体将士要"勿口诵心违,弃党携贰"。李宗仁对蒋介石复职,虽然心里不高兴,但看到其他各派都表示拥护,他也不愿因为发一通牢骚而遭到蒋介石的反感。而"小诸葛"白崇禧却仍不甘心,他联合程潜在武汉发出通电,以反对广东委员出席会议为名,抵制四中全会召开。李宗仁以"调和"的姿态,致电武汉的白崇禧、程潜:"如大众赞成粤委员参加,彼不反对,于蒋绝对服从。"李宗仁、白崇禧用一个唱红脸、一个唱白脸的办法来息事宁人。

1928年2月4日,国民党二届四中全会在南京召开,决定恢复蒋介石国民革命军总司令职,改组国民党中央委员会,改组国民政府和军事委员会。蒋介石兼任国民党中央政治会议主席和军事委员会主席,谭延闿任国民政府主席。党权和军权重新落入蒋介石之手。

谭延闿为了在未来军阀的互争中有所凭借,不致成为空头司令,而使自己仍能见重于各方,以便居中操纵政局,从中渔利,于是,他写信托谢慕韩交给程潜,要他对唐生智的湘军打击适可而止。信中他分析了国内的政治形势,指出他们的军事势力不及蒋介石,党的势力不及汪精卫,反蒋反汪绝所非计,恐徒以虚言而招致实祸。他建议对唐部湘军不宜穷追猛打,而要安心收抚,备为己用。他还用"家鸡打起团团转,野鸡打起四处飞"这个俗语来做比喻,最后还提到联桂终不可恃[60]。

但是,程潜对谭的建议不以为然,认为谭"坐在南京完全不知道外面的情形"。对李、白仍深信不疑。

蒋介石上台以后,为了应付两湖地区的复杂形势,曾采纳贺耀组的建议,要求谭延闿兼任第4集团军总司令的职务,谭延闿坚决拒绝,谢慕韩力劝谭接受此职,认为这样可以统一湘军,掌握较大的军事力量,在政治上能争取主动。谭回答说:"这正是贺贵严(耀组)为蒋牵线的说法。"并自负地说:"更重要的是,我除了可受孙先生指挥以外,不愿受其他任何人的指挥。"他接着向谢解释说:"国府主席只是执行国务会议的决议;总司令在职权上可以独断专行,发号施令。这样,所谓我指挥他是一个空名，而他指挥我就非服从不可，所以不能干。"谢慕韩回答说："虽然如此，但较大的问题，蒋会要商得你的同意，还不至那么专断，并且你接受了总司令的名义，可以请颂云（程潜）先生担任副总司令或总指挥，负实际责任。对于团结湘军确有好处。如果你坚决不就，蒋提出别人，那就更不好办了。"谭肯定蒋不会提出别人，并说："蒋何（应钦）同床异梦，蒋李（宗仁）之间距离更远。蒋不会提到他们。"⑰谭一味坚持己见，做出不愿受蒋制约的姿态。2月27日，当《申报》记者前去叩问谭延闿、李烈钧，关于第4集团军建制问题，谭延闿尚天真地回答说："不建立第4集团军，两湖各军即南方各省国民革命军均归第1集团军。"⑱

1928年3月，白崇禧和程潜商定：将唐部收编为第8、35、36、12等4个军，以吴尚、何键、廖磊、叶琪分任军长。以李品仙为第12路总指挥，率廖磊、叶琪两军赴京汉路参加北伐，刘兴则"出洋考察军事"。吴尚、何键两军仍留湖南，归程潜指挥。正当李、白改编唐部之时，蒋介石企图拉拢唐部，共同制桂，派刘文岛秘密前往溆浦，要刘兴等部拒绝接受桂系的改编，暂在川、湘边界拖着，经济方面由蒋接济，但为时已晚，刘兴等人已同桂系谈妥，并处在桂、程部队的四面包围之中，只得接受改编。其时，湘鄂政务委员会已任命程潜为湖南省政府主席兼省"清乡"督办，程又委何键兼"清乡"会办。随着唐生智部的收编及广州张发奎、黄琪翔部被平定，桂系的势力迅速发展。3月7日，李宗仁被任命为武汉政治分会主席。接着桂系又出师北伐，在白崇禧的指挥下，桂系势力直抵幽燕。至是年夏，桂系的势力已由广西、湘、鄂、豫，直达平津。4月8日，蒋介石被迫任命李宗仁为第4集团军司令，白崇禧为第4集团军总指挥。

湖南为两广通往中原的门户，桂系在中原势力的蔓延，促使他们想建立一条贯通南北的通道，以便于控制所占领的地区，因而他们必须控制湖南。程潜自任湖南省主席后，不愿做桂系的附庸，而将省内的税收自归省库，不向李宗仁的新桂系烧香拜佛，这使垂涎湖南税收

## 第六章
### 国民政府的变色龙

的李宗仁不能容忍，故桂系在倒唐后，又谋倒程。5月20日，李宗仁在汉口召开政治分会会议，通知程潜到武汉开会。当时程的左右因程潜与桂系不和，要程潜此行加以提防，程潜没有听从手下的劝告。21日，程潜到达武汉，出席李宗仁召开的武汉政治分会会议。席间休息，李宗仁将程潜请到4楼，在程潜毫无防备的情况下，将程扣押，而后即以武汉政治分会的名义致电南京，称"程潜素行暴戾，好乱成性，西征后更跋扈飞扬，把持湘政"，宣布免除程潜本兼各职，并将其拘禁。蒋介石听到这一消息，欣喜若狂，他早就想铲除谭延闿所凭借的湘系势力，今不须自己出面，而由桂系解决，这是他最惬意的事情。他还可以借此挑拨谭延闿与桂系势力的关系，使谭助己攻桂。因而，当天他就跑到谭延闿那里，喜形于色地说："程颂云倒了！"谭问其故，蒋把桂系拘禁程潜的事告诉谭。谭延闿知蒋与桂系钩心斗角，狼狈为奸，乃话中有话地说："中华民国的人起来了便不会倒的。"[69]蒋介石听此话语很不是滋味，乃悻然离去。

程潜被拘禁后，谢慕韩前往南京，向谭报告事情的经过，并重提讨唐和不就第4集团军总司令的非计，谭黯然神伤地说："这样的钩心斗角，殊非我始料所及。"随即他要谢去找李烈钧（时任军委会常委）、杨树庄（时任军委会委员兼海军总长），请求他们从中斡旋，以便能争取早日恢复程潜的自由。至于程潜遗下的第6军，谭延闿要谢"再去湖南走一趟，要泳安（鲁涤平字）负责维持"。并写了一封言辞恳切的信，托谢交鲁，嘱咐鲁涤平"谨慎不要推卸责任，放胆不要疏于戒备"[70]。谢慕韩于旧历端午节前夕到达长沙，对鲁涤平述及谭的意见，鲁表示完全接受，并保证：只要第6军不乱动，愿与共存亡；军饷按月由省库开支。此时，第6军由于程潜被拘，顿成群龙无首状态，内部意见分歧，经过参谋长唐蟒与汪精卫的沟通，代军长胡文斗准备将部队经赣入闽，去投奔汪。谢慕韩极言汪不可恃，于是，通过与朱培德磋商，决定将军队暂住江西宜春，静观事态发展。不料唐蟒又策动教导总队副总队长徐焕湘、团长蔡雄发动兵变，枪杀代军长胡文斗，蒋介

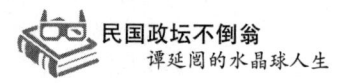

石乘机明令朱培德再次消灭了第6军,达到了他斩草除根的目的。

桂系达到倒程的目的后,为了照顾谭延闿的面子,拉拢湖南的地方势力,不至树敌太多,因而任命鲁涤平为湖南省政府主席兼"清乡"督办,以李隆建、陈嘉任、张定、刘召圃出掌财政、民政、教育、建设4个厅。何键仍为"清乡"会办,积极从事反共活动。

与此同时,蒋介石率领其第1集团军和冯玉祥、阎锡山的第2、3集团军以及白崇禧所带的第4集团军一部与奉、鲁军在山东角逐。5月3日,当北伐各军抵达山东济南时,日本帝国主义公然出兵干涉,枪杀我国军民11000多人,并将战地政务委员会外交处主任兼山东交涉员蔡公时割去耳鼻,挖去舌头眼睛,残酷地杀害了蔡及交涉署的成员17人,截断了国民党军队北上的道路,制造了震惊中外的"济南惨案"。蒋介石为了取得日本帝国主义的"谅解",却命令国民党军队停止抵抗,退出济南,并撤销被迫抵抗日军暴行的第3军团总指挥兼第40军军长贺耀组的本兼各职,另以毛炳文继任第40军军长,方鼎英任第3军团总指挥。严令全体军人"忍耐处置,所有民众集会及游行,应绝对禁止参加","如有故意玩视禁令者,一经察觉,定以军法从事"㉑。日军得寸进尺,随即提出包括严惩"有关骚扰及其暴虐行为"之高级武官;解散在日本军前抗争之军队武装;严禁一切反日之宣传;南军撤离济南及胶济铁路两侧沿线20华里外;在12小时以内,开放张辛庄兵营等5项苛刻条件。在此情况下,蒋介石惊慌失措,打算退回南京,与北军划江而守,苟安半壁河山,并将部队撤至泰安、大汶河以南地区。9日,南京国民政府派谭延闿、张静江、吴稚晖前往兖州,阻其南撤。谭向蒋剖析各种利害关系,指出南撤不仅使北伐功亏一篑,而且会引起国民党内部的分裂,建议将济南问题留待将来用外交方式解决,北伐军事仍继续进行。10日,谭延闿以国民政府主席名义致电国际联盟秘书长德鲁蒙爵士,要求召开理事会议"公断济案"。德鲁蒙以南京政府未经国际联盟承认,拒绝受理。12日,谭又电请美国总统柯立芝调解中日争端,并向其陈述日本在山东的暴行,但是日本拒绝美国插手。

# 第六章
## 国民政府的变色龙

由于日军的蛮横无理，南京政府只得一面向外派人争取国际支援，相继派出王宠惠、李石曾、伍朝枢赴英、法、美各国，报告济南事件的详情，请求国际公断；一面令蒋介石率部绕过济南继续北伐。接着，北伐各军先后占领邯郸、保定、石家庄、大同、张家口、德州等地。张作霖于 6 月 3 日放弃北平，退出关外，后在皇姑屯被日军炸死。蒋介石经与冯玉祥磋商决定由阎锡山主持京、津的接收工作，自己则回南京，做争权夺利的准备。6 月 11 日，阎锡山军队进占北京。15 日，南京政府宣告"统一告成"。

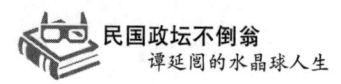

## 5. "伴食宰相"的死后荣光

第二次北伐战争胜利后,南京国民政府根据地方实力派实际控制的地盘和军事势力,决定在广州、武汉、开封、太原分设政治分会,以李济深、李宗仁、冯玉祥、阎锡山分任各地政治分会主席。加上蒋介石控制的南京中央和张学良控制的东北,在表面统一的局面下,无形中又形成了六大军事集团割据的状态。[12]

国民党虽然成了全国性的执政党,但军事上的胜利并没有带来政治上的统一,各军事集团的明争暗斗仍在不断加剧,难以形成上下一致的合力。蒋介石明白,要想真正做到统一全国,就必须借助国民党的力量来逐步收回分散的权力,通过"党权"来削弱各地的"军权",而"以党治国"就成了他集权于己的最好招牌。

1928年8月8日至15日,国民党二届五中全会在南京举行,谭延闿主持会议,蒋介石致开幕词。会议通过了《政治案》《统一革命理论案》《民众运动案》《军事整理案》等。谭延闿等46人被选为中央政治会议委员,会议决定实行五院制,并改组国民政府。10月3日,国民党中央常务会议第173次会议,推蒋介石为国民政府主席。谭延闿改任行政院长;胡汉民为立法院长;王宠惠为司法院长;戴季陶为考试院长;蔡元培为监察院长。在会上,蒋介石为了达到个人集权的目的。宣布在中国结束"军政时期",开始"训政时期"。

而要实行"训政",就必须撤销广州、北平、武汉等地的政治分会。这是蒋介石削弱异己势力的绝招。但是,冯玉祥、李济深等地方势力派表示反对,理由是:第二届四中全会已经作出决定,地方政治分会应当保留到国民党第三次全国代表大会召开之时,现在任意取消,

# 第六章
## 国民政府的变色龙

即是违反四中全会的决议。况且，中央决定各地分区"剿共"，如果取消政治分会，就会削弱"剿共"势力。汪派的粤籍中央执委由于手中无兵权，他们与蒋介石联成一气，赞成蒋在北平拟定的《军事整理案》提交大会讨论。最后，这个提案终于得到了通过。于是，蒋介石的裁兵计划又列入了国民党中央的决议。这是蒋介石在二届五中全会上所取得的主要收获。可是，五中全会并未按照蒋介石的旨意如期通过取消各地政治分会的计划。蒋本人闷闷不乐，其他与会者各有心事，会议开得并不成功，只就大政原则作了有关规定。15日，谭延闿在会上做闭幕词。他说："此会之举行，适在国内统一，军事终结，训政开始之顷，世界各国及国内民众，对于本会，皆在严重地注意，与热切地希望。"特别强调：此次会议"大旨说来，系集合党内同志的意见，并适应人民的需求，慎重决议。凡诸决议注意原则，而不为详细之规定，固我们要注意到事实且行政之历程，亦非短时间事；政治的变迁及其运用，要以党的宗旨为依归，都勿须预为细微之规定，只是本着总理的遗教，定出方针，以全力赴之"。他明确表示："闭会以后，一切决议，由中央常务委员会督促在政治军事上负责的人进行，更要全体同志及全国民众，共同努力，以求实现。"他希望"大家于此训政时期，同心一德，造成一个安乐的三民主义之国家，达到真正的自由平等，以卓立于世界"[73]。

谭所依恃的军事势力，由于蒋、桂的军事同盟，而被削弱殆尽，谭也只好处之泰然，继续其调和路线，过其"伴食宰相"的生活。他在主持行政院会议时，不求有功，但求无过。他让大家畅所欲言，自己往往闭目养神，似听非听，时不时地点一下头，对讨论的问题从来不置可否。他抱定"三不主义"，一不负责，二不建言，三不得罪人。他把自己磨炼成为一个"伴食画诺"的活冯道。但他也不是完全不开口说话的，例如蒋介石打算起用赵恒惕，即因他的坚决反对而作罢。据黄兴的儿子黄一欧说："1928年安徽省政府改组时，蔡元培、孙科等在南京行政院会议上联名提出我为省府委员兼军事厅长。谭延闿时任行政院长,他坚决不同意,结果没有通过。会后,蔡元培派车接我去大学院谈话,他劈头就问:'你和组庵先生有什么过不去的地方?'我说:'别的没有,只是民国九年在长沙赶走了他。'蔡先生连说:'难怪,难怪!'接着,他把开会的情况告诉了我,并叫我不要介意。"[74]谭延闿作为文人,尽管圆滑,老于世故,但偶尔也有自己的脾气和原则,并不是一味地迁就。据国民党老党员柏文蔚说:"某一日,国民党中央常委会提出人选问题,时常委会主席为谭延闿,拟任陈果夫同志为组织部部长。提名已经通过,余起立反对,遂说明理由三:(1)陈果夫是候补监察委员,是否合法,岂执行委员中无可当选者?(2)组织部事繁任重,非精力强壮者不能胜任,陈果夫身体虚弱,能否不因忙碌而增加病势,似非爱惜同志之道。(3)组织部须与各省同志联络,必其资望素崇,经验丰富,方可以令人佩服,而不生反响。余即连带的保举丁惟汾同志,然无敢置议者,盖已由一人内定,无可变更。谭组庵主席向称灵敏,乃应之曰:'此案保留,俟由小组会议决定后,下次再提可也。'到下次开常会提出蒋中正同志,大家欢迎,全场一致。第三次常委会蒋介石函请中央云:'中正身临前敌,不暇兼顾后方,所有组织部任务请派陈果夫同志代理。'唉,三个星期,两个转弯,还是走到那条路上。"还有一次,中央政治会议讨论华商纸烟公司控告财政部一案。内容为华商纸烟公司华成等16家企业因受种种压迫将至倒闭,不得已叩求政府援救,中有最沉痛的话,即"拥护洋商,压迫华商"二语,是稍有人心的人都应该注意的。却不料各大要员漫不经心,但只揣摩风气,此案与什么权要有关,说的话会得罪权要,对自己的地位不利,不如不开口为好。多数人认为"是案关于财政问题,应交财政部核办"。此案获得通过,只有柏文蔚起而反对,认为"此案含有控告财政部性质,请大家注意,以原告的文件,交给被告核办,是否合法"。这次会议上谭延闿主席听到柏文蔚的发言立即回答说:"柏委员之言合法,此案当撤回重议,究竟如何处理,请柏委员发表意见。"柏文蔚继续发言说:"此案性质既已言之,华商呈文中值得吾人注意者

## 第六章
### 国民政府的变色龙

'拥护洋商，压迫华商'二语，中国商人，胆子极小，不到伤心痛骨，绝不敢发此言论，是必由中央派出公正廉明大员彻底查明。倘华商有所误会，中央当负责地为财政部解释清楚，使中央官吏得以廉洁昭示大众，否则果有暧昧情事，致华商喷有烦言，吾党沿途所悬建设廉洁政府及打倒帝国主义者之标语可以取消，免作欺弄愚民之具。若是财政部确实贪污，应法办以平民愤，而恤商艰。是否可行，即请公决。"谭延闿接受这一提议，答应此案不交财政部核办，即派公正大员核查。然此案结果无所发表，而纸烟税仍归洋商包办，华商如南洋兄弟烟草公司、华成纸烟公司及其他小本纸烟公司破产倒闭者20余家。孔子曰："百姓不足，君孰与足。"中央所收洋商包税致利权外溢，主权旁落，殊可惜也。[75]虽然，这两案结果没有什么改变，但谭延闿并没有以此放任不管，而是做了力所能及的抵制，做了自己应该做的事，只是自己力量所限，没有取得应有的效果，他无法与蒋介石的独裁势力抗衡。胡汉民也说，谭延闿对蒋介石利用官职来拉拢其他势力深感不满。在讨桂和中原战争期间，蒋介石先是为了拉拢冯玉祥来对付桂系，给了他几个部长和委员之职，后来冯也反蒋，阎锡山没有响应，蒋又把陆海空军副司令职务给了阎。胡汉民说："在这案没有决定之先，组庵来找我，说出介石这样的主张，并叹气道，'从前给冯焕章（玉祥）的，现在又可以给阎百川，这种做法怕不对吧？'我说，'何止不对，而且不该'。一天，介石来找我，为这件事征询我的意见。我详陈利害，一力反对，但终于反对不来。这是行政院的事，我也无从深问。到阎百川、冯焕章都反对南京时，又去拉拢了张汉卿，做了海陆空军副司令。"胡汉民还说："有一次，在中央党部会议，议决了什么案。陈立夫说还得问问介石的意思。这时介石在前方，我听见立夫这么说，先站起身，组庵向来最圆通，大概也忍不住了，慨然说，'既然党部的决议还不能作准，又何必提出来？'"[76]

其实，谭延闿也有自己的为政之道和做人原则，他有封建文人的狂傲，也有君子爱财，取之有道的传统观念。他虽名位鼎隆，但是，

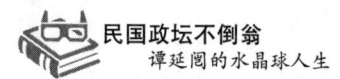

他的弟弟谭泽闿并没有因为他而鸡犬升天,谭延闿没有为他谋得一官半职,他的弟弟在南京一直靠卖字画为生,谭延闿没有凭借自己的官位去为他谋利。只不过在武人专横、群雄蜂起的混乱时局里,谭延闿无法找到自己应有的位置,在民初政坛的旋涡中,他有过抗争,有过据地称雄的打算,也有过追求进步的热望,但最终的愿望都一一破灭。他痛苦、彷徨过,但为了自己的名利,只得在武人的强权政治下呻吟,充当军事强人蒋介石的调解员和清道夫。

鲁涤平是谭延闿的亲信,一切唯谭的马首是瞻,他主持湘政后,自然走"中央"路线,亲近蒋介石、谭延闿,为桂系所不满。桂系任命鲁涤平主持湘政,本是出于万不得已,想借此布恩于鲁,使其舍旧主而投己。哪知鲁我行我素,与蒋、谭暗通款曲,蒋介石、谭延闿也极力笼络鲁涤平,借此牵制桂系势力。1929 年年初,蒋、谭将大批枪械,绕开武汉,取道江西接济鲁涤平,这时早就觊觎省主席宝座的何键,找到了向桂系讨好的机会,于是他亲赴武汉告密:"中央布置已定,对武汉用兵如箭在弦,第四集团军似应采取自卫行动。夏(威)、胡(宗铎)、陶(钧)得报,至为焦急,深觉先下手为强,后下手遭殃。"⑦

桂系为争霸全国,打通两广至平津的路线,当然不能容忍鲁涤平的这种亲蒋行为。2 月 19 日,武汉政治分会以鲁"剿共不力,把持湖南财政,重征厘金盐务,不服从分会监督"为词,将其免职,任命何键为湖南省政府主席。20 日,派杨腾辉、李明瑞两旅南下驱鲁。鲁涤平仓皇逃离长沙奔赴南京,向南京中央政府陈述事变经过。蒋介石看到桂系擅免鲁职,目无中央,大为恼火,于是以国民政府名义,谴责桂系违背了中央"不得以分会名义任免该特区之人员及编遣委员会现有各部队,应静候检阅非奉命令不得移动之议决案"。谭延闿看到自己的亲信被逐,甚为不快。他愤怒地对吕苾筹说:"何键被桂系牢笼,不能自拔,想乘此机会捞取政治资本,也系实情;但以后再想两面讨好,那是做不到的。"⑱

# 第六章
## 国民政府的变色龙

何键虽然得到桂系任命，但也不能不顾及蒋介石、谭延闿的态度，因而不敢贸然就职，拖延时间以听蒋、谭的反应。蒋介石深恐逼得太急会促使何键投桂，乃将计就计，说服谭延闿，不要对何采取敌对态度。2月27日，正式由蒋明令何键代理湖南省政府主席，以使何键倒向蒋、谭，分化桂系阵营。3月2日，何键宣誓就职。

蒋介石鉴于桂系势力已由两广沿湘、鄂、豫，直至平津，占据了整个中部地区，形成对华东和京、沪地区的弧形包围圈，严重威胁到他的统治地位，于是以此为借口，于3月24日，将叶琪、夏威等人以"好乱逞兵，抗令违纪……免职查办"。26日，又下令讨伐桂系。28日，蒋命朱培德为讨逆军第1路总指挥，率第3、第5两军，从九江、南昌西攻武（昌）长（沙）路，以截桂军退路；刘峙为第2路总指挥，率第1、第3两军，由皖、鄂边界沿长江西取武汉；韩复榘为第3路总指挥，率第6、第7两军，由南阳、信阳出发南袭武汉；陈调元为预备队总指挥。蒋设讨逆军行营于九江，亲自督师讨桂。桂系由于李宗仁、白崇禧均在返桂途中，黄绍竑则坐镇广西，武汉前线军中没有主帅，军队调动不灵，缺少统一指挥，均节节失利。4月初，被蒋收买的桂系代理前敌总指挥李明瑞突然阵前倒戈，宣布"服从中央"。4月5日，夏威、胡宗铎、陶钧等人仓皇退出武汉，向鄂西逃跑。蒋介石命令部队继续追击，夏、胡、陶等人看大事不妙，21日，被迫通电下野，所余部队悉被蒋介石收编。战争之初，何键游移于蒋、桂之间，宣言保境安民，同时又三电中央，表示赞同国府处置湘事办法，并就任蒋所委之讨逆军第4军军长，湖南暂编军特派员等职。4月16日，南京政府讨论湖南省主席人选时，谭延闿在蒋介石的授意下提出何键任省政府主席，借以笼络何键，分化何键与桂系关系。接着南京政府又委何为第4路军总指挥兼第7师师长，何键也因此为蒋卖命，反戈倒桂。4月18日，蒋介石从武昌亲临湖南参加何键的宣誓就职典礼，在讲话中指出何键的主要任务是"清共、剿匪、讨桂、安湘"这8个字。并针对何键一向脚踩两只船的行为提出要把湖南建成中央的湖南，成为中央有力量的湖南的要求。自此，湖南归于南京中央政府的直接统辖之下。

蒋介石击败桂系之后，委鲁涤平为武汉卫戍司令，不久又调任江西省政府主席。谭延闿鉴于何键已倾向于南京，决定弥补何、鲁之间的嫌隙。9月，他派随从秘书宋焕卤携亲笔信及密电码一本赴长沙，消释鲁、何间的宿怨，使之共同团结于中央。信中谈到湘省近年来执政"符合中央意图，百度维新，成绩昭著"。接着说："泳安（鲁涤平字）兄与兄各寄分疆之重，复建比邻之好；湘赣接壤，辅车相依；尚希共济艰难，以抒伟抱。"[79]何键阅信后，深为嘉幸。自此，凡有关湘省政治上的重大问题，他都向行政院请示报告，并令湖南驻京办事处主任张慕先经常同行政院秘书吕苾筹保持联系，沟通消息，以便贯彻中央的方针与意图。

1930年夏，蒋介石同冯玉祥、阎锡山、李宗仁等爆发了中原大战，谭延闿坐镇后方，为蒋介石调和各派，积极布置"剿共"和削除异己势力。6月，李宗仁、白崇禧率张发奎的粤军和桂系军队从广西进攻湖南，准备从湘、鄂打开一条与冯、阎相联合的通道，何键抵敌不住，放弃长沙，遁入湘西。7月底，彭德怀率领的红3军团又乘军阀混战之机，攻入长沙，给何键的部队以沉重的打击。在短短的两月之内，何键两失长沙，给反何派找到了攻击的口实，京、沪、汉等地的反何人士纷纷向南京政府请愿，陈述何的失职，要求惩处，以顺舆情。何的驻京代表张慕先将此事电告何键，何感到南京方面情况严重，乃派过去与谭交情甚厚的黎泽泰携亲笔信谒谭，陈述自己的苦衷，并对谭恭微备至。在交谈中，对于反何浪潮一事，谭延闿说："这个问题不至现在始，也可以理解的。"认为"总以息事宜人为好"，提出由吕苾筹出面，"用普通宴客方式，邀集有关的人，彼此见见面，在不着痕迹的场合，消释一切误解"。吕苾筹照办，邀集各派人物，采取座谈的形式，将反何空气引向了缓和。谭延闿还要黎泽泰转告何键，湖南的"政治趋向，首先应该依据中央的施政方针，做到步伐一致。……只有做到

# 第六章
## 国民政府的变色龙

精诚团结,上下无间,事情就好办了"。千万不可"脚踏两边船"⑩。通过这些方式,他坚定了何键投蒋的信念,为蒋消除了湖南的隐忧。

与此同时,谭延闿还与胡汉民等人以5院院长的名义,通电各地军人,使劲标榜"中央根本政策为和平统一",反复强调统一的必要性和重要性,为蒋介石讨伐冯玉祥、阎锡山、李宗仁等地方军阀提供舆论上的宣传,并对全体国民党军人提出4项具体希望。

通电首先指出:"自北伐完成以后,中央所树立之根本政策,而举全力以求实现者,即曰和平统一。盖非统一,不足以充实国家之势力,而跻民族于独立平等之域;非和平不足以恢复社会之元气,而与人民以休养生息之机。故欲谋国家之独立,当先谋国家之统一;若欲求国家永久和平,亦当于真实统一中求得也。"极力吹嘘:"中央内念人民之苦病,外顾国际之风云,知和平统一,为中国人民求幸福谋独立之唯一出路,故即以和平统一,为政府之根本大策,一切设施,均以此为鹄矢,一切努力,均以此为依归。"紧接着,谭延闿把当时国民党内出现的矛盾和军阀间进行的频繁战争,其责任全部推到各地方势力派,将蒋介石武力击败对手而挑起战争的罪责洗刷得一干二净。通电还说:"不幸中央力谋和平统一之时,迭出扰乱和平、破坏统一之变乱。"自李宗仁、冯玉祥到唐生智、张发奎"先后之背叛",从而"使甫告完成之统一,迭受破坏;甫行实现之和平,屡被扰乱,几如一片嫩芽,为狂风急雨所摧残,曙光为乌云黑雾所闭蔽。此实国家之不幸,亦即国家所深为痛心者也"。5院院长严正警告各地方势力派:"事实证明,无论军阀如何扰乱和平,而和平终必实现;无论军阀如何破坏统一,而统一终必完成。"为了分化、瓦解反蒋联合阵线,谭延闿等人提出:

甚愿我全体军人,尤其偶犯过误之军人,更望其力行下列各项,切冀恢复其革命人格与历史。

(1)希望各军人不要视军队为个人之势力。因为,只有这样"不仅足以救国,且足以自救",否则就会把自己军队以外的军队

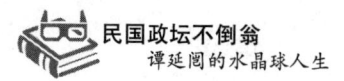

看作异己敌对之势力而加以"防范或嫉视",结果不是联甲以防乙,就是联丙以倒丁,"纵横捭阖,纠纷以生","不但祸及国家,亦且害及己身"。

(2)各军人应当在保障国家生存之中,求本身之生存,"不宜牺牲国家之生存,而求一己之幸免",如果长期混战,使国家"陷于分崩离析之状态,而不得统一",那么"整个国家,将为外国所消灭",所以一切军人,应当"拥护巩固统一,使国基日固",不应在"别人冲突之中,求一时之苟存"。

(3)各军人不应存有"利用别人之心"。那些利用别人作工具,以谋一己之私利的人,"乃无赖之所为",而革命军人看重人格,"不宜出此"。"即使他人一时为我利用,久后必发觉察及。他人觉察为我利用,对我之怨恨,必甚于一切之仇雠",其结果必然导致"循环报复,空得幸存"。因此,这种"无赖之所为","一切反动派及往昔北洋军阀之惯技",对于各革命军人来说,万万使不得。

(4)各军人应求"问心无愧,不畏人之灭我"。如果每个人"存心无愧",就不致有猜疑嫉视之情而生,"如果诚心为国,效忠革命,则无所往而不可";相反,如无故而要去消灭别人,"必为公道所不许,正义所不容",到头来就会误国误己,落得个自取灭亡的下场。

最后,他们总结以上4条的中心点就是"吾人居心行事,应处处为公,不宜稍存私念是也"。因为:"为公则敌可化为友,为私则友变为仇。""存亡之分,荣辱之别,全系于为公为私之一念,差之毫厘,失之千里,鉴叛逆灭亡之覆辙,我袍泽不可不深自警惕。"并自我标榜:"中央始终以总理天下为公之怀,贯彻和平统一之旨,既无丝毫利用某方消灭某方之心,更不至受某方利用,以抑制某方。中央所知,且必力行者,惟在抑制内战,实施编遣,以完成统一,保障和平。"还严重警告各地方反蒋派："凡称兵作乱，扰乱和平者，中央必须根据人民之要求，以之为人民之公敌。"同时又为反蒋派留有后路："若有彻悟前非，切戒内战，共同一致力谋和平者，则中央自必一视同仁，且当谋保全革命之历史与地位。"⑧这篇内容冗长的通电，虽然打着"统一""和平""精诚团结""互不猜疑"的漂亮幌子，但只不过是欺骗世人的表面文章，其目的在于为蒋武力讨伐冯、阎、李等地方军阀寻找理论上的依据，使蒋获得讨伐地方军阀的舆论支持。这说明谭延闿等人已经完全走到了孙中山的对立面，成了蒋介石推行封建军事独裁的帮凶。

在军阀混战的同时，工农红军的势力也日渐强大。毛泽东和朱德领导的工农红军在江西建立了革命根据地。贺龙所部也威震湘西。他们不断地打击国民党的反动势力，这使坐镇后方的谭延闿深为担忧。他时常写信给在汉口的总司令行营主任何应钦，商讨"剿共"的对策和通报讨伐冯、阎情况。8月25日，他写信给何应钦说："……芸樵（时任湘赣'剿共'总指挥何键字）屡有捷报，不知是追散，抑系击溃，能如公所定越境穷追否？共党惯技，避实击虚，今虽不能即剿灭，亦须加以痛创，使散而不得复聚，乃可苟安，望公力行原定计划也。常德恐不如西报所传，贺龙恐仍在湘西，亦不可略。赖心辉军已至否？济南已克，陇海当亦可望肃清。此间截得冯（玉祥）致汪（精卫）电，甚怨阎（锡山）不接济子弹，有与我为百与一之比语，可见其空乏。又截得李宗仁（电），则谓当出永州与湘合之语，则或是大话也。总座（蒋介石）前许济南克服，调两师归公指挥'剿共'，今当可实行。"⑧ 8月31日，他又写信给何应钦，内曰："……频电，具审经纶，以为颂慰。王雨民已令往前方见总司令，具呈一切，今归，当面呈。此时只可赞成芸樵防剿，肃清本说不上，但能保守长（沙）、岳（阳），使不影响大局，即幸矣。何芸樵电云赵炎午赴湘，又云永州失守，此中不无可疑，具俟'共匪'难平，再言'剿办'。"⑧谭延闿始终都没有忘记为蒋介石卖命，削除异己和镇压共产党领导的工农运动。对于巩固蒋氏的反动政权,可以说他已到了肝脑涂地的程度,成了蒋管理后院的忠实走狗。

谭延闿生平嗜好,除了写字作诗,便是骑马和看马术表演。随着年龄的增大,谭延闿的体质越来越差,虽然骑马的次数减少了,但看别人骑马的兴趣却越来越浓。

1930年9月21日那天,恰逢周末,他便抽空前去南京郊外的小营看骑马表演,由于看马的时间较长,体力不支,突发脑出血。他急忙对身边的侍从和警卫说,他要马上去中山陵看看,侍从和警卫立即把他扶上汽车,车子开到中山门时,谭延闿已经不能言语了,侍从和警卫们只好调转车头,把谭延闿送回到成贤街他自己的家中。这时谭延闿早已失去了知觉,服药既不能,打针又不行,匆忙赶来的一大群医生束手无策,一直拖延到22日的上午9点,谭延闿不治而逝,享年51岁。蒋介石下令全国下半旗3天,停止一切娱乐活动,并派宋子文为其治丧办事处主任,拨治丧费1万元。

1931年9月4日举行国葬。蒋自汉口赶回,亲往执绋,送葬于中山陵侧之灵谷寺,谭延闿坟墓宏伟仅次于中山陵。墓地及周围纪念堂、祭台、命令碑、纪念牌坊、龙池及石墓等占地300余亩。其纪念堂系钢筋水泥桁梁结构,外漆古代彩画,所有门窗亦均采用宫殿式,颇为宏壮。堂前设金石祭台,地面宽阔,可容纳500余人。堂西出口处,设纪念牌坊一座,系汉白玉石建筑。其旁为国葬命令碑及纪念碑,均为汉白玉石建造。墓穴设于堂之后,由迂回曲折之水泥墓道以贯通之,墓穴系金山石建筑,随后又设逝世纪念日以资纪念。胡汉民还在南京政府立法院的纪念周中,为谭延闿大唱赞歌,说谭延闿的逝世"是党国的大损失","无论如何,谭先生的人格和事业,在我们革命过程中,总是不可多得的一人"。紧接着,胡汉民依次就谭延闿的为人、能力、爱好等多加赞词:"这种鞠躬尽瘁效死党国的精神,真可为今日一切专事奔竞的青年同志的模范!而专为发泄支配欲领袖欲,遂至不惜卖身投靠,残民以逞的所谓老同志也应该闻而生愧了。"[84]蒋介石及其他的国民党元老也不惜笔墨，撰联致祭，算是谭延闿为蒋介石政权肝脑涂地而获得的酬劳了。

---

**注释：**

①文献九—加伦手稿：广东战事随笔［M］//［苏］A.N.卡尔图诺娃.加伦在中国.北京：中国社会科学出版社，1983.160.

②罗翼群.廖案感旧录［M］//中国人民政治协商会议广东省委员会文史资料研究委员会.广东文史资料：第7辑.1963.109.

③蒋永敬.民国胡展堂先生汉民年谱［M］.台北：商务印书馆，1982.308 - 310、343.

④文献九—加伦手稿：广东战事随笔［M］//［苏］A.N.卡尔图诺娃.加伦在中国.北京：中国社会科学出版社，1983.168.

⑤［苏］达林.中国回忆录（1921—1927）［M］.北京：中国社会科学出版社，1981.179.

⑥胡汉民.胡汉民回忆录［M］.北京：东方出版社，2013.91.

⑦张秋实.解密档案中的鲍罗廷［M］.北京：人民出版社，2014.238.

⑧金以林.国民党高层的派系政治：蒋介石"最高领袖"地位的确立［M］.北京：社会科学文献出版社，2016.23.

⑨中共中央党史研究室第一研究部.共产国际、联共（布）与中国革命档案资料丛书：第3辑［C］.北京：北京图书馆出版社，1997.116.

⑩张秋实.解密档案中的鲍罗廷［M］.北京：人民出版社，2014.242.

⑪［苏］亚·伊·切列潘诺夫.中国国民革命军的北伐［M］.北京：中国社会科学出版社，1984.366.

⑫宋平.蒋介石生平［M］.长春：吉林人民出版社，1987.129.

⑬方鼎英.我在军校的经历［M］//中国人民政治协商会议全国委员会文史资料研究委员会.第一次国共合作时期的黄埔军校.北京：文史资料出版社，1984.78 - 80.

⑭谢华.谢华集［M］.长沙：湖南人民出版社，1989.302.

⑮陈公博.苦笑录［M］.北京：东方出版社，2004.32.

⑯陈公博.苦笑录［M］.北京：东方出版社，2004.33.

⑰张国焘.我的回忆：第2册［M］.北京：东方出版社，1991.110.

⑱北京师范大学历史系中国现代史教研室.中国现代史：上册［M］.北京：北京师范

大学出版社，1983. 172.

⑲张国焘. 我的回忆：第2册［M］. 北京：东方出版社，1991. 107.

⑳陈公博. 苦笑录［M］. 北京：东方出版社，2004. 33.

㉑陈公博. 苦笑录［M］. 北京：东方出版社，2004. 42－43.

㉒陈公博. 苦笑录［M］. 北京：东方出版社，2004. 45.

㉓张国焘. 我的回忆：第2册［M］. 北京：东方出版社，1991. 103－104.

㉔［苏］维什尼亚科娃—阿基莫娃. 中国大革命见闻（1925—1927）［M］. 北京：中国社会科学出版社，1985. 169.

㉕［苏］A. B. 勃拉戈达托夫. 中国革命纪事（一九二五——九二七年）［M］. 李辉，译. 北京：生活·读书·新知三联书店，1982. 184.

㉖［苏］维什尼亚科娃—阿基莫娃. 中国大革命见闻（1925—1927）［M］. 北京：中国社会科学出版社，1985. 168.

㉗张国焘. 我的回忆：第2册［M］. 北京：东方出版社，1991. 107.

㉘［苏］亚·伊·切列潘诺夫. 中国国民革命军的北伐［M］. 北京：中国社会科学出版社，1984. 388.

㉙［苏］维什尼亚科娃—阿基莫娃. 中国大革命见闻（1925—1927）［M］. 北京：中国社会科学出版社，1985. 173.

㉚［苏］A. B. 勃拉戈达托夫. 中国革命纪事（一九二五——九二七年）［M］. 李辉，译. 北京：生活·读书·新知三联书店，1982. 187－190.

㉛马伯援. 我所知道的国民军与国民党合作史［M］. 台北：文海出版社，1985. 58.

㉜1926年6月17日冯玉祥给蒋介石、谭延闿的信［M］，中国第二历史档案馆藏.

㉝陶菊隐. 北洋军阀统治时期史话：第8册［M］. 北京：生活·读书·新知三联书店，1978. 32.

㉞蒋介石关于中央党部及政府迁移武昌喜惧交集之日记［M］//中国第二历史档案馆. 中华民国史档案资料汇编：第四辑（上）. 南京：江苏古籍出版社，1986. 373.

㉟蒋介石在南昌召集国民党中执会宣布国民政府暂驻南昌通电［M］//中国第二历史档案馆. 中华民国史档案资料汇编：第四辑（上）. 南京：江苏古籍出版社，1986. 374.

㊱［苏］A. N. 巴库林. 中国大革命武汉时期见闻录［M］. 郑厚安，刘功勋，刘佐权，译. 北京：中国社会科学出版社，1985. 46－47.

㊲蒋总司令莅鄂盛况［N］. 汉口民国日报，1927－01－13.

㊳［苏］A. N. 巴库林. 中国大革命武汉时期见闻录［M］. 郑厚安，刘功勋，刘佐权，译. 北京：中国社会科学出版社，1985. 52－53.

㊴陈公博. 苦笑录［M］. 北京：东方出版社，2004. 65.

㊵张秋实. 解密档案中的鲍罗廷［M］. 北京：人民出版社，2014. 375.

㊶［苏］A. N. 巴库林. 中国大革命武汉时期见闻录［M］. 郑厚安，刘功勋，刘佐权，译. 北京：中国社会科学出版社，1985. 55.

㊷谢宜渠. 国民政府迁都武汉侧记［A］//中国人民政治协商会议武汉市委员会文史资料研究委员会. 武汉文史资料. 1983.（4）：46.

㊸李任夫. 陈铭枢谈第一次国共合作时期武汉的军政大事［J］. 武汉文史资料，1983（4）：32.

㊹［苏］A. N. 巴库林. 中国大革命武汉时期见闻录［M］. 郑厚安，刘功勋，刘佐权，译. 北京：中国社会科学出版社，1985. 89.

㊺谢宜渠. 国民政府迁都武汉侧记［A］//中国人民政治协商会议武汉市委员会文史资料研究委员会. 武汉文史资料. 1983.（4）：48.

㊻陈公博. 苦笑录［M］. 北京：东方出版社，2004. 70.

㊼叶曙明. 中国1927·谁主沉浮［M］. 广州：花城出版社，2010. 188.

㊽张国焘，我的回忆：第2册［M］. 北京：东方出版社，1991. 167.

㊾陈公博. 苦笑录［M］. 北京：东方出版社，2004. 57.

㊿第二届中执会第三次全会通过对全体党员训令案［M］//中国第二历史档案馆. 中华民国史档案资料汇编：第四辑（上）. 南京：江苏古籍出版社，1986. 402.

○51谢慕韩. 关于"东征""西征"和第六军被消灭的片断回忆［J］//中国人民政治协商会议湖南省委员会文史资料研究委员会. 湖南文史资料选辑：第4辑. 1963. 32.

○52唐菊庵. 一九二七年程潜由南京脱险经过［J］. 湖南文史资料选辑，1963.（4）：36.

○53李宗仁. 李宗仁回忆录（上）［M］. 南宁：广西人民出版社，1980. 438.

○54黎泽泰. 何键与谭延闿［M］//中国人民政治协商会议湖南省委员会文史研究委员会. 湖南文史资料选辑：第5辑. 1963. 193.

○55［苏］亚·伊·切列藩诺夫. 中国国民革命军的北伐［M］. 北京：中国社会科学出版社，1984. 538.

○56［苏］A. B. 巴库林. 中国大革命时期武汉见闻录［M］. 郑厚安，刘功勋，刘佐汉，译，北京：中国社会科学出版社，1985. 168.

○57［苏］A. B. 巴库林. 中国大革命时期武汉见闻录［M］. 郑厚安，刘功勋，刘佐汉，译，北京：中国社会科学出版社，1985. 177.

○58张光宇. 评武汉时期的邓演达［J］. 中国人民大学书报资料社复印《中国现代史》，

1981（9）：64.

(59)第一次国共合作时期武汉大事记［J］. 武汉文史资料，1983（4）：189.

(60)［苏］亚·伊·切列藩诺夫. 中国国民革命军的北伐［M］. 北京：中国社会科学出版社，1984. 551.

(61)第一次国共合作时期武汉大事记［J］. 武汉文史资料，1983（4）：192.

(62)［苏］A. B. 勃拉戈达托夫. 中国革命纪事（一九二五——一九二七年）［M］. 李辉，译. 北京：生活·读书·新知三联书店，1982. 321.

(63)李宗仁. 李宗仁回忆录（上）［M］. 南宁：广西人民出版社，1980. 484.

(64)汪精卫. 复驻法总支部函［M］//汪精卫集：第4卷. 上海：光明书局，1930. 17.

(65)吴伯卿. 蒋公与谭延闿先生之交谊［J］. 台北：近代中国，1979.（9）：202.

(66)谢慕韩. 关于"东征""西征"和第六军被消灭的片断回忆［M］//中国人民政治协商会议湖南省委员会文史资料研究委员会. 湖南文史资料选辑：第4辑. 1963. 25－26.

(67)谢慕韩. 关于"东征""西征"和第六军被消灭的片断回忆［M］//中国人民政治协商会议湖南省委员会文史资料研究委员会. 湖南文史资料选辑：第4辑. 1963. 25.

(68)中国社会科学院近代史研究所中华民国史研究室. 中华民国史资料丛稿·大事记：第14辑［M］. 北京：中华书局，1985. 57.

(69)谢慕韩. 关于"东征""西征"和第六军被消灭的片断回忆［M］//中国人民政治协商会议湖南省委员会文史资料研究委员会. 湖南文史资料选辑：第4辑. 1963. 27.

(70)谢慕韩. 关于"东征""西征"和第六军被消灭的片断回忆［M］//中国人民政治协商会议湖南省委员会文史资料研究委员会. 湖南文史资料选辑：第4辑. 1963. 27.

(71)中国社会科学院近代史研究所中华民国史研究室. 中华民国史资料丛稿·大事记：第14辑［M］. 北京：中华书局，1985. 132.

(72)金以林. 国民党高层的派系政治蒋介石"最高领袖"地位的确立［M］. 北京：社会科学文献出版社，2016. 65.

(73)中国国民党中央执行委员会秘书处. 中央党务月刊，1928.（2）：16.

(74)黄一欧. 谭延闿被迫下台和李仲麟等被杀的回忆［M］//中国人民政治协商会议湖南省委员会文史资料研究委员会. 湖南文史资料选辑：第4辑. 1963. 11.

(75)柏文蔚. 柏文蔚自述［M］. 北京：人民日报出版社，2011. 97－98.

(76)胡汉民. 胡汉民回忆录［M］. 北京：东方出版社，2013. 102－104.

(77)李宗仁. 李宗仁回忆录（下）［M］. 南宁：广西人民出版社，1980. 604.

(78)黎泽泰. 何键与谭延闿［M］//中国人民政治协商会议湖南省委员会文史资料研究委员会. 湖南文史资料选辑：第5辑. 1963. 193.

㉗黎泽泰．何键与谭延闿［M］//中国人民政治协商会议湖南省委员会文史资料研究委员会．湖南文史资料选辑：第5辑．1963．194．

㉘黎泽泰．何键与谭延闿［M］//中国人民政治协商会议湖南省委员会文史资料研究委员会．湖南文史资料选辑：第5辑．1963．197－198．

㉛杂录［J］．军事杂志，1930．（19）：146－148．

㉜谭延闿先生百年诞辰口述历史座谈会纪实［J］．台北：近代中国，1979．（9）：166．

㉝谭延闿先生百年诞辰口述历史座谈会纪实［J］．台北：近代中国，1979．（9）：167．

㉞胡汉民．胡汉民回忆录［M］．北京：东方出版社，2013．202－203．

# 第七章 谭延闿的处世要诀

谭延闿曾跟人谈起自己做人的法则,那就是《中庸》里的"允执厥中",其核心就在一个"中"字,他自己也总结了一个"混"字:"我的妙诀就是一个'混',我一生的功名富贵,都是从'混'的妙诀中'混'出来的!"后来,胡汉民又送了他第三个字:和。八面逢迎,四处讨好是他处世的手段,"混"是他从政的秘诀,"和"是他安身立命的良方,军权是他从政的依傍。他凭借着这四大法宝,成了民国政坛为数稀少的不倒翁之一。

# 第七章 谭延闿的处世要诀

## 1. "混之为用大矣哉"

谭延闿可称得上是绝顶聪明的人，年纪轻轻就具有文武全才的素养，功名场上连连得手，弥补了湖南200多年无会元的历史，可谓是科场的宠儿；武学方面也造诣颇深，不仅是百步穿杨的神枪手，而且还是深通马语的大骑士。20余岁就成了谘议局的局长，30出头就当了一省的最高长官——都督。三度督湘，几番浮沉，在暗礁迭起、军阀混战的民国政坛，他凭借着过人的政治手腕，八面逢迎的处世技巧，轻易地驶过宦海的浅滩，平步青云地当上了国民政府主席和第一任行政院长。笑看民国乱世中叱咤风云的军事强人和政坛枭雄一个个落幕于历史的垃圾堆中，他却充当着笑到最后、笑得最好的历史角色，成了为数稀少的政坛不倒翁。

谭延闿有这样的"造化"，任何人都会觉得有点儿奇怪。

至少在表面上，谭延闿不争不抢，不拼搏也不奋斗，一切顺乎自然。他相信命，甚至常说："命里有，终须有；命里无，莫强求。"一副无欲无求的样子。

他是翰林，读书不少，但现代知识却不多。甚至"书非三代两汉不读"。他自己也说："要我像谭复生那样，洋书也读，帮书也读，我办不到。"

有人品评当时的人物，说吴佩孚是"刚愎自用"，因为他总是听不进别人的意见；段祺瑞是"刚愎他用"，因为他总是把大权交给手下人；谭延闿是"柔愎自用"，因为他从不与人冲突，总是顺着别人说话，但结果却是大家照他的意见办。

谭延闿的高明之处就在于能看透官场，能看透时势，能看透人心，

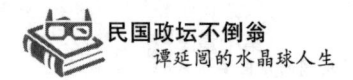

颇谙旧时代的官场之道和为人之术，懂得树大招风，"枪打出头鸟"的道理。他当都督是别人用枪杆子把他逼上"宝座"的，一副委屈无奈的样子，结果在他委屈无助的眼泪面前骄兵悍将又不得不与他约法三章，表示完全听从他的号令。他深通柔能克刚的道理，在拱手作揖中弥合各方矛盾，利用人们求稳怕乱的心理，促使他们自动解除武装，以建立效忠自己的武装势力。他善测风向，顺应时势，隐藏心迹，以甲制乙，拉左打右，自己则以调人的身份操控政局，表现出一种与世无争的大度姿态。有人说，他"学兼中外，道通古今，以儒道为主，不废墨、法，兼崇程朱（理学），亦修佛学（禅）"，是一个典型的"杂家"①。他心知在一个武人干政、军阀横行、是非颠倒、混乱不堪的多事之秋，保全自己的最好办法就是不得罪人，时时刻刻给自己留有余地，学会跟各种人打交道，处世圆滑，忍辱负重，难得糊涂地混日子。"畏公的宽大，真是'宰相肚皮好撑船'。鲁荡平先生说，他能容忍人之所不能忍，让人之所不能让。就事实讲，他能容卫兵的呵斥，能容部下的谩骂，能容干部的反叛，能容同乡的讥讽……"②

这一点是一般人很难做到的。但是，谭延闿这样一个文武全才的少年俊杰，一个锦衣玉食的官宦子弟，一个在官场上呼风唤雨的风云人物，却能有如此大的气度，可见其修为之深，定力之稳，是一般人无法做到的，因此，他能在官场长期屹立不倒，也就不足为奇了。

谭延闿在政治上可谓是不倒翁，他为官有他的诀窍，主要是藏锋不露，处世圆滑。1912年在长沙，他问湖南著名的律师贝允昕说："近来怎样？"贝允昕的回答极其简洁，那就是："混！"谭延闿闻言大笑曰："此言绝妙！鱼龙混杂是混，鱼目混珠也是混，混之为用大矣哉！"他的这句"混之为用大矣哉"的戏言，很快传遍了全国，甚至成为仕途"处世名言"。

1913年，"宋教仁案"发生，国民党举起反袁大旗，发动"二次革命"，谭延闿作为国民党的一员左右为难，他压根儿不想参与反袁，在他看来与袁对抗无异于鸡蛋碰石头，湖南军力不够，饷弹缺乏，但是，湖南革命党人又因"宋案"群情激愤，自己如果一味反对参战，很有可能被革命党人抛弃。在万般无奈之下，他只好乞灵于湖北都督黎元洪，得"阳为附和，徐图枕平"的八字妙方。于是，他又运用惯有的"混"字妙诀，名义上宣布讨袁，暗地里又想方设法防止事态扩大。等到讨袁战事失利，他又立即宣布取消独立。他在发给袁世凯的亲信徐世昌的密电中说："湖南独立，系水到渠成，延闿不任其咎；取消独立，为瓜熟蒂落，延闿不居其功。"表现出一种玩世不恭的"混"态，向其声明湖南的独立和取消都是顺其自然的事情，既无过也无功，自己无须承担任何责任。

1917年，辫帅张勋在北京复辟，伪旨下达各省，谭延闿被授湖南巡抚职。一时间风向未定，形势不明，他当然不会急于表态。当时，有一位记者采访谭延闿，问他将如何对待"圣命"，谭延闿避实就虚，只是一口气连呼两声"滑稽"。他究竟是指自己新授湖南巡抚这件事情滑稽，还是指记者提出的这个问题滑稽？怎么理解都可以，记者仍是满头雾水，谭延闿却轻松敷衍过去。

1923年，谭延闿被孙中山任命为广州陆海军大元帅府内政部长，一切奉命惟谨。凡孙中山交办的重要文件，谭无不亲自拟稿。有一天，孙中山接到南湖居士廉泉一封信，请他为良弼祠题一副楹联。孙中山阅之大怒，对谭延闿说："反革命想拉我为他们做配享，真是做梦！我们革命为民权为公理，许多同志牺牲了还没有来得及表扬，却要我为反革命题联，他们的无知妄想，深堪痛恨！你代我拟一封回信，教训教训他们吧！"谭延闿深知这个差事不好办，因为爱新觉罗·良弼（1877—1912）不仅是清末大臣、宗社党首领，而且是被革命党炸死的坚决主张镇压辛亥革命的干将，但廉泉则是孙中山的好友、参与"公车上书"的举人，营救过汪精卫，曾因鼎力支持革命被清政府指控为"附逆"。因此，谭延闿花费数日，字斟句酌，修改多次，终拟一稿，如下：

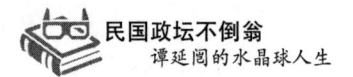

　　来函具悉。独以宏愿为良弼建祠，情笃古人，足征深厚。唯以题联相委，未敢安承。在昔帝王常表一姓之忠，为便私图之计。今则所争者为民权，所战者为公理，民权既贵，则民权之敌应排。公理既明，则公理之仇难恕。在先生情殷故旧，不忘麦饭之恩。在文则素昧平生，岂敢雌黄之綦。况帝毒未清，人心待振，未收聂政之骨，先表武庚之顽，深恐惶惑易生，是非滋乱也。看宝刀之血在，痛及先民，临楮墨而心伤，难望我见。有方台命，敬乞鉴原。

　　稿成后，孙中山读之甚满意。廉泉接到回信后，拿与徐世昌、段祺瑞、黎元洪等人看了，都认为国民党领袖既有回信，就是殊荣，居然登载在精印的良弼纪念册《地老天荒录》中。许多知情人见了都说："非孙先生的坚强意志，不能站稳自己的革命立场；非谭延闿委婉圆转的笔墨，不能写出这样的骈四俪六的书札。"

　　谭延闿喜欢给人一种"混"的表象，他从不把自己最优秀的一面展现在世人面前，也从不夸耀自己的长处，他是故意要让别人看到他毫无原则，无所作为。他并不是真的平庸昏聩，真的靠混日子过活，而是与郑板桥所言的"难得糊涂"十分相似。国民党内的胡汉民、汪精卫论资历都比谭高一截，但他们都与蒋介石经常碰碰撞撞，蒋介石对他们关的关，放"洋"的放"洋"，而唯独谭延闿能与蒋相处，不被他提防，并乘势而上，就在于谭延闿藏锋不露，以与世无争的"混态"示人，结果，他越不争，越和稀泥，越各方讨好，就越鸿运高照，成为各派争相结纳的对象，在国民党内的地位越混越高。北伐开始，蒋介石任总司令兼第1军军长，谭延闿任第2军军长，第2军的一切都受蒋控制，如果放在别人身上，可能无法忍受，而谭延闿却毫无怨言。定都南京之后，谭延闿无论担任国民政府主席还是行政院长，实际上都是蒋介石说了算，谭延闿也乐得有人替他管事，仍然毫无怨言。知其雄，守其雌，安于其下，不争，不怨，的确是谭延闿的一大特点。

# 第七章
## 谭延闿的处世要诀

其实，谭延闿并不是真的无能，真的不聪明，真的无势力，这是他看透时势后的无奈选择，是苟活于乱世的生存之道。其实，他内心也很痛苦，他好美食、好书法、好写诗，甚至好调停，就是内心痛苦的另一种发泄，另一种寄托，另一种存在的价值。越能看透时势、看透人心的人，其实内心越是痛苦。谭延闿对当时时局的发展看得如明镜似的透彻，他知道蒋介石、汪精卫、胡汉民都是国民党内锋芒毕露的狠角色，他们都不可能甘居人下，更不可能和平相处。汪、胡虽有党权，但蒋介石有军权，在凭武力说话的时代，党权敌不过军权，这也是谭选择与蒋合作的原因。在迁都之争中，当时，陈公博很担心这样僵持下去，国民党会分裂，大革命的良好局面会断送。因此，他亲自在武汉、南昌之间进行调停。他将他在武汉调停的情况告诉了谭延闿。

陈公博对谭延闿说："谭先生，我们所虑的危机已到了！这样怎么得了呢？"陈公博很想能从这位经验老到的谭延闿口中，找到解救时局的办法。

谭延闿虽然有些着急，但还是带着惯常的不急于表态的方法，反问道："你说怎么不得了，又怎样才算得了呢？"

陈公博听他这样说，更着急了道："不是这样说，不得了，应该想出些办法。"

"得了也就这样了，不得了也就这样了，难道得了真就这样了吗？不得了真就不能了吗？"谭延闿提出他的经世哲学，最后叹口气道："公博，你到底还是年纪轻，中国的事往往到了不得了的时候，终归会了的，若勉强想去了，反而不能了。"③

谭延闿的这番话弄得陈公博丈二和尚摸不着头脑，直到宁汉合作后，陈公博才终于明白了，不得不赞叹说："天下事不得了的时候就了，这是谭组庵先生的哲学，那时真是灵验了。"④

谭延闿做人、当官有个秘密。他曾对人说过一句真心话，说做人"允执厥中"，其核在一个"中"字，这就是他做官的第一要诀。而做人的要诀也是一个字，就是一个"混"字，他所有功名富贵，都是从

"混"中来。他还对人戏言道:"我的妙诀就是一个'混',我一生的功名富贵,都是从'混'的妙诀中'混'出来的!"他任国民政府第一任行政院长时,严格恪守"三不主义",即一不负责,重大事情总是推给蒋介石或其他人去处理、去决断。二不建言,就是不轻易发表意见,你们不同意,我就不吭声,你们点头,我就赞成。三不得罪人,遇事绕着走,做好好先生。他已磨炼成了一个"伴食画诺"的"活冯道"。开国民政府委员会议时,他只是主持一下会议,宣布一下程序。别人激烈争论,甚至对骂,闹得不可开交,他却闭目养神,直到散会他才睁开眼、伸一个懒腰,散会走人。以致行政院上下,皆呼其为"谭菩萨"。

其时胡汉民与蒋介石矛盾甚深,对谭延闿甘当蒋介石的橡皮图章大为不满,一日于行政院大门口截住谭延闿,高声质问:你身为院长,尸位素餐,难道就这样混日子吗?

谭延闿也不顾旁边围了许多人,一语叹曰:"混之为用大矣哉。"说完转身就走。

谭延闿死后,上海某报纸登出对联,便借用此语,曰:

混之用大矣哉,大吃大喝,大摇大摆,命大福大,大到院长;
球本能滚而已,滚来滚去,滚入滚出,东滚西滚,滚进棺材。

联意虽甚不敬,倒也贴切。

谭延闿于是博得了"水晶球""八面观音"等诨号。

## 2. "药中甘草"和为贵

谭延闿的为人处世除"混"字妙诀外，胡汉民说他还有一个"和"字妙诀。胡称谭为"药中甘草"，胡汉民说："谭先生'休休有容'，具有古人所谓宰辅的气度，他的性格，只有'和平中正'四个字，可以得其大略。兄弟与谭先生相处十余年，从未见其疾言厉色，有时有人为什么问题，互相争持，谭先生一来，往往令人意消；遇到难以解决的事，一经谭先生区处，也就十分妥帖了。所以有人视谭先生为药中的甘草，几于攸往咸宜。但是谭先生在我们工作中，不仅如随便配合的甘草，而且是配合之后，能使我们的工作，发生伟大的效能，显出异常适当的工作的。这一点，凡属于中央政情的同志，一定已有深切的认识。"⑤跟随谭延闿多年，专为他调理生活的曹厨子在谭死后，曾请周鳌山为他替谭作了一副挽联："趋庭退食忆当年，公子来时，我亦同尝甘苦味；海国烹鲜非两事，先生去矣，谁识调和鼎鼐心。"形象地概述了谭在官场中善用中庸之道的手段。甘草有解毒之效，可与百药配用而不起冲突。在政治混乱、党派斗争激烈的特殊时期，都急需这样的"甘草先生"，谭延闿人缘极佳，与各党各派均无嫌隙，正好做一些必不可少的"和稀泥"的工作，来维持党内的团结。

谭延闿为人之随和，是出了名的。做官时下属进门不用报告，有座便坐，有烟自取享用，而谭延闿不论什么时候，都和颜悦色，了无怒容。即使被部下卖阵，差点儿做了俘虏，也不过是苦笑着摇摇头而已，所以，他的第二个外号叫"谭婆婆"。

清末民初，烽烟四起，乱象频生，各种政治势力乘时而起，都想在混乱的时局中占有一席之地。谭延闿作为科举宠儿，末科会元，头顶功名光环，但他却预感到了大清的龙旗不再鲜艳。因此，他借父亲丁忧，回到了湖南，不再留恋清朝的官场，而是一门心思以一个在野绅士的身份投身于近代湖南的教育和实业活动，活跃于清末立宪的舞台。他不仅与地方督抚交往，与新老士绅打得火热，而且还暗中掩护革命党人，对各派势力他都虚心结交，丝毫没有名士的架子和官宦子弟的恶习，往往给人一种平易近人的观感。因此，他积聚了很好的人缘，年纪轻轻就成了立宪派的首领、谘议局的议长。辛亥革命中他又摇身一变成了湖南的都督。在立宪派、旧官僚、士官生和革命派的政争夹缝中，用左拱手、右作揖的圆滑手段，来平息各方的怒意，抚平各方的矛盾，实现他"文明革命"的预定目标，很巧妙地化解了以焦达峰、陈作新被杀而带来的政治危机。

在三次督湘过程中，谭延闿始终秉持与人为善的处世态度。湖南作为南北冲突的战略要地，是各派势力竞相争夺的对象，谭延闿作为一省的最高军政长官，为了在夹缝中求存，只得采取四面讨好的策略，以取得各方的好感。对外，他虚与委蛇，既不敢与北洋军阀叫板，也不敢过于亲近，他除了与黎元洪因同病相怜有比较密切的关系外，与袁世凯、段祺瑞、冯国璋，甚至吴佩孚都保持着若即若离的关系，谭延闿也并不为他们所看重，他们时常想寻找新的代理人来取代他的地位，使谭延闿时常有一种强烈的危机意识；对西南军阀，因为有唇亡齿寒之忧，使他们能互为援手，建立攻守同盟，以对付北洋强敌，但他们并无很深的交情，只是利益上的共同需要而已。对内，谭延闿也很注意协调内部各方的关系，尽管他想建立服从于自己的亲信武装，但他也不得不考虑既成事实。当时省内的势力也是五花八门，既有国民党黄兴与程潜的势力，也有进步党熊希龄与蔡锷的势力，或有游离于其外的其他势力，对于这些势力，谭延闿尽量采取互不得罪和表面笼络的态度，都与之保持着良好的关系，因此，这些人也总是把他看成是稳定湖南大局的不二人选。谭延闿为了避免政争，使湖南超脱于南北战争之外，往往借"湘省自治"来拒南抗北，结果事与愿违，因为态度摇摆，为各方所不喜，因而在湖南也曾三起三落。在一个武人当政的时代，尽管谭延闿有百步穿杨的神技，是一个深通马语的大骑士，但毕竟他没有上过正规的军事院校，算不上是正统的武人出身，因此，被那些陆军保定生、日本士官生瞧不起，尽管他顶着那么多貌似军阀的头衔，却从来掌不了实权。在那个时代，文人混在武人堆里，往往带有很大的危险性，弄不好就会被上下左右的野心家们给牺牲掉。可是由于谭延闿的好脾气，这种危险对他来说却似乎不存在。下面的武夫可以架空他，出卖他，驱逐他，但没有人敢冒湖南乡里舆论的大不韪杀掉他。至于上面和左右的武人，由于他的圆通、对人不构成威胁，也会安全得多。因此，他们也乐意借他的声望和名号行事，以成就自己的羽翼。

谭延闿追随孙中山以后，获得了更大的发展空间，也面临着更为复杂的生存环境，更难以捉摸的人际关系。这时的孙中山是凭着自己的政治理想和政治威望领导着国民革命，就连他一直视为亲信，精心培养的陈炯明这支军事力量，也因陈炯明的野心膨胀，公然背叛了他，干出了炮轰总统府的勾当。孙中山在滇系军阀杨希闵、桂系军阀刘震寰的邀请下重返广州，重建陆海军大元帅府，谭延闿被任命为内政部长和建设部长。在孙中山的革命政府里，既有始终跟随他的国民党元老胡汉民、汪精卫、廖仲恺等人，又有各种依附于他的军事武装，如滇军杨希闵、桂军刘震寰、粤军许崇智、川军熊克武、豫军樊钟秀等，但这些军队大多是饥附饱飏，想借孙中山的旗号来为谋夺自己的地盘服务，真心献身于国民革命的军队并不是很多。在这种鱼龙混杂的环境中，谭延闿的态度基本上是唯孙中山的马首是瞻，服从孙中山的指挥。他的湘军是当时广东各军军纪最好的一支军队，他想以自己良好的表现在广州站稳脚跟。他对各派势力采取的仍是互不得罪的一贯手腕，尽量超脱各种矛盾之外，他善于处理与各种军政要人的关系，不仅与孙中山、汪精卫、胡汉民、廖仲恺关系处理得很好，而且与他原来的政敌程潜也改仇通好，甚至与各军互有龃龉的首领也时相往还，穿针引线，做好调和工作。在对待商团问题上，谭延闿主张调和，以平息事态。1924年10月3日，谭延闿陪同刚接任廖仲恺为广东省省长的胡汉民前往韶关，向孙中山建议先发还商团部分枪械。据说，孙中山曾询问谭延闿，万一官商开战，会有什么结果？这位前清立宪派出身的军人，自始至终都反对动武，他说了8个字"胜则无民，败则无兵"，让人不寒而栗。孙中山勉强同意发还5000支枪械给商团，但要商团拿出20万元，作为北伐军费。另外再允许政府抽一次特别捐，数目相当于广州全市一个月的房屋租金。⑥息事宜人，是谭延闿的一贯态度。孙中山逝世后，广州情势十分危急，为了防止杨希闵、刘震寰叛乱，谭延闿借着与胡汉民到杨希闵家中吃饭的机会，旁敲侧击敲打杨希闵，他首先痛责自己，敷陈自己的错误，并说：我们本来都是一知半解，还常常傲然自大，不肯切实服从孙先生的命令，这正是我们罪大恶极、万无可恕的地方。现在孙先生死了，一知半解的我们，更失了指导的人，我们今后究竟怎样努力，才能免为先生的罪人呢！他接着又道：今后大家如果只图私利，阴谋蠢动，不能照孙先生的遗教去完成革命，便是孙先生的叛徒。谭延闿说这番话的目的，就是借着大道理来警醒杨希闵，希望他从大处着眼，完成孙中山的革命事业，才有个人的前途。但是，杨希闵没有听从他的劝告，公然伙同刘震寰在广州叛乱，谭延闿毅然率领湘军配合黄埔学生军和粤军平定了这次叛乱，稳定了广州的革命形势。

　　大革命时期，国共时有摩擦，左派右派，壁垒分明，但是唯有谭延闿，左派大他站在左边，右派大他站在右边，两边的攻击炮火，都擦不到他的边。应该说，在大革命初期，谭延闿仍旧遵循着孙中山的遗教，继续坚守孙中山联俄、联共、扶助农工的三大政策。在国民政府的改组中，他赞同苏俄顾问鲍罗廷的制度设计，使左派汪精卫取代了胡汉民，虽然他与胡汉民关系不浅，但他与苏俄顾问鲍罗廷、汪精卫也有较好的关系，尤其是他对孙中山怀有深深的敬意。对他来说，无论是胡或是汪继承孙中山的职位，他都没有异议，因为他们一直都

# 第七章 谭延闿的处世要诀

是孙中山的左臂右膀,都有当最高领袖的资格,既然苏俄顾问看好汪精卫,孙中山的另一得力助手廖仲恺也支持他,汪精卫自己也表示要继承孙中山的遗志,继续实行联俄联共扶助农工的三大政策,因而由汪代胡更能保持国共合作的稳定,推进国民革命的事业,从这一点而言,他是乐观其成的。当然,他也同情胡汉民的处境,希望胡汪合作,共同传承并开创孙中山的革命事业。然而事情的发展往往不以人的意志为转移,胡汉民受排挤,引起国民党右派的不满,他们公然策划了谋杀廖仲恺的血案,来打击国民党左派的势力,而汪、蒋又借此赶走了胡汉民和许崇智,引起了国民党左、右两派的更大对立,这是谭延闿不愿看到的事情。他主张调和,不主张对立,所以,他痛苦、忧虑。但是,为了孙中山的革命事业,他还是站到了左派一边,同汪精卫一起反对西山会议派的分裂行为,并积极促进两广的革命统一。在"中山舰事件"中,谭延闿本打算用武力反击蒋介石的挑衅行为,但因种种原因,他最终充当了调解人。他是国民党内有名的和事佬,很少得罪人,国民党内的各派势力都对他没有恶感,且他有较高的声望,是会元出身,很早就当上了都督,也是孙中山一向看重的人物,并有一定的军事势力,不仅他手中的第2军听命于他,就连程潜的第6军和朱培德的第3军都倾向于他,谁能取得他的支持,谁就有更多的获胜把握,因而,由他出面调停,双方都会给他一定的面子。何况当时蒋介石羽翼尚未完全丰满,他发动"中山舰事件"实际上是一种冒险行为,他是乘着苏俄顾问鲍罗廷离开广州回国休假和汪精卫卧病在床的这样一个机会而进行的,而汪精卫因为生病行动不便,难以组织有效抵抗。因此,"中山舰事件"后,不管是汪精卫、蒋介石,或是苏俄、中共都处在进退两难的尴尬境地,谁都不敢做出轻率决定,各自剑拔弩张,但又害怕流血冲突,想和平解决,但又拉不下脸面,只有各方都能接受的谭延闿是最合适的人选,而谭延闿在党内又乐意做和事佬的工作。因此,当谭延闿要求马文车与蒋介石联系,说明他的意图后,蒋介石很爽快地答应与他见面,表示接受他的调停,和平解决问题。这样,谭延闿来往于蒋、汪之间，传递信息，和缓矛盾，虽然解决问题未尽如人意，以苏俄和中共的退让而告终，但还是解决了问题，没有引起流血冲突。正如张国焘所言："谭的手段老练圆滑，他常滔滔不绝地安坐漫谈，除斤斤以大局为重外，不大接触实际政治问题，但就在他这种谈笑风生的谈话中，产生了调协作用。"[7]在迁都之争中，谭延闿更是极尽所能，调和各方的矛盾，在心理上他是赞同广州国民政府做出的迁都武汉的决议，支持鲍罗廷、徐谦等人前往武汉筹建国民政府，对蒋介石出尔反尔，提出迁都于其控制的南昌深感不满，但他又不愿意看到国民党因迁都之争而分裂，因此，极力主张和解，消除双方的误会，保持党内的统一。因此，他没有立即前往武汉，而留在了蒋介石控制的南昌，希望凭借自己在党内的影响，做通蒋介石的工作，使他服从国民政府迁都武汉的决议。在他的多方努力和劝说之下，迫使蒋介石做出了一定程度的让步，同意让谭延闿、李烈钧、何香凝等滞留南昌的中央委员前往武汉，参加国民党的二届三中全会，迁都之争以蒋介石的失败暂时告一段落。在后来的宁汉分裂和宁汉合流的重大历史事件中，谭延闿大多以自己的利益最大化为取舍，更多的是站在中立的立场上，很少发表过激的言论，虽然，他以武汉革命形势的高涨，有过一时的冲动，改号"左庵"，甚至还以国民政府主席的身份密令程潜杀掉蒋介石，但很快他就冷静下来了，又以调解人的身份在国民党内穿针引线，弥合矛盾。在革命大潮的冲击之下，他左右摇摆，时汪时蒋，甚至联系桂系和沪方势力来排汪挤蒋，达成宁、汉、沪三方合流。谭延闿作为一个封建文人，深谙中庸之道，他深知自己在党内的势力不如汪精卫，军事势力不如蒋介石，自己没有资本与他们一争高低。但是，这两个人野心都很大，自"中山舰事件"后，双方积怨很深，互不买账，他们都有一群死硬的追随者。为了压倒对方，他们互相攻击，闹得不可开交，而一群群在北伐战争中新崛起的军事势力，如桂系、唐生智等也都野心勃勃，互不买账，他们并不诚心拥护汪、蒋，而都想成为国民党内的新生力量。这样国民党内各派政治势力矛盾重重，他们为了争取社会舆论的支持，相互攻击谩骂，相互拆台。而谭延闿因互不站边，与各派都保持着比较密切的关系，因此，成了各派竞相争取的对象，各方攻击的炮火都擦不到他的边，尤其是他表现出来的与世无争、与人为善的态度，在一个人欲横流、权势至上的乱世更显得弥足珍贵，在党内的影响和良好的人缘关系，调和党内的矛盾，争取更多人的支持，这又何乐而不为呢？因此，不管是哪一派军事势力掌权，谭延闿都能高居政坛，屹立不倒，这都得益于他的"药中甘草"和为贵的处世本领。反过来说，这种人的用处也不大，即使做到国民政府主席、行政院长等要职，也只不过是国民党内各个实力派都能接受的作为缓冲用的沙袋，一个军人政权的点缀。

1929年3月，全国中医药界抗议褚民谊借中央卫生会议决议取消中医中药令人钦佩。谭延闿能在政争之外从容地做各方的说客，从而获得各方的好感，不管哪一个人当政，把谭延闿放在身边，既安全，不会对自己构成威胁，又能利用他化解一些矛盾。有请愿团来到南京，恰遇谭延闿接待他们，又是请坐，又是沏茶，作了热情接待，并当面表态："中央卫生会议之决议案，断无实行之可能。如若实行，病者将坐以待毙，药材农工商全体失业……"这使一些以为谭和汪精卫、褚民谊关系密切的人疑虑顿消。谭为了进一步取得请愿团信任，以"近来身体欠佳"为由，请请愿团团长谢利恒医师当众为他切脉开方。于是，行政院长支持中医药事业，以身试中医的消息传遍了南京城内外。不日，行政院饬令卫生部撤销中央卫生会议决议，并以政府名义定3月7日为"国医节"。谭善待请愿团赢得了社会的赞许，在汪、蒋矛盾日趋明显之日，既得到蒋介石的信任，又给汪、褚以下台阶梯，"药中甘草"调和八面，一举数得，妙不可言。

谭延闿的时代，是中国现代的转型时期。可是，转型转成了文官沦为骄兵悍将的摆设，只有像冯道一样，心平气和、唾面自干，才能文运长久，无论如何都是一种悲哀。

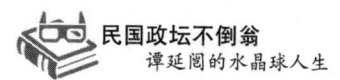

## 3. "以德报怨"宽为怀

谭延闿出身豪门,是雄踞一方的总督公子,又是科举场上的幸运儿,少年成会元,大名满三湘,刚到而立之年就主政一省军政,按理来说,他完全有目空一切的骄人之本,也很容易滋生不可一世的狂妄之气,但是,谭延闿却并不如此。他为人十分低调,待人真诚和气,不论贫贱高低,他都能一视同仁。和气生财、宽大为怀是他为人处世的一贯哲学。他爱才、惜才,一片好心乐于为他人排忧解难,却遭人误解,引来恶语相加,讥讽谩骂,他也从不倚仗权势,打击报复,而往往一笑置之,甚至"以德报怨"。

同盟会会员陈荆,革命胜利后,穷困潦倒,流落江湖。此人其貌不扬,不修边幅,说话都不利落,而且为人随意,被时人所看不起。谭延闿得知他参加过辛亥革命的情况,决定聘请他为都督府顾问,月俸为100元,以解决他的衣食问题,酬谢他为革命奔走之功。但是,陈荆却坚拒不受。后来,他讨了个收花捐(妓女分等纳捐)的差事,有穿行花街柳巷之嫌。有人问他为什么不做顾问而宁愿去干收花捐的差事?他振振有词地说:"你以为都督比妓女高贵吗?"这话传到谭延闿那里,谭延闿并没有追究,只是淡淡一笑罢了。

好心当作驴肝肺,这一定会被人当成不识抬举,当成恩将仇报,一个施恩的人一定会想方设法来打击报复,剥夺他的一切。但谭延闿却不这样,他为人大气洒脱,从不把自己的意志强加于人,他对人的同情出于本性,并不欲求别人报恩,也许他的这种美德来自对母亲的敬意。他理解那些弱者的自我保护意识,理解他们向来为人所瞧不起的那一点可怜的自尊,如果自己与他们一般见识,去打击报复别人,

# 第七章
## 谭延闿的处世要诀

那岂不会将人推上绝路,铸成更大的罪孽?"谭婆婆"的慈悲心理不允许他这样去做。他奉行的处世原则是"宁可人负我,不可我负人",不好交往就不交往算了,何必要落井下石呢?只要自己心安理得,又何必计较那么多呢?对于那些当众侮辱他的狂傲书生,谭延闿也是以大度处之,并不与他们计较。

书法家王运长小有名气,谭延闿出于对书法艺术的爱好,聘其为顾问,以利探讨。谁知谭的聘书竟被王当众撕毁,投入痰盂中,并解开裤子当场将尿撒在上面,这对谭延闿是莫大的侮辱,但谭也并没有追究,只是说:"人各有志,毋庸勉强。"

1922年,谭延闿与赵恒惕竞选省长失败后,他变卖家产,帮助孙中山回到广州,就任陆海军大元帅,他也被任命为内政部长。在协助孙中山反攻陈炯明的石龙、石滩战役中,谭延闿居然跬步不离,跟随在孙中山身边,令孙中山大为感动。曾有一位湘籍将领来到大元帅府向孙中山告状,他大骂谭延闿两面三刀,而谭延闿闻之,却始终镇定自若,事后也和平常一样,未做任何解释,更没有任何的报复举动。

谭延闿深知,嘴巴长在别人身上,别人想说什么,自己管不了,也懒得去管,哪个嘴巴不说人,又有哪个人不会被别人议论呢?所谓谣言止于智者,什么事只要凭良心去做,别人领不领情就没有必要计较,宽大为怀是做人的美德。

不得罪人是谭延闿一生的做人原则,但他也不轻易地拿原则做交易,他爱才、惜才,但对才能平庸的亲朋好友,想靠关系,走后门,他宁愿用其他方法补偿,也不愿意为他们谋取一官半职。谭延闿家乡曾有一个老朋友,特地从茶陵跑到南京,想通过谭延闿的关系混个一官半职。当他来到谭府时,谭延闿正在与一些高级官员玩麻将,一见来人,料想又是一个来求职的,还没等来人开口叫他"畏三哥",谭延闿就连忙起来道:"老弟呀,你来得正好,我手气不佳,且有要事出去一下,请代我搓上几手。"说罢,他便走出去了。友人只好入座。谁知友人是牌场老手,几局后积码成堆,替谭延闿赢了不少钱。没一会儿,谭延闿回来了，友人起身请谭延闿继续玩牌，自己则在侧屋等候，心中不免焦急。他心想：我专程要求"畏三哥"谋个县长当当，他却沉湎于麻将，何时能接洽交谈呢？难道让我两手空空回家不成？又隔了一会儿，门人从外间捧着一盘筹子进来，对友人说："先生，这些金银是你刚才代主席搓麻将赢的，主席令我送给先生，说你赢的钱应归你所有。"友人接过筹码清点，竟值银3万多两。他大喜过望，心想就是给我一个县长，也不过如此而已！遂与谭拱手而别，高高兴兴离开南京。他怎知道这是"畏三哥"为避免纠缠，故意使计打发他走的呢。这样，谭延闿既不得罪朋友，又未违背原则，做到了两全其美。

对于那些地方上的有识之士，有时也难免挖苦、戏弄过自己的，谭延闿也是倾心相交，以宽宏大量的气度来处理这些事情，以"以德报怨"的方法来平息人们的不满情绪，起到了化敌为友的良好效果。

在谭延闿50岁生日时，湖南的张冥飞曾写了一幅祝寿戏文，内曰："茶陵谭氏，五十其年，喝绍兴酒，打太极拳，写几笔严嵩之字，做一生冯道之官；用人惟其才，老五之妻舅吕（注：指吕苾筹）；内举不避亲，夫人之女婿袁（注：指袁思彦，谭延闿长女谭淑的丈夫）。"极尽嘲讽挖苦之能事。当时这封祝寿戏文曾被当地的报刊刊登，迅速在京城传播开来。照常理，堂堂的行政院长，受此羞辱，一定会火冒三丈，会动用国家权力打击报复。但是，谭延闿读到这份报纸以后，不仅没有大发脾气，反而特意写了请柬约请张冥飞前往赴他的晚宴，并请湖南同乡鲁荡平、吕苾筹、李安甫等人作陪。张冥飞接到请柬后，知道是由于文字闯出了大祸，但又不敢不赴约。到会时，谭延闿竟然以上宾之礼相待，说："足下，你是我的好朋友，当今没有人不恭维我，足下独敢骂我，实在难得……湖南有足下这样的文才，延闿不知，深为抱歉！行政院已无适当职务安置足下，只有四百月俸的参议，暂时望屈就。"张冥飞听了面红耳赤，无地自容。

第二天，行政院给张冥飞送来"参议"聘书，张更感到惭愧，立即写了一封信回复谭延闿，道歉申谢，并将聘书退还。信中说："士献箴，古有之；公大度，今所无。唯冥飞笔耕足以自活，聘书优俸，万不敢当，庶免涉文人无行，迹行敲索之嫌。大君子爱人以德，必能谅之。"事后，张冥飞逢人便说："谭公真是宰相肚里好撑船。"第二年，谭延闿病逝，张冥飞听到这一噩耗后亲往吊唁，抚摸着谭延闿的棺材痛哭不已，了解这一内情的人，没有不深为感动的。谭延闿就是这样与人为善，因而，能在官场上获得众多人的支持，这也有赖于他的气量过人之处。

## 4. "爱兵如命"保安泰

谭延闿身为文人，但他爱兵如命。他深知在一个群雄并起，军阀混战的乱世，有兵就是草头王，有军就有权，谁枪多谁就势大的道理。三次督湘期间，他就着力培养湘军这只"家鸡"，不许他省"野鸡"染指湖南地盘。国民政府期间，他虽离开军职而从政，但仍没有放弃对湘军的影响，湘军是他从政的靠山，是他仕途平安的保命符。

谭延闿是在军人的枪杆子逼迫下登上都督宝座的，他从焦、陈的血泊中看到了控制军权的重要，深知没有军队的拥护，做任何事情都是寸步难行。因此，他在担任湘督后，首要的任务就是改组军队，将军权牢牢地控制在自己的手中。

谭延闿第一次督湘时，湖南共有正规陆军6个师，由余钦翼、赵春霆、曾继梧、王隆中、梅馨、程潜分任各师师长，这6个师基本上是由焦达峰、陈作新执政时缩编而成。王隆中的第4师在援鄂途中就对立宪派擅杀革命元勋焦、陈深怀怨愤，又加上有血战鄂省的苦功，没有得到应有的报偿和酬劳，更有傲视群雄的资本。而旧派官僚和武人无征战之劳，仅凭陈腐的资历和人缘关系却位显名尊，占据要职，颐指气使，这使他们益形不满。他们借援鄂之功，发泄愤懑，对贪官墨吏尤为不耻，"动辄恃功要挟""视官长为无物，各营皆自选代表，直接都督。军中事故，皆由代表议决，交师、旅长执行，中初级官皆仰士兵之鼻息以苟全"，就连谭延闿委任的第2师步兵第3旅旅长余道南竟然被士兵所捆绑，士兵们打算对他用刑，师长赵春霆看到情况不妙，亲自跑到军营里面，对下级军官和士兵反复进行劝说，才幸免一死。第3师师长曾继梧因为不想招收补充兵，也被其旅长袁宗潮囚禁。谭延闿

# 第七章
## 谭延闿的处世要诀

面对军界的反抗怒潮，莫可奈何，终日忧心忡忡，急思裁撤，又恐引起激变，因此犹疑难决。

1912年5月间，谭延闿听到黄兴在南京大刀阔斧地一次解散了10几万军队，没有发生什么动乱，他又想东施效颦，借此机会遣散湖南的军队，去除蓄积已久的心病，以便稳固自己的统治地位。一方面，他以"功成身退，无上光荣"，厚给退伍金做安抚，规定教导团士兵月饷8两，与军官相同。一般士兵退伍，给恩饷3个月。此外，休养金则分3期领取，每期一年，一期每月3两，二期每月2两，有勋章者每月加1两。另一方面，又借助黄兴的榜样以抬己，企图用强制手段裁兵。6月中旬，谭延闿派其机要秘书吕苾筹赴沪谒见黄兴，征求他对湖南裁兵一事的意见。黄兴反对一律裁尽，主张留2至3个师精锐部队以应缓急，并令中央陆军第8师步兵第16旅旅长赵恒惕"声言假道返桂，至湘留视退伍"。谭延闿得赵旅之助，如得甘露，于是颁布退伍令。他以裁汰改编，易生争议为辞，没有采纳黄兴的建议，而是一律遣散，企图重新成立一支效忠于己的私人军队。

谭延闿为了顺利地达到裁军目的，急想拿第4师开刀，但又担心激起兵变，难以收拾局面。因为当时第4师军事势力很强，又担任着都督府的保卫工作，因而都督的一举一动都在他们的掌控之下。于是谭延闿派军事厅副厅长童梅岑去游说第4师的参谋长陈复初，童与陈为士官学校第7期同学，两人在密室里长谈了很长一段时间，童向陈说明了自己的来意，问他有无把握控制第4师，陈声言："王胡子（第4师师长王隆中因满面胡须而得名）不管事，我只得为他帮忙罢了。"童梅岑进而详细地向他说明了湘军退伍的计划，并声称退伍以后，准备将全省分为5个军区，每区设司令官1人，陈已被内定为司令官之一，目前一切都已经准备就绪，只是如果不能将卫队更换，那么一切将无从着手。

第4师师长王隆中耿介忠厚，经程潜的疏通，愿意解除自己的兵权作为号召，并严令部下不要违抗他的号令，不得依仗自己的功劳要挟政府，所以第4师安然裁撤。梅馨的第5师则因拥立之功，骄恣跋扈。

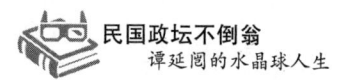

当谭延闿前往训话时，部队发出一片喧哗之声，有的声嘶力竭地狂叫，有的胡乱地吹着口哨，场面一度失控。赵恒惕为了控制局面，急忙派人将养伤在家的第5师师长梅馨挟持到现场。梅馨跪着恳求部下放弃对抗，服从裁兵命令，才平息了这次变乱。其后各师依次退伍。"自是，湖南无陆军"，"新军尽散，巡防营独存"。

谭延闿二次督湘时期，他本是段祺瑞政府任命的省长兼督军，因而段祺瑞在给谭延闿的文电中常称其为"省长"，而不称其为"督军"。意思就是想寻找一个适当的时机和人选来做其在湖南的督军，以便日后将湖南作为征服西南的前哨。谭延闿是一个聪明的官僚，当然明白这其中的奥秘。因而，他虽是文人出身，却不喜欢属员称其为省长，在给北京的电文也一律署名"谭督军"。为了保住自己在湖南的统治地位，他一方面竭力奉行段内阁的裁兵方案，以讨好于段祺瑞；另一方面却又利用这个方案来排斥异己势力。他暗中策动其在湘的心腹军官曾继梧、陶忠恂挤走程潜后，又以第3（陶忠恂师）、第4（程潜师）两个师寻衅互哄为借口，裁编他们的军队。当他得知北京陆军部内定的裁兵方案后，他又借裁编的机会，将第1、第2两个师的秩序颠倒过来，并在背后造谣说："坤载（陈复初字）生就一对三角眼，脑后有反骨，此人终不可靠。"1916年9月17日，他正式下令改编军队，将第1、第3两个师合并为第2师，以陈复初为师长；第2、第4两个师合并为第1师，以赵恒惕为师长。

重阳节过后，陈复初在母亲60大寿的宴会上，借酒劲辱骂前来祝寿的谭延闿，谭延闿当场没有与陈复初起冲突。事后陈复初在鲁荡平的劝说下到都督府向谭延闿请罪。这次事件虽在鲁荡平的从中调和下，得到了暂时的解决，但谭、陈两人之间的嫌隙却始终没有得到弥合。

1917年春，谭延闿又趁机对各地守备军及清乡队全数进行有计划、有目的的裁撤和改编。谭延闿通过这种方式，逐步地清除湘军的异己势力，建立效忠于己的湘军嫡系部队。但是，由于他的私心自用，因而引起其他各派系湘军的不满，当段祺瑞颁布湖南易督令后，谭延闿

# 第七章
## 谭延闿的处世要诀

虽想以武力抵抗，但因亲信赵恒惕以"丁忧"回衡阳原籍，无法指挥部队，其他非谭派军人反对用兵，不愿为谭卖命，因而谭延闿只好放弃抵抗，失望离湘。

谭延闿第三次督湘，曾想亲自操纵湖南军权，一身兼任湖南督军、省长、湘军总司令三职，这使跟他出生入死的亲信将领赵恒惕深感不满，他手下的将领也愤愤不平，因为谭延闿在湘南驱逐皖系军阀张敬尧时，曾经声言将来驱逐张敬尧后，军事方面交给赵恒惕，民事方面交给林支宇，自己绝不贪恋权位。但他夺得政权后，不仅没有兑现诺言，甚至连湘军总司令一职都不肯交给赵恒惕，这使赵恒惕大失所望。加之谭延闿以"湘省自治"为借口，阻挠孙中山的北伐事业，这使跟随孙中山的湘军将领程潜大为不满。于是，程潜派人到湖南，策动自己的亲信将领以武力驱逐谭延闿，谭延闿的亲信赵恒惕则作壁上观，不愿意出手相助，谭延闿孤掌难鸣，只好将权力交给赵恒惕，自己再次失望离湘，结束了自己督湘的使命。

三次督湘失败后，他反躬自省，选择了投身孙中山的国民革命。他利用自己在湖南的影响，通过讨赵战争，使自己的亲信将领重新聚合在自己的旗帜之下，并以此为班底，在国民政府改组后，组建了国民革命军第2军。他虽然已当上了国民政府的要员，但他仍旧要兼任第2军军长的职务，直到正式当上了国民政府主席，他才将第2军军长的职务交给自己的亲信鲁涤平，这时，他把第2军和程潜的第6军（1926年1月，程潜所部被改编为国民革命军第6军）以及朱培德的第3军当成自己从政的军事靠山，不希望削弱湘军的势力。

1927年10月，桂系军阀李宗仁、白崇禧为了打通南京、上海与广西之间的联系，联合谭延闿、程潜的湘军势力，西征讨伐唐生智，唐军战败，唐生智被迫下野出国。但是桂系并不罢休，必欲消灭唐部湘军，而此时复职的蒋介石更希望借桂系之手，剪除湘军势力。谭延闿看出了蒋、桂之间的用意，为了保住湘军这只"家鸡"，他特地写信托谢慕韩交给程潜，要他对唐生智的湘军打击适可而止。信中他分析了国内的政治形势，指出他们的军事势力不如蒋介石，党的势力不如汪精卫，恐徒以虚言而招致实祸。他建议对唐部湘军不宜穷追猛打，而要安抚收抚，备为己用。他还用"家鸡打起团团转，野鸡打起四处飞"的俗语来作比喻，提醒他不管湘军内部矛盾如何，但是在紧要关头还是最好的兄弟。最后还告诫他"联桂终不可恃"。但是，程潜对谭的建议不以为然，认为谭坐在南京不知道外面的情形，对李、白仍深信不疑。后来程潜被李宗仁以"跋扈飞扬，把持湘政"的罪名拘禁，谭延闿为了保住程所统率的第6军，又托谢慕韩带信到湖南转交鲁涤平，要他负责维持第6军，并言辞恳切地嘱咐他"谨慎不要推卸责任，放胆不要疏于戒备"。但是蒋介石识破了谭想保住湘系势力以自固的企图，因而假借第6军内讧为由，剪除了谭延闿的这支羽翼。谭延闿的政治地位也因湘军势力的削弱而下降。但是，他在行政院长任内，仍没有放弃对湘军的影响，鲁涤平、何键的湘军一直是他从政的军事依傍，而谭则是他们在中央的代言人和利益的维护者。

---

注释：

①周世辅．老庄思想与谭组庵先生——谭组庵先生的道家风范［J］．台北：中华文化复兴月刊，第12卷第7期，第35页．

②周世辅．老庄思想与谭组庵先生——谭组庵先生的道家风范［J］．台北：中华文化复兴月刊，第12卷第7期，第39页．

③陈公博．苦笑录［M］．北京：东方出版社，2004.68．

④陈公博．苦笑录［M］．北京：东方出版社，2004.92．

⑤胡汉民．悼谭组庵先生［A］．胡汉民回忆录［M］．北京：东方出版社，2013.198．

⑥叶曙明．中国1927·谁主沉浮［M］．广州：花城出版社，2010.83．

⑦张国焘．我的回忆［M］．北京：东方出版社，1991.107．

# 第八章 谭延闿的情感世界

谭延闿有着极为丰富的情感世界，他事母至孝，为争名分，他不惜伏在母亲的棺材上，声言"我谭延闿已死，抬我出殡"，使母亲的棺材得以从族祠大门而出。他对妻子感情专一，相思不断，听到妻子病死，喜好美食的谭延闿不惜吃了100天的素食，他还在每年与妻子结婚之日，都要做一首诗，以示纪念。为遵守妻子临终的遗言，他主动放弃了与宋美龄的婚姻，与其成了情感甚笃的干兄妹。他兄弟情深，但不为其谋私。对于子女爱护有加，但都严加管教，使他们个个成材。

# 第八章
## 谭延闿的情感世界

## 1. "卧棺出殡"孝满天下：谭延闿与他的母亲

谭延闿的父亲谭钟麟是晚清的显贵，做过巡抚、总督等封疆大吏，妻妾多人，除原配陈夫人外，还有颜夫人、李夫人等4位侧室。谭延闿是谭钟麟的李夫人所生。

李夫人是河北省宛平县人，早年父母双亡，与其弟相依为命。她原为一官宦人家的丫鬟。这个官员是谭钟麟的老朋友。有一年，谭钟麟在杭州当知府，他的这个老朋友带家眷回家乡，路过杭州时，被他盛情挽留在家里做客，住了一段时间。当这个老朋友告辞谭府准备回家的那一天，他家的一个丫鬟收拾行装时，失手打碎了一只贵重的花瓶。丫鬟害怕了，慌忙躲在谭家的一张床铺下。那老朋友急着要启程，可是，找来找去找不到那个丫鬟。临行前，对谭钟麟说："如果找到了这个丫头，就留在谭府伺候你吧！"

送别老朋友后，谭钟麟回到住房，只见床下冲出一圈红光，闪了一下就消逝了。他走过去一看，原来那个丫鬟一直躲在床下，吓得浑身直打哆嗦，后来就转做了谭府的青衣婢女。1871年（同治十年），谭延闿之父谭钟麟奉命赴陕西任布政使，原配陈夫人患病不能随任。因李氏温柔端庄、明达贤惠，又勤劳质朴，便纳为妾。谭延闿很小的时候，就常听人喊他"小老三"，他有些迷惑不解，等到后来他考上了举人，有人又喊他为"三大人"，他也觉有些惶惑之感。他带着这个问题去问自己的母亲："人们为什么喊我为'小老三'呢？"李夫人不禁噙着泪花教训他说："我是你父亲的小老婆，有些人把你们兄弟称作'小老三'、'小老五'，除了年小的缘故外，还带有'庶出'的意思。你们兄弟要努力读书，好好做人，将来做番大事业，做个大人物，才算

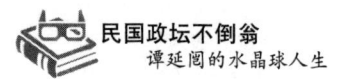

是争光争气，那我在谭家虽然吃苦也感到安慰了。"

在封建礼俗的桎梏中，不但作为家庭成员的女人地位有别，连所生子女，亦有嫡庶之分。比如：平日用膳，妻可入座，妾则只能立着而食，如果没有生育的妾媵，则只能另在杂厅用餐。谭延闿的母亲虽育有3子，但因是谭钟麟的小老婆，因而长期未能取得与其父同桌而食的权利，家人吃饭时，她侍立桌旁，为全家人盛菜添饭。母亲的委屈使谭延闿对母亲特别关心，晨昏定省，十分孝敬，而且百依百顺：别人不尊重自己的母亲，自己偏偏要特别尊重。谭延闿很小就懂得了母以子贵，要让母亲真正翻身，需要自己争气。所以，他刻苦读书，博得功名，多半倒是为了母亲。直到谭延闿高中会元以后，谭钟麟才向全家宣布："李氏夫人可以入正厅就座用膳。"显然，这是"母以子贵"，谭钟麟才放宽了宗法仪范的尺度。谭延闿当时受了很大的震动，吃饭时往往伴母而食。后来，在他的诗集中，有一卷《慈卫室诗草》，就是纪念母亲之作。

李太夫人出身贫寒，嫁到谭家之后，又不能处于主妇地位，所以她为人处事小心谨慎，任劳任怨，勤俭持家。她反复告诫谭延闿等人，不要徒求虚名，也不要一心为了求官，应重在做一个有用的人。据《茶陵谭公年谱》记载：

> 母亲李氏修身处世，待人接物，未曾有半点超越于传统道德规范的地方，处理事情识大体，不像一般人那样斤斤计较。在我的父亲谭钟麟决定分配家产给各个儿子时，她请求说："我只三个儿子，人口少，而长兄家人口众多，请分家产的十分之五给他。"父亲大人对此感叹赞许不已。
>
> 母亲待人忠敬慈祥是出于本性，听到别人有急难的事，生怕不能及时同情帮助他们。母亲曾自我述说："人们依靠富人就在于他们能在人们危急困难时给予解救，如果富人只顾自己聚敛钱财，那么有什么可贵的呢？"她独自伤感从小孤苦贫困，未能尽到孝顺

## 第八章
### 谭延闿的情感世界

父母的职责。于是把弟弟迎接到自己家中，并且为他讨娶媳妇、建置田地房屋。侄儿夫妇过早死去，她把侄儿的小孩收留下来，精心教养成人。平时天明就起床，督促家人和儿媳妇们操作家务，亲自做些纺织和针线方面的事情，我们这些儿女们穿的衣服和鞋子都由她一手制作。如果有人劝她少操劳一些多自我保养身体，她就说："我以做家务活来保养身体。如果饱食终日，无所事事，那我的身体就会生病。"

她教导我们，一定要以古人为预期的目标，而且说："读书就是为了学做有用的人，仅仅只是猎取富贵有什么益处？我希望你们做一个有用的人，不希望你们获得一个好官职。我服侍你们的父亲走遍各地，久知做官的难处。官位低下的人往往不能阐发自己的志向，官位尊贵的人又难得到人心，我亲眼看到你们的父亲早起夜思，不敢有一刻自我安乐，即使这样，还是感叹自己想做的事不能尽情进行，进行的事又往往不尽如人意，何况那些职位低下的人？你们的才识远不及你们的父亲，现在这个样子就做管理老百姓的官，这是我为你们感到忧虑的。"

唉！近年以来，我们做儿女的不知自我振作奋起，给母亲大人增添的烦恼忧愁，怎么也说不完，而且也不忍心说出来呀！母亲大人体质向来强健，在甘肃的时候，即使是严寒的冬天，也可以不穿毛皮做的衣服。中年时信奉佛教，也就不吃肉类食物。她常常对我们说："我的父亲在病危将死的时候，想喝一勺水都不能够得到，仅仅作为一个平民百姓被安葬下地，想起来就伤心。今天我吃得饱穿得暖已经过分了，还忍心放纵奢侈口腹的欲望吗？我这样做，并不是为了寻求福利，而是为了做使我心中高兴快乐的事。"母亲大人粗茶淡饭三十年，但身体并没更加瘦弱。然而，到了冬天苦寒相加，又时时患有疾病，直到居住上海之后才渐渐康复。今年秋天我打算从上海回长沙时，向母亲大人请示。她对我说："你只管回去，我也想回湖南，但回去将在明年内。"我自

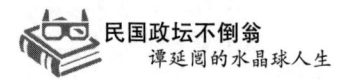

以为很快就可以把母亲迎接回湖南，不料想她老人家竟然与世长辞了！我对此悲痛不已！

这是谭延闿追述她母亲家教的一段文章。她母亲虽读书不多，但却是一个心胸豁达、眼光远大的女人。

入民国后，谭延闿嘱咐胞弟泽闿，侍奉母亲李夫人，颐养沪滨。他得以锐意进取而扬名中外，虽政事繁累，亦必不日通信叩安。1916年，谭延闿的生母李太夫人在上海病故。此时，他第二次督湘，政局动荡。如果离湘，湘督"宝座"有得而复失的可能，但他闻讯后，当即赶往上海寓所奔丧。

第二年，谭延闿扶灵迎葬长沙，暂停柩荷花池。谭宅位于谭姓族祠的后进，灵柩出殡必须经过族祠出门。按照族规，妾死后不能从族祠大门出殡。因此，族人力劝谭延闿不要坏了族规，从族祠侧门抬出，有的还挡在大门口。谭延闿目见此状，怒不可遏，一气之下仰卧棺盖上，命扛夫起灵。灵柩抬到族祠大门口时，他大喝："我谭延闿已死，抬我出殡！"族人见状，顿时面面相觑，鸦雀无声，只好让路，让扛夫抬棺从族祠大门出殡。

谭延闿的结发妻子方夫人在世时，谭延闿不随俗流纳妾，更不寻花问柳。当方夫人38岁去世后，谭延闿仅40岁，正逢中年，但他一直未续娶继室。据说，谭延闿在广州陆海军大元帅府担任要职期间，孙中山曾亲自做媒，想把宋美龄续配于他，宋家也很满意，谭延闿却托以母亲李夫人嫁到其家后，受过许多难言之苦，况且他对其已故的方夫人感情专一，不再有续弦的打算为由，婉言谢绝了孙中山的好意。后来，谭延闿拜宋美龄的母亲为干娘，与宋美龄兄妹相称。蒋介石欲娶宋美龄为妻，遭到宋家诸人的反对，宋美龄曾求助于谭延闿这位"畏三哥"做她家里人的说服工作。谭延闿不仅笃于夫妻之情而坚贞不二，更是遵从母教，从"庶出"的隐痛中，做出对母亲的最高崇念。

也正是因为母亲的人生遭遇，给谭延闿留下了不可抹灭的印迹，

# 第八章
## 谭延闿的情感世界

使他对男尊女卑的封建礼教十分不满。在他担任武汉国民政府主席期间，他对武汉轰轰烈烈的妇女解放运动十分关注，并给予了极大支持。1927年3月8日，武汉妇女界组织了20多万群众在汉口济生三马路广场举行庆祝"三八"妇女节大会，兴高采烈的妇女们高呼着"打倒军阀""打倒列强""中国妇女解放万岁"等口号，向广场中央汇集。大会由汉口市妇女部长黄慕兰主持，宋庆龄被邀出席会议。中央执委会代表陈其瑗、中央妇女部代表黄佩兰、汉口市党代表詹质存等相继发表了慷慨激昂的演讲，号召妇女要解放，要独立。正当会议准备进入游行高潮的时候，国民政府主席谭延闿带着几个亲随，来到了济生三马路的路口，那么多的国民政府要员，唯独谭延闿能拨冗降履，涉足这并非政府组织的群众集会，实是难能可贵，这与谭延闿对母亲的怀念不无关系。妇女作为社会的弱势群体，谭延闿深表同情，他母亲的坎坷经历和忍辱负重的一生对他刺激很大，他总想能为像他母亲一样的弱势妇女做一点力所能及的事情，哪怕是道义上的支持也行。"对谭延闿不管怎么评价，他支持妇女运动倒是诚心诚意的。由他主持制定的一些国民政府关于妇女运动决议，表现出了他的内心倾向。'窃我国人口男女平等，国民责任，自应共负，况际此全民革命时代，助进女权，尤为急务。……现在妇女界所处地位与环境，事实上仍多黑暗，此畸形社会不特妇女界之痛苦，抑亦为国民革命之大障碍。''妇女既同是人，则其受社会待遇自应与男子同等。但职业机关之有妇女参加工作者，银行之雇员，电话局之司机，火车之检票员而已。此外，各大商业机关、政府机关均未开放，似此而欲女权之发展，国民革命早日成功，岂非难事。故现在各机关宜一律为妇女开放。'"[①]这次妇女庆祝会，谭延闿虽然不在邀请之列，但他却在百忙之中，还是前来捧场，这是他的情感使然。因此，当妇女们听到"谭主席来了"，那喜形于色的表情不可言喻，一下就将会场的情绪推向了高潮。大家一致高呼："请谭主席演讲！"谭延闿笑眯眯地在黄慕兰的引导下向会场走去，但要他演讲，他却连连摆手说："不，不，不。"他真不知道该讲什么，

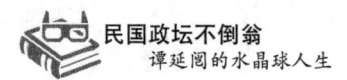

这是个显身份的地方，讲好了，得民心，讲砸了，全完蛋。讲支持妇女运动，应该，可具体讲些什么，他又不便随意表态，毕竟他的身份使他不能信口开河。讲母亲作为女人的痛苦，在这种庄严的场合，又绝对讲不得。他只好对黄慕兰说："除了演讲，我什么都答应你。"

黄慕兰仰着桃花般的笑脸望着有点尴尬的谭延闿说道："那好，我们会议结束后，还准备去国民政府，向你们请愿哩。"

"什么事呢？"

"呈送我们的要求。"

谭延闿摸着小胡子，心脏悸动了一下，问道："都是些什么要求？"

黄慕兰噼里啪啦，像放机关枪似的："主要是，制定男女平等法律，根据离婚结婚绝对自由的原则制定婚姻法，保护被压迫而逃婚的妇女，严禁抢亲恶习，严令各地官吏禁止缠足，要求男女工资平等……"

谭延闿听了这些要求后，舒展地笑道："很好嘛！你们把它写出来，我帮你们转交给中央执行委员会，我们会马上答复你们。"

黄慕兰高兴地说道："太好了！"

因为谭延闿不愿上台演讲，黄慕兰只好告别谭延闿，转身向主席台跑去，继续主持大会。

谭延闿目送着那个青春靓丽的小姑娘消失在人海中，会心地笑了。

在谭延闿的大力推动下，武汉国民政府出台了一系列解放妇女的政策，当年的武汉成了全国妇女解放运动最生动、最活跃的典范。

# 第八章 谭延闿的情感世界

## 2. "不做夫妻做兄妹": 谭延闿与宋美龄

谭延闿与宋美龄都是 20 世纪叱咤风云的历史人物。谭延闿本可以与宋美龄结为连理,走入婚姻的殿堂,但为了妻子临终的一句遗言,婚姻的红地毯终为他人铺设,却也与宋美龄结下了"不解的情缘"。

谭延闿的结发妻子方榕卿,是江西布政使方汝翼的女儿,两家本为世交。谭延闿在《丙辰题最初课本书眉》记载了 1888 年(光绪十四年,戊子年)年方 10 岁的谭延闿与日后成为其夫人初相见时的动人情景:

> 戊子四月十二、三日,闻先公(即其父谭钟麟)曰:"十七请客。"余急问:"我放学否?"先公斥曰:"请女客,汝姊当与,汝男子何得与。"于是四弟(即其弟恩闿)大哭,先抱去。至十七日,先姊衣新衣,跳踉二堂前迎客,余兄弟亦噪而出,适见两女儿下轿,则内人与其姊也。同随入观,为仆妪所笑而出,是时尚未缔姻也。

1895 年 3 月 3 日,谭延闿与方榕卿在南昌结婚,9 月,谭延闿携新婚妻子前往广州与父母一起居住。方夫人温柔贤德,孝敬公婆,体贴丈夫,使谭延闿得以奋力功名。28 岁时,谭延闿就被推荐为湖南省谘议局议长,31 岁时就当上了湖南省都督。入民国后,谭延闿嘱咐妻子侍奉母亲,教育孩子专心读书。谭延闿与方夫人共生育子女 6 人,由于谭延闿跻身政坛,无暇照顾子女,抚育子女的重任就落在了方夫人身上。她与丈夫聚少离多,但全力支持丈夫的事业。不管是丈夫高居政坛，还是被逐下野，她给丈夫带来的总是家庭的温暖。他们相处最多的时间是在谭延闿第一次督湘失败以后，谭延闿有一段时间住在上海家中。1916年，谭延闿刚获得第二次督湘的机会，谭母病重，方夫人没把消息告诉丈夫，自己含辛茹苦，日夜伺候在婆婆的病床前，但婆婆还是因病重不治而亡。

1918年6月，谭延闿正忙着驱逐湖南督军张继尧，准备第三次督湘时，妻子身染重病。为了不分散丈夫的精力，方夫人要家人别把她生病的消息告诉丈夫。不久，方夫人在上海病逝，家人直到这年冬天才把这个消息告诉他。方夫人临终之前，曾托人转告谭延闿，希望他不要再娶第二个夫人，好好地养育他们的子女。谭延闿悲痛欲绝，发誓终生不再续娶。为了表示对方夫人的深切怀念，一向注重美食的谭延闿竟在军中吃了100天的蔬食。1920年，谭延闿因受赵恒惕的逼迫，第三次督湘失败。离湘之前，他得知夫人灵柩正由人护送从上海经水路回湘安葬，请求赵恒惕允许他暂缓几日离湘，以便料理完夫人的丧事，但未得到赵恒惕的同意。当他乘船离长沙赴上海，途经洞庭湖时，正好与运送方夫人灵柩的轮船相遇。随行的吕遽生怕此时心情不太好的谭延闿过于悲伤，未以实告，只托词说熟人停泊，过船独吊。谭延闿到上海才知内情，引为平生最痛心之事，只得命儿子谭翊、女儿谭淑等料理安葬夫人于长沙县五桂塘之原。挽联云："决绝在离别时，一恸自伤忧独活；贤孝本平生志，九泉为我慰双亲。"谭延闿后来每想到这件事，都会悲从中来。每年的3月3日，即他与方夫人的结婚纪念日，谭延闿都要作一首诗来纪念她。

谭延闿被逐出湖南后，赋闲上海，他检讨自己三次督湘的经验教训，认识到只有投奔孙中山才有前途。在周震鳞、杨庶堪等人的介绍下，谭延闿晋见了同在上海的孙中山，重新加入了国民党，"两人相处几无虚日"。1923年，孙中山受滇、桂军阀杨希闵、刘震寰之邀，前往广州重组陆海军大元帅府，并邀谭延闿赴广州协助。谭延闿初到广州，没有自己固定的住处，只能长住旅馆，不久与一同住旅馆的西方女子

# 第八章
## 谭延闿的情感世界

相识，金发碧眼的西方女子仰慕谭延闿的才名，想与他结为夫妻，结果被谭延闿一口谢绝，该女后来回国后还时时挂念不已。

在孙中山危难之际，谭延闿率领湘军，全力扶持，在石龙、石滩前线，与叛军陈炯明展开血战，使孙大为感激。孙中山对谭延闿信任有加，先后任命他为广州陆海军大元帅府内政部长、建设部长等要职。孙中山看到年过40，既不寻花问柳，也不续弦的谭延闿很是同情，当时他的小姨子宋美龄刚从美国留学归国，孙中山有意将宋美龄介绍给谭延闿，但又不好自己出面，只好请杨庶堪从中作伐。一天，孙中山对杨庶堪说："谭延闿的妻子亡故已经很久了，应该续弦。你去告知我的意思，宋美龄许配于他如何，我可以替他们牵线的。"杨庶堪唯唯诺诺地答应着正准备离开，孙中山又忽然转身叮嘱他说："你且慢提婚事，可以先代替我约他下个星期天陪我去游越秀山，给他和美龄一个可以多谈些话的机会，然后再和他说好些。"杨庶堪于是遵照孙中山的嘱咐前往邀约谭延闿。到游玩越秀山的第二天，杨庶堪专程去拜访谭延闿，见面便问谭延闿说："昨天的游玩快乐吗？"谭延闿回答说："不错，很好。"杨庶堪便接腔连说："恭喜！恭喜！"接着又问道："同游的人，除你以外还有谁呢？"谭延闿回答说："除了孙先生和夫人外，只有宋美龄女士和我而已，并没有其他人。"杨庶堪故意装着很惊讶的样子说："呵，这真是值得庆贺的事情，恭喜！恭喜！"像这样接连不断的称道，弄得谭延闿莫名其妙，很奇怪地对杨庶堪说道："你这是干什么，开什么玩笑？请你明明白白地告诉我。"杨庶堪才将孙中山的一番好意，一五一十地告诉了谭延闿。谭延闿进退两难，既怕辜负了孙中山的好意，得罪了宋家，又想到自己曾发誓不再续弦。何况宋美龄貌美如花，英气勃发，受过良好的西式教育。如果让她嫁给自己做继室，岂不委屈了？谭延闿左思右想，心生一计，备了一份厚礼来到宋家，一进门就给宋老太太叩3个响头，拜她作干娘，接着又认宋美龄为干妹妹。宋老太太有了这么一个干儿子不知有多高兴呀！早就忘了婚姻之事，宋美龄深受感动，更加敬佩谭延闿，孙中山也就无话可说了。

谭延闿虽然与宋美龄未能成为夫妻，但却对宋美龄关怀备至。孙中山没能促成谭、宋婚事，这使担任黄埔军校校长的蒋介石欢喜非常，于是，他趁着向孙中山汇报军校情况的机会，提出请总统关心部下的个人生活。孙中山是明眼人，知道他想娶宋美龄。在托宋庆龄不成后，孙中山给岳母写信，要她征求宋美龄的意见。宋美龄推托年纪尚小，婚事以后再说。蒋介石自从在上海福乐利医院门前看了宋美龄一眼后，只要一有闲暇，他就又是送花，又是送求爱信，又是送美味佳肴，又是送衣服宝石。可宋家诸人除了大姐宋霭龄赞成外，其他人都极力反对，宋美龄只好求助于谭延闿去做家里人的工作。宋老太太对蒋介石没有什么好感，但她对谭延闿这个国民政府主席的干儿子却十分满意。谭延闿见到宋老太太，大肆夸赞蒋介石年轻有为，以前的不良习惯也改了许多，现在一心一意地只爱小妹一人，希望干娘能够成全他们。宋老太太开始并不松口，但经过谭延闿无数次的说服工作后，她终于做了一些让步。但她要谭延闿向蒋介石传达她的两个成婚条件：一是蒋介石必须要断绝与其他女人的婚姻关系，只能与她女儿一人结婚，保证爱她女儿一人；二是要受洗入教，因为宋家是一个基督教徒之家。谭延闿向蒋介石转达了宋老太太的两个条件，蒋介石满心欢喜，当即表示答应她的要求。

宋老太太有所松动后，宋家还有两人极力反对这桩婚事。一个是宋庆龄，她是反对小妹与蒋介石结婚态度最坚决的人，不过这时候，她因蒋介石、汪精卫叛变革命愤而前往苏联，不在国内。宋子文也极力反对宋美龄与蒋介石结婚。为了做通他的思想工作，这次由大姐宋霭龄出面，请谭延闿再次出马去当说客。宋子文因才识过人，锋芒外露，早期初登广东政坛时，不免为国民党元老派所忌，不被时人重视，宋子文怀才不遇，颇感苦闷。独谭延闿慧眼识俊才，力排众议，从多方面加以提携照拂，宋子文在广东的境遇从此开始好转。有此一段恩缘，宋子文视谭延闿为恩师，并相互引为知己。经再三譬解，宋子文一改初衷，不但同意蒋宋联姻，而且应允去日本，帮助美龄说服宋母。

# 第八章
## 谭延闿的情感世界

1927年12月1日,蒋介石和宋美龄在上海的大华饭店举行了盛大的结婚仪式,谭延闿作为蒋、宋联姻的介绍人出席了这次盛会。

蒋介石与宋美龄结婚,谭延闿是主要功臣。1928年2月,国民党二届四中全会在南京召开,蒋介石第一次下野后重新上台,不仅恢复了国民革命军总司令的职务,而且还兼任国民党中央政治会议主席和军事委员会主席,谭延闿任国民政府主席,两人为了共同的政治利益,有了很深的交往。全国"统一"告成后,国民政府重新改组,蒋介石任国民政府主席,谭延闿改任行政院长。两人在工作上和私下里交往更加频繁。谭延闿的三女儿谭祥,有时便随谭去蒋家。谭祥又名曼怡,聪明伶俐,年轻貌美,是宋美龄在美国留学时的同学,当过南京陆军子弟学校教员。谭辈分小嘴巴甜,甚得蒋介石夫妇喜爱,谭延闿"经常到蒋官邸漫谈,每来必携曼怡同行"。

1930年9月,谭延闿突发脑出血,病中他嘱咐泪眼蒙眬的干妹妹宋美龄在青年军官中为他的三女儿谭祥择夫。谭死时刚50出头,宋美龄痛哭流涕,发誓不负干哥哥的临终重托。她在英雄配美人的原则下,着手为谭祥物色夫婿。在当时年轻将领中,以陈诚和胡宗南最为出色,而陈诚比胡宗南小两岁,此时的军功、地位以及政治见解都比胡为优,宋美龄与蒋介石一商议,决定选择陈诚做干哥哥的女婿。蒋氏夫妇找来谭祥,征询她的意见。谭问:"现居何职?"宋美龄答道:"军长。"谭祥又问:"是哪一军?"蒋介石答道:"18军。"谭祥表示同意。蒋介石又亲自找陈诚谈话说:"谭小姐是很不错的,他是谭公之女,从美国留学回来,她既懂中文,又精通外文,很有才华,你今后是少不了这样的贤内助的。"

陈诚和谭祥正式确定婚期后,"九一八"事变发生,日军侵入东北,陈诚身为军人,乃决定推迟婚期。但"九一八"事变只是局部冲突,因而陈、谭于1932年元旦在上海结婚,宋美龄作为双方介绍人,介绍了他们的恋爱情况,男方由杜志远主婚,女方由谭延闿的弟弟谭泽闿主婚,证婚人为蒋介石。

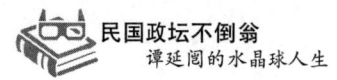

后来陈诚扶摇直上，成为蒋介石的"三鼎甲"之一，去台湾后曾任蒋介石当局的"副总统"之职。这样的际遇，除了陈诚个人在国民党营垒中比较突出的军事才干外，与蒋介石、宋美龄亲自选定的这桩政治婚姻也不无关系。

## 第八章 谭延闿的情感世界

## 3. "别来无日不相思":谭延闿与他的兄弟

谭延闿共有兄弟5人,大哥宝箴是其父谭钟麟与陈夫人所生,二哥宝符是其父与颜夫人所生,谭延闿与恩闿、泽闿是其父与李夫人所生。两位哥哥是他的同父异母兄弟,两位弟弟是他的同父同母兄弟。

但是,因其两个哥哥和弟弟恩闿英年早逝,谭延闿的兄弟只余延闿和泽闿两人,因此,让他尤为重视兄弟之情。他们除了抚养哥弟遗孤,助其成材,就是兄弟亲爱,事母至孝。他长兄的儿子谭继祖很早就考取了拔贡,弟弟恩闿的儿子谭光也在谭延闿和泽闿的教育和扶助下,日后成了书法家和收藏家。

谭光(1902—1977),字仲辉。9岁丧父,由伯父谭延闿、叔父谭泽闿抚养成人。早年毕业于上海同济中学、复旦大学。1925年(民国十四年)任湘军总部秘书,1928年(民国十七年)任南京国民政府农矿部秘书,1932年(民国二十一年)后历任孔祥熙随从秘书、中央银行秘书处处长、行政院参事、国民参政会参政员等职。新中国成立初,供职于上海信华贸易公司。1957年6月,定居苏州寓道前街,担任市文管会委员。1891年(光绪十七年)将其父生母钟太夫人进封孺人诰命卷,捐归公藏。并根据往年经历,撰成《我所知道的孔祥熙》一文,收入《文史资料选辑》。

谭光的父亲谭恩闿29岁就不幸早逝,遗作仅存《灵鹊蒲桃镜馆词》一卷,有1930年(民国十九年)铅字排印本。原书后附印同年七月谭光跋,是两者父子关系的铁证。

谭延闿与弟弟谭泽闿走着两条不同的道路。谭延闿奋力功名,拼搏官场,继承老父遗志,在官场呼风唤雨,扬名海内外。谭泽闿则无意官场，醉心书法，消闲自乐。正如渐斋老人所言："谭家督抚世家，产业丰厚，自不待言。文勤五子，三子早卒，至此只余畏公（谭延闿）及瓶斋（谭泽闿）二人，畏公已成为社会人物，虽欲抽身优游而不能，于是自然形成兄主外而弟主内的形势。又：畏公兄弟，事母至孝，而李太夫人出身寒微，年轻时境遇地位极受委屈，最为畏公兄弟所痛心。畏公萦身国事，不遑宁处；因之奉母之责，便落在幼弟瓶斋身上。当谭三先生（畏公）南北湘粤，武汉南京，王事鞅掌，仆仆行役之际，谭五先生（瓶斋）大抵长沙上海（各有邸宅），奉养高堂，主持家务，收购字画，临书练字，并兴一时文墨胜流，诗酒饮谦，过着极为遐逸的生活。论事业三先生赫赫功勋，不可一世；论舒服，五先生轻裘缓带，作书写画，享受得恐怕还更多些。"②

谭延闿兄弟之情极为深厚，幼年的时候一起嬉游，长大以后互相牵挂。或两地寄诗，往来唱和；或弟来省视，携手言欢。

谭延闿的父亲谭钟麟，曾官至陕甘总督、两广总督、吏部尚书等，身居高位多年。他与同治、光绪两朝皇帝的师傅翁同龢为至交，时有信函往来，喜庆节日还互相馈赠礼品。翁同龢身为帝师，又是状元出身，是当时全国数一数二的大书法家，字体丰厚圆润、雍容华贵。由于翁位高字又好，常人求其一字也难得。谭钟麟是个有心人，一心想让两个儿子学习翁同龢的书法，遂利用其与翁同龢的友好关系及书信往来、互赠礼品的便利，珍藏翁同龢给他的每一信笺与回函，并在每一信笺与回函的眉头页末加注，对翁的书法进行评点，然后交给两个儿子临摹学习。天长日久，谭延闿兄弟书艺大进，均深得翁体真髓，成为清末民初享誉全国的书法家。

1899年，年仅19岁的谭延闿和年仅10岁的谭泽闿就很仰慕书法名家，他们经过黎铁安的介绍，请当时湘潭著名的书画雕刻家齐白石为他们雕刻书画收藏印章。这次，齐白石总共为谭延闿兄弟刻印了十多方。齐白石认为自己所刻印章还是过得去，但是，却有一个叫丁可钧的拔贡，自称是金石家，指斥齐白石的刀法太嫩，说了齐白石不少坏话。那时，谭氏兄弟年少气盛，对雕刻手艺知之甚少，他们听了丁拔贡挑拨离间的话后，就信以为真，命人将齐白石所刻的字全部磨掉，另外请丁拔贡为他们雕刻。

丁可钧为1897年（光绪二十三年）拔贡，是一位名气不大的书法、篆刻家。他对齐白石印艺的贬低，一是他本身的艺术见地有偏差，二是出于一种可悲的忌妒。而此时的谭氏兄弟对篆刻艺术亦理解不深，加上齐白石身份轻微，以致听信谗言。但齐白石闻之坦然，"究竟谁对谁不对，懂得此道的人自有公论，我又何必跟他计较，也就付之一笑而已"。

10年过去了，谭氏兄弟在见识、学养上大有增益，对篆刻一途亦领悟渐多，诚心诚意请齐白石补刻当年磨去的印章。这一年为宣统二年，即1910年。齐白石称："茶陵州的谭氏兄弟，10年前听了丁拔贡的话，把我刻的印章磨平了。现在他们懂得些刻印的门径，知道了丁拔贡的话并不可靠，因此把从前要刻的收藏印记，又请我去补刻了。同时湘绮老师也叫我刻了几方印章，省城里的人，顿时哄传起来，求我刻印的人，接连不断。"从此，齐白石和谭氏兄弟消除了误会，而且交谊日深。

谭延闿跻身政坛以后，整天忙于国事，兄弟之间相处的时间愈来愈少，但双方互有默契，哥哥在外为官，在政坛显声扬名；弟弟在家操持家务，事奉母亲，为哥哥免去后顾之忧。兄弟情深，相互挂牵，常常以诗传情，互表思念。如谭延闿给弟弟所写的《题大武壬癸日记后》一诗曰：

当时只记嬉游乐，此日相看尽泪痕。
境过始知春可惜，悲来惟有梦能温。
流离骨肉半生死，倾洞乾坤几覆翻。
休论艰危家国事，酒徒今亦少人存。

1926年，谭泽闿前往广州看望哥哥，谭延闿喜出望外，与弟弟走

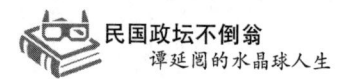

在广州的街头，游览广州的名胜，旧时与弟弟在总督府嬉闹的情形又历历在目，特做《喜舍弟至》一诗：

> 别来无日不相思，夫喜相逢有此期。
> 五载违离同昨梦，一家欢聚又儿时。
> 新栽小裂冠椰子，旧事能言啖荔枝。
> 转海端应是奇事，可怜坡颖未曾知。

谭延闿又在《和大武七夕韵》一诗中曰：

> 荷池高阁倚东城，记否当年夜宴情。
> 华烛过时随泪尽，银河依旧向人横。
> 坠欢欲拾秋醒梦，垂老犹闻世苦兵。
> 瓜果俨然前日事，不堪回忆说承平。

在谭氏兄弟的唱和诗中，到处都是对儿时兄弟嬉闹欢聚的美好回忆，对兄弟离别后的担心和挂念。

谭泽闿（1889—1947），字祖同，号瓶斋，室名天随阁。早年与谭延闿同习翁同龢书法，同拜王闿运为师，年长入长沙明德学堂学习，曾书明德中学"乐诚堂"额。清末授巡守道，分发湖北，刚刚上任，即逢武昌起义爆发，遂折返长沙。从此绝意仕进。以书法为乐，渐自成一家，风格近翁同龢，雄浑腴美，尤工"擘窠书"，较其兄谭延闿更加伟劲开张。他因闲居家中，得以有更多时间与失意文人和书法名家交往，他也虚心向哥哥延闿学习，尤其是谭延闿政坛失意，回归家庭之时，兄弟俩经常切磋书艺，临摹古代书法名家的作品，并经常一起出席亲朋好友、文人雅士的宴席和笔会，这些人大多是饱学、儒雅，诗文和书画俱佳之士。如汪诒书、俞恪士、俞寿丞兄弟、曾熙、黎微孙、瞿鸿礼和瞿兑之父子、齐白石、李梅庵等人。

# 第八章 谭延闿的情感世界

谭泽闿同其兄谭延闿的最大区别，还在于谭延闿是以官出名，而谭泽闿则是以书法出名。谭延闿注重书法，更重视做官。谭泽闿却是个淡于仕途、潜心书法的研究者。1912年民国建立后，谭延闿沉浮于政坛宦海，其弟谭泽闿乃绝意仕途，专攻书法。多年以后，果然书艺超过了乃兄。1924年，谭泽闿与孙星翁、于右任、马企周等人合作组织艺苑画集，推广和普及书法和国画。他爱书法，也喜欢收藏名家书法，尤其是购藏清朝钱南园、刘石庵、何子贞、翁松禅4家书法，数十年间，收集各家书法1000余轴，为海内外收藏4家墨迹最富的人。1927年4月国民政府定都南京后，谭泽闿竟离开湖南老家，到十里洋场的上海挂牌卖字。有朋友劝他到南京乃兄处谋个一官半职，省得落魄江湖。其兄谭延闿也数次召他到南京。但谭泽闿却笑笑，对朋友说："做官是要侍候上司的，卖字是侍候大老板，实质是两个样的。"始终未去南京做官。

1928年2月，谭泽闿的哥哥国民党元老谭延闿出任国民政府主席。就在这时，国民政府办公所在地新建的大门楼建成了，很是壮观，但须在门楼正门上方悬一块"国民政府"4个大字的匾额。谭不仅身任国民政府主席，同时他又是当时全国著名的大书法家，写得一手极好的正楷大字，端庄肃穆，雍容华贵，因此由谭来写这国府的大字匾额，是再合适不过了。

但是，当秘书处人员对谭延闿言明此意后，谭却说："我写的字比不上我家五爷。他现正在上海卖字，你们到上海去找他写吧！"

谭延闿在这里说的他家"五爷"，就是他的亲弟弟谭泽闿。南京国民政府秘书处人员听到谭延闿主席的推荐和介绍后，岂敢怠慢，急忙派专人前往上海，找到谭泽闿，请他写了"国民政府"4个大字，回到南京制成匾额，高悬于国民政府门楼正门上方。据说，当时秘书处给谭泽闿酬金4000银圆，平均每个字值1000银圆，时人称之为"一字千金"。

据《民国日报》介绍，谭泽闿无论其兄谭延闿在位还是殁后，都

安心于读书写字，卖字为生，从不倚仗权势。时朝野上下，口碑甚好，泽闿作书，取润低廉，求者甚众，但仍不订高润例；有求书市招，亦不自高身价，乐意应之，为艺林所推重。20世纪30年代，长沙八角亭一资本家以每字100银圆的高价托人请谭泽闿书写"大盛绸缎庄"5个大字招牌，谭应邀挥毫，字体挺拔苍劲，大有力可扛鼎之势，时人赞仰，又添加100银圆，求其署名落款，真是一鸣惊人。1937年为《文汇报》创刊书写的"文汇报"3个颜体楷书，沿用至今。谭泽闿墨迹广为海内外收藏。

20世纪50年代初，谭泽闿的后人将他的藏书楼"天随阁"中所遗文物，全部捐献给了湖南省文物管理委员会，后来又转交给湖南省博物馆珍藏。

## 4. 欲栽大木柱长天：谭延闿与他的子女

谭延闿作为政府要员，没有过多的时间来陪伴儿女成长，但他在军政之余，也如同父亲谭钟麟一样，极力督促子女学习，送子女出洋留学，真心尽力地培养子女成材。

谭延闿生有子女6人。

大女儿谭淑，从小在父亲的教导下，勤练书法，书法精湛，远近驰名，为父亲代笔，可以乱真。当时，谭延闿与攸县龙绂瑞为三代世交。龙绂瑞在《武溪杂忆录》中曾写道："谭文勤丈（谭钟麟，文勤为他的谥号）与先世父（龙汝霖）、先府君（龙湛霖）为道义交，数十年如一日。"龙绂瑞长谭延闿2岁，他们自幼即在一起玩耍，为总角之交。谭延闿很喜欢龙绂瑞的儿子龙伯坚，想招他为女婿，将长女谭淑许配于他，于是，谭延闿主动提亲。由于龙、谭两家人经常来往，谭淑也常到龙家西园来玩，经常与龙伯坚诗词唱和，互有好感。谭淑比龙伯坚年长3岁，都说她书读得好，字写得好，人也长得美。谭延闿一提亲，龙伯坚母子都很愿意。但在此之前，龙家已为龙伯坚订婚，未婚妻是他的表姐黄君宛（即龙伯坚母亲黄国仪的侄女），必须与之退婚后才能与谭家定亲。龙伯坚与他的母亲都有此打算，但他的父亲龙绂瑞坚决不同意，尽管他和谭延闿情同手足，但他说："与黄家是老亲戚，这样做对老亲戚不住。"龙伯坚为此很苦恼，其时正值五四运动，他和毛泽东一起办刊的时候，他将这些苦恼向毛泽东倾诉，毛泽东主张他逃婚。当然由于父亲的强烈反对最后还是谢绝了谭家的婚事。后来谭淑嫁给了袁思彦，其丈夫吃上了鸦片烟，对她不好，婚姻并不幸福。龙伯坚晚年尚回忆说："谭家淑小姐人长得美，诗也写得好。"因此,龙伯坚在《题谭组庵丈手札跋》中写道:"承欲申以婚姻,永敦盟好。虽隽君之辞霍氏,负此殊恩;而丁掾之感曹公,期诸没齿。"他在此用了两个历史典故,表达他虽辞谢了谭延闿的提亲,但对谭终身感激。③

老二是儿子谭翊(字伯羽,1900—1982),生于长沙,同济大学毕业,留学德国,1929年回国后,历任上海兵工厂工程师、同济大学秘书长,国民党政府经济部、交通部次长,国际货币经济执行董事,国策顾问,1949年赴台湾,任国民党中央评议委员,夫人为俄国人,后长期寓居美国,1982年在美国病逝,享年82岁。

老三是女儿谭静,未满10岁夭折。

老四是女儿谭祥,又名曼怡,1906年生,毕业于上海圣玛利亚女子学校,后留学美国,聪明伶俐,年轻貌美,是宋美龄在美国留学时的同学。谭祥毕业后,决定留在上海,依靠自己的能力生活,后来就在上海智仁女校教英语。谭延闿却去信要她辞职,他在信中告诉女儿:"不必教书了,你不需要赚这几十元,可是,有人却急需这份薪水,何必占人位置呢?"而且,他要求女儿:"最好到南京来,我也好有个伴。"谭祥接到父亲的来信,立即遵照他的嘱托辞去了教职,回到了南京,受宋美龄的聘请在南京陆军遗族子弟学校当教员。当时,谭延闿任南京国民政府的行政院长,又是宋美龄的干哥哥,而谭祥既是宋美龄留学美国的同学,又是蒋、宋的干女儿(其实,宋美龄只比谭祥大8岁),因为有这多重的关系,谭延闿经常出入蒋介石的家里,每次谭祥都与父同行。谭祥辈分小,嘴巴甜,甚得蒋介石夫妇的喜爱。1930年9月,谭延闿突发脑出血,在病中他嘱咐泪眼蒙眬的干妹妹宋美龄在青年军官中为他的三女儿谭祥择夫。谭死时刚50出头,宋美龄为干哥哥的英年早逝痛哭流涕,发誓要不负干哥哥的临终重托。宋美龄后来为谭祥选择陈诚。这时陈诚与原配吴舜莲虽没有完全破裂,但已没有感情,而与上海劳动大学的陈德懿有了一定的感情,但是没有结婚。1930年12月,陈诚从日本参观秋操回国后,蒋介石和宋美龄便向陈诚

# 第八章
## 谭延闿的情感世界

正式提起了这桩婚事，陈诚喜出望外，当即点头表示："事成之后，一定重谢总司令！"为使婚事顺利，蒋介石要陈诚解除和吴舜莲的婚约，断绝与其他女人的交往。

1931年春的一天，蒋介石与宋美龄特地安排陈诚与谭祥同乘一辆去上海的火车。蒋派随从副官找来了陈诚，问他原配离婚手续是否办妥。陈诚回答已办好。蒋介石就介绍他与谭祥见面。指着陈诚说："这是百战百胜的陈诚将军。"又指着谭祥说："这是新从美国留学回国的谭小姐。"其实谭祥与陈诚在武原已经认识，这回双方见面，相互客套一番，宋美龄从中牵线搭桥，更增加了他们之间的了解。自此以后，双方情投意合，很快建立了感情，这时陈诚虽忙于在江西打内战，双方难得见面，但书信往还，使两颗爱慕之心紧紧地拴在了一起。1931年9月初，他俩商定双十节在南京结婚。

谭祥嫁给陈诚，条件是正娶，可陈诚是有妇之夫，虽然陈诚和吴舜莲已解除婚姻，但若没个正式手续，谭祥总觉得不放心。谭祥对陈诚说："你和前妻总得有个手续吧！可否给我看看。没有这个手续，我们的婚期只好推迟，再等一等吧。"几句话，急得陈诚团团转，他可不想自己美好的婚姻因此化为泡影。于是连忙给在江西18军军部的吴舜莲的哥哥吴子漪打电话，要他赶快到南京，为他办好与其妹的离婚手续。

吴子漪是陈诚在浙江省立第十一师范时的同班同学，而且又一直得到陈诚的关照，随陈诚的升迁而官越做越大，由团军需主任、师军需处长升到军军需处长，一直占据着美差肥缺，陈诚可说是他的衣食父母，他又怎么敢得罪陈诚呢。他也知道陈诚与妹妹的婚姻早已名存实亡，而妹妹又不能生育，在"不孝有三，无后为大"的传统观念下，随着陈诚地位的不断升高，他们的婚姻破裂已是不可避免。回到南京后，他爽快地答应回青田老家，劝妹妹与陈诚离婚。陈诚又另托吴家的亲戚，让当地德高望重的杜志远帮忙，终于使吴舜莲同意了办离婚手续，条件是吴舜莲继续住在陈家，死后葬入陈家祖坟。吴舜莲不识字，便由吴子漪代为签名盖章。这些手续办完后，谭祥又要见吴子漪，在吴当面保证以后不出问题后,谭祥才放心。

陈诚和谭祥正式确定婚期后,不料"九一八"事变突然发生,日军侵入东北,陈诚身为军人,乃决定推迟婚期,准备北上抗日。1932年元旦,陈、谭在上海结婚,婚礼热烈而隆重。

陈诚与谭祥结婚后,吴舜莲仍旧住在陈诚在青田高市的家里,照常侍奉陈的母亲,陈的母亲也仍将吴当儿媳看待,常说"舜莲孝顺"。街坊邻里也仍把吴舜莲当成陈家媳妇。谭祥很重视名声,对于吴舜莲仍以陈家媳妇的名义和陈诚的母亲住在一起不怎么满意,就怂恿丈夫陈诚带她回青田老家,并将陈母接到南京,和她一起住。对于吴舜莲,陈、谭两人商定在青田县城给她盖一座洋房,让她离开高市陈家。

1935年4月,陈诚与谭祥以及他的弟弟陈敬修、弟媳庄秀慎一同回高市老家。到高市陈家后,谭祥雍容大方,和蔼可亲,邻里亲友都夸陈诚娶了个好媳妇,陈诚母亲也很满意,吴舜莲更自叹不如。过后,陈诚将母亲接到了南京,与他们住在一起,吴舜莲也离开了高市陈家,住进了陈、谭给她在青田县城所盖的小洋楼。谭祥正式取得了在陈家女主人的地位。

1948年岁末,陈诚在台湾已看到国民党在大陆政权岌岌可危,便派人将吴舜莲接到台湾,由陈诚出资买了一所房子,让她和兄长吴子漪在一起生活,并负担其生活费用。1965年,陈诚病故后,谭祥仍坚持一如既往地照顾吴舜莲的起居生活,直至1978年吴舜莲离开人世。陈、谭夫妇总算没有失信于这个可怜的女人。

陈、谭婚后,夫妻恩爱,感情一直很好。谭祥在家尽心尽力地相夫教子,在外配合宋美龄参与战时妇女工作和各项社会服务工作。她与陈诚共育有二女四子,即长女陈幸,次女陈平,长子陈履安,次子陈履庆,三子陈履碚,四子陈履洁。由于陈诚忙于他的"党国大事",教育子女的重担就自然落在了谭祥的身上,陈诚对此十分感激。他多次在信中提到谭祥对教育子女所尽到的责任。1963年2月9日,陈诚在给陈履碚的信中写道:"当你们兄弟姐妹在家,一切管教都是姆妈之

# 第八章
## 谭延闿的情感世界

功。"④1963年2月3日，陈诚在写给女儿陈幸、女婿余传韬的信中，对谭祥在家庭内的辛劳给予了充分的肯定和赞许。他说："我时常想，我们家里如果不是姆妈，你们兄弟姐妹能否出国深造也成问题。因我一向无积蓄，自结婚之后，家中有姆妈主持，你们有姆妈管教，使我无后顾之忧，得以安心从事革命，而且汝母对汝祖母极孝顺，使我更为安心。汝母自己极节俭，并时刻为你们兄弟姐妹们前途打算。我以为你们兄弟姐妹能出国深造，固然你们能自爱，但汝母的关系实为最大因素，也是我最大的安慰。"⑤在谭祥的精心教育培养下，他们的6个子女中出了4个博士，即长子陈履安，美国纽约大学数学系博士；二子陈履庆，美国物理学博士；三子陈履碚，美国伯利克大学统计数学博士；四子陈履洁为纽约精算学博士。陈履安后来步入政坛，先后担任台湾当局"经济部长""国防部长""监察院长"和国民党中央副秘书长等职。1989年6月6日，谭祥突发脑出血病逝于台北，终年94岁。

老五是儿子谭弼（字季甫），光华大学毕业，留学英国，回国后，先后出任国民党机械公司总经理、金属矿业公司董事长、造船公司董事长等职。谭弼回忆说："有一阵子，先君与我们相处，那时间真是温暖，使人回味无穷。"那一阵其父谭延闿交卸了湖南省省长，来到上海。每晚，只要没有应酬，吃过晚饭，必定将家中的小辈聚集在身边，大家围着他而坐。这时，其父就开始讲故事。"他说的，大半是古代忠孝节义的故事，目的在勉励我们。"⑥

老六是女儿谭韵，嫁陈冠澄。

---

注释：

①竟陵子. 史海钩玄 [M]. 北京：昆仑出版社，1989. 32.

②渐斋老人. 谭延闿泽闿昆仲 [J]. 台北：艺海杂志，2（2）：8.

③龙永宁. 从绅士到革命家我的祖父龙璋 [M]. 北京：荣宝斋出版社，2011. 286－287.

④陈诚. 陈诚先生书信集·家书（下）[M]. 台北："国史馆"，2006.647.
⑤陈诚. 陈诚先生书信集·家书（下）[M]. 台北："国史馆"，2006.647.
⑥黄肇珩，胡有瑞，徐圆圆. 谭延闿先生百年诞辰口述历史座谈会纪实[J]. 台北：近代中国，（9）：185.

# 第九章 谭延闿的绝世本领

谭延闿是一个深藏不露的高人，拥有许多绝世本领。他虽为文人，很少在人前耍枪弄棒，因此，常为骄兵悍将瞧不起，但他却有百步穿杨的枪法、少人匹敌的骑马技巧，常被人称为高深莫测的"谭婆婆"。他一生痴爱书法，被称为"民国四大书法家"之首。他对美食情有独钟，是民国时期著名的美食家，"谭家菜"在当时享誉全国。

# 第九章 谭延闿的绝世本领

## 1. 百步穿杨的神枪手

谭延闿虽是文人出身，但却是百步穿杨的神枪手。谭延闿是谭钟麟的小老婆所生，母亲的境遇使他感同身受，从小就立志要为母亲争气。因此，做任何事情，他都会比别人用心，都想出人头地，以获得父亲的好感，早日改变母亲在家中的地位。他从小在父亲的安排下，跟文武双全的安化宿儒黄凤歧学习。黄凤歧不仅长于文事，而且精于武技，谭延闿从他身上学到了不少本领。谭延闿的父亲谭钟麟历官边疆，都是阶级矛盾和民族矛盾比较尖锐的地区，谭延闿始终跟随左右，对乱世生态有比较深刻的了解，深知武能安邦，文能治国的道理。因此，除刻苦学习文化知识，力求成为科举场上的佼佼者外，他还很重视武事训练，希望自己有朝一日成为文武全才的治国能手。由于他有黄凤歧教给他的武学功底，因此自小就能吃苦耐劳，把全部精力用在读书学习和武事锻炼之上，没有丝毫公子哥儿游手好闲的恶习。他经常在读书之余，跟着父亲的卫队一起练习骑射，并请名师指点。谭延闿早起晚睡，苦练本领，骑马射击，不辞辛劳，天长日久，终于练成百步穿杨的神技。谭钟麟在做闽浙总督时，曾让十几岁的谭延闿前往江西去见他的岳父方汝翼，同意推迟他与其女儿的婚期，以便他能专心应付科考的事情。当时的福建番司何兢因开烟馆和赌场的事白白地送给了谭延闿5万两银子，他咽不下这口气，又不敢直接与谭延闿的父亲交锋。在得悉谭延闿正在江西准备回家时，何兢就放出谣言说，谭延闿一个车队正向家乡运银子。黑道上得知这一消息后，都想借此大发横财。谭延闿他们刚出福州府的地盘，就在建宁府、昭武府的地头上遇到当地黑道的人横冲直撞。那些前来抢分红货的地方盗匪团伙向他们出手，都被谭延闿的侍卫队消灭干净，尤其谭延闿真的是大开杀戒，大显神威，只要有人敢拦路，不论是偷袭还是强攻，结果都是被他一个个撂倒。他和他的侍卫队一阵穷追猛打，抓到活的便逼问对方的老窝，顺带连老窝都给铲除掉。谭延闿率领这支"剿匪小分队"大摇大摆地从福建的地盘上走过，除了获得了大量土匪所积累的财富，还顺便抓获了几个特殊的人物——当地最大的土匪团伙的几个头目，还有福建臬台大人何兢写给他们的书信。谭延闿这一路上杀了这么多土匪，几乎把长期活动在邵武、建宁地区的土匪团伙打散，幸存下来的也是如台风过境一般，短期之内他们是不会有什么作为了。谭延闿告诉他的部下，"这是个乱世，治乱世须用霹雳手段，不然不足以震慑宵小。百姓太老实，面对土匪也没有多少反抗能力，只有我们这些手中拿枪的人才可以保护百姓！"说完谭延闿跳上旁边的一辆大车，高声喊道："你们给我记住：我们手中的枪是用来保护百姓的，若是他日知道你们中间有谁胆敢为非作歹，就算天涯海角，我谭某人也要送他下地狱！"

"我们的枪是来保护百姓的！"士兵们都站了起来响应谭延闿的话高声喊道。

谭延闿的这一次江西之行，初显了他初生牛犊不畏虎的勇气，以及除暴安良的决心，他的神枪绝技也让他的卫队大开眼界。

1899年，谭延闿的父亲谭钟麟就任直隶总督兼北洋大臣，为了巩固父亲在朝中的地位，谭延闿曾想帮父亲训练一支新军，以便日后能为父亲所用。谭钟麟也很赞同他的这一想法，并对他的儿子说，训练新军的军费不必担心，因为李鸿章在担任直隶总督兼北洋大臣时，曾设有一个"小金库"，总共积攒了1000多万两银子，存在外国银行里面，李鸿章在打移交的时候，当面告诉了他这一情况。

谭延闿微笑着对父亲说道："父亲，若不是有人也在惦记训练新军，孩儿也不用这么着急，不过现在看来这训练军队的事可以定下来了，等这个月月末就可以进行全军考核，从中选出最合适的人才担任

# 第九章
## 谭延闿的绝世本领

新军军官。如此推进，再经过两三个月的日常训练磨合，这支新军就可以拉出去给别人看看了！"

谭钟麟微微冷笑地问道："你说的是那个袁世凯吧？他的叔祖袁甲三倒是显赫过一时，他在朝鲜闯了祸。合肥看在旧友同僚的份上保他这个小辈，还生怕去位之后有人再翻老账，希望为父能够保他平安。本来合肥给他安排的浙江温处道就是让他暂避风头之意，可惜这袁世凯真是胆大得很，不仅磨蹭着不去赴任，还赖在京师结交权贵……最近听闻他名声不小，颇有治军之能，没有想到你对他如此顾忌？！"

"这个人孩儿也没有见过。只是听文渊提起过，但从经历而言与孩儿相较确实是很有优势，不过现在已经不会有大碍了。孩儿的新军一成，他袁世凯就算有天大的本事也不过是陪太子读书的角色。就是不知道此人品性如何，若是阴狠之辈还是早早送到偏远地方去的好……"谭延闿说道。

谭钟麟摆摆手说道："这件事比较容易，虽然胡燏棻的定武军是归朝廷军务处所辖，但是军务处督办就是恭邸，而这定武军也是在直隶地面上，为父说句话还是容易的。组庵，你既然选择了从军，若是从这上面拿不出本事来，这对你以后可是非常不利的，为父不知军事也就不多说了，这北洋军务大小还是你来拿主意，军费什么的都还好说……"

但是，谭延闿毕竟是文人出身，军旅非其所长，更没有袁世凯的阴狠狡诈之心和投机钻营的本领，也没有军事将领的合法身份。他依靠的只是父亲的地位和身份，一旦失去这一支撑，他就很难有所作为。因此，他没能建成一支声势强大的新式陆军，反而成就了袁世凯北洋新军的领袖地位。

谭延闿母亲的身份对谭延闿的个性形成影响很大。一个小老婆所生的孩子，从小就在别人的冷眼中长大，学会了如何委曲求全，如何小心行事。他拼命读书，拼命练功，以优异的成绩和良好的表现赢得做人的尊严，获取社会的尊重。他同情弱者，有强烈的求胜意识，但

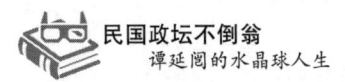

他又患得患失，缺乏与强权斗争的勇气。他虽有百步穿杨的神枪绝技，但从不在别人面前卖弄，总是给人一种温文尔雅的文人形象。因此，他也常为舞枪弄棒的武人所看轻。

1912年11月，广西在谭延闿致电促使下宣布独立。广西都督王芝祥组织湘桂联军，自任总司令，率部开往湖北支援革命军。湖南新军将官早已耳闻王芝祥枪法高超，弹无虚发。王芝祥途经长沙时，特邀王芝祥到小吴门外校场坪表演打靶。王芝祥客套了一番，掏出手枪，瞄准靶心，"啪啪啪"连发10枪，7枪命中靶心，博得全场齐声喝彩。王芝祥洋洋自得地将手枪插进枪套，向众人抱拳致意后，对谭延闿说："请谭都督多多指教！"口气很是傲慢。这时，湖南的军官们也成心出谭延闿的洋相，你一言我一语，纷纷附和："请谭都督也放几枪，给我们开开眼界，一睹湘督风采，壮我湘军军威！"

王芝祥也故意说："请谭都督不吝赐教！"

谭延闿一再抱拳谢绝，将官更是紧逼不舍。他显出无可奈何的神态。接过王芝祥递过来的毛瑟手枪，略一瞄准，"啪啪啪"连响10发。报靶员一看靶子，竟弹无虚发，10发子弹连中靶心。听到报靶员报告靶数，王芝祥不由面红耳赤，伸出拇指连连叫好。湖南的将官们一个个瞪眼咋舌，面面相觑，觉得这位"谭婆婆"高深莫测，不可等闲视之。

谭延闿的神枪绝技一般秘不示人，他也很少在别人面前炫耀。他做了都督以后，更是很少摸枪，虽然偶尔也亲往前线观战，但一般他都不会自己发号施令，因此，手下的将士除了最亲近的几个人，很少有人知道他有百步穿杨的枪技，大家都对他以文人视之。他虽为都督，但也很少穿军装，更不用说腰中别枪了，又有谁知道，这样一个外表文弱、举止文雅、终日笑脸相迎的"谭婆婆"会是一个百发百中的神射手呢。

1922年，陈炯明在广州发动兵变，炮轰总统府，孙中山乘永丰舰逃出广州，通电讨陈。1923年，孙中山在滇系军阀杨希闵、桂系军阀

# 第九章
## 谭延闿的绝世本领

刘震寰的邀请下，重返广州，重建陆海军大元帅府，谭延闿被任命为内政部长。此时，孙中山正亲临前线，在石龙、石滩与陈炯明作拉锯战。自陈炯明叛军发动反攻开始，孙中山身边贴身护驾的，本为蒋介石、叶挺、叶剑英3人，谭延闿赶到后，孙中山立即将3人尽遣上战场，连警卫部队也一个不留，只留谭延闿一人跟在身边。谭延闿平日里衣冠楚楚，儒士风度，这回却也换了满身戎装，腰插佩刀，手执双枪，一副武弁模样，寸步不离孙中山左右，冲杀在石龙前线。他手执双枪，寸步不离地跟在孙中山身边，直到孙中山的部队击退了叛军，都没有离开过半步，使孙中山大为感动。

在大革命时期，谭延闿虽然一直兼任军职，先后做过建国军北伐总司令、国民革命军第2军军长，但是，他很少亲自打仗，主要是指挥他人打仗，因为他有专门的警卫，也很少配枪，仍旧是以政府要员的身份出现在世人面前，因此那些飞扬跋扈的军人并不把他放在眼里，只是觉得这个人易于相处才尊重于他。谭也懒得去与他们争强好胜，更不想在他人面前卖弄自己的枪技。

1927年7月15日，汪精卫公开在武汉分共，轰轰烈烈的国共合作的大革命失败。由于冯玉祥的从中调停和南京国民政府李宗仁、白崇禧、何应钦等人利用徐州战役的失败逼蒋介石下台，宁汉的要求逐渐趋于一致。为了早日实现宁汉合作，8月，李宗仁亲赴庐山与汪精卫、谭延闿、唐生智等人举行会议，协商宁汉合作问题。经过协商，汪精卫决定先派谭延闿和孙科与李宗仁一起前往南京，商讨宁汉合作的具体事宜。

8月23日，谭延闿、孙科同李宗仁乘"决川"舰，从九江出发，顺江而下，船行很快，第二天就到达了芜湖江面。船过大胜关时，与渡江南犯的孙传芳军队相遇，数十只敌船纷纷向"决川"舰靠近，情势万分危急，李宗仁急忙下令船上士兵向敌开枪轰击，双方在短距离内隔船互射，一时之间烟雾弥漫，枪弹横飞，整个江面是喊杀声一片。谭延闿、孙科、李宗仁急忙从甲板上躲入舱内，凭窗观战。这时敌船

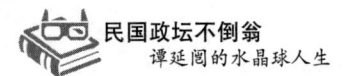

排山倒海而来，有的已靠近了"决川"舰，船上士兵急急放枪，应接不暇。谭延闿看到情势危急，急忙夺过身边警卫的驳壳枪，向敌军射击。只见他弹无虚发，宛如秋风扫落叶一般，将迎面蜂拥而来的敌人打得人仰马翻。恰巧陈调元的部队乘专轮赶到，他们用机关枪向敌人猛射，打退了孙军的进攻，使得"决川"舰于当晚顺利到达南京。

李宗仁、陈调元还是第一次看到表面文质彬彬的谭延闿临战是如此沉着，枪法是如此过硬，不得不竖起大拇指赞叹不已，算是领教了这个深藏不露的"神枪手"的厉害。

# 第九章 谭延闿的绝世本领

## 2. 民国第一书法大家

谭延闿一生爱好书法,从很小开始,为了应付科举考试,他就在父亲谭钟麟的督导下,聘请名师,潜心练习书法。父亲每天要他写一篇文章,一首诗,还要写大小楷数十页。谭延闿受翁同龢的书法影响很大。翁同龢(1830—1904),字叔平,号松禅,江苏常熟人,先后担任清同治、光绪两代帝师。翁同龢工诗,间作画,尤以书法名世,幼学欧、褚,初学董其昌、米芾,中年后由钱沣上追颜真卿,又不受颜字束缚,结体宽博开张,笔画刚劲有力,风格苍浑遒劲,朴茂雍容。翁同龢与谭延闿的父亲谭钟麟同朝为官且私交甚厚,常有书信往来,因而每每有其来信,谭钟麟都在上面加以标注让谭延闿学习。年仅13岁的谭延闿也深得翁同龢的赏识,称他为"非常之才"。谭延闿也自然是"近水楼台先得月",常常有机会拜翁同龢于厅堂,亲眼观看他写字运笔之状。翁同龢是晚清学颜大家,这对后来谭延闿书法选择以颜字为宗影响很大。正是追随翁同龢书法的足迹,他又学习了清代书法大家刘墉、钱沣、何绍基的书法风格,吸取各人之长。他取刘墉书法之体丰骨劲,学钱沣书法之气势雄强,至于何绍基因为个人风格太强烈,不容易学习。由于他善取众家之长,练就了特色鲜明的书法风格。谭延闿的字结体宽博,顾盼自雄,是清代钱沣之后又一个写颜字的大家。他出任湖南都督后,向他求字写匾的人络绎不绝,使他的书法技艺有了更大的进步。

1914年7月,第一次世界大战爆发,日本借口对德宣战,准备出兵侵占德国在中国的势力范围——山东,声言将进攻青岛。谭延闿为避战祸,偕全家离开青岛,经潍县、济南、南京返回上海,住赫德路

65号，以习字、作书为日课的主要内容。自1914年起，在谭延闿的日记中便有学习唐代书法家颜真卿字体的记录，且对于颜真卿各个时期的碑帖都有临习，如：早期的《东方朔画像赞》；中期的《麻姑仙坛记》《金天王庙题名》《宋广平碑》；晚期的《颜家庙碑》《李玄靖碑》等。他从1914年记载始临《麻姑仙坛记》凡20通至1919年第105通毕。时隔不过5年，临《麻姑仙坛记》却有100多通，且据统计谭延闿一生通临竟达220通。他还写有长沙辜氏族谱序。从此以后，谭延闿的书法，以颜字为宗，直至去世以前从未间断，书法盖世，流传甚广，人皆珍之。

朱久莹是谭延闿在广州国民政府时期的秘书，时常看到谭延闿写字。据说每当公务得暇，谭便在厅中习字，以对联为多。案头置有苏东坡集之类，翻阅佳句，左手执卷，右手挥毫。大厅柱间，横拦长绳，写好的对联即搭在绳上，俾其可以快干，如是者顷刻多副。求书之纸，常成巨捆，畏公先翻看乞款红笺，择其较有交谊者先书之。或有索写治家格言或何种指定词句时，便道：点菜吃，可恶！唯最后仍当偿其所愿云。①

雷啸岑自小就喜欢书法，爱好谭延闿的书法作品。1918年，谭延闿以湖南护法军总司令驻节他的家乡附近郴州，当时雷为小学教师，谭延闿常给文武将吏写各式各样的屏联匾额，却完全是钱南园体了，嗣后即未曾改过。受他影响，雷啸岑也改习钱字。后来，谭延闿由武汉到南京任国民政府主席，雷啸岑担任国民政府秘书职务。当时由于宁汉分裂的旧痕，谭延闿对政事很少过问，而由常委李烈钧全权处理。谭延闿趁着闲暇亲自书写扇子数十把，赠予国府秘书处人员各一把。这时候，谭延闿与李烈钧每天中午在国民政府机关餐厅吃饭，或中肴，或西菜，雷啸岑奉命陪他们吃饭。一日饭后，谭延闿询问雷啸岑的学历，又问他是否练习过刘墉的字帖？雷回答说，自己因为未得名家指点，所写字体只是涂鸦罢了。于是，谭延闿不厌其烦地指点他学习书法的基本方法：一是要多看古人的名家碑帖，各式各样的都要看，体

# 第九章
## 谭延闿的绝世本领

察其笔法与格局,择其所喜爱的一种而习学之,且以正楷为主。二是习字时须将碑帖放置在眼前较远处,先行审视其神韵与笔法,经过思考融汇,然后垂首书写成字,再写他字。切忌写一笔又抬头看一次,那就有如木匠制作框架,神韵完全没有了。三是写肥体字要用硬毫笔,如习颜鲁公、钱南园、刘石庵的字,便非用紫毫不可。写瘦体字亦须用羊毫,而于临摹碑帖尤然。四是习字要有恒,不要一曝十寒,否则永远不会有成就。谭延闿又谈出若干写字的故事:他说何绍基的字,并非用普通狼毫或羊毫笔写的,而系使用自己特制的鸡毛笔,用这种鸡毛作书,腕力不强的,根本就无法成字也。又说无论学写哪一种字体,总与自己的个性有关系。某年,谭延闿与曾熙、清道人李梅庵3人,在上海"小有天"餐馆进餐,彼此谈到字学,李梅庵很自负地言道:"若论写魏碑,区区所写的相信无一笔不像古人了。"曾熙即笑道:"所以无一笔是你的啦!"盖认为写字应该含有自己的个性表现,方为上乘。[2]谭延闿的书法指点可谓字字金言,使雷啸岑终生难忘。

在担任行政院长期间,谭延闿有更多的时间来写字练笔,他经常与当时的书法名家胡汉民、于右任等人书法唱和,切磋技艺。在京中应人而求书者,几于目不暇给,其笔法以鲁公为骨干,南园为依归。晚岁临池犹勤,虽不主一体,然尤致力于平原麻姑仙坛记。字较大,用墨亦较重,而笔意谨严,于典则之中,饶俊秀之气,神采四照,气象巍然。[3]

谭延闿书法名重一时,有个小故事很能说明他这种影响力。有一次谭延闿指导家厨曹四做菜亲自示范的时候,切破了右手。当时正好有一封公函需要发给胡汉民,按谭延闿的习惯"以应书礼,闿由亲笔",虽然切伤了手,还是勉强亲自写。胡汉民也是书法家,接到书函后脸色一变,从此闭门不出,在家仔细琢磨回函的字为何与以前不像,并派秘书去打听谭延闿最近又在临摹哪位大家的字?如何陡生一种轻飘飞扬来?后来知道实情后,胡汉民气得把公函扔在地上说:"我还以为他练成了新本事向我示威来了,原来是切伤了手。"

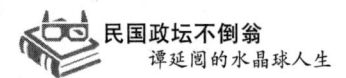

1929年4月,谭延闿因病由南京赴上海休养,住进上海宏恩疗养院。在住院期间,他一边治病,一边临摹麻姑仙坛记203通,书法达到了炉火纯青的境地。

谭延闿的大字,气魄磅礴,古厚雄奇。黄埔军校大门上的"陆军军官学校"几个大字,就是谭延闿书写的。南京孙中山陵园那座高大石碑上面镌刻的"中国国民党葬总理孙中山先生于此"十几个大字,就是出于他的手笔。他所写的端整寸楷,字字铁画银钩,一笔不苟。1926年2月,谭延闿替孙中山所写的"国父祭蒋太夫人文"和1918年8月为蒋介石父亲写的"蒋肃庵先生墓志铭",便是谭延闿楷书中聚精会神的杰作。至于谭延闿的行书,风神圆秀,更饶有晋人意味,现在传世者有谭延闿手写的诗册,虽是信手写来,而落笔淡雅,实已"都成妙趣"。谭延闿正是以书法来陶冶自己的情操,排解自己的烦恼,抒发自己备受压抑的心声。

民国时期,有4位书法家享誉书坛,他们也是当时政坛的风云人物,即谭延闿、吴稚晖、胡汉民、于右任。其中谭延闿善于楷书,吴稚晖精于篆书,胡汉民工于隶书,于右任长于草书。他们4位在当时可谓各领风骚,被誉为"民国四大书家",也称"真草篆隶四大家"。他们都是民国时期的超级牛人,是民国政坛呼风唤雨式的人物,在事业和学问上都有非同寻常的建树。谭延闿的书法更是名满天下,是继清代钱沣之后的又一个颜体大家,享有民国四大书法家之首的美誉。他的字亦如其人,有种大权在握的气势,结体宽博,顾盼自雄,为世人所叹为观止。从民国至今,写颜体的人没有能出谭延闿其右者。

## 第九章 谭延闿的绝世本领

## 3. 吃喝有道的大食神

谭延闿吃喝有道，是一个名闻遐迩的大美食家。他专门聘请湖南烹饪大师曹荩臣为自己的厨师。请客吃饭，可以说是谭延闿的强项，也是他的喜好。为了方便待客，在长沙荷花池（现蔡锷北路水风井附近）的谭家大院里专设有宴客厅，客厅里摆放着一张特制的八仙桌，可以围坐14至15人，为方便夹菜，谭家专备一尺多长的夹菜筷子，杯盘碗盏也比普通的大。而且，谭延闿会特意比客人先到，见面便会一一嘘寒问暖。这样的饭局与一般的官宴气氛截然不同。

饭局是人与人彼此沟通、拉近关系的一种特殊形式，谭延闿可说是将饭局的效用发挥到了极致。一是饭菜一流，二是他的真情实感。在1917年9月1日谭延闿督湘二次退位时，摆席宴客："今承盛意公饯，甚感！闿与诸君共事一年，不无恋恋。今将去矣……我所最抱歉者，使诸君怀抱不能发展耳。"字字情真意切，直入人心。谭在国民党内人缘极好，因他是文官，人称"文甘草"，从他的饭局也可见端倪。

谭延闿身为美食大家，不仅深爱着美食，而且对每道菜都有独到的讲究和品位，认为每一道菜"皆有法焉，不敢苟且"。所以吃遍淮扬菜、粤菜、湘菜的他深谙美食精髓，根据自己的想法设计出了200多道菜，于是在民国便有了"组庵菜谱"（谭延闿字组安，也写组庵）。

"组庵菜"的重要特色就是红煨或清炖，调料简单，保证菜的原汁原味。他很讲究选料和火候，以此保证菜品上乘。在"组庵菜谱"里，仅鱼翅就有"组庵鱼翅""羔汤鱼翅""红煨鱼翅""蟹黄鱼翅"等，其中的珍馐如"红煨熊掌""透汁鹿筋""鸡汁鱼唇""糖心整鲍""虾仁第一""麻仁鸽蛋""龙凤鸡丝"等也是给人一种天上人间的幻觉。

"谭延闿最厉害的还是会创新,'组庵菜'几乎都是改良过的,当时谭是设计师,而曹(荩臣)则是工程师,两人十分默契地配合了18年。如果说曾国藩湘菜以军菜的形式普及全国,那么谭延闿则将湘菜带入一个新的时代。""组庵菜"有许多创新故事,其中一个让许多女人为之动容。那是谭延闿在完婚的第二年,一家人随父亲迁入广州,夫人方榕卿例假不调,又不肯服药,谭延闿便别出心裁,要家厨做一道玫瑰母鸡汤给方氏吃,家厨不会,谭延闿便亲自指导,先熬鸡汤,后放入玫瑰,再调入适量蜂蜜。结果方氏喝了几次后竟然好起来了。这事儿被总督府的人传了出去,一时传为佳话,"玫瑰母鸡汤"也遂改为"玫瑰情人汤",成为广州酒家里的名汤。

1921年,谭延闿被赵恒惕逼迫,离开长沙寓居上海,为东山再起,要广结人缘,其酬酢颇多。谭善饮健啖,对曹荩臣经常指点,曹对谭延闿的食性爱好也细心揣摩。后又随谭前往广州,因为经常宴客,厨艺更加精进。

在一次广州招待军官的宴席上,谭延闿的家厨曹荩臣上的第一道菜便是谭家的豆腐汤。这碗看似普通的汤,食客吃后满嘴噙香,胃口舒畅,一个个地叫好。

有人问:"谭家豆腐和别的豆腐有何不同?"谭延闿得意地说:"豆腐虽属寻常不值钱的东西,不过,佐治的作料却不便宜;口蘑是少不了的,千万不能用香蕈冒代;还有原味清蒸的鸡汤,这鸡也有讲究,要用土鸡,过老的不成,过嫩的也不成,雄鸡不能替,抱蛋的鸡也不能用;豆腐要用小磨磨,用盐卤点。"

曹厨子介绍:"做菜的三字要诀,为滚、烂、淡;再者就是注意火候,煎与炒用武火,炖与煨用文火;木炭、柴薪、煤,各有各的功能;还有佐料的配合,葱、蒜、椒、酱、盐、醋、豆豉的辅佐,都有讲究,丝毫马虎不得。比如浏阳豆豉,就比其他豆豉更够味。因此,使用佐料必须讲究,不能替代和将就。"

谭延闿说:"你们听见没有?古人说,治大国若烹小鲜,就是这个道理，同是一味菜，名厨之所以为名厨，必有绝活，绝非徒有虚名。"

食客听得啧啧称奇，都不约而同地称道说："真是绝妙之论。"

第二道菜便是红烧鱼翅，这鱼翅由云南宣威火腿与土鸡炖数十小时，上菜时只能上长须排翅，不见杂菜，味厚汁浓，鲜美异常。

谭延闿说："这是我最爱吃的一道菜。诸君请细细品尝，口之于味，经过舌牙吞下咽喉的瞬间，看享受者的神情，就可以知道了。"

"谭家鱼翅，果然名不虚传！"食客们赞不绝口。

刚夸完盛名的鱼翅，又上来一道看家菜"糖心鲤鱼"，正好补充前面的清鲜，给味蕾一种浓郁的甜美的刺激；接着是麻辣仔鸡，一斤仔鸡半斤辣椒，猪油炸之，将味觉带到另一种不同的世界……总之，厨师太懂味蕾的需求，让每道菜的美味都能与它缠绵悱恻，欲罢不能，将美味体现得淋漓尽致。

北伐前后，谭延闿任国民政府代主席、主席及行政院院长，地位显赫，常聚亲友在家饮宴。谭家名菜有红烧鱼翅、蟹黄鱼翅，及谭家豆腐、笋泥、鱼生等。谭延闿宴客时，曹厨子常在帘后偷听客人对菜肴的评价，并按照他们所说的加以改进，使来客无不赞叹。

曹荩臣做的菜，价格十分昂贵。如一桌鱼翅席，当时一般最多不过二三十个银圆。有一次谭延闿宴请张学良派到南京商谈"东北易帜"的大员莫德惠，一席却花了100银圆。莫吃了大加赞许，赏了曹厨子50银圆，曹氏大喜，其名气越来越大。有人曾问曹："为何你办的菜，价格比别人贵很多？"曹厨子说："没有别的，只是选料不同。如别人炒一盘麻辣仔鸡只用一只鸡，我炒的要用三四只，只取其胸脯肉；辣椒只取全红的，红中带绿的全不要，均先用猪油炸好，再下锅加盐酱等；出锅时鸡肉和辣椒大小、厚薄相同、红白相间，味美之极。价随值高，原是理所当然。"

有一次胡汉民请客，谭延闿前往赴宴，胡汉民明明知道谭延闿喜欢吃鱼翅，却大谈鱼翅没什么吃头，味同嚼蜡，谭心里不同意，也不反驳，应对的是官场上"唯唯诺诺"的典型情态。可酒至半酣，不见

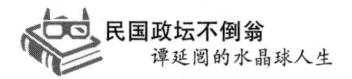

鱼翅，谭还是忍不住，轻声央求胡汉民说："给我来一盘嚼蜡如何？"胡汉民听后大笑，说自己早已预备，只是想逗逗谭院长而已。于是立即命人将鱼翅端上桌来，谭延闿才算吃得很开心。

谭延闿很喜欢吃"神仙鱼"。"神仙鱼"做法比较特别，先用砂锅炖土鸡汤，然后在鸡汤上悬挂一条鲫鱼，用锡纸把砂锅和鲫鱼密封好，用文火炖3至4小时，让鸡汤的蒸汽把鱼肉全部蒸熟，并且一点点掉入鸡汤中，直到鲫鱼变成了一副空骨架，这样的鱼羹无刺，入口即化，味道异常鲜美。谭延闿即使在战场上，也要自己的伙夫挑着美食跟在身后，以便随时享用。

谭延闿喜好美食，因此身材极胖。医生曾经多次劝他，多吃蔬菜，少吃美味佳肴，但他就是不信，仍我行我素。凡是找到医生，如果许他饮食自如的，他便认为这位医生通达；如果为他多立戒条的，他便以为不行。他说："我以前已经吃错喝错，何必现在戒它，反令我痛苦呢？"虽然谭延闿一生是做到了"听风听水自淹留"，但1928年忽患中风病，"左手及足时感麻木，经西医极力救治始愈。然而左手仍欠活动，探物时如不注意，即不能移动。面目浮肿，微带黑色，颜福爱博士常为诊视，谓肝中血管受病，致血液过多，血压线增高"。后来不得不每天接受温水浴和电疗各一次。他曾风趣地对朋友说："我一生好吃，现在自身每天被清蒸一次，烧烤一次，大概是贪嘴的报应。"有一位医生，曾经替谭延闿做过精密的诊断，结果告诉谭延闿说："依你的病状，将来有两个死法：一、得急病——脑充血而死；二、由半身不遂而死。"谭延闿曾对当时担任立法院院长，而在蒋介石强权政治下很不得志的胡汉民说过医生所讲的这两个死法，并告诉胡汉民，假如由他自己选择的话，他必定选择第一个，如果半身不遂几年，未免太使他难堪了。后来不幸被谭延闿自己所言中。

谭延闿不仅自己吃喝有道，而且还有一定的经济头脑，懂得将美食推向社会。谭延闿曾与何键一起在长沙开了一家酒楼"曲园"，专门用于招待各方军政要员，可见他的饭局之多。谭亲自为菜馆题写招牌。

## 第九章
## 谭延闿的绝世本领

曲园曾在小四方塘的黄翰林公馆花园内，亭台掩映，花木扶疏，也就是现在五一广场平和堂的后面。后来，谭延闿去了南京，在南京也开了一家曲园。南京曲园开张后，谭延闿常邀请好友与同僚来品尝菜肴，并对厨子现场进行指导，算是做了活广告，很快名声大振。那个时期，淮扬菜、沪菜、鲁菜、粤菜正风行南京，由于谭延闿的影响力，也使得以"组庵菜"为代表的湖南风味菜肴风行其中。谭延闿也因此跻身民国食界"四大天王"之列，与鲁菜系的北京"谭家菜"谭瑑青，川菜系成都"姑姑筵"的黄敬临，粤菜系广州"太史蛇宴"的江孔殷（前清翰林，别称"太史"）齐名，湘菜开始影响全国。

在谭延闿去世后，跟随18年的家厨曹荩臣离开谭家，自己在长沙办了个酒家叫"健乐园"，当时因为打着"组庵菜"的招牌，也是盛名一时，"组庵菜"也一时从官府流进民间。但文夕大火后健乐园未能幸免，曲园也化为尘土，"组庵菜"在湖南便逐渐失传。

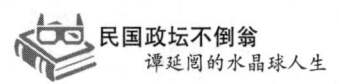

## 4. 深通马语的大骑士

谭延闿生平嗜好，除了品尝美食，写字作诗，便是骑马，看马戏表演。

谭延闿年轻时，舞文弄墨之余，就喜欢骑射，蓄志武事锻炼。他幼年的老师黄凤歧就是一位文武兼备的角色。黄凤歧是安化县名儒，不仅是深谙儒学的饱学之士，也是精于武功、身怀绝技的武林高手。他的硬气功堪称绝技，垒叠4尺多高的砖块，他一掌劈下，从上到下统统断成两截。黄凤歧武艺以单刀剑术闻名，江湖上有"单刀王"之称。他有两个最得意的学生，其中一个是为变法流血的谭嗣同。黄凤歧原为湖北巡抚谭继洵的幕僚，在做幕僚期间，他教谭嗣同学习剑术，谭嗣同深得其武术真谛，曾书赠黄对联一副："曾受双戟单刀，长于葛洪者剑；所谓粗块大脔，奄有陈亮之文。"从而练就了谭嗣同气吞山河、慷慨赴死的气质。另一个就是日后当上国民政府主席的谭延闿。谭延闿跟他除学习儒学和科举时文外，还学习了一些武功。正是因为有这一段师生之谊，谭延闿在做湖南都督之初，曾任他的老师黄凤歧为辰州、宝庆等地的知府，后以年老力衰，辞官回里。晚年主讲船山学社。1933年（民国二十二年十二月）病逝于长沙，年82岁。著有《侯度录》《西行杂记》《宦游诗草》《种茂园诗草》《久芳阁年谱》等。

谭钟麟任总督的时候，每日清晨，戈什哈都要去校场操练骑射，谭延闿也经常跟戈什哈们一起骑射，练就了一身过硬的本领。

谭延闿在督湘期间，每天早晨出外骑马是他必备的功课，而且从未间断。他的马栏之中，都是天下名贵的骏马，有的以形状命名，有的以性能取号，有大、小"白龙""风云飞""四颗珠"等许多名马。

# 第九章
## 谭延闿的绝世本领

毛色纯白的就称为"白龙",铁青的就称为"风云飞",黑色而脊背左右有两玉点的称为"四颗珠"。这些马肉满膘肥、毛光色润,配上锦绣的鞍辔,披上绣花的坐垫,一手扶鞍一手扬鞭,蹄声得得,顿生一股所向无敌的威风。谭延闿特意为此雕刻了两枚章子。一枚章子上写着,"生为南人,不能乘船食稻,而喜餐麦跨鞍";另一枚章子上则写着"马癖"两字,以表明对马的钟爱。

谭延闿在第一次督湘时,还特意举办过一场别开生面的赛马比赛。他邀请各师师长及其副官、参谋、卫队到湖南省教育会场赛马。他亲自宣布赛马规则:跑完 50 圈决胜负。

将官们一听谭延闿这文弱书生关心起骑射来了,感到好奇,都准时来会场凑热闹。胖乎乎的谭延闿鼻梁上夹着一副金丝眼镜,身着长袍马褂,步履迟缓,与赛马场的紧张气氛很不协调。一些将官们想出谭延闿的洋相,要他参加赛马,笑问:"都督是否赏脸露一手,让我们开开眼界?"

谭延闿不假思索,说:"延闿既然邀请诸位赛马,当然要献丑,还望各位不吝赐教!"

将官军佐们一个个敏捷利索地骑上马,谭延闿在卫兵的搀扶下,试了几次才爬上马背。将官们见状,暗暗发笑。待司号员一声令下,众将官策马奔驰。他们故意策马跑在谭延闿坐骑前前后后,把他夹在中间。他却稳坐马背,不紧不慢跑在中间。跑了 20 多圈后,一些将官军佐累得气喘吁吁,渐渐落后,陆续退出赛场。谭延闿此时却稳坐马背,策马向前,后来居上。跑到 50 圈时,场上只剩一匹白马,疾如风驰电掣,一直跑到终点时,大家才看清:端坐马背的竟是被卫兵扶上马背的"谭婆婆"!将官们不由目瞪口呆,深感汗颜,觉得这位"谭婆婆"高深莫测,不可等闲视之。

1919 年,谭延闿为了实现三度督湘的目的,在得到桂系军阀陆荣廷的支持后,亲赴零陵永州的军营,指挥那里的湘军与北洋军对抗。他每天都要骑马外出,呼吸新鲜空气,摆脱军营的枯燥寂寞,在自然

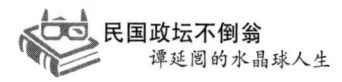

界中汲取力量，磨炼意志。

谭延闿的马术，连他的干妹妹宋美龄都佩服得五体投地。谭延闿爱马如痴，对马的习性了如指掌，任何烈马在他的调教之下，都会乖乖听话，任由人骑。在广州陆海军大元帅府时期，宋美龄曾在叶挺那里看到一匹好马，闹着要骑，叶挺告诉她，马刚刚买来，性子烈，还近不得人。宋三小姐不服气，硬要试试，果然一走过去，马便狂暴踢人，不能靠近。

宋美龄当时只得作罢，但不服气地放下话说："我唤我阿哥来，非骑上这马不可。"

她说的"阿哥"并不是指她的亲哥哥宋子文，而是指她的干哥哥谭延闿，两个人婚事不成后，认了干兄妹，关系好得不得了。

果然，第二天谭延闿就陪着干妹妹来了，他走上去，那马居然不踢他，老老实实，任他在耳边轻言细语，不晓得讲些什么耳语。只见谭延闿在马背上抚之拍之，慢慢说了一阵话，然后一声"行了"，就招呼美龄过去，扶她上马，要她只管跑。宋美龄策马驰骋，马居然十分听话，再没有一点儿脾气，把叶挺看傻了眼。

人们都说谭延闿精通马语，当然是笑话，但谭延闿自幼练习骑射，深通马性，当时确实没有人能与他相比。

在担任国民政府代理主席、主席和第一任行政院长期间，谭延闿公务繁忙，没有多余的时间经常去骑马和观看马戏表演。但他偶尔也会忙里偷闲，在政务和军务之余，骑马出外去散散心，或到郊外的马场去看看别人的马术表演。

1930年9月21日那天，恰逢周末，谭延闿便抽空前去南京郊外的小营看骑马表演。当天由于看马表演的时间过长，体力不支，突发脑出血，他急忙对身边的侍从和警卫说，他要马上去中山陵看看。侍从和警卫立即把他扶上汽车，车子开到中山门时，谭延闿已经不能言语了。侍从和警卫们只好调转车头，把谭延闿送回到成贤街他自己的家中。这时谭延闿早已失去了知觉，服药既不能，打针又不行，匆匆忙忙赶来的一大群医生束手无策，一直拖到22日的上午9点，谭延闿不治而逝。纵观谭延闿的一生，可谓是骑马观马，至死不变。

---

注释：

　　①王壮为. 谭畏公的书法与书学［J］. 台北：艺海杂志，2（2）：43.

　　②雷啸岑. 谭延闿先生教我写字［J］. 台北：艺海杂志，2（2）：45.

　　③凌祖绵. 民国第一书家谭延闿［J］. 台北：书画家杂志，2（6）：10.

# 参考文献

## 一、著作

1. 谭伯羽．先公年谱初编［M］//沈云龙．近代中国史料丛刊第六十八辑．台北：文海出版社有限公司，1971.

2. 谭延闿．慈卫室诗草，䂵庵诗稿［M］//沈云龙．近代中国史料丛刊第六十八辑．台北：文海出版社有限公司，1971.

3. 谭延闿传记资料（1—5册）［M］//朱传誉．中国历代名人传记资料．台北：天一出版社，1985.

4. 周秋光．谭延闿集（1、2册）［M］．长沙：湖南人民出版社，2013.

5. 郭汉民，杨鹏程．湖南辛亥革命史料（1、2册）［M］．长沙：湖南人民出版社，2011.

6. 存萃学社．辛亥革命资料汇辑［M］．香港：大东图书公司，1980.

7. 杨鹏程．湖南谘议局文献汇编［M］．长沙：湖南人民出版社，2010.

8. 湖南文献委员会．湖南文献汇编：第1辑［M］．[出版地不详]：[出版者不详]，1948.

9. 石芳勤．谭人凤集［M］．长沙：湖南人民出版社，1985.

10. 易国干，宗薰，陈邦镇．黎副总统（元洪）政书［M］．台北：文海出版社，1971.

11. 刘人熙日记［M］．长沙：湖南省社会科学院藏抄本．

12. 杜永镇．陆海军大元帅大本营公报选编［M］．北京：中国社会科学出版社，1981.

13. 太平洋书店．中山丛书（四）［M］．上海：太平洋书店，1927.

14. 吴拯寰．孙中山全集：续集，第1集第2辑［M］．2版．上海：三民公司，1929.

15. 中国第二历史档案馆．中华民国史档案资料汇编：第四辑［M］．南京：江苏古籍出版社，1986.

16. 龙伯坚．近代湘贤手札［M］．台北：文海出版社，1965.

17. 成晓军．谭延闿评传［M］．长沙：岳麓书社，1993.

18. 许顺富．谭延闿：政坛不倒翁［M］．桂林：广西师范大学出版社，2007.

19. 刘建强．谭延闿大传［M］．北京：九州出版社，2011.

20. 周世辅．周世辅回忆录［M］．台北：东大图书股份有限公司，1994.

21. 陶菊隐．近代佚闻［M］．台北：文海出版社有限公司，1971.

22. 茶陵县政协学习文史委员会. 茶陵文史：第十二辑［M］. 茶陵：茶陵县印刷厂，2001.

23. 庄建平，卞修跃. 周震鳞传［M］. 北京：团结出版社，1995.

24. 张小林. 覃振传［M］. 北京：中华书局，2007.

25. 覃晓光. 辛亥：湖南故事［M］. 长沙：湖南人民出版社，2012.

26. 辛亥革命回忆录（二）［M］. 北京：文史资料出版社，1981.

27. 张朋园. 立宪派与辛亥革命［M］. 台北：台湾商务印书馆，1969.

28. 邹鲁. 中国国民党史稿［M］. 北京：中华书局，1960.

29. ［美］周锡瑞. 改良与革命［M］. 杨慎之，译. 北京：中华书局，1982.

30. 粟戡时. 湖南反正追记［M］. 长沙：湖南人民出版社，1981.

31. 刘揆一. 黄克强先生传记［M］. 台北：文海出版社，1971.

32. 中国人民政治协商会议全国委员会文史资料研究委员会. 回忆辛亥革命［M］. 北京：文史资料出版社，1981.

33. 惜秋. 民初风云人物［M］. 台北：台湾三民书局，1977.

34. 文公直. 最近三十年中国军事史［M］. 台北：文海出版社，1971.

35. 陶菊隐. 北洋军阀统治时期史话［M］. 北京：生活·读书·新知三联书店，1978.

36. 郭廷以. 中华民国史事日志：第1册［M］. 台北：文海出版社，1979.

37. 梁赐龙. 胡子靖传［M］. 北京：首都师范大学出版社，2009.

38. 刘强伦. 孙武·焦达峰［M］. 北京：团结出版社，2011.

39. 毛注青. 黄兴年谱［M］. 长沙：湖南人民出版社，1980.

40. 湖南史学会. 辛亥革命在湖南·论文集［C］. 长沙：湖南人民出版社，1984.

41. 陈利明. 程潜大传［M］. 北京：团结出版社，2005.

42. 陈先初. 程潜与近代中国［M］. 长沙：湖南大学出版社，2004.

43. 杨学东. 何键传［M］. 北京：东方出版社，2005.

44. 潘荣. 柔暗总统黎元洪［M］. 长春：吉林文史出版社，1995.

45. 湖南省志编纂委员会. 湖南省志·湖南近百年大事记述［M］. 3版. 长沙：湖南人民出版社，1980.

46. 李时岳. 辛亥革命时期两湖地区的革命运动［M］. 北京：生活·读书·新知三联书店，1957.

47. 陶菊隐. 记者生活三十年［M］. 北京：中华书局，1984.

48. 张朋圆. 中国现代化的区域研究：湖南省（1860—1916）［M］. 台北："中央研究院"近代史研究所，1983.

49. 王无为. 湖南自治运动史：上编［M］. 上海：泰东图书局，1920.

50. 何文辉. 历史拐点处的记忆：1920年代湖南的立宪自治运动［M］. 长沙：湖南人民出版社，2008.

51. 胡春惠. 民初的地方主义与联省自治［M］. 北京：中国社会科学出版社，2001.

52. 丁德昌. 民初湖南省宪自治研究［M］. 上海：上海人民出版社，2011.

53. 西南军阀史研究会. 西南军阀史研究丛刊：第1辑［M］. 成都：四川人民出版社，1982.

54. 四川省文史研究馆. 四川军阀史料：第3辑［M］. 成都：四川人民出版社，1985.

55. 张秋实. 解密档案中的鲍罗廷［M］. 北京：人民出版社，2014.

56. ［苏］亚·伊·切列潘诺夫. 中国国民革命军的北伐［M］. 中国社会科学院近代史研究所翻译室，译. 北京：中国社会科学出版社，1984.

57. ［苏］A.B.巴库林. 中国大革命武汉时期见闻录［M］. 郑厚安，刘功勋，刘佐汉，译. 北京：中国社会科学出版社，1985.

58. ［苏］A.B.勃拉戈达托夫. 中国革命纪事（一九二五—一九二七年）［M］. 李辉，译. 北京：生活·读书·新知三联书店，1982.

59. 台湾各界纪念孙中山百年论著编纂委员会. 革命先烈先进传［M］. 台北："中央文物供应社"，1966.

60. 李烈钧. 李烈钧自述［M］. 深圳：深圳报业集团出版社，2011.

61. 柏文蔚. 柏文蔚自述［M］. 北京：人民日报出版社，2011.

62. 胡汉民. 胡汉民回忆录［M］. 北京：东方出版社，2013.

63. 冯玉祥. 我的生活［M］. 哈尔滨：黑龙江人民出版社，1981.

64. 冯玉祥. 冯玉祥自传［M］. 北京：军事科学出版社，1991.

65. 刘峙. 黄埔军校与国民革命军［M］. 台北：文海出版社有限公司，1971.

66. 蒋永敬. 民国胡展堂先生汉民年谱［M］. 台北：台湾商务印书馆，1982.

67. 李宗仁. 李宗仁回忆录（上、下）［M］. 南宁：广西人民出版社，1980.

68. 陈公博. 苦笑录［M］. 北京：东方出版社，2004.

69. 宋平. 蒋介石生平［M］. 长春：吉林人民出版社，1987.

70. 中国人民政治协商会议全国委员会文史资料研究委员会. 第一次国共合作时期的黄埔军校［M］. 北京：文史资料出版社，1984.

71. 张国焘. 我的回忆：第2册［M］. 北京：现代史料编刊社，1980.

72. 张国焘. 我的回忆（1—4册）［M］. 北京：东方出版社，1991.

73. 中国第二历史档案馆. 蒋介石年谱初稿［M］. 北京：档案出版社，1992.

74. 蒋永敬. 鲍罗廷与武汉政权［M］. 台北：传记文学出版社，1973.

75. 黄绍竑. 黄绍竑回忆录［M］. 北京：东方出版社，2011.

76. 王开林. 纵横天下湖南人［M］. 北京：北京十月文艺出版社，2004.

77. 竟陵子. 史海钩玄［M］. 北京：昆仑出版社，1989.

78. 龙永宁. 从绅士到革命家：我的祖父龙璋［M］. 北京：荣宝斋出版社，2011.

79. 任光椿. 将军行：蔡锷传［M］. 北京：团结出版社，1996.

80. 台湾中华书局编辑部. 袁世凯窃国记［M］. 北京：东方出版社，2008.

81. 莫世祥. 护法运动史［M］. 南宁：广西人民出版社，1991.

82. 中国人民政治协商会议全国委员会文史资料研究委员会暨云南、贵州、四川、广西、广东、湖南等省、区政协文史资料研究委员会. 护国讨袁亲历记［M］. 北京：文史资料出版社，1985.

83. 池昕鸿. 吴佩孚全传［M］. 延吉：延边人民出版社，2007.

84. 中国人民政治协商会议全国委员会、广东省委员会、广州市委员会文史资料研究委员会. 孙中山三次在广东建立政权［M］. 北京：中国文史出版社，1986.

85. 中国人民政治协商会议广东省委员会文史资料研究委员会. 广东文史资料：第四十三辑［M］. 广州：广东人民出版社，1984.

86. 中国人民政治协商会议广东省委员会文史资料研究委员会. 广东文史资料：第三十一辑［M］. 广州：广东人民出版社，1981.

87. 中国人民政治协商会议广东省委员会文史资料研究委员会，中山大学历史系孙中山研究室. 广东文史资料：第二十五辑［M］. 广州：广东省人民出版社，1979.

88. 谢本书. 西南十军阀［M］. 上海：上海人民出版社，1993.

89. 叶曙明. 中国1927·谁主沉浮［M］. 广州：花城出版社，2010.

90. 刘秉荣. 北伐秘史（上、下）［M］. 北京：知识出版社，1995.

91. 金以林. 国民党高层的派系政治：蒋介石"最高领袖"地位的确立［M］. 北京：社会科学文献出版社，2016.

92. 扎不棱. 大清孤儿：清末传统士人的宿命解读［M］. 北京：九州出版社，2008.

93. 王忠和. 清末四公子［M］. 北京：东方出版社，2008.

94. 《环球人物》杂志. 往事如烟：民国政要后代回忆实录［M］. 北京：人民出版社，2013.

95. 徐济德. 陈诚的军政生涯（上、下）［M］. 长春：吉林文史出版社，1989.

96. 方知今. 蒋介石的王牌宠将：陈诚传［M］. 北京：九州出版社，2010.

97. 史玉根. 黄埔名将陈诚［M］. 北京：东方出版社，2014.

98. 周兴梁. 廖仲恺和何香凝［M］. 郑州：河南人民出版社，1996.

二、文章：

1. 阎幼甫. 谭延闿的生平［M］//中国人民政治协商会议湖南省委员会文史资料研究

委员会. 湖南文史资料选辑：第10辑. 1966.

2. 仇鳌. 一九一二年筹组国民党湘支部办理选举的经过［M］//中国人民政治协商会议湖南省委员会文史资料研究委员会. 湖南文史资料选辑：第2辑. 1961.

3. 柏文蔚. 五十年经历［J］. 中国社会科学院近代史研究所近代史资料编辑组. 近代史资料, 1979（3）.

4. 湖南讨袁印件［J］. 中国科学院近代史研究所近代史资料编辑组. 近代史资料, 1962（1）.

5. 邹永成回忆录［J］. 中国科学院近代史研究所近代史资料编辑组. 近代史资料, 1956（3）.

6. 杨思义. 护法时期的湘西动向［M］//中国人民政治协商会议湖南省委员会文史资料研究委员会. 湖南文史资料：第8辑. 1964.

7. 仇鳌. 刘建藩零陵独立前后［M］//中国人民政治协商会议全国委员会文史资料研究委员会. 文史资料选辑：第26辑. 北京：文史资料出版社. 1980.

8. 张联升. 一九一八年北洋军对湘作战经过［M］//中国人民政治协商会议全国委员会文史资料研究委员会. 文史资料选辑：第26辑. 北京：文史资料出版社, 1980.

9. 萧仲祁. 谭延闿联吴（佩孚）驱张（敬尧）的鳞爪［M］//中国人民政治协商会议湖南省委员会文史资料研究委员会. 湖南文史资料：第8辑. 1964.

10. 程潜. 护国之役前后回忆［M］//中国人民政治协商会议湖南省委员会文史资料研究委员会. 湖南文史资料：第8辑. 1964.

11. 黄一欧. 护国运动见闻杂忆［M］//中国人民政治协商会议湖南省委员会文史资料研究委员会. 湖南文史资料：第8辑. 1964.

12. 黄一欧. 刘建藩事迹回忆［M］//中国人民政治协商会议湖南省委员会文史资料研究委员会. 湖南文史资料：第8辑. 1964.

13. 戴岳. 傅良佐督湘的片断见闻［M］//中国人民政治协商会议湖南省委员会文史资料研究委员会. 湖南文史资料：第8辑. 1964.

14. 左霖苍. 驱逐傅（良佐）、张（敬尧）回忆［M］//中国人民政治协商会议湖南省委员会文史资料研究委员会. 湖南文史资料：第8辑. 1964.

15. 黄士衡. 赵恒惕的省宪活动［M］//中国人民政治协商会议全国委员会文史资料研究委员会. 文史资料选辑：第30辑. 北京：文史出版社, 1980.

16. 周震鳞. 谭延闿统治湖南始末［M］//中国人民政治协商会议湖南省委员会文史资料研究委员会. 湖南文史资料：第2辑. 1961.

17. 张知非. 谭延闿阴谋推翻革命政权［M］//中国人民政治协商会议湖南省委员会文史资料研究委员会. 湖南文史资料：第2辑. 1961.

18. 大慈．程潜、赵恒惕驱逐谭延闿和李仲麟等之死［M］//中国人民政治协商会议湖南省委员会文史资料研究委员会．湖南文史资料：第 3 辑．1962．

19. 希扞．湖南两次驱赵亲历记［M］//中国人民政治协商会议湖南省委员会文史资料研究委员会．湖南文史资料：第 3 辑．1962．

20. 阎幼甫．回忆陈作新［M］//中国人民政治协商会议湖南省委员会文史资料研究委员会．湖南文史资料：第 3 辑．1962．

21. 萧仲祁．记汤芗铭屠杀杨德邻等［M］//中国人民政治协商会议湖南省委员会文史资料研究委员会．湖南文史资料：第 3 辑．1962．

22. 黄一欧．谭延闿被迫下台和李仲麟等被杀的回忆［M］//中国人民政治协商会议湖南省委员会文史资料研究委员会．湖南文史资料：第 4 辑．1963．

23. 大慈．赵恒惕上台的阴谋和血手［M］//中国人民政治协商会议全国委员会文史资料研究委员会．文史资料选辑：第 30 辑．北京：文史出版社，1980．

24. 戴岳．谭、赵战争亲历记［M］//中国人民政治协商会议湖南省委员会文史资料研究委员会．湖南文史资料：第 6 辑．1964．

25. 鼎英．一九二三年谭赵战争与湘军入粤［M］//中国人民政治协商会议湖南省委员会文史资料研究委员会．湖南文史资料：第 6 辑．1964．

26. 黄绍竑．新桂系的崛起［M］//中国人民政治协商会议全国委员会文史资料研究委员会．文史资料选辑：第 52 辑．北京：中华书局，1981．

27. 马文车．中山舰事件内幕［M］//中国人民政治协商会议全国委员会文史资料研究委员会．文史资料选辑：第 45 辑．北京：文史资料出版社，1981．

28. 谢宣渠．国民政府迁都武汉侧记［J］．中国人民政治协商会议武汉市委员会文史资料委员会．武汉文史资料，1983（4）．

29. 李任夫．陈铭枢谈第一次国共合作时期武汉的军政大事［J］．中国人民政治协商会议武汉市委员会文史资料委员会．武汉文史资料，1983（4）．

30. 唐菊庵．一九二七年程潜由南京脱险经过［M］//中国人民政治协商会议湖南省委员会文史资料研究委员会．湖南文史资料选辑：第 4 辑．1963．

31. 谢慕韩．关于"东征""西征"和第六军被消灭的片断回忆［M］//中国人民政治协商会议湖南省委员会文史资料研究委员会．湖南文史资料选辑：第 4 辑．1963．

32. 黎泽泰．何键与谭延闿［M］//中国人民政治协商会议湖南省委员会文史资料研究委员会．湖南文史资料选辑：第 5 辑．1963．

33. 彭松龄．何键联桂驱鲁和附蒋讨桂经过［M］//中国人民政治协商会议湖南省委员会文史资料研究委员会．湖南文史资料选辑：第 5 辑．1963．

34. 戴岳．何键联桂驱鲁的一幕［M］//中国人民政治协商会议湖南省委员会文史资料研究委员会. 湖南文史资料选辑：第5辑. 1963.

35. 张慕先. 何键利用蒋、桂矛盾取得湖南政权[M]//中国人民政治协商会议湖南省委员会文史资料研究委员会. 湖南文史资料选辑：第5辑. 1963.

36. 黄少谷. 谭组庵先生的勋业与风范[J]. 台北：近代中国，1979（9）.

37. 周世辅. 我所崇敬的谭组庵先生[J]. 台北：近代中国，1979（9）.

38. 吴伯卿. 总统蒋公与谭延闿先生之交谊[J]. 台北：近代中国，1979（9）.

39. 周世辅. 谭组庵先生的修养与风度[J]. 台北：传记文学，34（3）.

40. 鲁荡平. 谭组庵先生之伟大[J]. 台北：湖南文献，季刊第八期.

41. 谭延闿先生百年诞辰口述历史座谈会纪实[J]. 台北：近代中国，1979（9）.

42. 胡耐安. 胡汉民与谭延闿[J]. 台北：中外杂志，1970.7（5）.

43. 刘泱泱. 焦、陈被杀与谭延闿上台[J]. 求索，1987（4）.

44. 石彦陶. 辛亥谭延闿"因利乘便"督湘初探[J]. 史学月刊，1993（6）.

45. 杨鹏程. 试析辛亥革命时期的谭延闿政权[J]. 近代史研究，1985（2）.

46. 周秋光. 谭延闿裁军新说[J]. 湖南师范大学社会科学学报，1995（3）.

47. 成晓军. 论谭延闿研究中的几个问题[J]. 江海学刊，1991（6）.

48. 刘建强. 谭延闿追随孙中山动因辨析[N]. 光明日报，2009-12-08.

49. 刘建强. 谭延闿与湖南的自治运动[J]. 湘潭大学学报，2009（1）.

50. 许顺富. 民国时期的谭延闿[J]. 文史杂志，1990（1）.

51. 许顺富. 论广州国民政府时期的谭延闿[J]. 求索，1994（5）.

52. 许顺富. 论武汉国民政府时期的谭延闿[J]. 史学月刊，1996（4）.

53. 许顺富. 谭延闿的三大业余爱好[J]. 纵横，2007（9）.

54. 许顺富. 谭延闿轶文趣事[J]. 纵横，2008（2）.

55. 许顺富. 谭延闿与宋美龄的"不解缘"[J]. 纵横，2010（9）.

56. 宋青红，汪洋. 试论谭祥的爱情婚姻及其政治角色[J]. 社会科学论坛，2014（1）.

57. 杨湘徽. 黄兴作陪的饭局认了谭延闿这个朋友[N]. 潇湘晨报，2015-11-22.

58. 马勇. 章太炎1920年长沙之行考实[M]//中国社会科学院近代史研究所民国史研究室. 一九二〇年代的中国. 北京：社会科学文献出版社，2005.

59. 谭特立. 八面玲珑谭延闿[J]. 湖南档案，2011（10）.

60. 高丽. "混"字当头的谭延闿[J]. 档案春秋，2006（4）.

61. 佚名. 民国"食"神谭延闿[J]. 文史博览，2011（1）.

62. 王晓华. 大吃家谭延闿[J]. 档案春秋，2010（1）.

63. 吴东峰. "水晶球"谭延闿[J]. 同舟共进，2014（2）.

64. 贺永田. 谭延闿三主湘政与清末民初政局 [D]. 湖南师范大学 2012 级博士论文.

65. 唐有武. 谭延闿与第一次国共合作 [D]. 湘潭大学 2011 级硕士论文.

66. 周小城. 谭延闿与南京国民政府 [D]. 湘潭大学 2016 级硕士论文.

67. 路晨辉. 谭延闿与孙中山的关系探讨 [D]. 湘潭大学 2017 级硕士论文.

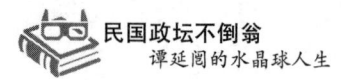

# 后 记

谭延闿，一个叱咤民国政坛的风云人物，一个文武双全的聪明官僚，一个不争不抢，八面逢迎，与人为善的政坛不倒翁。世人对他褒贬不一，有人称他为"民国一完人"，说他是"休休有容，庸庸有度"的大政治家，有人称他为"党国柱石""药中甘草"，也有人说他是八面玲珑的"水晶球"、伴食画诺的"活冯道"。

谭延闿生活于清末民初的中国乱世，宦海浮沉变化莫测，民主和独裁，统一与割据、进步与落后，革命与反革命错综复杂，新陈代谢贯穿始终。有的人被时势无情的淘汰，有的人却被时势推上了历史的前台。北京政权像走马灯似的交替不停，南方各省也不断地变换新主。曾经八面威风，名震朝野的人，转眼之间变成了来去匆匆的异乡客。每个军阀都像输红眼的赌徒，谁也不能预料自己的命运，他们把自己的政治生命寄托在武力征伐上面，穷兵黩武成了军阀们时髦的名言。在这样一个群雄纷争的乱世，处在居南北之要冲的湖南这样一个特殊的地域环境，三次督湘的谭延闿不得不权衡轻重，虚与委蛇于南北军阀之间，尽量使湖南免于南北战火之中。他虽贵为总督公子，但因为是父亲的小老婆所生，从小看惯了世人的冷眼，对社会的不公正深有体会，懂得同情弱者的道理，他从不仗势欺人，始终与人为善。他采取借力打力的办法，善于处理与各方面的人际关系，他锋芒不露，看似无所作为，四面玲珑，八面逢迎，以柔克刚，但实际上，他深懂为官之道，能准确地把握时局的变化，适时地调整自己的治湘政策，乘时而起，挽回败局。

在湖南无法立足后，他又选准时机投身孙中山带领的国民革命，成为孙中山的忠实信徒。在客军云集的广东，他忍辱负重，始终以孙中山的革命事业为重，顾全大局，调和纷争，在政争的旋涡和夹缝中

# 后 记

求存。

在国共合作时期,他忽"左"忽"右",忽"汪"忽"蒋",如水中游蛇,穿插于国民党左中右三派和国共两党之间,左右逢迎以见好于各方。他深知自己的政治资本不如汪精卫、胡汉民和廖仲恺,军事势力不如蒋介石、李宗仁和唐生智,在这种群雄并起的时代,保全自己的唯一方法,就是尽可能地避免参与他们的内斗,以中立者的身份来调和各方的矛盾,达成妥协,取得各方的好感,使自己成为各方都倚重的对象。

从"中山舰事件"、"迁都之争"到"宁汉合流",谭延闿都是以调人的姿态活动在其中。他不厌其烦地从中进行劝说,让双方的矛盾和意见尽可能地得到缓和,避免了一场场流血事件的发生。正如张国焘所言:"谭的手段老练圆滑,他常滔滔不绝的安坐漫谈,除斤斤以大局为重外,不大接触实际政治问题,但就在他这种谈笑风生的谈话中,产生了调协作用。"谭延闿正是利用他好好先生的角色,利用和稀泥的以柔克刚之术,达成了双方的妥协,也为他赢得了良好的人缘,使他们相信谭延闿能不偏不倚地来处理问题,消解矛盾。他也因此获得了更多的政治资本,成了各方都能接受的政治人物,当上了国民政府主席和第一任行政院长。但是,谭延闿毕竟是一个文人,虽然在很长一段时间内兼任军职,但军事非其所长,他没有进过正规的军事院校,受过正规的军事训练,将不知兵,不能亲临前线直接统兵作战,缺乏统筹全局的军事才干,因而他无法有效的控制军队,往往成为军事强人的政治傀儡。谭延闿也痛苦彷徨过,他以"三不主义"来消极对抗,敷衍塞责;以美食、书法来自我消遣,打发岁月。他空有一腔抱负,却无施展舞台,只能伴食而终,还能落个死后荣光。

其实,谭延闿是一个复杂多面的历史人物,就功业而言,三次督湘,均有建树,任过国民政府主席,第一任行政院长,可谓是名位鼎隆;就功名而言,中过会元,光耀湖南;就人品而言,与人为善,多栽花,少栽刺,八面玲珑,因此被人戏称为"水晶球",谭延闿自己也并不讳言,声称自己的功名富贵都来自一"混"字,他并不在意别人的讽刺挖苦，按照自己的本性行事；就德行而言，他事母至孝，也重视妇女的解放，对爱情更是忠贞不贰，这是一般人难以做到的，尤其是在那种高官三妻四妾遍天下的年代里，他能做到出淤泥而不染，那更是难能可贵了。他为人低调，从不拿官品压人，同情弱者，不仗势欺人，甚至对那些造谣挖苦他的人也不予计较。他的宽容大度，使政敌都感到汗颜。当然，谭延闿也有自己的不足，必然会打上时代的烙印。他既有封建文人的狂傲，又有其懦弱、虚伪的性格；他既想独占一切，又不敢挺身而出站在前列；他有对权势的贪欲，又没有勇气与强权抗争。他的一生都是在矛盾和扭曲中度过的。

对谭延闿这个复杂多面人物的研究兴趣，我是从1986年9月进入四川大学历史系攻读硕士研究生开始，在阅读大量历史资料的基础上，我发现一个很奇怪的现象，像谭延闿这样一个名位鼎隆的历史人物，却很少有人在做他的研究，这与他的政治身份和历史地位不太相称。于是，我就选择了谭延闿作为自己硕士论文研究的对象，由此有了《民国时期的谭延闿》这篇7万余字的硕士论文。在谭延闿资料的搜集中，尽管我翻遍了港台出版的有关近代史历史资料，但寻找到的有重大价值的谭延闿资料却为之甚少。于是我又翻阅了当时的许多报刊，但资料都很零散，没有什么大的系统性资料。我还远赴长沙、武汉、南京、上海等地图书馆、档案馆查找资料，但都查不到他的档案，因此，无法对谭延闿做一个完整的研究。毕业后到怀化师范高等专科学院教书，但是，因地处偏僻，查找资料不易，一度中止了这一研究。直到1999年9月，我有幸考上了华东师范大学忻平教授的博士研究生后，又在完成博士论文《湖南绅士与晚清政治变迁》的基础上，继续寻找谭延闿的相关研究资料，充实谭延闿研究的内容，于2007年终于出版了我有关谭延闿的第一部专著《谭延闿政坛不倒翁》，获得了较好的社会反响，湖南金鹰纪实频道《故事湖南》栏目播出的《谭延闿政坛不倒之谜》就是主要根据此书的内容摄制而成，使谭延闿这个长期被历史掩埋的重要人物，走入了寻常百姓之家。这更增加了我对谭延闿研究的兴趣。博士毕业后，我调入了湖南省委党校，有更好的条件

# 后 记

来从事研究工作，并不断扩大谭延闿的研究范围，从他的政治事功转向他的兴趣爱好、他的情感世界、他的道德品行等诸方面的研究，在《纵横》杂志上发表的《谭延闿与宋美龄的"不解缘"》一文曾被10余家杂志和海内外100多个网站予以转载。

你越研究谭延闿就越觉得这个人高深莫测，不同凡响，不是用一两句话就能概括清楚的，必须把他放在历史的大环境中，用放大镜慢慢地一点一滴地去欣赏，你才能揣摩出其中的韵味。如果只是匆匆一瞥就妄下定论，那就只能是观其皮毛难究本质，就发现不了他还有常人难以达到的许多优点：他为官尚算清廉、很少为家族谋利；为官一任，能造福一方；事母至孝，忠于爱情；很少落井下石、以德报怨等，我们姑且不论他是否具有道德的虚伪性，但在那个贪官猖獗，人欲横流、军阀混战的时代，作为位居高端的谭延闿不为时风所染，能做到这一点已是难能可贵了，至于他的圆滑混世，也是强权政治下的无奈选择，他的"三不主义"也是对强权政治不满的消极反抗，但他无形中也充当了强权统治的政治帮凶，使正义得不到伸张。

2018年1月16日，我有幸在何良安教授、博士的陪同下，前往谭延闿的故乡茶陵县实地考察，搜集谭延闿在当地的相关资料，受到了当地党政领导的热情接待。县档案局的领导和资料员给予了我无私的大力帮助，给我复印了许多他们搜集到的谭延闿的相关资料。第二天，杨秋林副局长和胡主任还亲自陪同我前往谭延闿的出生地高陇乡左庵村实地考察，受到了当地领导和谭延闿后人的热情接待。他们详细地向我介绍了谭延闿家乡的一些情况，介绍了谭延闿少年时候回家乡的生活故事，以及谭延闿祖先迁移至此的缘因和发展变迁情况。谭延闿的侄孙谭清缘先生不顾年事已高，忙上忙下，领着我们一路寻找历史印迹，一路讲述曾经发生过的事情，往事历历在目。虽然，谭延闿的故居赐书堂在1928年被火烧毁，已看不到原有的模样，但是，清缘先生正在动员各种力量来重建赐书堂和盘藤寺等，恢复历史旧貌。他还给我看了台湾出版的《谭氏宗谱》，参观了保存下来的一些珍贵牌匾，使我受益颇多。我还有幸品尝了谭家美食——正宗的"组庵菜"，味美

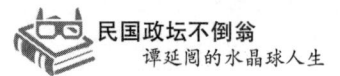

香浓，别有风味。

在这本书即将出版之际，我十分感谢多年来对我研究给予过帮助的同事和朋友。感谢茶陵县档案局的领导和职工，感谢高陇乡的领导和左庵村的领导和谭延闿的后人，并祝愿他们早日完成重修赐书堂和盘藤寺的夙愿。感谢华文出版社编辑的约稿。特别要感谢的是我的父母和岳父母以及妻子廖素英和女儿许艺龄，他们一直在背后默默无闻地支持着我的研究，使我能安心完成这一研究工作。

谭延闿的研究，是一项复杂而系统的工程，由于他身份特殊，经历复杂、个性独特，品行和特长典型，因此，研究起来并不容易。在盖棺论定方面所谓客观公正也总是见仁见智，尤其史实的还原限于资料也难免挂一漏万，还望方家批评指正。

许顺富<br>
2021 年 10 月 10 日于风景秀丽的岳麓山下